折射集
prisma

照亮存在之遮蔽

Kostas Axelos

Marx :
penseur de la technique

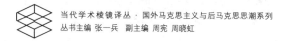

当代学术棱镜译丛 · 国外马克思主义与后马克思思潮系列

丛书主编 张一兵 副主编 周宪 周晓虹

马克思：技术思想家

——从人的异化到征服世界

［法］科斯塔斯·阿克塞洛斯 著 张福公 译

南京大学出版社

《当代学术棱镜译丛》总序

自晚清曾文正创制造局,开译介西学著作风气以来,西学翻译蔚为大观。百多年前,梁启超奋力呼吁:"国家欲自强,以多译西书为本;学子欲自立,以多读西书为功。"时至今日,此种激进吁求已不再迫切,但他所言西学著述"今之所译,直九牛之一毛耳",却仍是事实。世纪之交,面对现代化的宏业,有选择地译介国外学术著作,更是学界和出版界不可推诿的任务。基于这一认识,我们隆重推出《当代学术棱镜译丛》,在林林总总的国外学术书中遴选有价值篇什翻译出版。

王国维直言:"中西二学,盛则俱盛,衰则俱衰,风气既开,互相推助。"所言极是!今日之中国已迥异于一个世纪以前,文化间交往日趋频繁,"风气既开"无须赘言,中外学术"互相推助"更是不争的事实。当今世界,知识更新愈加迅猛,文化交往愈加深广。全球化和本土化两极互动,构成了这个时代的文化动脉。一方面,经济的全球化加速了文化上的交往互动;另一方面,文化的民族自觉日益高涨。于是,学术的本土化迫在眉睫。虽说"学问之事,本无中西"(王国维语),但"我们"与"他者"的身份及其知识政治却不容回避。但学术的本土化绝非闭关自守,不但知己,亦要知彼。这套丛书的立意正在这里。

"棱镜"本是物理学上的术语,意指复合光透过"棱镜"便分解成光谱。丛书所以取名《当代学术棱镜译丛》,意在透过所选篇什,折射出国外知识界的历史面貌和当代进展,并反映出选编者的理解和匠心,进而实现"他山之石,可以攻玉"的目标。

本丛书所选书目大抵有两个中心:其一,选目集中在国外学术界新近的发展,尽力揭橥域外学术20世纪90年代以来的最新趋向和热点问题;其二,不忘拾遗补阙,将一些重要的尚未译成中文的国外学术著述囊括其内。

众人拾柴火焰高。译介学术是一项崇高而又艰苦的事业,我们真诚地希望更多有识之士参与这项事业,使之为中国的现代化和学术本土化作出贡献。

丛书编委会
2000 年秋于南京大学

现代哲学只是继承了赫拉克利特和亚里士多德所开始的工作。

——卡尔·马克思:《〈科隆日报〉第 179 号的社论》,载于《莱茵报》,1842 年 7 月 14 日

世界的哲学化同时也就是哲学的世界化,哲学的实现同时也就是它的丧失。

——卡尔·马克思的博士论文《德谟克利特的自然哲学和伊壁鸠鲁的自然哲学的差别》,写于 1839—1841 年

序　言

　　这部著作的目的是展现卡尔·马克思的哲学思想，这一思想后来发展为马克思主义，并在欧洲、亚洲和正在生成为行星的（planétaire）世界的历史运动中发挥了巨大的积极作用。

　　尽管研究马克思的著作已经汗牛充栋，但马克思的哲学思想仍然鲜为人知。因为这些著作在很大程度上要么拘泥于狭隘的历史性（étroitement historisants），要么过于教条（dogmatiques）和辩护（apologétiques）。马克思思想的核心、形成基础以及由它产生的运动源泉（source du mouvement）仍然被遮蔽着。它们遭到忽视、贬低、反对和崇拜，却从未被认真思考过。或许是时候尝试与这种关于大写的技术（la Technique）的发展即普遍历史之谜（énigme de l'histoire universelle）的哲学和辩证法进行对话了。但是，在开始对话之前，为了能够开展对话，我们必须首先倾听和理解马克思的隽语箴言。

　　那些想要阅读马克思主义创始人的著述的人们，将会发现自己置身于一套蔚为壮观而难以接近的著作全集面前。这些著作包括关于德谟克利特和伊壁鸠鲁的博士论文，关于黑格尔的思想与文本的批判和评论，带有强烈启示意义的哲学著作——甚至是"形而上学"著作（《政治经

济学和哲学》[*Économie politique et philosophie*]①、《德意志意识形态》
[*L'Idéologie allemande*]),批驳黑格尔左派(les hégéliens de gauche)
的论战性著作(《神圣家族》[*La Sainte Famille*])和批驳蒲鲁东的社会
主义的论战性著作(《哲学的贫困》[*Misère de la philosophie*]),不朽的
经济学著作(《政治经济学批判。第一分册》[*Contribution à la critique
de l'économie politique*]、《资本论》[*Le Capital*])和政治行动纲领(《共
产党宣言》[*Manifeste communiste*]、《哥达纲领批判》[*Critique du
programme de Gotha*]);关于法兰西阶级斗争的社会学和历史学分析
(1848 年和 1871 年);关于欧洲和东方问题的报刊文章、抒情诗、大量
书信,以及各种笔记和提纲。有一种思想从头到尾激发和支配着所有
这些文本,而在这些文本中,多重主题的发展掩盖了它们所蕴含的统一
性。这种思想从一开始就是哲学的,并力图颠覆传统西方形而上学。
它想要完成、废除和超越哲学本身,并在**实践**(la *pratique*)和**技术**(la
technique)中实现哲学。这种思想始于对人的存在的异化(l'aliénation
de l'être de l'homme)——劳动异化(l'aliénation du travail)、经济异化
(l'aliénation de l'économie)、政治异化(l'aliénation de la politique)、人的
生存异化(l'aliénation de l'existence humaine)和思想异化(l'aliénation
des idées)——的分析与批判,达至对**普遍和解**(la *réconciliation
universelle*)的技术预见(la prévision technique),即人(l'homme)与大

---

① 即《1844 年经济学哲学手稿》。阿克塞洛斯使用的法文版《政治经济学和哲
学》是以 S. 朗兹胡特(S. Landshut)和 J. 迈耶尔(J. Mayer)于 1932 年编辑出版的德文
版《历史唯物主义:早期著作》(*Der historische Materialismus: die Frühschriften*)为蓝
本,由 J. 莫利托尔(J. Molitor)译出,被收录在朗兹胡特和迈耶尔出版的法文版《马克
思全集:哲学著作集》第六卷中。值得注意的是,该版本未收入这一手稿的第一笔记
本。参见 Karl Marx, *Économie politique et philosophie*, *Œuvres complètes de Karl
Marx. Œuvres philosophiques*, T. VI, publiée par S. Landshut et J.-P. Mayer,
Traduit par J. Molitor, Paris: Costes, 1937, p. 9-135. 为了便于理解,下文将遵循现
行惯例把同一文本直接译为"《1844 年经济学哲学手稿》"。凡注释中涉及的法文和中
文引文文献,第一次出现时将给出完整文献信息,此后同一文献则予以简写。中文版
《马克思恩格斯全集》第 1 版简写时标注第 1 版以示区分,第 2 版简写时则不标
注。——译者注

写的自然（la Nature）的和解、人与人的本性（nature）的和解，这种和解通过人的历史的社会的共同体（la communauté hisorique et sociale des hommes）而实现，并最终使必要生活需要的全面满足、对丰裕的统治（le règne de l'abondance）、向一切现存的事物和已经发生的事物敞开的世界（le monde de la transparence de tout ce qui est et se fait）成为可能。这种和解意味着：通过人并为了人而**征服世界**（*conquête du monde*），以及技术力量的无限布展（déploiement illimité des forces de la technique）。

我们将努力使马克思思想箴言中的全部连贯性、深刻性和局限性都能被听到。任何一种重要的思想都有其固有的问题式（problématicité）和多元价值（multivalence）。要想真正使一种思想呈现在我们面前，我们就要对它进行追问和质疑。但这种质疑不是简单地反对它，那是毫无意义的。融入一种思想的节奏并重新激发出它的所有激进张力（intensité radicale）——这些激进张力经常被遗忘或压抑——要比阅读诸如神圣文本、学术论文或报纸杂志之类的哲学文本更加富有成效。

既不存在某个思想家的成体系的思想（la pensée systématique），即他的"主张（opinions）"，也不存在他的思想在哲学通史中的起源和发展的历史。更不存在同他的有条理的方法（démarche méthodique）和整个思想史分离开来的成体系的思想。既不是先有**大写的思想**（*la Pensée*）然后才有**大写的历史**（*l'Histoire*），也不是先有**大写的历史**（*l'Histoire*）然后才有**大写的思想**（*la Pensée*）。因此，我们这里只是试图把握一种涉及历史、从属于历史和通向历史的思想。所以，我们的目的既不是"成体系的"，也不是"历史的"，而只是准备同　种其全部意义还躲避着我们的思想进行对话。因为这种以**大写的技术**（*la Technique*）为轴心的思想是世界历史的生成中的存在（l'être en devenir）的产物，并对思想的本质（l'essence de la pensée）和贯穿历史政治现实的人的实践活动（l'activité pratique）的意义提出重大难题。

　　总之，这项工作旨在提供一种深入思考马克思著作的导引。但是，如果只是通过阐释和实现大写的世界（Monde）的某一方面，这一著作还不能深入存在总体（la totalité de l'être）的中心吧？这是一部深入时间（le temps）即存在的生成（le devenir de l'être）的著作。它表达了某种运动。但是，或许现在讨论这种被冠以**辩证法**（*dialectique*）之名的运动是否主要构成了一种所谓的**思维**的（"主观的"）辩证法（dialectique [«subjective»] de *pensée*）或一种所谓的**现实**的（"客观的"）辩证法（dialectique [«objective»] de *réalité*）还为时过早。在开展这项工作的过程中，现实与思维之间的差异以及马克思关于两者统一（unification）的主张对我们来说仍然是一个问题，**主观的**（*subjectif*）和**客观的**（*objectif*）两个术语同样如此。只要我们在趋向它们的统一基础和共同视域的运动中没有超越主体的主观性（la subjectivité du sujet）和客体的客观性（l'objectivité de l'objet），我们就没有说出任何关于它们的本质的东西。

目　录

导言:理解马克思的思想

　　马克思的思想在他之后发展为马克思主义,一种官方的、体系化的方法(méthode)和学说(doctrine)、理论(théorie)和实践(pratique)。同时,马克思的思想也是整个西方形而上学的延续和扩展,尽管它试图用一种激进的方式废除哲学以便能在现实的物质活动(l'action réelle et matérielle)中实现自身。作为思想史上的环节,每一个新的思想开端都是由大写的哲学(la Philosophie)和大写的历史(l'Histoire)所准备的,并且总是在既定的道路上前进——当然会迈出新的步伐。历史上的思想就是通常所谓的观念史(histoire des idées)的关键要素(le nerf)。它甚至以哲学和思想的形式成为历史之光(la lumière de l'histoire)。

　　希腊思想(la *pensée grecque*)构成了通向马克思的运动过程的第一个阶段。马克思主义的创始人指出:"现代哲学只是继承了赫拉克利特和亚里士多德所开始的工作。"①在世界历史上,前苏格拉底哲学家

① 参见阿克塞洛斯的两篇文章《我们为什么研究前苏格拉底哲学家?》和《辩证法的基始性逻各斯》。Kostas Axelos, "Pourquoi étudions-nous les Présocratiques?" et "Le Logos fondateur de la Dialectique", in *Vers la pensée planétaire*, Paris: Éditions de Minuit, collection *«Arguments»*, 1964, p. 67 - 92. 此处引文的中文版参见《马克思恩格斯全集》第 1 卷,人民出版社 1995 年版,第 227 页。

(les Présocratiques)第一次将大写的总体(la Totalité)(即所有事物
[tout ce qui est])的生成性存在(l'être en devenir)理解为神圣而永恒
的**自然**(*Physis*)①的理性(Λόγος)和真理('Αλήθεια)。在赫拉克利特看
来,爱智慧(la Sagesse[τò σοφόν])即意味着通过友谊(amitié)——通过
战争(la guerre)与和谐(l'harmonie)来把握大写的一(l'Un-Tout[ἕν
πάντα εἶναι])②、**自然**(la *Physis*)、一切隐匿和显现自身的事物的统一
(l'unité)、世界总体的生成性存在,以及用人类的语言来表达**逻各斯**的
节律(le rythme du *Logos*)。继苏格拉底之后,柏拉图和亚里士多德这
两位古希腊古典哲学家(他们不仅仅是古希腊的哲学家)在同智者学派
(les Sophistes)的斗争中,通过建立作为哲学的哲学(la philosophie en
tant que philosophie)即形而上学(métaphysique),将存在(l'être)与思
维(la pensée)"分离"开来,从而为二元论(dualisme)开辟了道路。自从
柏拉图将事物的理念(les idées des choses)抽离出来,希腊思想就开始
对**自然的现象**(les phénomènes de la *Physis*)进行沉思和凝视,并试图
把握它们的形而上学意义和神学意义。然而,在亚里士多德看来,整个
第一哲学都将最终归根于这样一个问题:"什么是(世界总体的)存在
(l'être[de la totalité du monde])?"

　　怀疑论者(les Sceptiques)调转思想武器对准思想和正在被打破的
原初的统一,而斯多葛主义者和伊壁鸠鲁主义者则尝试在自我意识(la
conscience de soi)中寻找支撑。于是,希腊思想与基督教信仰相遇——
基督教信仰的前身是犹太启示(la révélation juive)。普罗提诺(Plotin)
试图再次重建(遗失的)统一的意义。战胜希腊的罗马在一种本质上使
社会的和实践的领域获得发展,并使一切现有事物都转变为一种**物**
(*res*)。然而,罗马并没有摆脱灭亡的宿命。普遍适用于所有存在形式
的真理同样适用于罗马共和国和罗马帝国:每一次胜利都是失败的

---

① 或译作"弗西斯"。——译者注
② 或译作"一之一切"。——译者注

前奏。

　　古代世界的消亡和**犹太－基督教传统**（*la tradition judéo-chrétienne*）的发展开启了另一种视域。一切事物的总体——世界——都被看作由作为最高存在的上帝（Dieu）**从虚无中**（*ex nihilo*）创造出来的。世界不再是**自然**的生成（devenir de la *physis*），而是注定要经历世界末日（l'Apocalypse）的创世（Création）。生活在原罪（péché）征兆下的人类等待着最后的救赎（la Rédemption），而这只有通过上帝的牺牲即上帝变为大写的人（Homme），上帝为人而死才有可能实现。于是，人本身（la personne humaine）怀揣着神谕，成为戏剧（drame）的焦点。按照上帝的形象被创造出来的人在同自然（la nature）和肉体需要（la chair）的不断斗争中创造着作品，以实现圣灵（l'Esprit）的胜利。虽然人是在大地（la terre）上行走、创造和繁衍，但他的目光却始终望向天空，相信真正的世界存在于现存世界之外。犹太先知、《旧约》《新约》、圣·奥古斯丁以及整个神秘主义与经院哲学都秉承着这一传统，它的势力一直延续到宗教改革（la Réforme）。谈论基督教哲学是非常困难的，因为那些倚赖一种启示信仰（la foi en une Révélation）和建立在教会权威（l'autorité de l'Église）之上的东西已不再是哲学了。尽管如此，在基督教世界里仍然有某种思想在发挥作用。

　　第三个阶段开始于前两个阶段停止的地方，而且是对它们的延展。当然，这种延展是以新的面貌——思想——呈现的。**现代欧洲思想**（la *pensée européenne et moderne*）消解了**自然**的总体的统一（l'unité de la totalité de la *physis*）——基督教已经对其提出质疑，并对创造的秩序（l'ordre de la création）提出质疑。它把人类主体的**自我**（l'*ego* du sujet humain）当作同**广延之物**（la *res extensa*）的（客观）世界相对立的**思维之物**（*res cogitans*）。思想（la représentation）与**理性**（la *ratio*）、意识（la conscience）和科学（la science）奠定了把握无限世界的可能性，并进入一个意识、科学和技术（la technique）的权力意志（la volonté de puissance）迸发涌现的过程。人类热衷于征服一切，渴望获得客观的现实化(des réalisations objectives)。人的自我意识和意志不再受到任何限制。历史成为同自然相斗争的真正场域(le véritable lieu)，而大写的技术(la Technique)则试图改造一切。理性主义(le rationalisme)和人道主义（l'humanisme）、自然科学和历史人文科学（les sciences historiques et humaines）、实践活动和理论活动都被置入这场注定要将整个行星(la planète)卷入其中的竞赛中。这一进程似乎甚至在**危机**(la *crise*)前面都无法停下来，即便这种危机暴露出虚无(néant)和虚无主义(nihilisme)的危险。因为整个事业首要的、根本的基础没有展现出自身。而对于一切现存事物和已发生事物为何存在这个问题的答案仍然是缺失的。

文艺复兴的开创者、笛卡尔、法国百科全书派、启蒙运动的哲学家以及"德国观念论(l'idéalisme allemand)"的思想家（从莱布尼茨到康德再到黑格尔）都是在征服**我思**（l'*ego cogito*）、超验自我（le Moi transcendantal）、绝对主体(le Sujet absolu)即绝对精神(Esprit absolu)的过程中涌现出来的英雄。然而，在这一过程中，我们也会听到许多我们难以理解的其他声音——悲剧的声音(les voix de la tragédie)。

在**希腊思想**中，世界，作为正在生成中的万物的总体，依然是大写的一(Un)：它是由激活了人的语言和思想的**逻各斯**(le *Logos*)所阐明的**自然**(*Physis*)。永恒的宇宙存在(l'être du Cosmos éternel)通过存在(les êtres)和存在者(les étants)在它的真理中显现自身，在诸神的神话与行为中表达自身，在城邦(la cité)、艺术和诗歌中通过它们揭示自身。人是一种**自然**的存在(être de la *physis*)（对古希腊人来说，"自然"一词的意义并不等同于我们所理解的"大写的自然"。因为对古希腊人而言，**自然**[la *physis*]是指一种总体性[la totalité]）。人通过"自然"关系(liens «physiques»)得以维持，并服从宇宙的节奏(rythme cosmique)。人能够探究现实，将其转化为语言并提升到知识(savoir)的层面，而且能够运用一种与**自然**(la *physis*)具有共同本质(coessentielle)的**技术/技艺**(*techné*)，却从未把自己设定为宇宙的主人(maîtres)。人类的工作不是企图违反它的秩序(ordre)。被理解为自然的、神圣的、完满的存在的东西仍然是最终诉求(la dernière instance)和第一动因(le premier fondement)。古希腊人知道如何面对非存在(non-être)即虚无(néant)——它本身就是一种威胁——的威胁(la menace)。有时他们甚至敢在没有探究虚无本身的力量和质询存在的基础的情况下用语言来描述它。

在**犹太-基督教的启示**(la *Révélation judéo-chrétienne*)——从某一时刻开始,它更多成为基督教的,而非犹太教的——看来,作为世界的总体(la totalité en tant que monde)是通过上帝的创造活动从大写的虚无(Néant)中产生出来的。一切创造物和生物都从属于创世主。这个世界只是通向另一个真实世界的过渡阶段。大写的自然(la Nature)就是人通过反过来创造新的存在和存在者而加以对抗的对象。但是,自然(la nature)必然会被掌控,因为在它之上有大写的圣灵(l'Esprit)和凡人(mortel),人通过自己的劳动和成果来实现上帝的荣耀。而大写的人-神(l'Homme-Dieu)——统治着众生,上帝变成了人(homme),即绝对主宰之子。一切都服从于神圣的大写的上帝(la Providence)为了实现他的目的所做的计划(plan)。

对于**现代思想**(la *pensée moderne*)而言,世界既是大写的自然(Nature)又是大写的精神(Esprit)——既是现实(réalité)又是观念(idée)——并且将会被**想要**认识、充实、解释和改造它的人的思想和概念(la représentation)所把握。人是一种(准绝对的[quasi absolu])主体,人同其他人、大写的社会(la Société)、工作、辛劳(peine)和客体的建造(construit des objets)紧密联系在一起,并激发出技术(la technique)的可怕力量。而技术一旦被投入对抗自然(la nature)的斗争中,就注定会成为那根撬动整个行星(la planète)的杠杆(le levier)。

作为西方思想发展的第三个阶段,现代欧洲思想趋向于世界性的扩张(expansion mondiale),并在本质上永久地处在**危机**之中。它在寻找能够支撑它的理论活动与实践活动的最终基础(le fondement ultime)，并提出了关于一切事物及其**原因**（*pourquoi*）的问题，但没有给予彻底而全面的回答。现代欧洲思想致力于探寻总体的统一的存在（l'être de l'unité de la totalité）和在它的内部展现自身的东西。但是，它也表现出这样一种持续的趋势，即不是从它的整体领域而是根据从一定角度出发看到的特殊领域来思考大写的世界（le Monde）。于是，存在的总体性被消解了，思想建构和探究着构成各自特殊领域的独立的集合（ensemble）。

现代思想在本质上和构成上是**逻辑的、物理的、历史的、社会学的、心理的和审美的**。它就是通过这些构成相对独立的思想维度和整体现实（la réalité globale）的特殊领域的视域进行思的。显然，这种思想会导致特权中的每一种视域都想（依次轮流地或者根据某种特定的方向）看到整个世界，这样一来就强化了逻辑主义（le logicisme）、物理主义（le physicalisme）、历史主义（l'historisme）、社会学至上主义（le sociologisme）①、心理主义（le psychologisme）、唯美主义（l'esthéticisme）以及它们之间所有实际的和可能的相互渗透、联盟和结合。这些分裂的、部分的观点皆是从各自的视角出发践行一种反思的技能（la technique de la réflexion），并探索各个实体的领域，包括思想、自然、历史、人、艺术及其他特殊领域，这些领域都有其自身特有的规律和结构。毫无疑问，这些对于开展调查研究，促进技术理论（la théorie technique）和改造性实践（la pratique transformatrice）的发展从而产生积极有用的结果都是必要的。然而，那种以其完满统一的方式把握一切事物的中心思想在哪里呢？**难道不再有任何完满了吗？** 难道各个特殊的总体性（les totalités particulières）及其总和（somme）已经取代总体性的循环（le cercle de la totalité）了吗？因为如果它只与特殊的维度联系在一起，即使一种多维的思想（或者许多片面思想的总和）也不一定能够产生一种整体的理解。

————————————

①　又译作"唯社会学论"或"社会学至上论"。——译者注

　　显然,现代思想仍然在以自己的方式寻找大写的总体的统一(l'unité de la Totalité),尽管它是破碎的。不过,这项任务实际上属于一门以普遍性(la généralité)为主题的特殊学科。我们已提及形而上学(或者更确切地说是一般哲学[philosophie générale]),但是它通常会转化为一种形而上学通史(histoire générale de la métaphysique),或者甚至变为一种(大)观念简史(simple histoire des [grandes] idées)。第一哲学(la philosophie première)、本体论(l'ontologie)并没有真正成为根本的,也没有摆脱一种(神学的、唯心主义的或实证主义的)学术体系化(systématisation scolaire)的治标不治本的弊害。要想给出一种关于存在的话语(un discours sur l'être),并不意味着要在存在的总体性及其丰富的表现形式中探究存在的**逻各斯**的意义(le sens du *logos* de l'être)。

　　起源于哲学的科学已经通过尽可能专门化(la spécialisation)而获得发展。科学尽可能地使自身技术化(technicisent),并在自己限定的范围内推进发现、发明工作。同时,科学也没有放弃使一切事物都服从于它的"视点(point de vue)"与方法。尽管如此,科学只是抓住了世界的某个方面,而没有把握世界的总体。虽然我们承认科学的确抓住了现实的某个方面和真理,但它仍然无法把握普遍的大写的现实(la Réalité universelle)。**语言**、**思想**、**自然**(la *nature*)、**历史**、**人**、**诗歌**和**艺术**越来越多地遭到两个方面的冲击,而这两个方面有着共同的技术科学的分母(dénominateur commun, techniquement scientifique):它们受到历史的(历史主义的)偏见和体系性的偏见(把它们变为专题论文的研究对象)的攻击。根据这两种主张,每个领域都有着自己的"历史",而且每个领域都宣称自己做了完全充分的科学分析。但是,关于历史和人的问题、关于历史的意义(sens de l'historicité)和人的存在(l'être de l'homme)的问题都在这些分析中得到阐明了吗? 历史科学和人文科学能否解决它们应该处理的问题,还是仅对技术上的探索(l'explorer techniquement)感兴趣?

　　在现代世界和思想世界中，**大写的历史**（l'Histoire）和**大写的人**（l'Homme）已经成为特权的中心（centres privilégiés），对它们的研究具有一种特别的近乎戏剧性的重要性。一切事物都被视为在**大写的人类历史**（l'Histoire humaine）的时空中显现自身。因此，**大写的人类历史**就是对过去的整个人类历史的一种科学上的占有（approprie scientifiquement），就是通过技术（la technique）改造**大写的自然**（la Nature）而为超越不断昏暗荒凉的现在、走向更加美好的未来做好准备。这样一来，**历史性的大写的人**（l'Homme historique）就成为总体的悲剧（la tragédie de la totalité）中的主角：人的思想想要掌握一切存在，人的艺术作品（œuvres artistiques）和技术作品（œuvres techniques）展现了他的本质，这同时表明人是通过异化（aliénant）和苦难（souffrant）在普遍的历史中实现自身，使自身对象化。尽管如此，人类从没有放弃过要征服——无论是以个人的方式，还是以集体的方式——那些躲避他们的东西。人相信自己就是生成（devenir）的主角。但人却轻易忘记了，如果人是这一生成的主体（les sujets de ce devenir），那么，人也会被这种生成所统治。而且，这种生成完全不同于那种使"主体"和"客体"朝着一个理想的可计划的终点前进的过程。但是，人们不想再徘徊，也不想深陷迷误（l'errance）之中。

　　现代思想——在世界历史上第一次——赋予了人一种拥有相当大的特权的角色。它把拥有自我意识（conscience de soi）和**理性**（ratio）的**自我**（l'ego）设定为**思维之物**（res cogitans），并指定整个**广延之物**（la res extensa）领域作为它的活动场域（champ d'action）。因此，人的主体性（la subjectivité）成为现存事物（ce qui est）的（客观）基础（le fondement [objectif]）。这个大写的世界（le Monde）就是由主体世界（le monde du sujet）和客体世界（le monde du objets）所构成的，而人是能动的求知的（客观的）大写的主体（le Sujet [objectif]），并作用于客体，在思想（la représentation）中把握客体。**思维**（la cogitatio）是同行动（l'action）甚至**骚动**（l'agitation）相联系的。由此，历史便构成人类的世界,成为一切行动的领域,成为真实的场域(le véritable lieu)。思想开始探索人的存在之谜(l'énigme de l'être de l'homme)以及人类历史的意义。然而,具体(le concret)和有限(le fini)的关系以及普遍(l'universel)和绝对(l'absolu)的关系成为令人苦恼的问题。我们试图系统回答这些大问题,但我们还无法阐明现存的事物(ce qui est)或正在生成的事物(ce qui devient)。不过,这不会阻止已经开始的行动继续进行下去。

在这个人道主义(l'humanisme)与道德主义(le moralisme)已经遍布整个地球表面的时代里,现实主义(le réalisme)与唯心主义(l'idéalisme)、理性主义(le l'rationalisme)与经验主义(l'empirisme)、个人主义(l'individualisme)与普遍主义(l'universalisme)、知识论(la théorie de la connaissance)与行动的技术(la technique de l'action)都是成对出现的。在思考现代性(la Modernité)的伟大思想家们看来(并且只有在这些伟大思想家们看来),人和历史绝不允许自己被孤立起来,它们拥有同其他任何事物联系起来,也就是同包含着它们的总体性联系起来的权利:它们仍然处在一个更为整体的圈子中。

实质上,正是由于对科学理解(la saisie scientifique)和人与历史的实践改造(la transformation pratique)的渴望,这些实体(entités)(人和历史)发现自己被赋予了权利,并以某种方式切断了任何将它们同为它们奠定基础和超越它们的事物联系起来的纽带。这一转折点大约发生在 19 世纪中叶,恰好是在"哲学的世界化(devenir-monde de la philosophie)"和"世界的哲学化(devenir-philosophie du monde)"这一阶段中的最后的伟大哲学完成之后。以黑格尔为分界点,历史主义(l'historisme)(和社会学至上主义[le sociologisme])和实践人道主义(l'humanisme pratique)(无论是个人主义的,还是集体主义的)都出现了。在这里,我们可以看到一种从"人类学的"和"历史学的"自主性(autonomie «anthropologique» et «historique»)角度出发思考人和历史的普遍趋势的兴起,尽管某些思想家努力拒斥将总体分解为部分,拒绝以本体论分解（découpages ontiques）和方法论分割（segmentations méthodologiques）的方式来探究一切事物及其表现形式背后的本质和根据。到了 19 世纪末 20 世纪初，一种用以构序（ordonne）现实（le réel）与知识（le savoir）的认识论框架和"本体论"框架（schéma «ontologique» et épistémologique）被成功确立起来。根据这一框架，**物质材料**（la *matiére*）、**矿物**（les *minéraux*）、**植物**（les *végétaux*）、**动物**（les *animaux*）、**人**（les *hommes*）和**历史性社会**（les *sociétés historiques*）构成了生成链条（la chaîne du devenir）上的各个环节——而相应的科学框架（le schéma des sciences）序列也经历了从**数学**、**物理学**到**生物学**和**社会学**的演变，并最终产生了通过劳动（le travail）、技术（la technique）和科学（la science）来掌控和改造他们自身和其他一切事物的历史性的人（l'homme historique）和社会中的人（hommes en société）。

于是，人成为一个问题，一个我们无论如何都热切渴望加以说明和予以解答的开放性问题。但是，人类主体（le sujet humain）在本质上是一种历史性的存在（l'être historique）。因此，历史本身也需要加以探究，我们要努力洞察历史的意义的奥秘。人类学试图把握人类现实（la réalité humaine），历史学、社会学、政治经济学和政治学则力图理解人类社会的历史性生成。因此，这些研究都主要从事探究与人类和历史相关的东西：它们阐明人类的过去，历史的、社会的和政治的结构（structures）与解构（déstructurations）。它们试图认真地分析，以便更好地完成当下的事情，并根据它们的计划而为未来（l'avenir）——行星性的未来（avenir qui se veut planétaire）——做好准备。

因此，借助人类学、历史学和社会学所建构的整体网络，被称为**人**和**历史**的实体性现实（les réalités ontiques）就在理论层面和实践层面上得到考察。而这恰恰是思辨哲学（la philosophie spéculative）和本体论的形而上学（la métaphysique ontologique）的伟大时代终结之后出现的某种东西。那么，哲学不再言说任何东西了吗？哲学已经变成真正的科学了吗？除非我们将马克思的思想置于世界思想史的视域中，否

则,我们就很难理解它。因为马克思的思想恰好处在历史的某一特殊
环节上。这就是为什么我们需要通过考察产生它的思想运动来展现马
克思的思想。马克思本人将哲学看作这样一种哲学,它是一种必须通
过实现自身而被超越的理论活动(activité théorique),尽管"哲学的实
现同时也就是它的丧失"。马克思强调并阐述了他身边正在发生的事
情。马克思所批判的不是世界总体(la totalité du monde)的生成性存
在(l'être en devenir),而是人的存在(l'être humain)和社会的历史的生
成(devenir historique et social)。

　　人的存在(l'être humain)和历史的生成(le devenir historique)恰好
构成了我们试图勾勒的研究框架的轴线。我们研究这种存在和生成,
是为了能够通过科学(la science)与技术(la technique)的积极介入
(l'intervention)而对它们进行改造和完善。科学技术(la technique
scientifique)把总体性的现实(la réalité totale)划分为不同的领域、部
分、区域和片段,以便更好地使它们同(假设的)恰当的视角和方法相适
应,其目的就在于通过运用各种特殊的、适当的手段来实现有效行动。

　　毫无疑问,每个人都知道"人"和"历史"在宇宙自然(la nature
cosmique)和无限的大写的总体(la Totalité illimitée)中显现出来,并向
过去和未来敞开着。没有人不会意识到这样一个事实,即人和历史是
无法被彻底割裂开来的。我们在任何地方都不会看到绝对孤立的、脱
离任何历史的人。我们在任何地方也不会看到完全客观的
(impersonnelle)、空缺人类的历史。我们在本质上具有不可分割的历
史性和人性(indissolublement historique et humain)。人表现为生成的
主角,而世界总体的生成性存在就是在这种生成中自我显现和自我退
场的。无论是人类的个体,还是人类的集体,都是这一运动的积极动因
和消极动因。当然,还有这样一种持续的趋势,即忘记了人类历史绝不
会耗尽存在的总体(la totalité de l'être)。社会的历史的生成(le
devenir historique et social)——尤其是如果从一种狭隘的还原论的角
度来理解的话——很难与开放的总体(la totalité de l'ouverture),即世

界，一个绝非"总体的"总体（totalité jamais «totale»）相一致。这种非总体的总体（la totalité de la non-totalité），即大写的世界（le Monde），绝不只是一种经验的集合（ensemble empirique）。这种由大写的世界的碎片（fragments du Monde）所构成的开放的总体（la totalité ouverte）不能被贬低为所谓真实而感性的世界（monde sensible et réel）。实际上，只有一个**世界**（*monde*），但不能将其限定和把握为构成性的、具体化的世界（le monde constitué et concrétisé）。

主体性（la subjectivité）的时代——现时代——只能赋予人类学、历史学和社会学以特权，却使人的思想和行动失去根基。**主体性**并不是指心理学的、个人主义的（individualiste）和本位主义的（particulariste）主体性。这种主体性构成了揭示世界总体的时间和场域。因此，这是一种**客观意义**上的"主体性"（*objectivement* la «subjectité»）。

人与历史、个人与社会、主体性与客体性的对立依然是概括性的、缺乏内容的，因为我们还从未遭遇一个极点。这些对立的出现正是因为我们对构成整体（l'ensemble）的元素做了人为的区隔，而恰恰是整体（l'ensemble）使它们成为积极的组成部分。然而，这并不意味着我们拥有总的基础（le fondement du tout）和构成整体（l'ensemble）的所有事物的共同而独特的根源（la racine）——无论是以完满的方式，还是以彻底分裂的方式。众所周知，人类历史包含着始终在社会中的、到处不断发展的个人。但问题在于：究竟是人构成了自己的历史的原因（la cause），还是历史创造了人？这种问题是毫无意义的，因为它是人为臆造的（artificielle）和抽象的（abstraite）。关键在于知道如何在唯一的运动中理解包含着人和人类——他同其他人类一起"创造"历史（«fait» l'histoire）——的伟大和痛苦的整个历史（globalité de l'histoire）。马克思的确赋予了某个方面以特权，并将它同其他方面分割开来，但他并没有将它孤立起来。马克思突出了一个主导方面，同时分析了所有事物的整体（l'ensemble）中的一个决定性因素。马克思深化和拓展了某种现实，却没有建立一种具体的、总体的、统一（unitaire）的而非一体的

(unifiant)方法。他建议阅读历史著作，并提倡一种特殊的行动方式。然而，世界总体(la totalité du monde)也包含着其他的现实和其他的活动。

　　由前苏格拉底哲学家们所开启的大写的总体(la Totalité)，他们借助**逻各斯**(le *logos*)在世界历史上第一次把握的总体，在黑格尔的思想中变为一种总的体系(système total)。而在这一体系中，**真理是全体**(*le vrai est le tout*)①。但自黑格尔之后，大写的总体(la Totalité)就不再表现其**自身**。虽然总体的各个领域和维度、各个部分和方面依然为人类所把握，但本体论思想的缺失依然残酷地表现出来。一切事物的根基(le fondement)以及把所有事物联系为一个大写的全体(Tout)的纽带仍然困扰着人类。大写的自然(la Nature)已经成为人类斗争的对象，上帝已死，大写的人类社会(la Société humaine)呈现出可怕的断裂(failles)。个人(l'homme)和人类(les hommes)都在努力摆脱异化、重新获得自身，因为无论是个体存在(l'existence individuelle)还是人类共同体(la communauté humaine)都离不开某种作为基础的东西。人类拼命试图通过使自己的戏剧(drame)社会化(socialisant)，通过激发意志和劳动的力量来实现人与自身、人与他人以及人与大写的世界(le Monde)的和解。然而，**思想**(la *représentation*)和**理性**(la *raison*)的力量、**理论知识**(*savoir théorique*)和**实践劳动**(*travail pratique*)的力量、**意识**(la *conscience*)和**技术**(la *technique*)的力量似乎已经无法直接重新获得已丧失的统一性(l'unité perdue)、破碎了的总体性(la totalité brisée)和变质了的本性(la nature dénaturée)。大写的总体(la Totalité)的唯一真理将不再展现自身，统一的基础也不再可见。对现代人来说，大写的全体(le Tout)假借了大写的虚无(Néant)的面孔。但是，人们没有停止践行一种似乎不会遇到限制的理论活动和实践活

---

　　① 此处的德文原文为"Das Wahre ist das Ganze"。参见 G. W. F. Hegel, *Phänomenologie des Geiste*, Berlin: Akademie, 1964, S. 21. 中文版参见[德]黑格尔：《精神现象学》(上卷)，贺麟、王玖兴译，商务印书馆 1979 年版，第 12 页。——译者注

动，即使所有这些活动无法解答关于"**为什么**(*pourquoi*)"的问题——实际上它的影响恰恰是相反的。为了直面异化(l'aliénation)，并提供一种应对随着物质生产节奏的加快而不断增长的不满(l'insatisfation)的药方，历史辩证法(la dialectique historique)试图掌握人的存在的秘密和人类的生成的秘密。一切剥削、挫折和不满的根源都将遭到这样一些人的攻击，他们想把否定性(la négativité)和苦恼的意识、令人痛苦的混乱和缺乏沟通途径的冲突转变为肯定性(positivité)和革命的意识，这种意识将通过解决各种疑难、建构一种令人满意的秩序(ordre)而达到一种和谐(harmonie)。

首先，正是马克思这个姗姗来迟的犹太先知开启了这一探索之旅。他将西方思想中的人道主义思潮(la tendance humaniste)推向顶峰，揭露了人和社会的罪恶，并提出一种解决方案和治疗方法——他通过分析在长期过程中形成的既定条件而做到这一点。在马克思看来，这种艰难的发展，即人类历史的力量的发展，已经使人同人自身的存在、人的劳动产品、真正本质以及世界总体相异化。所有这一切的关键就在于人为了一种技术文明(la civilisation techniciste)而丧失了自己的真正的社会本质(la vraie nature sociale)。在分析这种反常的异化状态时，马克思进行了猛烈质问和彻底批判，并试图提出一种实践方案(manière pratique)来克服这种多样态的异化(la multiforme aliénation)。马克思的论战性分析使他得出了关于**现在**(*présent*)的极其消极的结论和关于**未来**(l'*avenir*)的愚蠢的和解的展望，而**过去的原初**的问题仍然笼罩在阴影之中。

马克思认为，他已经在对人的劳动的分析中发现了悲剧的秘密(le secret de la tragédie)。人的劳动、产品的生产、人的再生产(la reproduction des hommes)以及人的自我生产(l'autoproduction de l'homme)通过建构一种异化的关系而将人和大写的自然(la Nature)联系起来。马克思认为，他已经在劳动异化(l'aliénation du travail)中发现了异化了的人类历史生成之谜(l'énigme du devenir historique de l'humanité aliénée)。因此,经济的悲剧(la tragédie économique)就表现为充满罪恶与动荡的最坚实的现实,而大写的罪恶(le Mal)则投射为原罪的一种世俗化的阴影。劳动者为了生命的生产(la production de la vie)反对他人、反对自然的斗争窒息了生命力(les forces vives)。

马克思试图揭示其秘密的这种"罪恶"是否有可能还尚未产生出来? 这难道不是生命力发展所固有的吗? 另一方面,我们为什么会禁不住想到"原罪(péché originel)"呢?

创世主叮嘱亚当(第一个人)不要吃伊甸园里他应该耕种和看护的智慧树上的果实。万能的神告诫人,伊甸园中的各种树上的果子,可以随意吃,"只是那知**善恶**树上的果子,你不可吃,因为你吃的日子必定死"。神的训诫没有被遵守,于是产生了消极的后果,男人和女人变成凡人,**平凡**(*mortels*)而拥有**知识**(*connaissants*)。因为当他们吃了禁果,"他们二人的眼睛就明亮了"。自此以后,亚当和夏娃的后代必须预料到不幸会降临到他们的生活中。伊甸园消失了,因为现在人类**变成**了凡人,同时也由于原罪而拥有了知识。永恒的上帝告诉第一个凡人说:"你既听从妻子的话,吃了我所吩咐你不可吃的那棵树上的果子,地必为你的缘故受诅咒。你必终身劳苦,才能从地里得吃的。地必给你长出荆棘和蒺藜来,你也要吃田间的菜蔬。你必汗流满面才得糊口,直到你归了土,因为你是从土而出的。你本是尘土,仍要归于尘土。"上帝以这种方式惩罚第一个人及其子孙后代在土地上辛苦劳作,成为**生产**的必然性(la nécessité de la *production*)的囚徒(prisonniers)。**生殖**(la *reproduction*)同样遭到上帝的诅咒,他告诉第一个女人:"我必多多加增你怀胎的苦楚,你生产儿女必多受苦楚。你必恋慕你丈夫,你丈夫必管辖你。"

无论是由永恒的上帝根据自己的形象用泥土创造的男人,还是来自男人、作为男人的助手和伴侣的女人(因为"那人独居不好"),原本就注定是不朽的和被保佑的。他们的使命就是繁衍后代,**通过征服和统治大地,通过统治其他物种来充实**(*remplir*)**大地**。自从被驱逐出伊甸园、贬落人间，他们就变成凡人，注定要回归大地，在困难、斗争和苦难中进行生产和再生产，以求维持生计。而且，他们既要通过同自然（la nature）的斗争来满足自己的基本需要（besoins vitaux），也要通过相互斗争来满足自己的欲望（désirs）。男人和女人听从了否定性的声音（la voix de la négativité），吃了结出善恶知识的树的果实。他们获得了这种知识，睁开了双眼，变得**"像上帝一样能知道善恶"**。既然凡人被赶出伊甸园并被罚在大地上劳作和受苦，那么人类是否真的想要变得"像上帝一样"并在地球上建造天堂（le paradis）呢？ 从巴别塔（Babel）的建造者们的精神来看，对于在属于人类的地球上发展的人类而言，试图征服上帝的天堂不是非常诱人吗？ 因为他们曾说："来吧，我们要建造一座城和一座塔，塔顶要通天。我们要为自己立名，免得分散在全地上。"

伴随第一个人类的诞生而来的知识（la connaissance）一旦确立起来，就会继续发展下去。亚当**认识**了夏娃，她怀孕生子。原罪是神圣而"自然的（naturel）"世界发生一种断裂（brisure）和错位（dislocation）的结果。知识的涌入突显了这种断裂，因此，人类希望运用知识来克服这种对生命的生产造成影响的苦难。

作为晚近的犹太预言家（Prophète juif tard venu），马克思似乎仍然能够听到《旧约》（l'*Ancien Testament*）的回响——尽管这种回响来自非常遥远的地方①。不过，他试图让人类走上一条超越与生俱来的原罪和诅咒的道路。马克思坚信，借助真正的知识即对人的真正的社会本质的认识和对一切人类苦难的反思意识，人类就有可能彻底从将其囚禁在历史生成之洪流（cours du devenir historique）中的锁链中挣脱出来。原罪会受到质疑和否定。劳动（le travail）将不再是异化的。人

---

① 弗洛伊德也在从事一项旨在从与原罪相关的诅咒（la malédiction attachée au péché originel）中解放出来的工作。但对他来说，需要解放的是爱（l'amour），而不是生产劳动（le travail productif）。马克思想要解放生产劳动的目标和弗洛伊德想要解放爱的目标是相一致的——他们都是通过对压迫性禁忌（interdits oppresseurs）的反思意识而得出的。

将会成为地球的主人，而无需向任何其他主人（无论是人还是神）卑躬
屈膝。马克思指派给人通过调和人与人自身、人与其他人以及人与一
切事物之总体的关系来征服地球的任务。由此，马克思清空了诸神的
天堂，并试图废除天堂与大地的二元性。

　　在马克思的背后是一个起源于**希腊人**、**罗马人**、**犹太人**、**基督徒**、**欧
洲人**和**现代人**的整体世界。他的思想试图摆脱各种形而上学的假设，
但是一般的假设——特别是形而上学的假设——并不总是那么容易被
看清楚。虽然他并没有想要从事哲学家的工作，但他的思想已经具有了
哲学的维度。他使某种源自遥远的过去的事物变成"具体的（concret）"。
很显然，他的体系化（systématisation）是科学的，因为对他来说最重要
的是借助实证的知识（le savoir positif）（和通常所说的实证主义的
［positiviste］知识）来理解人类的历史发展过程，以便将这个世界实践
地改造为一个适合人类活动的世界。但是，宣称是科学的东西并不只
是源自各种科学资源。可以说，马克思科学地阐明了其隐性的哲学的
（形而上学的）假设，仅仅用"**科学的**（*scientifique*）"这一术语来描述他
的工作是不恰当的。除了科学（la science）之外，技术（la technique）也
对马克思的事业产生影响。或许，（现代）技术（la technique［moderne］）
构成了（现代）科学（la science［moderne］）的内在驱动力。

　　马克思是从一种整体思想（une pensée globale）、一种总体观念
（une idée d'ensemble）出发来展开一种分析工作，即**经济的**、**历史的**、**政
治的**、**社会的**和**意识形态的**分析工作，最终又回到一种总体的视域（une
vue qui se veut totale）。马克思的（哲学）思想遵循着一种特定的科学路
径，但并不满足于科学结果。马克思首先是一个对技术（la technique）发
展所造成的异化（l'aliénation）进行分析的技术学家（technicien），同时
也是一个试图消除异化（la désaliénation）和改造世界历史的技术学家。
构成现时代的秘密并呈现出不同面貌的技术（la technique）也在马克思
的著作中发挥着重要作用。马克思力图对技术力量进行一种去异化的
总体的部署（déploiement désaliéné et total）。马克思思想的普遍趋向、

马克思著作的科学建构及其实践结果都始终贯穿着技术(la technique)。我们必须尝试把握这种在哲学、科学和技术上不可分离的思想的核心，而这种思想激活了一种能够建构一种总体理论(théorie d'ensemble)和制定一种实践纲领(programme pratique)的方法。

为了实现这一点，我们必须竭尽全力去把握马克思思想的本质，总体地理解他的话语，揭示其思想运动的起源，并将他的思想发展看作一个统一的过程，虽然这一过程包含了各个不同的阶段。为了能够同马克思的话语进行一次面向未来的对话，我们必须同他的工作的活的核心(le cœur vivant)建立联系，并以思的方式追求这一工作在对世界进程的介入中获得有条不紊的、系统的发展。倾听并理解一种声音的原声并非易事。而要同一种被隐匿在一种结构(construction)中的真理(vérité)进行沟通更加不易。而试图对一种以征服为目的的思想设定过多的限制就会不可避免地遭遇各种困难。

尽管如此，我们必须接受所有这些困难，并直面那些可能会危及这一事业的风险——这种风险可能并不会真正达到所设想的那种危害程度。因此，我们的目标就是弄清楚马克思思想中的方法手段(la démarche méthodique)和体系内容(le contenu systématique)，同时认识到对进步的思想来说，方法(méthode)与学说(doctrine)是不可分离的东西。我们所从事的既不是一种**辩护**(*apologie*)，也不是一种**批判**(*critique*)。进攻(l'attaque)与防御(la défense)尽管对军事行动来说可能是必要的，但它们通常都会变得毫无意义，并最终成为某种无可辩驳而又站不住脚的行为。如果停止歌颂或争论，将会产生更有意义的结果。我们只是准备沿着马克思在把握残酷现实的过程中所经历的思想之路来尝试弄清楚马克思学说的内容。追寻和理解马克思思想的进程(la marche)和方法(la démarche)就意味着要揭示他的意图，并跟随他的脚步得出最终的结果。通过尝试聆听马克思的话语——一种合乎逻辑的、连贯一致的和包罗万象的话语，我们也应该为**清楚揭示出它的真理**(*éclater sa vérité*)做好准备。而要想把一种思想的真理如此呈现出来，就必须向它敞开胸怀。因为唯有如此，尚未解决的问题与局限、内在困境与偏见才能以恰当的方式展现出来。我们同样也要以开放的态度面对一种思想的真理的爆裂(l'éclatement de la vérité)，因为它会像其他任何真理一样，难以摆脱被其他思想取代的命运。对于构成性思想(pensées constituantes)和构制性思想(pensées constituées)的学术性评论或机智批判是，且依然是次要的。这些思想没有得到"证实"或"证伪"。它们有机地产生和发展，通过表达和阐明开放性总体(la totalité ouverte)的某个核心领域或方面而表现出来，通过转化而变成实际现实的真理和真实力量，否则它们就只能被埋葬于图书馆中，因为它们没有把握一种震撼人心的真理(vérité foudroyante)。但是，在已经耗尽和实现它们的真理(或至少它的一个维度)之后，在已经实际而普遍地种下新的思想和现实之后，伟大的思想也会"消亡"。真正重要的思想的确会"消亡"，但是它们的意义已经被镌刻进在生成中的世界的生命之中。

为了从哲学上理解马克思思想的形而上学前提，理解马克思学说的伟大意义及其方法的力量，从而理解马克思的全部事业想要达到的目标，即他的目标(but)和学说(doctrine)①，我们就必须牢牢记住没有哪一种理解或解读能够穷尽它们的源泉。任何一种名副其实的思想都是多维度的(multidimensionnelle)和多功能的(polyvalente)，即便如此，最重要的事情可能就是我们成功揭示出它的主要方面。只有当它的主要方面得到显现的时候，我们才能真正让它开口说话。因此，我们建议去理解马克思思想的**中心轴线**(l'axe central)。为了不让马克思的思想退化为一种框架(schéma)，我们应该尝试对它的原初意图提出质疑，以使弄清楚它的问题式(problématique)和问题式特性

① 在英文版中，英译者将此处译作"它意欲完成的东西(what it wants to accomplish)和它意欲到达的地方(where it wants to go)"。参见 Kostas Axelos, *Alienation, Praxis and Technē in the Thought of Karl Marx*, translated by Ronald Bruzina, Austin: University of Texas Press, 1976, p. 21. ——译者注

(problématicité)，从而对马克思思想本身提出疑问。因为马克思的思想包含着否定性，即一种超越的运动(mouvement de dépassement)，而且它的否定性正在等待着爆发的时刻。通过运用这种隐含在马克思思想运动中的否定性，我们解开了约束这种否定性的结构性框架，也使马克思思想的固定性(la fixité)重新流动起来。我们没有从外部攻击它，而是按照它的节奏向前推进。而当我们睁开自己的双眼时，就会意识到我们不得不在这种思想可能已经停止的地方继续前进和思索。

如果我们想要回到马克思思想的根基，并跟随它达至最终结果，那么，我们还应该找到构成它的基础和超越它的东西。为了呈现一种思想，并**使之在场且澄明**(*rendre présente et transparente*)，就意味着要揭示包含其特殊性的普遍性的存在。这也意味着要坚持将它的内在"矛盾"展现出来，而不是以一种漫不经心的态度或学究式的态度指责这些矛盾。没有哪个人的思想是通过在总体上将一切二元性(dualité)和复数性(pluralité)归结为统一性(l'unité)进而垄断总体性(la totalité)而成功的。马克思的思想也不例外。通过真正使一种思想出场，我们已经在或多或少遥远的未来将会替代它的东西扫清了道路。**超越**一种思想就是要阐明它的真理，理解它的迷误，并通过利用、克服和推进它而使之继续发展。历史上的思想的生成实现了一种超越和辩证扬弃，而通过这种超越和辩证扬弃，每一种伟大思想所特有的真理的环节(le moment)得到保存。这一历史的生成实际地实现了真正重要的思想，并通过改变它们而使之普遍化。一种思想的建构，它的历史性改写(adaptation historique)，难道不会构成——不只是一种改造(transformation)——一种背叛(trahison)吗？但是，我们应该以何种名义来公正地做出判断和提出要求呢？毋庸置疑，在许多可能性中，只有一种能被实现出来的可能性，即那个最强有力的可能性，最容易将自身转变成一种"现实的"力量的可能性。因此，这种可能性绝不是一个已实现了的思想的全部意义。在马克思的原始思想(马克思的思想)和马克思主义之间同时存在着连续性和连续性的断裂。我们能够将马克思与马克思主义分离开来吗？当然不能。但我们也不能将它们等同起来。就像柏拉图主义和笛卡尔主义(le cartésianisme)一样，马克思主义借助那些表现为连续性的力量和非连续性的力量的纽带而同它的创始人联系在一起。**柏拉图主义**、**基督教**、**笛卡尔主义**和**马克思主义**都依循着最初由创始人所开创的道路前进，虽然它们偏离了原初的目标。它们各自都发展为由一种原始驱力所推动的运动，并使之改变、普遍化和丧失活力。在柏拉图思想和柏拉图主义、基督教愿景和基督教、笛卡尔的思想精髓和笛卡尔主义以及马克思思想和马克思主义之间存在着一条不可逾越的鸿沟。最终，没有人能够说明这些"**主义**(*ismes*)"到底意味着什么。无论它们是变幻莫测的不可捉摸的普罗透斯(Protées)、模糊单调的"世界观"，还是思想态度或伦理态度，它们都要为丧失它们的第一真理、它们的效果、它们对世界的介入以及它们的真理的一个方面的普遍应用而付出代价。一种想法、一种直觉、一种视角的闪现和创立可能无法保持其原初的强度和纯粹性。但当它变成一种哲学的、宗教的或政治的运动时，任何基本目标都被确立为一种渴求扩张的权力，并追求一种使其自身发生变化的发展，进而成为一种赋型的力量(force formatrice)。这种通过自身的进化发展而将它的最初面貌同它的最终结果区分开来的差别绝不能被忽视。但必须认识到，它内部的某种东西使它能够扩展(expansion)和物化(réification)，并使这种扩展与物化过程成为可能。

　　卡尔·马克思的思想已经成为马克思主义，成为一种理解和把握世界的理论运动与实践运动。[①] 马克思主义是一种真正具有影响力和可操作性的历史理论，同时也是一种极为有效的社会分析工具和一种

---

　　① 我曾在一篇文章中公开讨论过"马克思主义哲学"，探讨了一个在其最成问题的各个方面中被严重忽视的问题，然后对各种异议和疑问作了回应。参见 Kostas Axelos, "Y a-t-il une philosophie marxise?", *Arguments*, n° 4, 1957; "Marxisme «ouvert» ou «en marche?»", *Arguments*, n° 5, 1957. 另参见 "Thèses sur Marx", *Arguments*, n° 7, 1958. 这些文章都被收录于我的著作《走向行星性思想》(*Vers la pensée planétaire*)中。

政治斗争的强大武器。然而，马克思主义自始至终都知道自身所具有的、将会导致自身被取代的各种困难。在成为马克思主义（系统化的理论与实践、构成性的方法与学说）的过程中，具有原创性的马克思思想已经使自身外化和异化，已经以一种客观的现实的方式实现自身，并产生出某种自主的东西。通过将马克思思想加以扩展和转化，即通过扩展它的意向的某个维度和收缩那些仍包含着开放性和问题性的维度，通过将它的抱负转化为意识形态和现实，马克思思想向马克思主义的发展使得一种原初的直觉（intuition originelle）获得完成和实现，并产生出系统的和实践的效果。然而，这种具有持续重大影响的"变形（déformation）"是通过马克思思想的最初公式化（formulation première）而成为可能的，这种变化只是使原始要素实现出来，其中被接受的并向前发展的方面占据了主导地位。但是，我们既不要试图将马克思和马克思主义分离开来，也不要试图将它们紧紧捆绑在一起。我们认为，若想理解马克思主义，就必须首先理解马克思。我们尝试重新建构马克思和黑格尔及其之前的整个哲学传统的联系。让我们将马克思的思想看作一种思想，但同时也不要忘记存在着一个青年马克思和另一个马克思。让我们思考一下使马克思的哲学思想和马克思主义得以统一和分离的纽带问题。因为其中存在着一种统一，即马克思思想中的某种东西促成了马克思主义的发展。我们也不要忘记其中还有一道鸿沟（fossé）、一个深渊（abîme）将富有创造性的天才同那些同样天赋异禀的追随者们区分开来。我们切勿忘记，必须回到源头才能更好地追寻这一思潮。（哲学）思想为每一种妄想取代哲学的科学理论、技术理论和实践理论——虽然它们都是从哲学中产生出来的——建构起遥远的基础（le fondement lointain）。然后，我们必须尝试思考和理解当哲学产生科学和技术（technique）的时候，当哲学使自身"现实化（réalise）"和"具体化（concrétise）"的时候，当哲学变为实践的时候，它究竟变成了什么。一种思想的哲学基础也会产生在其发展中可能自主偏离它的学说。而这些学说通常试图成为一种总体性视域，成为一种理解一切存在物的方法。即使它们的个别真理领悟了总体的一个方面,它们也难以把握总体的存在本身、总体的生成性存在(être même en devenir de la totalité)。因为它们只是片面地观察开放的世界整体的这个方面或那个方面。对建立在大写的现实(Réalité)之上的诸多现实(réalités)的清晰表达绝不等同于真正穷尽每一件正在发挥作用的事物。无论是历史的意义,还是人类生活的意义以及世界过程都是无法穷尽的。关涉所有问题的问题,即马克思想要解决的问题——关于在人类史中的人和处于世界历史之中心的人的问题——依然是开放的,我们可以将它看作一个形而上学的和历史性的问题。任何片面的方法都无法清楚地表达它,更不用说解决它了。

为了理解和阐明马克思的思想,为了使马克思的思想活生生地呈现出来,我们必须寻找一条指导性的线索。这正是我们正在尝试做的事情,即找到那条可依循的线索。我们的阐述必须建立在马克思著述的文字和精神的基础上,这些文本能够让现实(人和物)开口说话。我们应该尝试弄明白马克思详细阐述的人类观(la vision de l'homme)、历史观(la vision de l'histoire)以及救世纲领(le programme salvateur)是如何坚决反对破碎的大写的总体(la Totalité brisée)和错位的大写的统一(l'Unité disloquée)之根基的。我们应该将所有文本都考虑进来,但不能将它们放在同一个层面上。我们应该对马克思青年时代的著述(1848 年《共产党宣言》之前的著述)给予特别但非唯一的关注,以便更好地把握马克思思想的起源、结构和发展。我们一刻也不能忘记的是,马克思的思想在进一步发展中采取了恩格斯和其他马克思主义者赋予的形式和内容。在不忽视马克思著作的总体视域或整体意义的前提下,我们将主要依据《巴黎手稿》即《1844 年经济学哲学手稿》——它是马克思思想的理论起源和试金石(pierre de touche)——和《德意志意识形态》的第一部分。借助我们所引用的许多段落文字,我们希望将马克思的真实思想和语言及其字里行间的精神和意蕴展现出来。

第一部分

从黑格尔到马克思

在严格意义上，如果没有黑格尔的"存在-神-逻辑学"(l'onto-théo-logie)，作为思想家的马克思简直就是不可理解的。① 这是一场奇异的"对话(dialogue)"，对话双方既密切互动又彼此对立。在对话中，辩证法(la dialectique)在被绝对知识(le savoir absolu)建构、思考和操纵之后，又被颠倒过来，开始用它的双脚走路，因而有点昏头昏脑。辩证法似乎真正成为世界历史(histoire mondiale)和总体实践(praxis totale)。在马克思的推动下，辩证法经历了一次蜕变(mue)。历史不再是绝对精神(l'esprit absolu)自我展开的空间和时间，而是成为技术(la technique)发展的历史。大写的世界(Le Monde)不再是精神生成的世界(le monde en devenir de l'esprit)，而是成为人类活动的世界(le monde de l'activité humaine)。但是，历史的"动力(moteur)"和意义问

---

① 这一表述很可能源自海德格尔。海德格尔在《同一与差异》中的《形而上学的存在-神-逻辑学机制》("The Onto-Theo-Logical Constitution of Metaphysics")一文认为，就西方形而上学的发展过程而言，对于存在-本体论(being-ontology)之结构的知识探寻——通过对这种完全以逻辑学为基础的结构进行理性表达——已经普遍成为对某些根本的最高的存在-神学(Being-theology)的追寻。因此，西方形而上学已经成为一种**存在-神-逻辑学**机制(*onto-theo-logical* constitution)，并在黑格尔那里达到顶峰。参见 Kostas Axelos, *Alienation*, *Praxis and Technē in the Thought of Karl Marx*, p. 344. ——译者注

题仍然是一个开放性的问题。如果唯心主义无力为这些问题的解决提供基础，那么，反唯心主义（le contre-idéalisme）则尚未拥有足够的勇气来质疑和超越那种令人着迷的纠缠，即追寻一种最终的根据。如此一来，世界还是一种既非精神又非物质的外在于人的力量吗？它还是一个没有还原性的答案（réponse réductive）的问题吗？它还是一种无法被完全征服的视域（horizon）吗？

第一章　从绝对知识到总体实践

　　马克思的哲学思想——它试图通过将哲学转化为实践的社会现实来废除哲学——是在黑格尔的本体论形而上学(métaphysique ontologique)的视域中建构起来的。[①] 黑格尔使从赫拉克利特到康德的整个西方哲学传统,从犹太先知到新教的整个宗教传统以及整个历史和艺术传统都在思想中复活,他是一个思索大写的总体的生成性存在(l'être en devenir de la Totalité)的思想家。对黑格尔来说,哲学就是在意识中对通向神圣的绝对的**大写的精神**(l'*Esprit*, divin et absolu)的普遍生成的反思性把握。这是一个**大写的精神**(l'*Esprit*)在**大写的自然**(la *Nature*)中外化(extériorisation)直到在概念中构想和理解**大写的历史**(l'*Histoire*)的运动过程。因为正是在得到理解的大写的历史中,大写的精神才在感性的、心理的和理性的主体性(la subjectivité sensitive, psychologique et puis raisonnable)中并通过感性的、心理的和理性的主

---

　　① 青年黑格尔的著作,如《精神现象学》(1807)、《逻辑学》(1812、1816)、《哲学全书》(1817)、《法哲学原理》(1821)以及《宗教哲学讲演录》《美学讲演录》《哲学史讲演录》和《历史哲学讲演录》——这些大学讲义在他逝世后被整理出版(1831)——包含着对其思想的严密论证和系统阐述。在他的辩证思想的运动中(这种思想具有不可分割的逻辑学的、本体论的、形而上学的、体系的、百科全书的和历史的性质)和被建构起来的学说中,黑格尔希望在思想中把握、在语言中表达现实——普遍的、具体的现实——的总体运动的逻各斯(le *Logos*)。

体性而返回自身和把握自身，在法律、道德(la moralité/Moralität)、伦理(l'éthique/Sittlichkeit)、艺术、宗教和哲学中并通过它们而返回自身和把握自身。哲学倾向于使自身变为大写的总体的精神的绝对知识(savoir absolu de l'esprit de la Totalité)，而总体即真理(la vérité)。在黑格尔看来，现实的真理就是理念(l'idée)，因此，"理性的(rationnel)"东西和"实在的(réel)"东西是同时发生的。他试图将实在变为思想的形式，但是实在(真实[vrai])实际上是同思想不可分离的。因为实在是在话语中被揭示出来的，思想亦是如此。意识、(哲学)科学和知识的规定性都是对事物本质的规定，因为它们都是思想。黑格尔的循环思想(la pensée circulaire)是建立在同一性(l'identité)的观念之上的，这种同一性是同一性与非同一性(la non-identité)的同一(identité)。现实与理念、思想与事物(chose)是同一的，因为同一性隐含着否定性(la négativité)、中介(la médiation)和差异(la différence)。大写的总体(la Totalité)构成一种更高的和谐的统治，而不是一种以漠不关心(l'indifférence)的方式进行的无差别(l'indistinction)的或划一(l'unification)的统治(règne)。因此，我们需要更加深刻地理解黑格尔在《哲学全书》中关于辩证法的重要阐述："**思想**(la *pensée*)现在是实事(la chose)，是主观东西与客观东西的单纯的同一性。被思维的，即**存在的**，而**是存在的**之是存在的，只是因其是**思想**。"①

哲学——思辨思维(la pensée spéculative)——是不可分割的逻辑学-本体论(indissolublement logique-et-ontologique)。哲学是关于存在的知识(savoir de l'être)和关于自我的知识(savoir de soi)，是对世界的认识(connaissance du monde)和对自我的认识(connaissance de soi)。**思维**与**存在**是同一的，**存在**是**思维**(l'*être* est *pensée*)。思想是一种力量，它表达了正在生成着的东西。绝对的和真实的东西(l'absolu-et-le-

---

① G. W. F. Hegel, *Précis de l'encyclopédie des sciences philosophiques*, Trad. J. Gibelin, Paris: Vrin, 1977, S. 384. 中文版参见[德]黑格尔：《哲学科学全书纲要》，薛华译，上海人民出版社2002年版，第284页。

vrai)就是精神,但这种绝对的东西正处于生成之中。这种生成不是变化,而是这种绝对的东西(精神)的展露过程。总体的真理(la vérité de la totalité)是在"存在(être)"和"非存在(non-être)"的统一即生成(le devenir)中展现出来的。绝对精神经过一个生成的过程而达到(绝对的)**大写的主体**(*Sujet*)的绝对知识。黑格尔是根据"主体(sujet)"而非"实体(substance)"进行思的,尽管他所谈论的"主体"并不容易把握。

精神能够显现自身:精神能够使自身外化(extériorise)、异化(aliène),并通过自我协调和自我复归而最终认识自身。人在经历了重重险阻和克服了苦恼意识(la conscience malheureuse)之后,最终实现同普遍历史命运的和解:历史(histoire)与人(homme)、人类(humanité)与个人(individu)达成一种协定(accord)——尽管这一协定还总是处于不和谐的状态,却克服了无政府的和悲剧性的、浪漫主义的和非理性的对立与冲突。自我意识(la conscience de soi)与大写的世界(le Monde)不再分离,因为它们就是一(un)。普遍的人类史、世界史就是精神在其中穿越时间而实现自身的场域(le lieu)。然而,普遍的历史本身就包含在处于生成——存在(l'être)与虚无(le néant)的统一——中的事物的大写的总体(la Totalité)之中。大写的全体(Tout)就是真理(la vérité),它蕴含了自身的否定性(négativité)和暂时性(temporalité),并通过一种连续不断的更替过程永久地将有限(le fini)引向无限(l'infini)(绝对)。大写的虚无(le Néant)、否定性(la négativité)和矛盾(la contradiction)仍然内在于从世界总体到全部实体性现实(toute réalité ontique)的生成性存在(l'être en devenir)之中。

黑格尔的辩证法思想既是"保守的",又是"革命的",如果这些术语都适用于它的话。一切事物都会被取代、废除和克服,同时也会被保持、维护和保存。黑格尔的**大写的扬弃**(la *Aufhebung*)确实仍然是令人费解的,并反对任何一种单一的解释。马克思试图从某个角度来抨击它,但他真的能够超越黑格尔的超越思想(la pensée hégélienne du dépassement)吗?

黑格尔之后的思想家们试图驳斥黑格尔似乎想要努力维护和建构的东西：一方面是**宗教**和**国家**(l'*État*)，另一方面就是**绝对知识**。对黑格尔来说，宗教仍然是真实的(vraie)。宗教是能够认识自身的精神，宗教是将自身的绝对权力赋予知识的精神，因而宗教是借助这种知识使自身发展为理性顶点的精神。上帝是在历史中并通过历史而展现出来的，国家本身就是一种大地上的神圣之物(chose de divin sur terre)。在黑格尔思想的总体运动中，曾经是且仍然是真实的东西很快就会被发现是孤立的，从而遭到猛烈的批判。

黑格尔的思想完全是多功能的(polyvalente)、可形塑的(plastique)和多维度的(multidimensionnelle)。毫无疑问，它是一种把所有事物都封闭和限制在一个圆圈中的循环(circulaire)，我们同样囿于一个圆圈(cercle)之中。但是，它几乎并不容易以框架的方式被理解。我们也不要试图描绘这一思想的主要框架特征，或者指出它的核心。我们几乎无法简单概述马克思的批判在定义自身时所反对的那种视域。黑格尔哲学似乎是无法被哲学反思之网(les filets de la réflexion philosophique)所捕获的。它似乎不允许来自外部的哲学理解或哲学批判，同时它也使一切内部的"反驳(réfutation)"变得不可能。这就使哲学本身成为有问题的(problématique)。在黑格尔看来，哲学是一个"颠倒的世界(monde renversé)"，而从事哲学研究(philosopher)就是"用头走路(marcher sur la tête)"。但是，这个天真意识(la conscience naïve)的世界实际上是反常的(perverti)，而天真意识和常人的常识(le bon sens)只是想象着它在正常运行。那么，马克思的事业即推翻这个颠倒的世界并使黑格尔辩证法重新用脚走路而不再头足倒立的意义是什么呢？既然马克思主张在哲学的实践性的实现(réalisation pratique)中通过它的实践性的实现来超越哲学，那么，马克思的事业将最终通向何处呢？总体的物质的实践(la praxis matérielle et totale)真的能够代替绝对的实在的精神(l'esprit absolu et réel)吗？

考虑到黑格尔自己似乎已经想要追寻一条超越哲学的道路——通

过完全不同的方式并且朝着一个不同的目标,这些问题在现在和将来
都更加难以阐明(更不用说解决了)。我们还没有清楚说明这一目的。
的确,或许我们甚至还没有着手去弄清楚它。在《精神现象学》的"序
言"的第一页上,对于"爱智慧即哲学(amour de la sagesse qu'est la
philosophie)"的格言,黑格尔写道:"只有真理存在于其中的那种真正
的形态才是真理的科学体系。我在本书里所怀抱的目的,正就是要促
使哲学接近于科学的形式,——哲学如果达到了这个目标,就能不再叫
作对**知识**的**爱**(d'*amour du savoir*),而就是**真实的知识**(*savoir
réel*)。"①从这段文字中可以读出多重内涵,但唯独没有这样一种含义,
即哲学(爱知识)必须成为唯科学主义(scientisme)意义上的科学或实
证主义的科学(la science positive)。知识(savoir/*Wissen*)、知识的有机
总体/科学体系(totalité organique du savoir/*wissenschaftliches
System*)、科学(science/*Wissenschaft*)都是指形而上学的和哲学的体系
(systématique métaphysique et philosophique)、自我意识的知识(savoir
conscient de soi)和本体论的知识(savoir ontologique)。对黑格尔来说,
科学的最高形式,真正的科学就是哲学;本体论、形而上学和精神的逻
辑学(logique de l'esprit)是同一的。因此,黑格尔将他的本体论形而上
学命名为**逻辑科学**(*Science de la Logique*)。前面援引过的那段文字
进一步表明,在古希腊语"φιλοσοφία"意义上的哲学必须放弃它的前一
种本质和名称,以便成为真正的知识,即作为大写的总体之灵魂(âme
de la Totalité)的绝对观念的绝对知识。而马克思试图从两个方面来
驳斥绝对的总体的知识这一目标。一方面,他用总体的生产实践
(praxis productive et totale)来反对总体的绝对知识(savoir absolu et
total);另一方面,他用客观的主体(sujets objectifs)、物质资料的生产
者来反对绝对的大写的主体(Sujet absolu)。在马克思看来,一切绝对

_____

① 参见[德]黑格尔:《精神现象学》(上卷),第3页。(此处作者没有给出具体引
文出处,凡此类情况仅注明中译文出处。——译者注)

精神和绝对观念都将变为劳动材料（matière de travail）和实践现实（réalité pratique）。不同于黑格尔思想的缓慢而痛苦的精心制定，即为了最终在一种超越哲学的知识中实现自我恢复和自我认知而必须通过世界历史（精神的历史）的各个阶段来完成自身，马克思的观点是人和现实世界的生产史要归功于渴望克服自身异化的人类所从事的具体的、决定性的、物质的劳动（travail concret, déterminé et matériel）。

我们在马克思的宏伟建筑的每一层级都会遭遇黑格尔，这是因为他就隐藏在它的建构活动的背后。我们一定不能忘记这一点。我们同样不能忘记的是，黑格尔标志着西方思想史上一个伟大阶段的完成，一个伟大的决定性的终点，而这一历史肇始于前苏格拉底哲学，经过基督教并最终在建构**我思**（l'*ego cogito*）即先验的大写的我（le Moi transcendantal）的过程中达至绝对的大写的主体（le Sujet absolu）即绝对的大写的精神（Esprit absolu）。黑格尔抓住了对于总体现实（réalité totale）的总体性思考，将一切事物的存在与生成都纳入一个大写的圆圈（un Cercle）中。只有打破它，才能从中逃脱。如果这可以被称为出离的话，那么这正是马克思要做的事情。

或许这个世界还无法支撑这种高级的思想张力，或者这种思想还不能把握这个世界。总之，德国唯心主义哲学崩溃了，而黑格尔哲学构成了这种崩溃的最后一幕（le dernier acte）。① 而这正是特殊的碎片式

---

① 我们不应把黑格尔的角色理解为最后一个教条式的哲学家。在黑格尔那里，哲学实现了它的最高使命，因此它继续通向一种作为活动的存在，而且它变为普遍的。海德格尔的功绩就在于他至少提出这样一个问题："我们应到哪里去寻找近代哲学的完成呢？ 在黑格尔那里，还是只在谢林后期哲学那里呢？ 马克思和尼采的情形又如何呢？ 他们已经越出了近代哲学的轨道吗？ 如果没有，我们应如何确定他们的地位？"参见 Martin Heidegger, *Qu'est-ce que la philosophie*? trad. de K. Axelos et J. Beaufret, Paris:Gallimard, 1957, p. 46 - 47. 中文版参见［德］马丁·海德格尔：《什么是哲学？》，孙周兴译，载《海德格尔选集》（上卷），上海三联书店 1996 年版，第 604 页。海德格尔也试图让我们注意到马克思的声音："绝对的形而上学连同它的由马克思和尼采所作的倒转一起都归属于存在的真理的历史（l'histoire de la vérité de l'Être）之中。源出自此种历史的东西，是用各种反驳都抵制不了的，简直是取消不了的。"但是，同马克思和马克思主义进行富有成效的对话并非易事。"因为马克思在体会到异化（转下页）

的思维(pensées particulières et fractionnelles)开始出场的时刻,亦是试图努力将人们置于一个不是世界的世界(un monde qui n'en est pas un)之中的时刻。

马克思熟知黑格尔,但他误读了黑格尔思想的本质性维度(la dimension essentielle)。马克思认识到黑格尔的伟大之处,但在马克思的著作中,黑格尔是一个既在场又不在场(présent-absent)的形象。马克思手持利剑指向他的天才对手,而这个对手已经死去。马克思承认黑格尔的全部伟大和独特功绩。他特别欣赏黑格尔辩证法的一个方面,即重新赋予僵硬不动的思想以辩证的形式,亦即使僵硬不动的思想辩证化。用马克思的话来说就是"在黑格尔看来,近代世界也已化为抽象思想的世界,黑格尔把与古代哲学家相对立的近代哲学家的任务确定如下:古代人必须把自己从'自然的意识'中解放出来,'把个人从直接的感性方式中清洗出来并把个人变为被思维的和思维着的实体'(变为精神),而近代哲学必须'取消僵硬的、确定的、不动的思想'。黑格尔补充道:这由'辩证法'来完成"①。

事实上,在《精神现象学》的"序言"中,黑格尔要求在纯粹的思想和

(接上页)的时候深入到历史的本质性的一度中去了,所以马克思主义关于历史的观点比其余的历史学优越。但因为胡塞尔没有,据我看来萨特也没有在存在中认识到历史事物的本质性,所以现象学没有,存在主义也没有达到这样的一度中,在此一度中才有可能有资格和马克思主义交谈。"海德格尔甚至进一步指出:"人们可以以各种不同的方式来对待共产主义的学说及其论据,但从存在的历史的意义看来,确定不移的是,一种对有世界历史意义的东西的基本经验在共产主义中自行道出来了。谁若把'共产主义'认为只是'党'或只是'世界观',他就是像那些把'美国制度'只认为而且还加以贬谪地认为是一种特殊生活方式的人一样以同样的方式想得太短浅了。"参见 Martin Heidegger, *Lettre sur l'humanisme (Lettre à Jean Beaufret)*, tr. de Roger Munier, ici remaniée, Prais:Aubier Montaigne, 1957, p. 87, 99, 101. 中文版参见［德］马丁·海德格尔:《关于人道主义的书信》,熊伟译,载《海德格尔选集》(上卷),上海三联书店1996年版,第379、383—384页。海德格尔的这番话并不意味着他自己已经完成了他提出的任务。

　　① Karl Marx, Friedrich Engels, *L'Idéologie allemande. Œuvres philosophiques*, T. VII, Paris:Costes, 1938, p. 181. 中文版参见《马克思恩格斯全集》第3卷,人民出版社1960年版,第211页(以下简称《马克思恩格斯全集》第1版第3卷——译者注)。马克思所引用的文字可在黑格尔的《精神现象学》中找到。

能够认识自身的"这种内在的**直接性**(cette *immédiateté* intérieure)"的辩证运动中并通过这种辩证运动来超越抽象(l'abstraction)，并将僵硬的、确定的、不动的思想变为流动的思想。黑格尔认识到使"不动的"思想变为"流动的"思想是非常困难的。这种辩证运动在这样做的同时也使纯粹的思想变为**概念**(*concepts*)，由此，它们才获得自身的真实存在："自我运动、圆圈……才是它们的实体，精神本质。"狭隘的确定的自我也被克服，意识和自我意识从不动的自我中解放出来，并且"对它自己的纯粹确证性进行自我抽象"，"通过这样的运动，纯粹的思想就变成概念"①。

与之相反，马克思试图借助生产力(les forces productives)及其现实运动来取代思想的力量(la force de la pensée)和概念的运动(le mouvement des concepts)。他想用人的活动(l'activité des hommes)来取代观念的行动(l'action des idées)："**思想**永远不能超出旧世界秩序的范围，在任何情况下，思想所能超出的只是旧世界秩序的思想范围。思想本身根本不能**实现什么东西**。思想要得到实现，就要有使用实践力量(puissance pratique)的人。"②在这里，我们或许能够开始瞥见黑格尔和马克思之间的对话或对决为何难以在同一层面和同一领域展开。因为马克思使用同他的思想不相符的武器来回应黑格尔。除此之外，还有其他可能吗？难道不是有某种力量在等待它的时机吗？

发挥着一种实践的、现实的、物质的、感性的力量的人们形成了一支军队，马克思正试图动员这支军队投入一场旨在革除现存世界和真正超越当前事物状况的运动中。针对旨在揭示大写的精神现象的逻辑

---

① 马克思所援引的《精神现象学》中的这句话可参见 G. W. F. Hegel, *Phénoménologie de l'Esprit*. T. I, Trad. J. Hyppolite, Paris: Aubier, 1947, p. 30 - 31. 我们对译文稍做改动。中文版参见[德]黑格尔：《精神现象学》(上卷)，第 22 页。译文略有改动。

② Karl Marx, Friedrick Engels, *La Sainte Famille. Œuvres philosophiques*, T. II, Paris:Costes, 1947, p. 213. 中文版参见《马克思恩格斯文集》第 1 卷，人民出版社 2009 年版，第 320 页。

的努力——《精神现象学》和《逻辑学》即是如此，马克思做了另一种努力和工作。

"黑格尔在《现象学》中用**自我意识**来代替人，因此，**最纷繁复杂的**人的现实在这里只表现为自我意识的一种**特定**形式，只表现为**自我意识的一种规定性**。但自我意识的单纯规定性是'**纯粹的范畴**'，是单纯的'思想'，因此，我能够在'纯粹'思维中扬弃并且通过纯粹思维克服这种'思想'。在黑格尔的《现象学》中，人的自我意识的各种异化形式所具有的**物质的、感性的、对象性的**基础被置之不理，而全部破坏性工作的结果就是**最保守的哲学**，因为这种破坏性工作一旦把**对象世界**、感性现实的世界变成'思想的东西'，变成**自我意识**的单纯规定性，一旦有可能把那变成了**以太般的东西**的敌人消融于'**纯粹思维的以太**(*l'éther de la pensée pure*)'之中，它就自以为征服了这个世界了。"[①]《精神现象学》，即"关于意识的经验的科学"，构想了精神的表象的诸现象，精神在历史中并通过历史表现为思想、观念和概念。绝对就是在这一过程中发现自身，因而成为从一开始就蕴含其本质的东西，因为"起点(commencement)"和"终点(fin)"构成一，而起点总是趋向于它的最终完成，即趋向于它的目标。在绝对知识中，科学、意识和自我意识是和谐一致的，绝对知识是关于绝对精神(l'Esprit absolu)——绝对主体(Sujet absolu)的绝对知识(savoir absolu)。现实世界没有同精神世界相分离，因为世界的精神构成了世界历史的本质和意义。虽然这种精神曾经异化为自身的一个他者(étranger)，但是它在自我承认(se reconnaît)中重新复归自身。现在，这条中心轴线(l'axe central)是马克思不会原原本本保留的东西。相反，他将思想的轴心替换为他称之为真实的对象性的感性的物质的世界。

马克思沿着上述思路继续写道："因此，《现象学》最后完全合乎逻

---

① Karl Marx, Friedrick Engels, *La Sainte Famille. Œuvres philosophiques*, T. III, Paris:Costes, 1948, p. 91. 中文版参见《马克思恩格斯文集》第1卷，第357页。

辑地用'**绝对知识**(le *savoir absolu*)'来代替人的现实，——它之所以用**知识**来代替，是因为知识是自我意识的唯一存在方式，因为自我意识被看作人的唯一存在方式；它之所以用**绝对知识**(savoir *absolu*)来代替，是因为自我意识只知道**它自己**，并且不再受任何对象世界的约束。黑格尔把人变成**自我意识的人**，而不是把自我意识变成**人的自我意识**，变成现实的、因而是生活在现实的对象世界中并受这一世界制约的人的自我意识。黑格尔把世界头足倒置，因此，他也就能够**在头脑中**消灭一切界限；可是即便如此，对于**坏的感性**(la *mauvaise sensibilité*)来说，对于**现实的人**来说，这些界限当然还是继续存在。此外，一切显示**普遍自我意识的有限性**的东西——人及人类世界的一切感性、现实性、个性，在黑格尔看来都必然是界限。整部《现象学》就是要证明**自我意识是唯一的、无所不包的实在**(l'*unique* et la *totale réalité*)。"①

　　马克思准备好彻底埋葬这个以黑格尔为终点的主体性(la subjectivité)历史的伟大时代，并为其发表葬礼演说了吗？马克思同时拒斥黑格尔思想中的辩证形式(la forme dialectique)和本体论内容(le contenu ontologique)吗(因为**形式**[*forme*]和**内容**[*contenu*]是同一的)？黑格尔似乎已经将存在的总体(la totalité de l'être)同存在所展现的总体(la totalité de ses dévoilements)和我们所接近的存在的总体(la totalité de nos accès à lui)等同起来了。马克思的工作就是要通过批判同我们相疏离的、栖居在总体中的根本异化(l'aliénation fondamentale)和特殊异化(les aliénations particulières)来驱逐这种无所不包的总体(totalité totale)。在黑格尔的思想中，精神在自然中发生异化，自然(la nature)构成观念外化(l'extériorisation)的场域(le lieu)，并且总是保持异化(aliénation)。自然没有历史，它既不会思考自身，也不知道自身。但是，自然能够为了精神而自我异化，精神在这一

---

　　① Karl Marx, Friedrick Engels, *La Sainte Famille*, *Œuvres philosophiques*, T. III, p. 91. 中文版参见《马克思恩格斯文集》第 1 卷，第 357—358 页。

生成历史的运动中"恢复**主体**",重新建构自身,重新发现自身,使自身
内在化(s'intériorise),从而复归自身。精神在丧失自身之后重新获得
自身,精神的自我展开过程亦即它的异化和复归过程,从而使思想"完
满地**知道**它是什么",认识到一切事物的意义(精神与一切事物是同一
的)。这种发展的结果就是对它的先决条件的反思性把握,处于起点的
东西就是在自我认知的循环运动过程中产生出来的东西。当马克思批
评黑格尔把真理看作"一台自己证明自己的**自动机器**(automate)。人
应该追随**真理**(la suivre)。现实发展的结果,也像在黑格尔那里一样,
不外是**被证明了的即被意识到了的真理**"[1]时,马克思过度简化了黑格
尔思想的辩证运动。

　　然而,黑格尔通过一种概念上的思辨的努力而获得的东西对马克
思来说就不再是思辨的了。因此,当黑格尔说真理就在于知识与它的
对象相适合时,他是在思辨的和本体论的意义上把握真理的:"真理即
全体(tout)",全体就是在生成之中,在趋向它的本质的途中,"只有绝
对的东西是真实的,或者只有真实的东西是绝对的"。真理就是"在自
身中的自我运动"。诚然,"唯有精神的东西才是真实有效的","精神就
是时间",真实的东西和非真实的东西即使两者合而为一也是有差别
的。然而,这些都是无法被理解的思辨命题,除非借助全部辩证法的工
作来加以理解——假设它们还能够被理解的话。在《精神现象学》的最
后几页,黑格尔说了一句同开篇相关联的话:"如果说在精神现象学中
每一环节都是知识与真理之间的差别(la différence)和差别得到自身
扬弃的运动,那么,相反地,大写的科学(la Science)并不包含这种差别
及其扬弃(suppression)。"[2]显然,那种以简单的常识逻辑所做的目光

――――――――

　　[1]　Karl Marx, Friedrick Engels, *La Sainte Famille*, *Œuvres philosophiques*, T.
II, p. 139. 中文版参见《马克思格斯文集》第1卷,第283—284页。

　　[2]　G. W. F. Hegel, *Phénoménologie de l'Esprit*. T. II, Trad. J. Hyppolite,
Paris:Aubier, 1941, p. 312. 中文版参见[德]黑格尔:《精神现象学》(下卷),贺麟、王
玖兴译,商务印书馆1979年版,第272页。译文略有改动。——译者注

短浅的批判是无法驳倒黑格尔思想的。

马克思在同黑格尔的斗争中并不打算使用思辨思想的武器。他不想从事思辨的批判，尽管他可能已经这样做了。在这里，马克思的短板正是他的优势，他所言说的是另一种话语，并大声说出了另一种异化。在黑格尔那里，精神、意识、自我、概念、观念和思想的**外化**（l'extériorisation/Entäusserung）和**异化**（l'aliénation/Entfremdung）是精神在世界历史中并通过世界历史公开展现自身的过程的必要环节。但是，它们在朝着最终结果、朝着绝对观念即知道自身的知识而运动的生成过程中又会被适时地超越。黑格尔的异化（l'aliénation）与和解（la réconciliation）、外化（l'extériorisation）与再内在化（la réintériorisation）概念是特别难以理解的。《精神现象学》的最后一章"绝对知识"是以如下这段话结束的："因为精神的完成在于充满地**知道**它**是**什么，**知道它的实体**，所以这种知识就是它的**深入自身过程**（intériorisation），在这一过程里它抛弃了它的现时存在（existence/Dasein）并把它的形态（la figure）交付给回忆（souvenir/Erinnerung）。精神在深入自身时曾经沉陷在它的自我意识的黑夜里，不过它的消逝了的定在（existence）是保存在这个黑夜里的；而这个被扬弃了的定在（existence）——先前有过的然而又是从知识中新产生出来的定在——是新的定在，是一个新的世界和一个新的精神形态（forme）。精神在这里必须无拘束地从这种新的精神形态的直接性（immédiateté）重新开始，并再次从直接性开始成长壮大起来，仿佛一切过去的东西对于它来说都已经丧失净尽，而且似乎它从以前各个精神的经验中什么也都没有学习到。但是，**回忆**（souvenir/Erinnerung）把经验保存下来了，并且回忆是内在本质，而且事实上是实体的更高的形式。因此，虽然这个精神看起来仿佛只是从自己出发，再次从头开始它的教养，可是它同时也是从一个更高的阶段开始。在实际存在中，这样形成起来的精神王国（le royaume des esprits），构成一个前后相继的系列，在这里一个精神为另一个精神所代替，并且每一个精神都从先行的精神那里接管（精神）世界的王国

(l'empire du monde)。"①这段文字的表述并不容易理解。紧接着,它在宣告支配世界的各个精神形态的演进的目标——但不是终止——中达到高潮:"这种代替和接管过程的目标是'秘奥'的启示,而这种'秘奥'就是**绝对概念**(le *concept absolu*);因此,这种启示就是绝对概念的'秘奥'的扬弃,或者说,就是绝对概念的**广延**(extension),亦即这个在自身内存在着的'大写的我(Moi)'的否定性,而这种否定性就是绝对概念的外在化(aliénation)或实体(substance),——而且这种启示是它(绝对概念)在**时间**中的体现,即是说,这个外在化是在它自身内外在化自己的,从而,这个外在化存在于它在自己的(空间的)广延中,也存在于它的秘奥它的自我(le Soi)中。"②由此,黑格尔达到了无限的精神在历史(历史也是"无限的")中的最终目标,并宣告了《精神现象学》的最后一段话:"**目标**(le *but*)、绝对知识,或知道自己为精神的精神,必须通过对各个精神形态加以回忆的道路;即回忆它们自身是怎样的和怎样完成它们的王国的组织的。对那些成系列的精神或精神形态,从它们的自由的、在偶然性的形式中表现出的特定存在方面来看,加以保存就是历史;从它们被概念式地理解了的组织方面来看,就是**精神现象的知识的科学**(la *science du savoir phénoménal*)。两者汇合在一起,被概念式地理解了的历史,就构成绝对精神的回忆和墓地,也构成它的王座的现实性、真理性和确定性,没有这个王座,绝对精神就会是没有生命的、孤寂的东西;唯有

　　从这个精神王国的圣餐杯里,

　　他的无限性给他翻涌起泡沫。"③

　　当这种基于一种令人惊叹的概念上的思辨的努力的宏大视域展现出来之后,还有什么需要去做呢? 没有人能够断言这种视域是唯一转

---

　　①　参见[德]黑格尔:《精神现象学》(下卷),第 274—275 页。

　　②　参见[德]黑格尔:《精神现象学》(下卷),第 275 页。

　　③　参见[德]黑格尔:《精神现象学》(下卷),第 275 页。这段话的最后两句是黑格尔对席勒的诗歌《友谊》(*Freundschaft*)中的最后两行诗句的摘引和改写。

向过去的。当然，马克思已经批判它丧失了现实历史的视野，现实历史的生成运动包含着将要发生的东西。马克思站在**正在做**（*faire*）的立场上，把全部现存事物把握为全部**已完成的**事物——这表明马克思是用一种别样的眼光来审视历史。"历史不外是各个世代的依次交替。每一代都利用以前各代遗留下来的材料、资金和生产力；由于这个缘故，每一代一方面在完全改变了的环境下继续从事所继承的活动，另一方面又通过完全改变了的活动来变更旧的环境。"①精神王国被实践劳动（travail pratique）的统治所接替。

马克思的时代/时间（le temps）真的有所不同吗？马克思所生活和关注的时代不同于黑格尔的时代。他想要开辟一条通向未来时代（temps futur）、通向未来（l'avenir）的道路。黑格尔尽管把**精神**和**时间**（le *temps*）看作同一的，但他仍然是为了精神而抛弃了时间。在空间和时间即自然和历史中使自身异化的精神，通过复归（réintégrant）自身而消灭了时间："……精神必然地表现在时间中，而且只要它没有**把握到它的纯粹概念**，这就是说，没有把时间消灭（扬弃），它就会一直表现在时间中。"②马克思不能接受这种消灭（élimination）和中断（cessation）：现实历史的必然生成，生产力量和生产能力（forces et des facultés productives）的不断发展以及由于人的实践劳动而进行的自然的历史化（devenir-histoire de la nature）过程都不容许这种消灭（anéantir）。

马克思不仅同"唯灵论（le spiritualisme）"和绝对的大写的主体（Sujet absolu）的客观的绝对的唯心主义作斗争，而且同"唯物主义（le matérialisme）"和"实证主义（le positivisme）"作斗争。在这里，我们并

---

① Karl Marx, Friedrick Engels, *L'Idéologie allemande*, *Œuvres philosophiques*, T. VI, Paris：Costes, 1937, p. 179. 中文版参见《马克思恩格斯文集》第 1 卷，第 540 页。

② G. W. F. Hegel, *Phénoménologie de l'Esprit*, T. II, p. 305. 中文版参见［德］黑格尔：《精神现象学》(下卷)，第 268 页。

不是想要表明——即使是在更广泛的意义上——黑格尔主义的历史和命运,特别是马克思所从属的黑格尔左派的历史与命运,虽然马克思既反对黑格尔左派(l'hégélianisme de gauche),又反对黑格尔本人。随着我们继续前进,我们将会遇到那些只有在帷幕落下之后才会出场的人物。现在我们简述一下黑格尔左派——路德维希·费尔巴哈(Ludwig Feuerbach)、大卫·弗里德里希·施特劳斯(David Friedrich Strauss)、布鲁诺·鲍威尔(Bruno Bauer)、麦克斯·施蒂纳(Max Stirner)——都投身于一种激进的实证主义的宗教批判运动中,并努力使提问方式自然化(naturaliser)和人性化(humaniser)。在他们看来,唯一能够被看到的东西就是地球上的人的本性(la nature humaine)的发展,但是这种运动又是以狭隘的、还原的、天真的和个人主义的方式来建构现实的。这是一种依循黑格尔的思想残骸而存在的运动,其中的各个代表人物就像侏儒一样试图攀上巨人的肩膀,并想象着他们如此便能够看得更远。他们恰恰体现了一种片面的、模糊的思维类型,即痴迷于一个僵化的主题,对超出它的任何事物视而不见。当马克思谈到他们时,针对他们吹嘘自己已超越了黑格尔,马克思只是报以讽刺和嘲笑:"他们和黑格尔的论战以及他们相互之间的论战,只局限于他们当中的每一个人都抓住黑格尔体系的某一方面,用它来反对整个体系,也反对别人所抓住的那些方面。起初他们还是抓住纯粹的、未加伪造的黑格尔的范畴,如'实体'和'自我意识',但是后来却用一些比较世俗的名称如'类''唯一者''人'等等,使这些范畴世俗化。"①马克思指责这些世俗的批判"没有离开过哲学的基地"亦即(思辨的)抽象的基地。因此,他们并不能超越黑格尔,而是被一种错误的依附关系束缚在黑格尔身上。

马克思就是想要揭露"这些自以为是狼、也被人看成狼的绵羊"及其对"黑格尔哲学的解体过程"和"绝对精神的瓦解过程"的利用。黑格

---

① Karl Marx, Friedrick Engels, *L'Idéologie allemande*, *Œuvres philosophiques*, T. Ⅵ, p. 150. 中文版参见《马克思恩格斯文集》第 1 卷,第 514 页。

尔已经将唯心主义的和意识形态的观念（la conception idéaliste et idéologique）推向它的最终结果和"最纯粹的表达"。在他看来，这不是一种"现实利益（intérêts réels）"，而是一种"纯粹思想（pures pensées）"。黑格尔使思辨哲学的工作臻于完美。"黑格尔本人在《历史哲学》的结尾承认，他'所考察的仅仅是**概念**的前进运动'，他在历史方面描述了'真正的**神正论**（théodicée）'。"①那些没有舍弃抽象观念就批评黑格尔的意识形态家们使所有仍被视为神圣的东西都世俗化了，并将宗教和神学表征的世界看作一种单个人的自我意识的异化世界。他们沉迷于言辞激烈的理论批判中，而他们唯一关心的是单个人（l'homme individuel），一种自然的物质的存在。任何从人身上剥离下来奉予上帝的东西都将重新归还给人。借助观念来批判观念的任务恰恰依赖于这种去神秘化的自我意识（la conscience de soi démystifiée）、主观主义的和自我主义的自我意识（la conscience de soi subjectiviste et égoïste）。因此，这种批判仍然是一种意识形态的和"神学的"批判，"归根结底不外是旧哲学的、特别是黑格尔的超验性被歪曲为**神学漫画**（caricature théologique）的顶点和结果。历史现在仍然指派神学这个历来的哲学的溃烂区本身来显示哲学的消极解体，即哲学的腐烂过程"②。这个"历史的复仇（vengeance historique）"导致哲学由于它自身的首要罪恶而死亡。但是，哲学的真正死亡绝不是一个"消极解体（décomposition négative）"的问题。我们必须做的是积极地扬弃哲学，以便在实现哲学的过程中超越哲学。这将是马克思的任务。

在他对批判的批判的批判中，马克思的确将路德维希·费尔巴哈作为一个特殊的对象来加以对待。马克思称赞费尔巴哈开始了"**实证**

---

① Karl Marx, Friedrick Engels, *L'Idéologie allemande*, *Œuvres philosophiques*, T. VI, p. 197. 中文版参见《马克思恩格斯文集》第 1 卷，第 553 页。

② Karl Marx, *Économie politique et philosophie*, *Œuvres philosophiques*, T. VI, p. 11. 中文版参见《马克思恩格斯文集》第 1 卷，第 113 页。

的人道主义的和自然主义的批判"①。他甚至将费尔巴哈看作这项事业的奠基人。费尔巴哈的著作引导了一种**行动**(*action*):"费尔巴哈著作是继黑格尔的《现象学》和《逻辑学》之后包含着真正理论革命的唯一著作。"②"费尔巴哈真正克服了旧哲学"③。他的"伟大功绩"体现在三个方面:

1. "证明了哲学不过是变成思想的并且通过思维加以阐明的宗教,不过是人的本质的异化的另一种形式和存在方式;因此哲学同样应当受到谴责";

2. 通过使"'人与人之间的'的社会关系成为理论的基本原则"建立起"**真正的唯物主义**(le *vrai matérialisme*)"和"**实在的科学**(la *science réelle*)";

3. "把基于自身并且积极地以自身为根据的肯定的东西同自称是绝对肯定的东西的那个否定的否定对立起来"。④

我们有机会还会再回到这些方面,即强调费尔巴哈的功绩和积极地以自身为根据的肯定的东西。同时,我们也会更详细地考察马克思批判费尔巴哈的内容。因为马克思在承认了费尔巴哈的功绩之后终究会转向对费尔巴哈的批判,正如《关于费尔巴哈的提纲》和许多其他文本所展现的那样。费尔巴哈可能很好地将真理同现实性(la réalité)和感性(la sensibilité)(或物质性「la matérialité」)统一起来。但他误解了现实的感性的活动的根本重要性。他用人之爱(l'amour de l'homme)替代上帝之爱(l'amour de Dieu),用对人的信仰替代对上帝的信仰,依

---

① Karl Marx, *Économie politique et philosophie*, *Œuvres philosophiques*, T. VI, p. 10. 中文版参见《马克思恩格斯文集》第 1 卷,第 112 页。

② Karl Marx, *Économie politique et philosophie*, *Œuvres philosophiques*, T. VI, p. 10. 中文版参见《马克思恩格斯文集》第 1 卷,第 112 页。

③ Karl Marx, *Économie politique et philosophie*, *Œuvres philosophiques*, T. VI, p. 44. 中文版参见《马克思恩格斯文集》第 1 卷,第 199 页。

④ Karl Marx, *Économie politique et philosophie*, *Œuvres philosophiques*, T. VI, p. 44 - 45. 中文版参见《马克思格斯文集》第 1 卷,第 200 页。译文略有改动。

然没有超越狭隘的个人观念(la conception étroite de l'individu)。费尔巴哈是自然主义的和人道主义的,但他的自然主义和人道主义并不是源自或者通向人的社会现实(la réalité sociale)和人的共同体本质(essence communautaire)。让我们看一下《关于费尔巴哈的提纲》的第六条和第七条:"费尔巴哈把宗教的本质归结于人的本质。但是,人的本质不是单个人所固有的抽象物,在其现实性上,它是一切社会关系的总和(l'ensemble des rapports sociaux)。费尔巴哈没有对这种现实的本质进行批判,因此他不得不:(1) 撇开历史的进程,把宗教感情固定为独立的东西,并假定有一种抽象的——孤立的——人的个体;(2) 因此,本质只能被理解为'类',理解为一种内在的、无声的、把许多个人**自然地**联系起来的普遍性。"①马克思接着指出,费尔巴哈没有看到"'宗教感情'本身是社会的产物,而他所分析的抽象的个人,是属于一定的社会形式的(forme sociale déterminée)"②。

马克思所做的事情的意义和重要性是完全不同的。马克思激活了否定性——在历史现实中发挥作用的否定性——的巨大力量,并且同时找到了恰当的词汇来表述它。但是,这种否定性没有带来一种当下的综合(synthèse),一种否定的否定,而是导致一种严峻的危机(crise):当前人们同自己的真正本质、自己的劳动产品和世界历史相疏离的历史性危机(la crise historique)。而且,不是某个人首先发生异化,而是整个人类即所有人都是异化的。构成大写的人类之**人性**(l'humanité de l'Humanité)的东西被异化了。马克思的异化观——根据马克思在这里所展望的乐观前景,某些东西将会很快被超越——构成了他所有的哲学思想、历史学思想、人类学思想和社会学思想的地平线。马克思试图超越黑格尔,但在离开了黑格尔的阵地之后,他又在自

---

① Karl Marx, *Thèses sur Feuerbach*, *Œuvres philosophiques*, T. VI, Paris: Costes, 1937, p. 143. 中文版参见《马克思恩格斯文集》第 1 卷,第 501 页。

② Karl Marx, *Thèses sur Feuerbach*, *Œuvres philosophiques*, T. VI, p. 143 - 144. 中文版参见《马克思恩格斯文集》第 1 卷,第 501 页。

己选择的战场上遇到了他的对手,因为这些战场正是他不得不面对黑格尔的地方。

黑格尔想要作为终点的和谐统一（l'unité harmonieuse）和最高综合（la synthèse suprême）——黑格尔在最后才重新发现它,因为它从一开始就在发挥作用了——在马克思看来就是一整套的错位（un ensemble de dislocations）,其中的裂缝是非常明显的。主体的复归、人同命运与世界历史的和解、精神回归自身——总之,黑格尔殚精竭虑地详细阐述的更高**综合**,对马克思来说却成为一个他用来反对**反题**（l'*antithèse*）的**正题**（*thèse*）。从黑格尔的**立场**来看,确立一种**否定**就是要通向一种新的**否定之否定**（*négation de la négation*）,通向另一种新的**综合**（*synthèse*）。黑格尔接受了这一悲剧（le tragique）,而没有消灭它。这一悲剧仍然内在于世界总体的生成性存在（l'être en devenir de la totalité du monde）中。黑格尔知道,任何历史的实现和人的实现（réalisation historique et humaine）都无法消灭它。过去—现在—未来中的一切事物的真正真理（la vraie vérité）、总体的现实性（la réalité totale）和开放的总体性（la totalité ouverte）都超越了任何实际的特殊的实现（réalisation）,无论它多么伟大。虽然实体性的现实（les réalités ontiques）可能表达了生成中的存在（l'être en devenir）,但它们从未穷尽它。对马克思而言,他是——非常"具体地"——从对当下的历史性世界（monde historique présent）的批判性分析出发的,并力图揭示异化的真正的、实在的本质（la vraie et réelle nature）。但是,他并没有止步于悲剧性的发现（constatations tragiques）。他的思想很快推进到通过总体的和解（réconciliation totale）——这种和解将在未来带来自然主义、人道主义和共产主义的全面实现——来揭示救赎的前景。由此,悲剧便被具体的人的历史的和社会的、实践的和物质的活动所超越了。戏剧（le drame）将变为去异化的活动（action désaliénée）,从而促使真正现实的（感性）意义在普遍历史的层面上得以实现。

马克思依赖于黑格尔,并通过发展黑格尔思想中的一个环节（un

moment)而辩证地将其"扩展"。马克思在总体现实(la réalité totale)的一个领域中展开攻击，抓住总体现实的一个方面，并使这个领域和这个方面成为全部本质现实的源泉和一切事物的首要形态(figure capitale)。在马克思看来，正是由生产力(les forces productives)——这些生产力调动了那些使它们运动起来的东西——所推动的历史的社会的世界(le monde historique et social)构成了戏剧(le drame)得以展开的空间和时间。在马克思看来，世界就是存在者的总体(la totalité de l'étant)，正如在人们的生产活动(l'activité productrice)中并通过人们的生产活动而展现出来的那个总体一样。(整个)大写的世界(le Monde[total])的确被设想为一个全体(tout)，不过，这个全体包含**两个方面**：本质上的实在的**物质的**方面和次要的衍生的方面，即**精神的**方面。异化的本质同样是**双重的**。一方面，异化在根本上是**实在的、实际的和物质的**；另一方面，它是**意识形态的、上层建筑的**(*superstructurale*)和**附带现象性质的**(*épiphénoménale*)。黑格尔是一个形而上学家(le métaphysicien)，在他看来，**单一的**总体(la totalité *une*)有机地包含着它的所有维度和领域。思想、自然(la nature)和历史遵循着同样的节奏。一切二元性(dualité)重新被吸收进统一性(l'unité)。马克思主要是抓住某一特定历史的思想家(le penseur)，因此，他赋予了一个领域而非其他领域以特权地位，他偏爱一种研究方向(axe de recherches)，而鄙视其他研究方向。在马克思这里，**形而上学转变为社会物理学**(*physique sociale*)，哲学将会被克服，以便它在一种完成了的自然主义-人道主义即共产主义中实现自身。在马克思看来，否定性和异化——两者都是黑格尔的精神发展过程中的本质环节——将变为物质意义上历史的和社会的(matériellement historiques et sociales)。历史性的世界(le monde historique)是以某种方式被构想的，尽管它被看作总体性的世界(le monde total)。于是，黑格尔的思辨思想体系的一部分被推向它的最终的革命的实践的结果。黑格尔的绝对总体(la totalité absolue)就变为某种别的东西：这种绝对总体发生解体，以便在超越异化之后被一种具体的总体，被一种具体的现实的总体（la totalité concrète et réelle）——人的生产力（la productivité）的全面发展——取而代之。

马克思试图发展出一种整体的和具体的视域（vision globale et concrète）。然而，尽管他希望能够全面把握普遍的人类历史运动的节奏（le rythme）和意义（le sens），但他的注意力主要聚焦于西方和欧洲的资产阶级的资本主义社会（la société bourgeoise et capitaliste）。他对于这一视域是否真正囊括了过去的全部历史并不感兴趣，他想要首先把握现在以及现在能为历史的、世界的未来做好准备的东西。这难道不是正在进行行星性扩张（l'expansion planétaire）的西方和欧洲的资产阶级的资本主义社会得以发展的动力吗？

无论马克思制定的计划多么暴力，他的努力只有一个目标，那就是为抽象的理论的问题找到具体的实践的方案，真正有效地解决那些唯一值得解决和可能解决的问题，即真实存在于一种"现实"感性（sensibilité «réelle»）视域中的真问题（les problèmes réels）。在黑格尔完成了他的不朽事业——借助同一性（identité）的纽带把逻辑学的、历史学的和百科全书式的知识统一于总体性的大写的循环（le Cercle de la totalité）中——之后便出现了一个巨大的空白（vide）。这一空白既统治着"思想"世界，也统治着"现实"世界，因为任何试图将两个世界结合起来或分离开来的努力都是徒劳的。马克思试图着手填补这一空白。在一种强大的理性主义的犹太先知主义（prophétisme juif）的激励下，马克思揭露了现存事物状态中的谬误与谎言、痛苦与异化，并预设了一条通向将会实现世俗幸福的更美好未来的道路。在强烈谴责意识的幻想和神秘化的过程中，马克思开始以服务于生产实践（la praxis productive）的实在知识（savoir réel）的名义发起反对任何神秘主义的斗争。马克思的历史观注定会在世界范围内产生巨大影响。他的历史观聚焦于他所说的人的存在的现实（la réalité de l'être humain），并将人的存在（l'être humain）看作这样一种存在：人为自己的自然驱力、生

命需要和欲望所驱动,趋向于追求这些冲动、需要和欲望的完全满足,
人由于没有得到满足和自身的异化而遭受着严酷痛楚。人的真正本质
在于:人拥有一种**自然的、人的和社会的**本质(l'essence *naturelle,
humaine et sociale*)——这种自然的、人的和社会的本质是共同存在
的、不可分割的,但人的本质总是在历史中使自身发生异化。马克思的
思想——**自然主义的、人道主义的和社会主义的**——同时也是人类学
的和历史学的。马克思思想的起源和发展包含着一种分析的和还原的
激进主义(le radicalisme analytique et réductif),它将所有事物都归结
为所谓的实证材料(données prétendues positives),以便用一种将来会
完全实现的积极性/实证性(positivité)的名义对既定事实进行彻底的
批判。**历史中的人**(l'homme dans l'histoire)不再被视为一个形而上学
问题或者一个形而上学意义上的历史问题。相反,**历史中的人**被视为
一种同人的真正本质(vraie nature)相异化的现实,人的真正本质必须
通过对异化的积极扬弃而得到恢复,这将通过扫除实践道路上的任何
障碍——无论是地上的还是"天上"的障碍——来加以展开。

马克思只对可感知的事物敏感,他按照自己的步伐走了很长的道
路来探索足够广阔的境况,考察特定世界中的居民的要害(les reins)。
马克思对只有灵魂和精神才能看见的东西、无法通往确切目的地的道
路、没有清晰轮廓的前景以及实际上不可能洞悉的秘密毫无兴趣。

马克思是通过艰苦斗争来确立自己的立场的。他同黑格尔的分道
扬镳是一种进步,他的早期著作展现了一个致力于阐述自己的理论的
年轻思想家的成长历程。马克思的《共产党宣言》(1848)之前的早期著
作中蕴含了他的思想起源。在这些文本中,马克思在巴黎写下的《1844
年经济学哲学手稿》占有绝对的中心地位,具有非常特殊的重要意义。
因为在这里,我们可以发现青年马克思借以反对黑格尔的全部思想。
而且,《1844 年经济学哲学手稿》在所有马克思的著作和马克思主义的
著作中始终是思想最丰富的文本。它同《〈黑格尔法哲学批判〉导言》
(1844)、《关于费尔巴哈的提纲》(1845)和《德意志意识形态》(1845)是

同一时期的,但《1844年经济学哲学手稿》在重要性上超越了其他文本,它提供了马克思思想的诞生地(le lieu d'éclosion)。这一文本同时是哲学的、历史学的和人类学的。它展现了一种在历史的和社会的视域中把握人类悲剧(le drame humain)即异化的悲剧(la tragédie de l'aliénation)的思想。根本的异化即私有财产制度下的劳动异化(l'aliénation du travail)、人的社会生活和政治生活的异化、人的存在本身的异化以及宗教异化和哲学异化都赤裸裸地暴露出来,而一切异化的根源都可追溯到生命的生产的异化(l'aliénation de la production de la vie)、经济异化(l'aliénation économique)。批判异化是为了扬弃异化。在新世界中,社会主义-共产主义是完成了的自然主义-人道主义。但是,迄今为止还尚未出现一种系统的经济理论在这个层面上取得决定性的胜利。在马克思的成熟著作——以《共产党宣言》为开端——中,我们可以看到马克思以生产力(forces productives)的发展为轴心而详细阐述的历史的经济政治发展学说(doctrine de l'évolution économique et politique de l'histoire)。正是在这些成熟著作中,我们可以看到马克思阐发的无产阶级革命纲领和他建构的历史唯物主义的方法和学说的系统集合(l'ensemble systématique de la méthode et de la doctrine du matérialisme historique)。

马克思的思想是一个统一体,因而并不存在两个马克思,即青年马克思和老年马克思、未成熟的马克思和成熟的马克思。一种思想的生成就是一个全体(tout)。然而,我们绝不能忘记的是马克思的思想虽然是统一的,却包含两个阶段,它们在一个整体中密切联系。马克思是以黑格尔哲学——主要是《精神现象学》(la *Phénoménologie de l'Esprit*)——为开端的。因此,马克思首先要同黑格尔左派分子(les hégéliens de gauche)进行论战,然后要同政治经济学理论家和所谓的空想社会主义理论家提出的一系列问题进行论战。正是在这种情况下,马克思创立了一种旨在以新的完全实践的方式来解决哲学问题、政治问题、人类问题和经济问题的思想。在这一激进的运动过程中,马克思建构起自己的经济的历史的科学体系（systématique scientifique économique et historique）和共产主义革命的技术的政治的纲领（le programme technique et politique）。马克思在巴黎写下的《1844 年经济学哲学手稿》蕴含着马克思思想的中心、他的哲学核心（noyau philosophique）和他的科学技术理论的萌芽（le germe de son élaboration scientifique et technique）。而正是这一璀璨夺目的中心随后发展为统一的学说（doctrine consolidée）。

青年马克思探寻人类历史和人的生活的意义，批判存在于人类生活借以外化（l'extériorisation）的一切形式中的感性活动的异化。于是，意义（le sens）就简化为感性意义（sens sensible），任何脱离了感性意义的东西都是无意义的（non-sens）。于是，马克思力图从技术发展（développement technique）出发规定历史过程的方向，确定历史和社会发展的意义。因此，他拒斥任何看起来同无产阶级的革命行动方向不相符的（反动的）谬论。总体境况（la situation totale）的"秘密"在于经济分析（l'analyse économique），生成的"秘密"则在于对经济动力（la dynamique économique）的把握。

马克思对全部人类历史有着浓厚的兴趣，因为历史在世界历史（l'histoire du monde）上第一次倾向于成为普遍的。他要反抗大写的历史的命运（destin de l'Histoire），并从经济的角度解释这种命运。因为正是世界贸易的规律，统治着生产与交换、供给与需求的规律，制造业（la fabrication）和商业（commerce）的规律构成了世界历史（l'histoire mondiale）的最高权力（la puissance suprême），"像古典古代的命运之神（le Destin）一样，遨游于寰球之上，用看不见的手（main invisible）把幸福和灾难分配给人们，把一些王国创造出来，又把它们毁掉，使一些民族产生，又使它们衰亡"①。马克思反抗这种命运就是为了使人类能够

---

① Karl Marx, Friedrick Engels, *L'Idéologie allemande*, *Œuvres philosophiques*, T. VI, p. 178. 中文版参见《马克思恩格斯文集》第 1 卷，第 539 页。

摆脱它,为了使人们的历史活动和世界活动不再屈从于某种世界经济的异化力量,为了使历史成为真正普遍的历史和人类的产物。同人们的多元技术活动(activité polytechnicienne)格格不入的命运将不再盘旋于他们之上。然而,我们随后将会看到,无论是从根本上改变现存世界的革命运动,还是共产主义的社会组织,都主要是由经济因素所决定的。而问题在于,这难道不是另一种伪装下的同一种力量/权力(la même puissance)吗?这难道不是在新的形式下继续盘旋在整个大地——现在整个地球都陷入了行星性的经济组织和共产主义组织的罗网之中——之上的"同一种"命运吗?扬弃资本主义的经济规律、超越原始异化(l'aliénation primordiale)和私有财产(la propriété privée),进而废除资本主义的世界市场,就会打开一种实际完全不同的世界性视域(l'horizon d'une mondialité)吗?它们甚至会第一次建立一种开放的世界性(mondialité ouverte)吗?抑或各种商品的生产速度、技术的生产力(la productivité de la technique)和技术的行星性扩张(l'expansion planétaire de la technique)——这使一切事物都变为技术的——将会使新人类的计算机心脏(le cœur calculateur)跳动起来吗?只有紧跟着马克思的思想展开对话,才能引导我们一步步趋向这些问题的答案。

即便如此,我们也一定不能无视这样的事实,即马克思特别是青年马克思懂得如何辨识某些有关人的存在(l'être de l'homme)及其遭受屈辱的人性的问题。倡导普遍的集体主义化(la collectivisation universelle)和彻底的社会主义化(la socialisation radicale)的人们有时也会关注人的戏剧(le drame de l'homme),关注个人在日常生活中的失意和社会中的个人的挫败。不单单是社会结构(les structures sociales)和令人窒息的上层建筑(les superstructures),其实人的存在本身就被看作一种裂开的伤口(plaie ouverte)。但是,马克思没有停留于这种观点,而是很快就锻造出使他能够用以消除不幸根源的武器和手段,并通过强力介入来从根本上治愈病灶。而且,我们不应忘记的是,马克思的标靶是根植于西方和欧洲的资产阶级的资本主义社会的土壤之中的。他从这个社会及其理论中获得批判性分析的武器，以便发动对抗它的全部内容的战争。马克思所生活的这个世界是同他相疏离的。因此，马克思否定了这个世界得以存在的原因，揭露了它的神话和幻象，拒斥已经变得同自身相疏离的人的各种虚假的自我意识形式。马克思想要认识现实的真理，掌握革命意识，指导人们达到自身与世界的和解（la réconciliation）。只有当人们投入革命行动中去的时候（有时是**服务于**它，有时是**引导**它），在一种新的非神秘化的意识中认识真正的现实才是有效的。预期的目标一旦实现就将改变人们的生活：私人生活和公共生活之间的每一种异化的差别都将会被废除，普遍历史将会成为部署一种普遍的多元技术活动（une activité polytechnicienne et universelle）的人的历史。因此，个人将会治愈他的疾病，而社会将不再建立在人对人的剥削（l'exploitation）之上。大写的个人（Individu）和大写的社会（Société）之间的对立将会终止，因此，精神与物质、主体与客体、自然与历史之间的对立也将会终止。

　　然而，在马克思看来，这种重新统一（réunification）只有通过一种能够激活真正的物质力量的社会运动和社会主义运动才能够实现。因此，最终的结论是属于社会的、物质的、现实的、实践的、客观的。但问题在于：二元论现在被彻底克服了吗？思想和意识、理论和知识还会存在**差异**而无法彻底融入真正的现实运动吗？它们将会被献祭给真正的现实，还是继续徘徊于真正的现实之上？主张一种同时包含着事物的真理和已经同事物相分离的异化的整体统一（l'unité globale）将会带来什么呢？我们暂且应该使这些问题保持开放，即使我们不能确定以后能否回答它们。

　　让我们简单回顾一下黑格尔的这句话："精神愈从比较大的对立中返回自身，就愈为伟大。"①但是，当黑格尔这样说的时候，他已经在他

---

① G. W. F. Hegel, *Phénoménologie de l'Esprit*, T. I, Trad. J. Hyppolite, Paris：Aubier, T. I, 1939, p. 282. 中文版参见［德］黑格尔：《精神现象学》（上卷），第227页。

的概念运思中超越了表象层面(niveau de la représentation)而获得存在于事物中的思想和存在于思想中的事物的统一的真理:"理性**自身**是**一切事物性**(*soi-même toute choséité*),甚至于是**纯粹客观的**事物性。但是**在概念中**理性才是一切事物性,或者说,只有这种概念才是理性的真理性。"①但是,黑格尔之后的思想没有能力保持这种统一的张力——而这种统一是在精神中并通过精神而实现的,这样一来,它还会主张任何不同于那种统一的对立面的东西吗?

这不仅是黑格尔生活于其中的世界,而且是一个正变得同马克思相疏远的黑格尔的世界(更不用说整个世界了)。对马克思来说,这个世界已经变得不宜居,因为异化已使所有人成为无根的存在物(êtres déracinés)。马克思的思想铭刻在这样一个世界中,这个世界对现代人来说已不再是一个故乡或者不再承载着故乡(patrie)。人不再存在,无任何立足之地(être sans être, ni lieu aucun)。然而,正是在这个世界中,马克思大声说出了一种真正不堪忍受的人的历史的境遇(situation humaine et historique)。他生动展现了这个主体异化的时代,并为人们指出一条出路。但是,难道他可能不会受到他所拒斥的这个世界的影响吗? 他真的有可能主张一个同他坚决抨击的肮脏的世界(monde immonde)完全不同的世界吗? 在《资本论》的德文第一版序言中,马克思在指出"工业较发达的国家向工业较不发达的国家所显示的,只是后者未来的景象"之后写下这样几句话:"除了现代的灾难而外,压迫着我们的还有许多遗留下来的灾难,这些灾难的产生,是由于古老的、陈旧的生产方式以及伴随着它们的过时的社会关系和政治关系还在苟延残喘。不仅活人使我们受苦,而且死人也使我们受苦。**死人抓住活人**(*Le mort saisit le vif*)!"②死人抓住活人! 马克思坚信在那个将会废

---

① G. W. F. Hegel, *Phénoménologie de l'Esprit*, T. I, p. 286. 中文版参见[德]黑格尔:《精神现象学》(上卷),第 231 页。

② Karl Marx, *Le Capital*, T. I, Paris:Éditions Sociales, 1948, p. 19. 中文版参见《马克思恩格斯全集》第 42 卷,人民出版社 2016 年版,第 15 页。

除全部陈旧之物的世界里，死人将不再抓住活人。但是，马克思的坚信和希望有足够坚实的基础吗？

马克思学说的系统性建构是围绕人的主题展开的，而人生来就具有一种借助技术(la technique)来把握世界的意志(volonté)。这种激进的去神秘化的意志——它被指控要实现自然主义-人道主义的统治——只渴望废除同它的活动相对立的异化。但在超越了任何妨害它的总体活动及其总体活动的意志的障碍之后，这种意志认识到它已不再受任何外在的束缚了。当然，意识也在这一过程中被**调动**(mobilisée)起来。但是，一旦意识的所有幻象被驱散，意识就将成为一种活动工具(instrument de l'action)，并因而加入各种技术工具(instruments techniques)之中。然而，意识似乎总是注定要超越现实的活动。一路走来，我们总是不断遭遇这样一种意识，它一方面仅仅被看作一种工具(instrument)，另一方面它又被认为将会超越工具所完成的产品。当然，意识将不再是天上的一束光或一片云，而是会降落到大地上。因为马克思相信他已经一劳永逸地摧毁了天国，清空了诸神。马克思几乎不能容忍天国继续遮蔽大地。马克思的人类学和历史哲学，以及他的救赎计划和末世学观念(disons eschatologique)都被认为是绝对真实的(résolument réels)和根植于内在(l'immanence)。在这里，人类集体(la collectivité humaine)、共产主义社会——人的**自我**的普遍化力量(généralisant la puissance de l'*ego* de l'homme)——变为一切事物的创造者和行星的主宰(le maître de la planète)。它通过实践手段主宰着总体，并意识到它在**做**(*fait*)什么，而没有陷入迷误(l'errance)。

绝对知识、思辨思想和世界总体的生成性存在的(形而上学的)**逻各斯**(le *Logos*)必须全部在总体性实践(la praxis totale)、多边活动(l'activité multilatérale)和现实行动中并通过它们被超越。但是，总体性实践——即使是一种既有视域下的总体性实践——仍是很成问题的。总体性实践只是一种实践活动吗？它难道不会为任何一种理论思想留有一席之地吗？它包含依然彼此分离的思想和行动吗？或者，它作为物质的、现实的、感性的、真实的、有效的和客观的实践会支配和决定一切思想、意识和认识吗？它的总体性包含一种二元性（行动与思想、感性[la sensibilité]与意义[la signification]之间的二元性）吗？或者它将会建立统一性吗？总体性实践包含何种意义上的大写的总体性（Totalité）呢？在我们的探索之旅中，我们将会经常遭遇这些问题。对此，我们需要指出，尽管马克思试图拒斥黑格尔的绝对知识，但这并不意味着他想最终建立一种以"它的卑污的犹太人的表现形式"①出现的活动，正如他在《关于费尔巴哈的提纲》第一条中所指出的那样。在马克思看来，去异化的实践（la praxis désaliénée）是更全面的，尽管它的总体性仍然是有限的和片面的（unilatérale），并浸染着客观主义（objectivisme）和实用主义（pragmatisme）的色彩。

实践活动（l'action pratique）似乎构成了马克思的最终结论。然而，也有关于这种能动的实践（praxis active）的理解和认识。理论思维试图在思维中并通过思维来解决的一切神秘和谜语、一切难题和问题，都变成了与为它们提供一种解决方案的实践（la pratique）相关的问题。然而，我们还要回答这样一个问题：对于实践本身（la pratique）的理解就是对实践的次序（l'ordre de la pratique）的理解吗？马克思在《关于费尔巴哈的提纲》第八条中指出："全部社会生活在本质上是**实践的**（*pratique*）。凡是把理论引向神秘主义的神秘东西，都能在人的实践（la praxis humaine）**中以及**对这种实践（pratique）的理解中得到合理的解决。"②这种差别将会一直存在吗？存在与思维、行动与理解、理论与实践（la pratique）、感性活动**及**其意义难道不会统一起来构成一个单一的东西吗？西方思想的宿命——自巴门尼德以来就一直在探寻存在与思维即把存在思作思维的思维（la pensée qui pense l'être comme pensée）的统一性（l'unité），甚至是两者的同一性（l'identité）——难道

① 参见《马克思恩格斯文集》第1卷，第499页。
② 参见《马克思恩格斯文集》第1卷，第501页。

不也困扰着马克思吗？因为前苏格拉底哲学终结之后的整个西方思想都陷入了关于思维与存在的统一和分离的争论之中，但无论是两者的同一，还是两者的差别，都尚未根据一种唯一的真正全面的基础达到完整清晰的阐明。那么，马克思的在本质上作为实践的实践(la praxis essentiellement pratique)只是颠倒了两个范畴的次序(l'ordre des deux ordres)，使现实活动成为思维的审判者(le juge de la pensée)吗？

第二部分

经济异化与社会异化

  随着在思想上对具体地、现实地、残酷地存在于人类历史中的异化
（l'aliénation/*Entfremdung*）的把握，马克思逐步远离黑格尔，确立自己
的观点。为了弄清楚普遍历史运动的意义和人类的历史命运，马克思
开始着手分析现代欧洲社会。因为在那里，马克思将会遭遇人的生活
的各个层面上所表现出来的残酷的异化现实，而这种异化的物质基础
就是经济异化（l'aliénation économique）和劳动异化（l'aliénation du
travail）。

第二章　劳动、分工和劳动者

人为了生存而劳动。与动物不同，人是通过**劳动**从大写的自然（la Nature）中攫取物品，以满足他的自然需要（besoins naturels）。这不是单个人可以独自完成的事情，而是他同其他人以社会的方式（socialement）完成的事情。劳动本质上是社会的（sociale）。为了能够存续，共同体（la communauté）、人类社会（la société humaine）每一次都以不同的历史形式同自然（la nature）作斗争。现实的、感性的、物质的、实践的和改造性的（transformatrice）活动正是我们无法继续追根溯源的第一动因。人的本质不是一种建立在孤立的个人之上的抽象（abstraction），而是通过建立在劳动之上并贯穿于历史发展的社会关系的总和（l'ensemble des rapports sociaux）而建构起来的人的存在（existence humaine）。马克思的思想旨在努力把握社会历史的全部现实，而这源自马克思相信人类历史的根基只能在人的历史所固有的人的活动中才能建立起来。这样一来，马克思的人道主义的激进主义（le radicalisme humaniste）就在根本上和本源上表现出来。

人类社会的历史是以能够满足人的物质需要的生活资料的生产（la production des moyens）为开端的。马克思在《德意志意识形态》中指出："一当人开始**生产**自己的生活资料，即迈出由他们的肉体组织（organisation corporelle）所决定的这一步的时候，人本身就开始把自己和动物区别开来。人们生产自己的生活资料,同时间接地生产着自己的物质生活本身。人们用以生产自己的生活资料的方式,首先取决于他们已有的和需要再生产的生活资料本身的特性。"①

　　这种通过劳动进行的物质资料的生产(production des biens matériels)不仅保障了人们的**生活**,而且展现了一种特定的**生活方式**(*manière de vivre* déterminée)。因为各个人是在劳动中展现他们的存在,同时,各个人又是由他们生产什么(ce qu'ils produisent)和他们怎样生产(la manière dont ils produisent)所决定的。需要的满足,作为劳动的目的,是永远不会停止的。"基本"需要一旦满足就会产生新的需要,并如此循环往复。自然需要和人的社会的劳动(travail humain et social)辩证地、逐步地发展着,它们的最终极限是不可见的。我们不可能找到人类历史的绝对起点或绝对终点。我们在工作(l'œuvre)中看到的就是人——作为自然存在物(êtres naturels)——在自身的自然需要的驱使下,以社会的方式同自然相对立。因此,人是由他的生命本能所主导的"生物学意义上的"存在物(êtres «biologiques»)(即使他们凭借劳动变得与他们的祖先有所不同)。而作为人,他们从一开始就是社会存在物(êtres sociaux)。因此,首先需要注意的就是人的肉体组织(l'organisation corporelle des hommes)(因为这是人的生产性活动的基础条件)以及他们同自然其他部分(le reste de la nature)的关系。

　　大写的自然(Nature)-大写的人类(Humanité)-大写的社会(Société)构成了人的历史性存在(l'être historique de l'homme)。马克思的人道主义的激进主义(它进一步发展为社会主义-共产主义)是建立在某种自然主义(naturalisme)之上的:它是人的有机的关乎生命的本质(la nature),这种本质驱使人追求其本质上的自然需要的满足。然而,这种**自然主义**却又是"**反自然主义的**(*anti-naturaliste*)",因为人

① Karl Marx, Friedrick Engels, *L'Idéologie allemande*, *Œuvres philosophiques*, T. VI, p. 154 - 155. 中文版参见《马克思恩格斯文集》第 1 卷,第 519—520 页。

为了实现其人的命运，就要同自然相对立，并通过劳动同自然作斗争。于是，我们在马克思思想的根基中发现了一种自然主义，但这种自然主义又蜕变为一种关涉人的自然存在(l'être naturel)的反自然主义(anti-naturalisme)，并构成了人的生产本质和社会本质(l'essence productrice et sociale)，这种本质在根本上通过它的历史表现出来。没有超验的东西(transcendance)和**逻各斯**(*Logos*)在本源上栖居于大写的自然(la Nature)和人(l'homme)之中。

人类历史的绝对开端问题仍然是无解的。马克思认为这是一个毫无意义的问题，因为它无法在感性经验层面上得到解决。"因此"，历史没有绝对的开端。正是处在历史运动的某一特定阶段上、作为历史产物的我们提出了这一问题。在逻辑上难以捉摸的东西被宣布为在本体论上是不存在的。马克思在《1844 年经济学哲学手稿》中指出："无论是劳动的材料还是作为主体的人，都既是运动的结果，又是运动的出发点……因此，**社会性质**(caractère *social*)是整个运动的普遍性质；正像社会(la société)**本身生产**作为**人的人**(*l'homme* comme *homme*)一样，社会也是由人**生产**的。"[1]然而，马克思并没有轻易就解决人类历史的起源问题，他进一步说："大写的自然(la Nature)，无论是客观的还是主观的，都不是直接同**人的**存在物(l'être *humain*)相适合地存在着。正像一切自然物必须有一个**起源**(une *origine*)一样，**人**(*l'homme*)也有自己的起源行动(acte d'origine)即**历史**(l'*histoire*)，但历史对人来说是被认识到的历史，因而它作为起源行动是一种有意识地扬弃自身的起源行动。历史是人的真正的自然史。"[2]马克思拒斥整个创世起源说，因为在他看来，创世说就是对过去实际生产生活(la vie pratique et

---

① Karl Marx, *Économie politique et philosophie*, *Œuvres philosophiques*, T. VI, p. 25 - 26. 中文版参见《马克思恩格斯文集》第 1 卷，第 187 页。

② Karl Marx, *Économie politique et philosophie*, *Œuvres philosophiques*, T. VI, p. 78 - 79. 中文版参见《马克思恩格斯文集》第 1 卷，第 211 页。译文略有改动。——译者注

productrice)中的明显事实的推论（les extrapoler）和反向投射（les projeter en arrière）。对于大写的自然（la Nature）和人而言，只有"自然发生（la génération spontanée/la *generatio aequivoca*）"是存在的。

　　这里我们或许可以看到，马克思并不像黑格尔那样是从总体的生成性存在（l'être en devenir de la totalité）出发的——总体的生成性存在在生成为大写的自然（Nature）之后在大写的历史（l'Histoire）中将自身表现、揭示和把握为大写的精神（Esprit）。马克思拒斥了任何基础，而从人的自然史即"第一"起源（origine «première»）出发。换句话说，马克思的思想绝不是形而上学意义上的本体论的，而是哲学意义上的和科学意义上的历史学的和人类学的。马克思的思想是从作为征服大写的自然（la Nature）的劳动和技术（la technique）的出现和发展出发的，而这一大写的自然（la Nature）本身自然地产生了必须通过劳动才能生存的人类。但是，我们必须追问，全部发展的基础是一（*un*），还是我们从一开始就处在一种将**大写的自然**（*Nature*）和**大写的技术**（*Technique*）对立起来的"**二元论**（*dualisme*）"中？"大写的全体（Tout）"当然都源自大写的自然（la Nature），因为正是大写的自然变为生产性的人的本性（nature humaine productrice）。然而，"全体"也源自**大写的技术**（la *Technique*），因为正是大写的技术使人类能够驾驭自然世界。反过来，这种二元性可能会被还原为构成它的两个统一体（unités）（和实体［entités］）中的任何一方，因而不会被废除。马克思曾承诺阐明他的出发点，但却始终没有兑现。他没有深入思考历史的和人的问题式（la problématique historique et humaine）的根源，因为当时展现在他眼前的戏剧性的、历史的和人的问题（les problèmes dramatiques, historiques et humains）占据了他的全部精力。

　　马克思考察的是劳动中的人，并将劳动看作人的外化（l'extériorisation）和表现（la manifestation），后者作为一种物化了的外化（extériorisation réifiante）就是人的异化（aliénation）。马克思通过强烈反对黑格尔的劳动概念而提出自己的劳动概念。由此，马克思从形而上学和精神现象学领域过渡到历史物理学(la physique historique)和政治经济学领域。"黑格尔的《现象学》及其最后成果——辩证法，作为推动原则和创造原则的否定性——的伟大之处首先在于，黑格尔把人的自我产生看作一个过程，把对象化看作非对象化，看作外化和这种外化的扬弃。可见，他抓住了**劳动**的本质，把对象性的人、现实的因而是真正的人**理解**为人**自己的劳动**的结果。"①紧接着，马克思继续批判黑格尔"把**劳动**看作人的**本质**(l'essence/das Wesen)，看作人的自我确证的本质，他只看到劳动的积极的方面，没有看到它的消极的方面。劳动是人在**外化**范围之内的或者作为**外化**的**人的自为的生成**(le devenir pour soi de l'homme)。黑格尔唯一知道并承认的劳动是**抽象的精神的劳动**"②。马克思的思想旨在成为具体的和非神秘化的，并力图清晰展现劳动的积极方面(人的生产性表现)和劳动的否定方面，后者同样是本质性的，因为人通过异化劳动(le travail aliénant)丧失了自己的本质。马克思的辩证法没有免除黑格尔辩证法中论证劳动——特别是现代社会中的劳动——的合理性的倾向。"这样，因为黑格尔理解到——尽管又是通过异化的方式——有关自身的否定具有的**积极**意义，所以同时也把人的自我异化、人的本质的外化、人的非对象化(la désobjectivation)和非现实化(déréalisation)理解为自我获得、本质的表现、对象化、现实化。"③

----

① Karl Marx, *Économie politique et philosophie*, *Œuvres philosophiques*, T. VI, p. 69 - 70. 中文版参见《马克思恩格斯文集》第 1 卷，第 205 页。

② Karl Marx, *Économie politique et philosophie*, *Œuvres philosophiques*, T. VI, p. 69 - 70. 中文版参见《马克思恩格斯文集》第 1 卷，第 205 页。

③ Karl Marx, *Économie politique et philosophie*, *Œuvres philosophiques*, T. VI, p. 86. 中文版参见《马克思恩格斯文集》第 1 卷，第 217 页。我们必须仔细区分和理解马克思在支持和反对这些概念时所使用的"表现(l'expression)""外化(l'extériorisation)"和"异化(l'aliénation)"的具体区别：aussern 意为"表达(exprimer)""表现(manifester)"，Äusserung 是指"表达(l'expression)"和"表现(la manifestation)"；entäussern 意为"通过让渡(放弃/剥夺)而使之外化(extérioriser en se dessaisissant)"，Entausserung 是指"外化(l'extériorisation)"和"让渡(le dessaisissement)"；veräussern 意为"出让、疏远(aliéner)"，Veräusserung 是指"异化(l'aliénation)"；entfremden 同样意为"出让、疏远(aliéner)"，Entfremdung 是指"异化(l'aliénation)""异己性(l'« étrangeté»)"。

作为一个革命者，马克思强调的是劳动一般（travail en général）即作为生成之动力的劳动的否定性，特别是劳动的否定方面：人们不是在他们的劳动中肯定自身，而是在这种自我外化（s'extériorisant）中使自身变得无力和异化。但是，并不是所有"劳动"都是异化的。或许，过去存在一种更为"现实化（réalisateur）"的劳动，而在未来将会出现一种能够使人与世界相协调的劳动。然而，在当前的历史阶段，劳动却使人同人自身及人自己的产品相疏离。

经济活动是使人得以生存的活动、使人成为人的活动。它的确是人的原始的本质的活动，但也是人在其中发生异化的领域。

经济活动在本质上是社会的，因为劳动无处不在，而且总是由人来完成，每个人都完成整体社会劳动（travail social global）的一部分。因此，劳动必然发生分化。这种分工（division du travail）以一种残酷的切实的方式表现为经济异化和社会异化（l'aliénation économique et sociale）以及整体异化本身（l'aliénation globale même）的现实。因为，伴随分工的出现，**类人**（l'*homme générique*）（总体的具体的人［homme total et concret］）也发生分化，从而导致人的统一本质的丧失。"**分工**是关于异化范围内的劳动**社会性**（la *sociabilité* du travail）的国民经济学用语。换言之，因为**劳动**只是人的活动在外化范围内的表现，只是作为生命外化（extériorisation de la vie/*Lebensentäusserung*）的生命表现（la manifestation de la vie/*Lebensäusserung*），所以**分工**也无非是人的活动作为**真正类活动**（*activité générique réelle*）或作为**类存在物的人的活动**（*activité de l'homme être générique*/*Gattungswesen*）的异化的、外化的设定。"[①]

马克思批判（亚当·斯密、李嘉图和其他资产阶级理论家的）政治经济学，但并没有抓住分工的真正本质，没有看到分工构成了人的类活

[①] Karl Marx, *Économie politique et philosophie*, *Œuvres philosophiques*, T. VI, p. 97. 中文版参见《马克思恩格斯文集》第 1 卷，第 237 页。

动(l'activité générique des hommes)的一种异化形式和外化形式。因此,自由主义的个人主义的政治经济学使人"原子化(atomise)",而马克思的社会的集体主义的政治经济学(l'économie politique sociale et collectiviste)不会切断人与社会的联系。马克思遭遇黑格尔、斯密和李嘉图不是为了提供一种更好的哲学史——历史哲学——或者一种关于政治经济学的更加系统的历史的阐述,而是为了将哲学**批判**和历史**批判**(la *critique* philosophique et historique)引入哲学和经济学之中,而这种批判将产生一种新的"政治"。马克思没有详细追溯自史前文明到现代分工的历史。相反,他只是对某些主要的社会分工形式做了批判性抨击,并特别关注了这些分工所导致的现实苦难。

尽管如此,马克思还是将目光转向过去,并写道:"物质劳动和精神劳动的最大的一次分工,就是城市和乡村的分离。城乡之间的对立是随着野蛮向文明的过渡、部落制度向国家的过渡、地域局限性向民族的过渡而开始的,它贯穿着文明的全部历史直至现在。"①分工不仅使每个人脱离共同体(la communauté),而且将人们划分为两部分:一部分人从事体力劳动,另一部分人从事脑力劳动。通过这种分工,有些人被赋予前一种劳动者所具有的"专长"(la «spécialité»),另一些人被赋予后一种劳动者所具有的"专长"。当人们离开(野蛮的[barbare])自然而聚居于(文明的[civilisées])城市的时候,这种分裂便开始成为可能。在远离自然(la nature)的过程中,人从事着一种反自然的劳动(travail anti-naturel),并使自身变得文明开化(civilise)。

现代文明使分工变得令人不堪忍受。人的生产行为(l'acte productif)变成一种奴役人的外在的异己的力量。通过分工,**人对自然的开发/剥夺**(*l'exploitation de la nature par les hommes*)就转化为人**对人的剥夺**(*exploitation des hommes par les hommes*)。生产劳动及其

---

① Karl Marx, Friedrick Engels, *L'Idéologie allemande*, *Œuvres philosophiques*, T. VI, p. 201. 中文版参见《马克思恩格斯文集》第 1 卷,第 556 页。

产品的消费（和享用）被分配给不同的个人和阶级。由于城市和乡村的分离以及由此导致的农业劳动和工商业活动的对立，人必然会继续对自然进行开发/剥夺，但人是通过剥削人来实现这一点的。那些通过开发/剥夺自然而生产和制造人的必需品的人们，反过来又被非劳动者（non-travailleurs）所剥削。

伴随分工而来的是人与自然之间的分裂（rupture）、个人与共同体（communauté）之间的分裂以及生产者和消费者之间的分裂，分工在某种程度上已经成为异化的主要的和几乎唯一的原因。这样一来，分工不就成为人的类活动（l'activité humaine générique）的一种外化的异己的表现了吗？人类**不再是人类所从事的活动的产物**，也不再知道他们在做什么，他们的活动不再是总体性的（totale），而是节段性的（segmentaire）。每个职业都是孤立的和自治的，每一种活动都会形成一种分离，每个人都会把这样一种领域——每个人在其中通过自我外化和自我异化而"表现"出来——视为**真正的**统一。尽管每个存在物都必然同普遍性（l'universalité）联系起来，但是它又极力局限于**自己的**特殊性（particularité）之中。整体的社会力量（la puissance sociale globale）迫使个体存在物（社会力量产生于个体存在物）被贬低到软弱无力（l'impuissance）的地步。"受分工制约的不同个人的共同活动（la collaboration）产生了一种社会力量，即成倍增长的生产力。因为共同活动本身不是自愿地而是自然形成的，所以这种社会力量在这些个人看来就不是他们自身的联合力量，而是某种异己的、在他们之外的强制力量。关于这种力量的起源（l'origine/*woher*）和发展趋向（le but/*wohin*），他们一点也不了解，因而他们不再能驾驭这种力量，相反，这种力量现在却经历着一系列独特的、不仅不依赖于人们的意志和行为反而支配着人们的意志和行为的发展阶段。"①

---

　　① Karl Marx, Friedrick Engels, *L'Idéologie allemande*, *Œuvres philosophiques*, T. VI, p. 175 - 176. 中文版参见《马克思恩格斯文集》第 1 卷，第 537—538 页。

那么，劳动和分工是**罪恶的**(*maux*)吗？它们只以消极的方式表现自身吗？马克思认为，劳动和分工构成了过去历史发展的因素，并促使社会得以进步。但是现在它们不再发挥积极的作用。由于马克思在研究中较多关注劳动的历史形式，而较少关注劳动的本质，因此，他将目前的分工视为各种令人难以忍受的异化的一个根源。但是，马克思很清楚地知道"社会活动的这种固定化(stabilisation)，我们本身的产物聚合为一种统治我们、不受我们控制、使我们的愿望不能实现并使我们的打算落空的客观力量(force objective)，这是迄今为止历史发展中的主要因素之一"①。

过去，人们被"**自然地**(*naturellement*)"引入分工。但在未来，人们将通过超越令人窒息的分工框架而能够**自愿地**从事社会活动。就像私有财产（我们之后将会探讨这一问题）一样，分工在过去曾起到过积极的作用，现在它却变得令人难以忍受，而在未来，它将会被废除。劳动、分工和私有财产是密不可分的。关于**劳动**，我们被告知"以前是**自身之外的存在**(*extériorisation de soi ontique/Sich-Äusserlichsein*)——人的真正外化(*réelle extériorisation/reale Entäusserung*)——的东西，现在仅仅变成了外化的行为(l'acte de l'extériorisation/*Tat der Entäusserung*)，变成了外在化(l'aliénation/Veräusserung)"②。只有共产主义的未来(avenir communiste)才能赋予劳动以意义。私有财产和分工促进了人类的进步，但是现在它们却在阻碍人类的发展。我们绝不能忽视分工与财产之间的联系、不同形式的分工和不同形式的财产之间的联系（这种联系要比只是一种紧密的结合更多、更真实）。分工发展的不同程度是同财产的诸形式相一致的，是财产的表现形式。私有财产是怎样的，

---

① Karl Marx, Friedrick Engels, *L'Idéologie allemande*, *Œuvres philosophiques*, T. VI, p. 175. 中文版参见《马克思恩格斯文集》第 1 卷，第 537 页。译文略有改动。——译者注

② Karl Marx, *Économie politique et philosophie*, *Œuvres philosophiques*, T. VI, p. 13. 中文版参见《马克思恩格斯文集》第 1 卷，第 179 页。

分工就是怎样的，即"一方面**人的生命**（la *vie humaine*）为了本身的实现曾经需要**私有财产**（la *propriété privée*），另一方面人的生命现在需要消灭私有财产"①。

因此，马克思对现在加以分析和批判，以便为迎接更美好的未来做准备。他批判经济科学，但他的批判主要集中于经济现实。而且，如果他抨击客观的社会现实，那么这是为了揭露被经济现实所压抑的人类。当马克思谈论劳动或分工时，他在头脑中思考的是从事劳动的人们即**劳动者**（les *travailleurs*），而不是社会物（choses sociales）。然而马克思只是简要阐述了现代劳动者的系谱（la généalogie du travailleur moderne），他从古代奴隶迅速转向中世纪的农奴，最终落脚到（现代）雇佣"自由"工人（l'ouvrier salarié «libre» [et moderne]），后者正是他想要考察的对象。

如果人的本质就在于他的总体的、实践的和现实化的社会活动（activité sociale totale, pratique et réalisatrice），那么劳动者从一开始就是一个异化的存在（être aliéné），除了工作且为别人工作之外，一无是处。生产力（forces productives）的发展已经导致这样一种社会状况，即那些生产社会财富的人——那些最卓越的劳动者，无产者们（les prolétaires）——"完全地"同他们的劳动产品相分离。为了生存（而且是悲惨地生存下去），他们被迫出卖的不是他们的劳动（travail），而是

---

① Karl Marx, *Économie politique et philosophie*, *Œuvres philosophiques*, T. VI, p. 106. 中文版参见《马克思恩格斯文集》第 1 卷，第 241 页。

他们的劳动力(force de travail)。①

　　在历史上的所有社会中,劳动者都是被剥削的阶级。他们同生产力(forces productives)直接联系在一起,并同剥削者阶级(la classe des exploiteurs)相斗争。剥削者阶级的力量源自这样的事实:他们拥有生产资料(les moyens de production),现存的生产关系(les rapports de production)使他们居于统治地位。同那些拥有生产资料的人们一样,工人也能形成一个**阶级**(*classe*),即人们以某种特定的方式同经济联系在一起,并拥有或能够拥有一种整体的阶级意识(conscience de

---

　　① 在马克思的经济学著作(《政治经济学批判。第一分册》和《资本论》)中,他将给出迄今为止仍然无与伦比的关于使用价值、交换价值和剩余价值以及商品、价格、货币和资本之关系的分析。让我们在这里简单回顾一下,劳动——它是一切财富的源泉,尽管不是唯一的来源,而是与自然共同构成财富的源泉——作为对象化的、现实化的、物质化的和结晶化了的劳动(travail objectivé, réalisé, matérialisé et cristallisé)构成了经济的和社会的价值(les valeurs économiques et sociales)。价值被区分为**使用价值**(*valeurs d'usage*)和**交换价值**(*valeurs d'échange*)。前者是生存的手段,人的需要的对象,有用的或可享受的东西。它们本身并不进入商品世界。"成为使用价值,对商品来说,看来是必要的前提,而成为商品,对使用价值来说,看来却是无关紧要的规定。同经济的形式规定像这样无关的使用价值,就是说,作为使用价值的使用价值,不属于政治经济学的研究范围。"(Karl Marx, *Contribution à la critique de l'économie politique*, Paris: Costes, 1954, p. 36 - 37. 中文版参见《马克思恩格斯全集》第31卷,人民出版社1998年版,第420页。)另一方面,"交换价值首先表现为各种使用价值可以相互交换的**量的关系**(le *rapport quantitatif*)……因此,不论商品的自然存在的样式怎样,不管商品作为使用价值所满足的需要的特定性质怎样,商品总以一定的数量彼此相等,在交换时相互替代,当作等价物,因而尽管它们的样子形形色色,却代表着同一个统一物"。(Karl Marx, *Contribution à la critique de l'économie politique*, p. 36 - 37. 中文版参见《马克思恩格斯全集》第31卷,第420—421页。)马克思也提到了亚里士多德(Aristote, *La Politique*, A 9, 1257a, p. 6 - 14),后者区分了"οἰκεία χρῆσις"(合理使用)和"ἀλλαγή"(物物交换)(参见《马克思恩格斯全集》第31卷,第419页注释①)。交换价值构成了由结晶化的(异化的)社会劳动(travail social cristallisé [et aliéné])所产生的商品的经济价值。工人为了谋生出卖的不是他的**劳动**(*travail*),而是他的**劳动力**(*force de travail*)。而**剩余价值**(la *plus-value*)就是资本家购买工人的劳动力的结果。因为支付给劳动的工资并不代表劳动完成的价值(或价格)。工资是劳动力的价值(或价格)的一种**变相形式**(forme *déguisée*)。工人无偿为资本家工作一段时间,而**剩余劳动**(*sur-travail*)就是资本家所攫取的**剩余价值**(*plus-value*)的来源。"因此,劳动力的价值和劳动力在劳动过程中的价值增殖,是两个不同的量。资本家购买劳动力时,正是看中了这个价值差额……劳动力的卖者,和任何别的商品的卖者一样,实现劳动力的交换价值而让渡劳动力的使用价值。"(Karl Marx, *Le* [转下页]

classe)。同样地，不仅工人、劳动者、无产者是异化的，资产阶级(les bourgeois)和资本家(les capitalistes)也是异化的。属于无产阶级的劳动者阶级(la classe des travailleurs prolétaires)不是由自然存在的贫困造成的，而是由人为产生的贫困所造成的。无产阶级化了的生产者(les producteurs prolétarisés)本身就是一种异化的经济过程的产物。确切地说，无产阶级(le prolétariat)不是一个特殊的阶级：它具有一种普遍的特征，它代表了普遍性(l'universalité)，因为它是社会的社会要素(l'élément social de la société)，它所遭受的苦难是普遍的。它是最后的阶级，这个阶级将引导社会走向无阶级的社会(la société sans classes)。

　　在马克思看来，资本主义的经济过程将导致一切财富不断集中到那些拥有生产资料的人们的手里。同时，他们的数量将逐渐减少，因为他们剥夺了那些力量弱小者。相应地，中间阶级(la classe moyenne)的瓦解将会加剧，其中许多成员将重新沦为无产阶级。无产阶级的殊死斗争将最终瓦解现存的社会秩序(l'ordre social)，走向社会革命，由此将导致新的社会主义社会和共产主义社会。马克思相信，他已经发现了这种二元的两极分化，因而只看到了两个敌手之间的不可克服的对立：作为拥有者的资本家和被剥削的劳动者。然而，马克思在具体实践和经济学上都犯了错误：这种二元论并不是重点，相反，它已经在减弱，中间阶级没有被无产阶级化(prolétarisées)。至少在西欧和美国，社会的"贫困化"(la paupérisation)并没有发生。中间阶级已经增加，甚至吸收了一定数量的无产阶级成员。小资产阶级看起来并不愿意如此轻

[接上页] *Capital*, Livre I, p. 193 - 194. 中文版参见《马克思恩格斯全集》第 44 卷，人民出版社 2001 年版，第 225—226 页。)因此，工人只得到部分劳动报酬。工作日的延长和生产力的提高增加了他的无偿劳动。"如果我们现在把价值形成过程和价值增殖过程比较一下，就会知道，价值增殖过程不外是超过一定点而延长了的价值形成过程。如果价值形成过程只持续到这样一点，即资本所支付的劳动力价值恰好为新的等价物所补偿，那就是单纯的价值形成过程。如果价值形成过程超过这一点而持续下去，那就成为价值增殖过程"。(Karl Marx, *Le Capital*, Livre I, p. 195. 中文版参见《马克思恩格斯全集》第 44 卷，第 227 页。)

易地灭亡。除此之外,工人分享到了剥削者的利益,西方资本主义社会的经济水平正在不断提高。

　　然而,劳动者是且仍然是同他们的劳动产品相异化的。目前还没有任何简单的社会政策能够成功克服这种异化,即使工人的需要不再仅仅停留于"将物质生活维系在最必要的和最悲惨的水平上"。马克思看到,"尽管"劳动者是异化的,但正因为这种异化,他们成为历史生成的主角(les protagonistes)。因为他们能够利用生产力(les forces productives)。劳动者也将成为自觉创造新的总体解放(la nouvelle libération totale)的英雄——由于他们的总体异化(aliénation totale)。那些激活生产力的人们始终是**否定性的建构者和发酵素**(*constructeurs et les ferments de la négativité*),而这种否定性正是推动社会进步的东西。尽管他们对此一无所知,但他们已经在扮演这一角色,因为正是压迫者赋予被压迫者所提供的材料以形式。但从今往后,他们就会知道他们在做什么和他们是谁:他们是他们所创造的物质世界的建构者(constructeurs)、建造者(constructifs)、实现者(réalisateurs)和塑形者(formateurs)。

　　那篇著名的《〈政治经济学批判〉序言》展现了马克思从青年到老年的全部思想,并简明扼要地阐明了**历史唯物主义**(*matérialisme historique*)的整体视域。不仅如此,在这篇序言中,马克思试图把握历史的意义(现代欧洲历史的意义,而不只是过去的普遍历史的意义),以便使政治实践(la pratique politique)能够引导社会朝着新的方向发展。正是劳动者将使历史的(隐匿的和颠倒的)真理实现出来。马克思和马克思主义的这一基础文本值得我们认真咀嚼:"人们在自己生活的社会生产中发生一定的、必然的、不以他们的意志为转移的关系,即同他们的物质生产力的一定发展阶段相适合的生产关系。这些生产关系的总和构成社会的经济结构,即有法律的和政治的上层建筑(superstructure/ Überbau)竖立其上并有一定的社会意识形式与之相适应的现实基础。物质生活的生产方式制约着整个社会生活、政治生活和精神生活的过程。不是人们的意识（la conscience/ *Bewusstsein*）决定人们的存在（être/*Sein*），相反，是人们的社会存在（être social）决定人们的意识（conscience）。社会的物质生产力发展到一定阶段，便同它们一直在其中运动的现存生产关系或财产关系（这只是生产关系的法律用语）发生矛盾。于是这些关系便由生产力的发展形式变成生产力的桎梏。那时社会革命的时代就到来了。随着经济基础的变更，全部庞大的上层建筑也或慢或快地发生变革。在考察这些变革时，必须时刻把下面两者区别开来：一种是生产的经济条件方面所发生的物质的、可以用自然科学（sciences de la nature/*naturwissenschaftlich*）的精确性指明的变革，一种是人们借以意识到这个冲突并力求把它克服的那些法律的、政治的、宗教的、艺术的或哲学的，简言之，意识形态的形式。我们判断一个人不能以他对自己的看法为根据，同样，我们判断这样一个变革时代也不能以它的意识为根据；相反，这个意识必须从物质生活的矛盾中，从社会生产力和生产关系之间的现存冲突中去解释。无论哪一个社会形态，在它所能容纳的全部生产力发挥出来以前，是绝不会灭亡的；而新的更高的生产关系，在它的物质存在条件在旧社会的胎胞里成熟以前，是绝不会出现的。**所以人类始终只提出自己能够解决的任务，因为只要仔细考察就可以发现，任务本身，只有在解决它的物质条件已经存在或者至少是在生成过程中的时候，才会产生。**[①] 大体说来，亚细亚的、古代的、封建的和现代资产阶级的生产方式可以看作是经济的社会形态（la formation économique de la société）演进的几个时代。"[②]

在这里，马克思提纲挈领地将整个史前时期（la préhistoire）和普遍历史划分为四个阶段，但实际上这只是构成了人类社会的"史前时期"。因为准确地说，历史本身将以崭新的社会主义（le socialisme novateur）为开端。于是，我们就有了五个历史阶段：**亚细亚的**（东方的）、**古代的**

---

①　这是我们特别强调的地方。这些是**实践的**（*pratiques*）和具体的、技术的和现实的任务。马克思对没有实际解决方案的重大问题和难题不感兴趣。

②　参见《马克思恩格斯全集》第 31 卷，第 412—413 页。

（希腊-罗马的和奴隶的）、**封建的**（基督教的和中世纪的）、**现代的**（资产阶级的、资本主义的和西方的）和**社会主义的**（无产阶级的、共产主义的和普遍的）历史阶段。然而，历史唯物主义的创始人从未怀疑过：这种"西方的"和"欧洲的"模式是否囊括了人类历史生成的空间-时间总体（la totalité spatio-temporelle du devenir historique de l'humanité）；生产力是否随时随地都会导致社会变革（les changements sociaux）。马克思的结论是："资产阶级的生产关系是社会生产过程的最后一个对抗形式，这里所说的对抗，不是指个人的对抗，而是指从个人的社会生活条件中生长出来的对抗；但是，在资产阶级社会的胎胞里发展的生产力，同时又创造着解决这种对抗的物质条件。因此，人类社会的史前时期就以这种社会形态而告终。"①

　　这个文本总结了马克思的全部思想，并清晰简洁地阐述了——尽管他的哲学思想通常总是简明扼要、言简意赅——历史唯物主义的框架（le schéma）和视域（la perspective），而历史唯物主义就是旨在指导劳动者的革命实践的理论。它将所有历史阶段都聚集和囊括进一个框架之中，这可能显得简单而僵硬，却极具启发性。马克思没有探究历史特殊性的真理（la vérité des particularités historiques），而是紧紧抓住了通向西方资本主义的历史生成的意义（«le» sens du devenir historique）和被赋予了彻底推翻这个时代之使命的劳动者，以便引导人类走向真正的普遍历史。马克思的**唯物主义**是**历史唯物主义**（Le *matérialisme* marxien est *historique*）（这位马克思主义的创始人从未提及**辩证唯物主义**［*matérialisme dialectique*］）；它是建立在这样一种观念之上的，即经济过程的首要作用在于结构性地决定着上层建筑（la superstructure）的整体发展。这种历史唯物主义并不关心它是否有效解释过去、现在和未来的普遍历史的生成，它是否适用于全部文化场域（lieu de culture）：它描述了资产阶级的和资本主义的欧洲（Europe bourgeoise

---

① 参见《马克思恩格斯全集》第 31 卷，第 413 页。

et capitaliste)的**现存事物状况**(*l'état de choses existant*)，还不涉及印度或中国的历史之谜。他认为，现实世界的真理就是行星的**现实**真理(la vérité *actuelle* de la planète)。因此，西方主义(l'occidentalisme)就变为普遍的，全世界的劳动者们有责任团结起来，完成世界的整体社会命运(le destin social et global du monde)的使命。马克思没有追问，这种**现存事物状况**——经济技术(la technique économique)以因果方式决定着其他一切事物——是不是一种特殊的现实，是不是某种特定的已经实现的形而上学的结果和产物，是不是对世界(首先是希腊世界，然后是基督教世界，最后是现代欧洲世界)的某种特定解读的结果和产物，而这种解读赋予了**技术**(la *techné*)、**创世**观念(l'idée de *Création*)和**实践理性**(*la raison pratique*)以特权地位。马克思的历史辩证法(la dialectique historique)是片面的(unilatérale)：生产者生产产品和物质生活的生产方式(le mode de production)决定着政治、宗教和哲学，而这些东西本身不能生产或生成任何东西。马克思没有完全反对黑格尔：他反对黑格尔的历史"唯心主义"(« idéalisme » historique)，但这种新的立场并没有明确的本体论意义。无论如何，它都不是一个在总体存在层面的**物质**(la *matière*)和**精神**(l'*esprit*)的问题。马克思坚决反对这种关于历史的形而上学阐释，并试图忽视一切"抽象的"本体论(ontologie «abstraite»)。他希望劳动者能够通过一种现实的物质的历史来具体地占有自己的劳动产品。

历史悲剧(la tragédie historique)在每一个伟大的经济历史阶段之后都会结束，但没有带来真正积极的解决方案。真正的英雄仍然默默无闻和未被重视。自此之后，社会财富的生产者曾经消极去做的事情现在必须积极去做。劳动者能够且必须使自己成为否定的否定者(négateurs de la négation)，从而解放生产力，防止产生各种限制和障碍。

尽管马克思思想的重心在《1844 年经济学哲学手稿》中是**哲学的**(*philosophique*)，在 1859 年的《〈政治经济学批判〉序言》中是**经济学的**

(*économique*)，在 1848 年的《共产党宣言》中是**政治的**(*politique*)，而且，虽然他的思想一直在发展，但他的思想始终是从同一个中心出发的，那就是生产劳动(travail productif)：生产劳动的发展决定了整个历史进程。马克思的目光始终紧盯着现在及其异化(le présent et ses aliénations)，以及在实践(la praxis)中将半哲学的(mi-philosophique)、半科学的(mi-scientifique)和半实践的(mi-pratique)理论实现出来的劳动者对社会的革命性改造的必然性。《共产党宣言》的第一章第一行是马克思主义的一段重要文字，我们必须予以认真思考。因为马克思的"独断式的"文本(les textes «dogmatiques»)是鲜见而分散的，我们必须在头脑中不断将它们汇集起来。"资产阶级和无产阶级"这一章开篇就告诉我们："至今一切社会的历史都是阶级斗争的历史。[①] 自由民和奴

---

①　恩格斯补充道："这是指有文字记载的全部历史。"在马克思逝世后，恩格斯于1884 年出版的《家庭、私有制和国家的起源》一书赋予**马克思主义**以世界历史的辩证框架(schéma dialectique)，其**正题**为**"原始共产主义**(*le communisme primitif*)"(没有私有财产和阶级的社会)；**反题(否定)**为**"划分为阶级的社会"**(尤其是古希腊-罗马的和奴隶制的社会、中世纪的和封建的社会、现代的和资产阶级-资本主义的社会[les sociétés modernes et bourgeoises-capitalistes])；**综合(否定之否定)**为作为从原始的和文明的**"史前时期"**(la «préhistoire»)向真正的历史进行过渡的阶段的**社会主义-共产主义**(*le socialisme-communisme*)。在马克思的著作中，我们从未看到过**这样一种观点**，即原始共产主义是完全公有制的，是一个黄金时代，是一个失去了的天堂(paradis perdu)，它将在世界历史的辩证过程的尽头、在有意识的更高层面上被实现出来。马克思直接从**历史的人**(l'homme historique)出发，这种历史的人通过社会劳动(le travail social)同自然作斗争，在劳动、分工(la division du travail)及其**"劳动者(travailleur)"**地位中并通过劳动、分工及其**"劳动者"**地位而使自己发生异化。但是，人能够超越这种异化，并在经济上和社会上完全使自身去异化(désaliéner)。尽管如此，马克思的确承认存在某种特定的**共同财产**的原始形式(forme primitive de *propriété collective*)，某种特定的原始共同体形式(forme de *communauté primitive*)，从这种原始共同体中分离出私有财产(la propriété privée)和私法(le droit privé)。马克思指出："历史却表明，共同财产(如印度人、斯拉夫人、古克尔特人等等那里的共同财产)是原始形式，这种形式还以公社财产形式长期起着显著的作用。(参见 Karl Marx, *Appendice à la Contribution à la critique de l'économie politique*, Paris：Costes，1954，p. 289. 中文版参见《马克思恩格斯全集》第 30 卷，人民出版社 1995 年版，第 29 页。请注意，阿克塞洛斯使用的该法文版《政治经济学批判。第一分册》是将《政治经济学批判》序言作为附录收入其中。——译者注)马克思承认，仍以其自然形式存在的共同劳动(le travail en commun)为所有文明民族的历史起源，尽(转下页)

隶、贵族和平民、领主和农奴、行会师傅和帮工，一句话，压迫者和被压迫者，始终处于相互对立的地位，进行不断的、有时隐蔽有时公开的斗争，而每一次斗争的结局都是整个社会受到革命改造或者斗争的各阶级同归于尽（la destruction commune/*gemeinsamen Untergang*）。"①

　　马克思的历史视域再一次聚焦于西方，而不是抽象地、普遍地考察三个伟大时代——希腊-罗马的**古代**（*Antiquité* gréco-romaine）、封建的**中世纪**（*Moyen Âge* féodal）和资产阶级的资本主义的**现代**（*Modernité* bourgeoise et capitaliste），并断言和承认了一种**阶级斗争的灾难性解决方案**（*solution catastrophale à la lutte des classes*）的现实性和可能性：**两个阶级在斗争中同归于尽**（*le dépérissement commun des deux classes en lutte*）。因此，悲剧（la tragédie）并不会总是带来一

（接上页）管这种情势并不因此就是和谐的，人还没有成为真正的人。在《政治经济学批判.第一分册》中，马克思在一个脚注——他后来在《资本论》第一卷第二版中引用了这个脚注——中指出："近来流传着一种可笑的偏见，认为原始的公有制（la propriété commune）的形式是斯拉夫人特有的形式，甚至只是俄罗斯的形式。这种原始形式我们在罗马人、日耳曼人、克尔特人那里都可以见到，直到现在我们还能在印度人那里遇到这种形式的一整套图样，虽然其中一部分只留下残迹了。仔细研究一下亚细亚的，尤其是印度的公有制形式，就会证明，从原始的公有制的不同形式中，怎样产生出它的解体的各种形式。例如，罗马和日耳曼的私有制（la propriété privée）的各种原型，就可以从印度的公有制的各种形式中推出来。"（参见 Karl Marx, *Contribution à la critique de l'économie politique*, p. 45. 中文版参见《马克思恩格斯全集》第 31 卷，第 426 页脚注①。）

　　马克西米里安·吕贝尔（Maximiliam Rubel）试图通过引证作为依据来表明，马克思认为未来社会将是一种古代农村公社（la commune rurale archaïque）在一种高级形式下的复活。他指出："通过回顾亨利·摩尔根（Henry Morgan）的著作，他（马克思）确信农村公社'回答了'他所处的时代的'历史趋势'。现代社会所趋向的'新制度（le système nouveau）'，'将是古代社会原型（type social archaïque）在一种高级的形式下的复活'"。（参见 Maximiliam Rubel, *K. Marx. Essai de biographie intellectuelle*, Rivière, 1957, p. 433. 中文版参见《给维·伊·查苏利奇的复信》，《马克思恩格斯全集》第 25 卷，人民出版社 2001 年版，第 459 页。译文略有改动。）吕贝尔虽然引用了马克思的这句话，但未加深思。他没有将它同马克思的整体思想进行比较，因为马克思的首要目标是为历史之谜（l'énigme de l'histoire）寻找一种全新的答案（solution inédite），而这种答案只有通过技术的巨大发展（le prestigieux développement de la technique）才有可能实现，而这是第一次允许社会主义的人（l'homme socialiste）征服社会化的世界（monde socialisé）。

　　①　参见《马克思恩格斯文集》第 2 卷，人民出版社 2009 年版，第 31 页。

种进步的解决方案,这是马克思主义者常常忘记的事情。

马克思再次总结道:"从封建社会的灭亡中产生出来的现代资产阶级社会并没有消灭阶级对立。它只是用新的阶级、新的压迫条件、新的斗争形式代替了旧的。但是,我们的时代,资产阶级时代,却有一个特点:它使阶级对立简单化了。整个社会日益分裂为两大敌对的阵营,分裂为两大相互直接对立的阶级:资产阶级(la Bourgeoisie)和无产阶级(le Prolétariat)。"①

马克思始终关注着这种根本的二元论:作为剥削者和压迫者的**资产者-资本家**(*bourgeois-capitalistes*)和作为被剥削者和被压迫者的**劳动者-无产者**(*travailleurs-prolétaires*)。从这种二元论出发的马克思虽然不想成为一个二元论者(dualiste),而是想成为一个辩证论者(dialecticien),但他仍然经常以二元论的甚至是摩尼教的(manichéenne)方式进行思索。人们的物质生活**和**思想、经济结构**和**意识形态上层建筑(les superstructures idéologiques)都是根据真与假、明与暗、善与恶的彻底对立而加以阐明。超越(dépassement)和扬弃(la suppression)这种对立(antagonisme)所带来的唯一结果就是根本性的现实(réalités fondamentales)对次生现象(les épiphénomènes)的完全的、绝对的胜利。然而,承认这一观点的普遍真理性或者承认"至今一切社会的历史都是阶级斗争的历史"并不那么容易。这一真理和斗争(lutte)在本质上描述了西方大写的现代性(la Modernité occidentale)、社会发展的资产阶级-资本主义阶段的特征。因为奴隶、平民和农奴领导了一场反对自由民、贵族和领主的斗争,一场通过"整个社会的革命改造"的内在**辩证法**(dialectique interne)而告终的斗争,这种说法是不准确的。历史发展并不是如此明确地由生产力的发展和掌握生产力的人的革命所决定的。我们可以肯定地说,无论是**古希腊**还是**古罗马帝国**,抑或**基督教的中世纪**,都不是由于奴隶反抗自由民、平民反抗贵族

① 参见《马克思恩格斯文集》第2卷,第32页。

或者农奴反抗领主的冲击而灭亡的，更不用说**史前时期**（la
préhistoire）或**原始社会**（sociétés primitives）、**东方和亚细亚的帝国和
民族**（empires et des peuples orientaux et asiatiques）了。从一个历史阶
段向另一个历史阶段的过渡不是源自被剥削者（exploités）对剥削者
（les exploiteurs）的胜利，而是源自一种内部衰竭（épuisement interne）
和一种新的"第三方势力（tierce puissance）"的出现。二元对立已经被
一种第三方势力——它消灭和取代了相互矛盾的双方——所消灭和取
代。罗马人战胜希腊人，蛮夷碾压已经无法维系自身的希腊-罗马世
界。而中世纪则是由于市民（资产者，bourgeois）——它"独立于"领主
和农奴之间的斗争之外——的发展而走向终结。因此，我们是否应该
排除这样一种可能性，即当前资本家和无产者之间的对立的消灭和废
除不是由于一方对另一方的决定性胜利，而是由于第三种解决方案的
发展——当然这种方案是从内部产生出来的？

　　无论如何，马克思将他的全部注意力都聚焦于现在（le présent），
而不是他在某处称之为"所谓的普遍历史（la prétendue histoire
universelle）"的东西。现在（le présent）及其遭受的损害（tares）占据了
马克思的全部精力。正是由于马克思以一种片面而激烈的方式去把握
世界，因此他才能够理解它。劳动、分工、私有财产、资本萦绕在他的视
野中，他从未停止探究所有这些异化的现实，以寻找通向未来的道路。

第三章　私有财产、资本和货币

经济(l'économie)是历史生成的关键(le nerf)，而具有一种历史方法(méthode historique)的政治经济学是卓越的科学。劳动是经济和政治经济科学(la science de l'économie politique)的原则。劳动亦是私有财产(la propriété privée)的本质。政治经济学本身是现实经济运动的产物，尤其是私有财产的产物。然而，(资产阶级的)政治经济学远没有承认生产活动中的人，而是对人的否定的逻辑实现(la réalisation logique)。

分工和私有财产(propriété privée)相伴而行。如果城市和农村的分离是第一种主要的分工形式，那么，私有财产的第一种主要形式就是地产(la propriété foncière)，然后是工业资本(le capital industriel)——私有财产的客观形式(forme objective)。现在的重点是分析私有财产的异化本质(l'essence aliénatrice)。"这种**物质的**、直接感性的私有财产，是**异化了的人**的生命的物质的、感性的表现。私有财产的运动——生产和消费——是迄今为止全部生产的运动的**感性展现**(la *manifesation sensible*)，就是说，是人的实现或人的现实。宗教、家庭、国家、法、道德、科学、艺术等等，都不过是生产的一些**特殊**的方式，并且受生产的普遍规律的支配。"①

私有财产使人的一般生产活动(l'activité productrice générique)发生异化，妨碍了人展现他的真正的普遍性。由于同分工联系在一起，私有财产使在本质上是共同的东西变得稳定化、固定化、破碎化和个体化。私有财产将特殊的东西(le particulier)引入普遍的东西(l'universel)的内部，从而使特殊的东西普遍化，使人变得异化和屈服。因为私有财产总是通过使所有事物的共同之处(ce qui est commun à tous)特殊化，通过它的社会本质(essence sociale)来阻止人**成为人**(自然的、人的、社会的存在[être naturel, humain et social])，而将人禁锢在**拥有**关系(liens de l'*avoir*)之中。在私有财产的统治下，人最终变成一个自己眼中的外在客体(objet étranger)，变成一个**曾经拥有**，现在虽**有**(实则**没有**)却一无是处的主体(sujet qui n'*est* pas, mais qui *a* [qui n'*a* surtout *pas*] et qui est *eu*)。

劳动的历史和生产力的发展同分工的历史和生产关系(rapports de production)即所有制形式(formes de la propriété)紧密相连。因此，每一种生产性劳动(travail producteur)都有一种相应的劳动剥削方式(mode de l'exploitation du travail)。人从自然中获取的东西被其他人拿走了。所有制(la propriété)即剥夺(l'expropriation)有着悠久的历史，一种（农业、商业和工业）劳动的历史——对物质资料的占有(l'appropriation)的历史，和对劳动者的剥夺(l'expropriation)的历史——决定着全部大写的历史(l'Histoire)。在《德意志意识形态》第一部分的最后几页中，马克思以非常粗略的笔触勾勒了所有制的简史，即土地所有制(la propriété foncière)、公社所有制(la propriété communale)、封建所有制(la propriété féodale)和现代所有制(la propriété moderne)。

---

① Karl Marx, *Économie politique et philosophie*, *Œuvres philosophiques*, T. VI, p. 24. 中文版参见《马克思恩格斯文集》第 1 卷，第 186 页。

第一种所有制形式是**部落所有制**(*la propriété de tribu*)。它对应于一种生产的不发达阶段,这种生产建立在狩猎、捕鱼、畜牧、初级农业(l'agriculture élémentaire)和地产之上。分工还很不发达,仅限于家庭中现有的原始分工(la division primitive du travail)的进一步扩大。这一阶段的典型特征是集体所有制(la propriété communautaire)和父权制(le régime patriarcal),其社会组织包括作为部落首领的族长,他们管辖的部落成员,然后是奴隶。我们无法确定部落所有制对应于哪一个历史阶段:属于史前时期的原始的**野蛮**阶段?(或者甚至属于某些**亚细亚**社会[sociétés *asiatiques*]的历史阶段?)马克思没有告诉我们,我们也无法确切推断出来。

第二种所有制形式是**古希腊罗马**的**公社所有制**(la *propriété communale*)。这种所有制是由一些部落通过契约或征服联合为一个城市而产生的。这种所有制加剧了城市与乡村之间的对立,并使奴隶制得到保存和加强。随着分工的发展,先是动产私有制(la propriété privée mobilière),然后是不动产私有制(la propriété privée immobilière)都发展起来,但是两者都仍然从属于公社所有制。因为"公民仅仅共同拥有支配自己那些做工的奴隶的权力,因此受公社所有制形式的约束。这是积极公民的一种共同私有制(la propriété privée commune),他们面对着奴隶不得不保存这种自然形成的联合方式(forme naturelle [naturwüchsigen] d'association)"①。然而,私有财产不断发展,并越来越集中于少数人手中。

第三种所有制形式是**中世纪**("非理性成为现实"[la «déraison réalisée»]的阶段)的**封建所有制**(la *propriété féodale*)。不同于古代的起点是**城市**(la *ville* [cite])及其狭小的领域,中世纪的起点是**乡村**(la *campagne*)。**封建所有制或等级所有制**(propriété des *états*/

---

① Karl Marx, Friedrick Engels, *L'Idéologie allemande*, *Œuvres philosophiques*, T. VI, p. 253 - 254. 中文版参见《马克思恩格斯文集》第 1 卷,第 521 页。

Stände)，一方面产生于野蛮民族入侵所导致的罗马帝国的解体，另一方面产生于日耳曼人的军事制度（l'organisation militaire）的影响。现在，奴隶（l'esclave）让位于农奴（le serf）即小农（le petit cultivateur）。在城市中，同土地所有制的封建组织相适应的是同业公会所有制（propriété corporative），即手工业的封建组织（organisation féodale du métier）。小规模的粗陋的农业（la faible et grossière agriculture）和手工业式的工业（l'industrie artisanale）是这一制度的典型特征。等级结构（hiérarchie des états /*Ständegliederung*）在乡村里有王公、贵族、僧侣和农民的划分，在城市里有师傅、帮工、学徒以及后来的平民短工的划分。这种所有制形式——在本质上是土地所有制，其次包含着少量资本——将缓慢而必然地产生出下一种所有制形式。

"不断流入城市的逃亡农奴的竞争；乡村反对城市的连绵不断的战争，以及由此产生的组织城市武装力量的必要性；共同占有某种手艺而形成的联系；在手工业者同时又是商人的时期，必须有在公共场所出卖自己的商品以及与此相联的禁止外人进入这些场所的规定；各手工业间利益的对立；保护辛苦学来的手艺的必要性；全国性的封建组织，——所有这些都是各行各业的手艺人联合为行会（les corporations）的原因。"①为了应对不断增长的人口，各个手艺人逐渐积累起来的小规模资本和他们的固定人数就包含了帮工与学徒的关系，因此在城市中就形成了同乡村相似的等级制度。

现时代的**现代所有制**（la *propriété moderne*）是**第四种**所有制形式。它在本质上是都市的（urbaine），并将逐渐从工场手工业所有制（la propriété manufacturière）转向工业资本（capital industriel）。**不动产**（les *états*）被废除，或者转化为明显敌对的**阶级**（*classes* nettement antagonistes）。这一阶段标志着私有财产本身的神圣化（l'apothéose）。

---

①　Karl Marx, Friedrick Engels, *L'Idéologie allemande*, *Œuvres philosophiques*, T. VI, p. 256. 中文版参见《马克思恩格斯文集》第 1 卷，第 557 页。

这里,劳动的必然发展使工业和资本获得解放,使奴隶(l'esclave)和农奴(le serf)变为自由工人(ouvriers libres)。"由**现实的**发展进程产生的结果,是**资本家**(*capitaliste*)必然战胜土地**所有者**(*propriétaire foncier*),也就是说,发达的私有财产必然战胜不发达的、不完全的私有财产(la demi-propriété non développée),正如一般说来动(le mouvement)必然战胜不动(l'immobilité),公开的、自觉的卑鄙行为必然战胜隐蔽的、不自觉的卑鄙行为,贪财欲必然战胜**享受欲**(*la soif de jouissances*),直认不讳的、老于世故的、孜孜不息的、**精明机敏的**开明利己主义必然战胜眼界狭隘的、一本正经的、懒散懈怠的、耽于幻想的迷信利己主义,**货币**(l'*argent*)必然战胜其他形式的私有财产一样。资本的文明的胜利恰恰在于,资本发现并促使人的劳动(le travail humain)代替死的物(la chose morte)而成为财富的源泉。"①

所有制的四个主要历史阶段及其**必然演变**(*mutatis mutandis*)恰好对应于《〈政治经济学批判〉序言》和《共产党宣言》开头部分所描述的经济社会历史的几个伟大时期。生产力的发展、劳动、分工、生产方式和生产关系、阶级斗争、所有制形式都从属于同一历史辩证法(la même dialectique historique)。然而,**半父权制**(*mi-patriarcal*)**半奴隶制**(*mi-esclavagiste*)统治下的**部落所有制**所处的"第一个"阶段即"**史前的**""**原始的**""**野蛮的**"阶段仍然没有被揭示出来。马克思也没有阐明"**东方的**"或"**亚细亚的**"历史阶段。而当他转向对西方历史上的三个主要阶段即**奴隶制的古典古代**(l'*antiquité esclavagiste*)、**封建的中世纪**(le *Moyen Âge féodal*),尤其是**资本主义的现代**(la *modernité capitaliste*)进行阐述时,马克思的思考变得充满激情。在这一进程的最后,劳动变

---

① Karl Marx, *Économie politique et philosophie*, *Œuvres philosophiques*, T. VI, p. 124. 中文版参见《马克思恩格斯文集》第1卷,第176页。请注意,由于阿克塞洛斯使用的法文版是根据 S. 朗兹胡特(S. Landshut)和 J. 迈耶尔(J. Mayer)于1932年编辑出版的德文版《历史唯物主义:早期著作》(*Der Historische Materialismus: die Frühschriften*)翻译而来,因此,此处引文与目前基于 MEGA² 德文版翻译的中文版略有不同。——译者注

得彻底异化，而异化了的私有财产以资本的形式完全实现出来。后者（资本）成为经济的社会的悲剧(la tragédie économique et sociale)的主角（les protagoniste），直到劳动者——自由工人(les ouvriers libres)——为了建立普遍的**社会主义-共产主义**(le *socialisme-communisme*)而完全占据历史舞台(la scène historique)。西方历史的辩证法(la dialectique de l'histoire occidentale)由此被确立为普遍历史的辩证法(dialectique de l'histoire universelle)。虽然普遍历史还尚未实现，但它终究会到来。

生产力发展的各个阶段构成了异化的各个时代。历史发展的每一步都是在逐步实现生产力的解放，同时又进一步使生产者变得异化，但这是必要的。为了实现自身，人的社会生活需要分工、阶级构成(la formation)、阶级斗争、私有财产以及资本的发展。从现在开始，为了最终消除异化，就必须扬弃全部异化的现实，尤其是扬弃私有财产。资本——经济的社会的历史的胜利者——现在必须完全被胜利的劳动者所征服。

我们必须理解资本的真正本质，才能消灭**资本**(le *capital*)本身。资本通过将一切私有财产转化为工业资本而取得完全的胜利。马克思经常回到城市与乡村的分离，即人类从自然中解放出来的历史史诗(l'épopée historique)的真正黎明(véritable aurore)。他指出："城市和乡村的分离还可以看作是资本和地产的分离，看作是资本不依赖于地产而存在和发展的开始，也就是仅仅以劳动和交换为基础的所有制的开始。"①

资本只是一种以劳动和交换(l'échange)为基础的生产性的（和被生产出来的）私有财产(propriété privée productive[et produite])。为资本提供滋养的资本家的利润并不像蒲鲁东所宣称的那样是一种盗窃

---

① Karl Marx, Friedrick Engels, *L'Idéologie allemande*, *Œuvres philosophiques*, T. VI, p. 202 - 203. 中文版参见《马克思恩格斯文集》第 1 卷，第 557 页。

(vol)。资本家的利润包含着购买的一定数量的工人的劳动力（la force de travail），因为工人出卖的不是他们的劳动，而是他们的劳动力。在这里，我们并不打算阐述马克思的经济理论，确切地说就是与之相关的资本的构成及其运作方式。我们也不打算谈论马克思在《资本论》中详细阐述过的所有历史的、经济的和技术的问题。我们现在想要讨论的是劳动和劳动者的经济异化和社会异化，资本作为私有财产的完成形式所发挥的作用，资本主义（le capitalisme）被看作阶级斗争史的最后阶段，并将通过它的内在矛盾（contradictions internes）而趋向它的社会主义超越（dépassement socialiste）。物质资料的生产越来越以一种社会的方式（manière sociale）表现出来，生产资料私有制（la propriété privée des moyens de production）也主要是通过资本来表现自身。这些发展中存在着一种对立关系，而这种对立关系蕴含着以一种社会的形式（forme sociale）实现对资本主义的废除的萌芽，这种社会的形式将协调社会生产（la production sociale）与社会化的生产资料（les moyens de productions socialisés），而且不再容忍劳动（Travail）与资本（Capital）之间的斗争。

资本依赖社会劳动（le travail social），但又使劳动发生异化，并获得相对于劳动而言的自主性。"作为对财产的排除的劳动，即私有财产的主体本质，和作为对劳动的排除的资本，即客体化的劳动（le travail objectif），——这就是作为发展了的矛盾关系、因而也就是作为促使矛盾得到解决的能动关系的**私有财产**。"①这种源自**社会**劳动（travail *social*）及其**个人**剥夺方式（mode *individuel* d'expropriation）（以及社会劳动产品的占有方式）的矛盾（la contradiction）是如此异化，以至于从中发展出将会废除它的辩证法。

工人（les ouvriers），他们本身作为资本主义（capitalisme）的产物，

---

① Karl Marx, *Économie politique et philosophie*, *Œuvres philosophiques*, T. VI, p. 18. 中文版参见《马克思恩格斯文集》第 1 卷，第 182 页。

既是资本的生产者，又是资本的掘墓人。正是劳动者(le travailleur)通过他的异化劳动(travail aliéné)"生产"资本，而恰恰是资本使人变成工人，从而将人贬低到只能作为工人而存在。作为工人的人(l'homme-ouvrier)，同时是生产者、产品和简单商品，现在是历史和技术学的运动的最后终点(le terme fatal du mouvement historique et technologique)。同时，工人成为一种有需求的活的资本。如果他不劳动，而是将他的劳动力作为商品出卖，那么，他就会丧失自己的利益，从而无法生存。作为资本，工人的价值受到供求关系的制约，工人的生命的价值被贬低到最低限度。工人的全部生命只在于提供一种商品(marchandise)。当他被贬低到只是一个工人的时候，他的人的属性(propriétés humaines)仅存在于这种程度上：人的属性对他而言就是使他能够复归的外在的资本(capital étranger)。因此，由于资本主义，劳动者只能通过丧失生命来维持生存，他们生产着同自身相异化的力量，他们自己亦是其中的副产品(sous-produits)。

的确，现代资本主义已经或多或少地改变了工人的生活，盈余(surplus de gains)也较多地满足了劳动者的需要。然而，马克思想要弄清楚支配着资本主义的经验真理(la vérité empirique)背后的深层真理(la vérité profonde)。即使劳动者没有消除异化，颜色也可能已经从黑色变为灰色。我们所说的马克思的人本主义的激进主义(le radicalisme humaniste)在他的资本观念中得到明显体现。资本正是现代戏剧的伟大主角。资本统治和压榨着那些通过自己的社会劳动(travail social)生产资本的人们，也支配着那些单个地或以小团体的方式享受它的人们。然而，正是这些人介入了这种经验。为了打破一切所谓的客体拜物教(fétichisme soidisant objectif)，《资本论》的作者充满激情的客观主义(l'objectivisme passionné)不断指向处于屈从地位的人类主体。在他的展望和预言中，人与人的关系终将取代物与物的关系。他冷静而充满激情地科学分析和抨击了事物的现存状态，并提出一种将资本主义所导致的物化的人与人的关系解放出来的观点。憎怨、浪漫主义、科学、激情和行动都被用来谴责这种使人沦为商品的异化现实。当资本主义的进程走向终点，人本身作为整个生产运动的产物，最终将成为这样的工人：他将被分解为必要需求（besoin vital）与工资、资本与商品。

　　所有这些冷酷的激情和预言式的愤怒也转而投向物化世界（monde réifié）的另一个特殊现实。逻辑（logique）和感觉（sentiment）开始反抗最高的**统治者**即**货币**（l'argent）。货币拥有购买任何东西的能力，能够占有任何东西，已经成为最高的客体（l'objet par excellence）。货币的本质就在于其性质的普遍性（l'universalité），它的存在可以被看作一种拥有无限权力的存在。货币是让渡者（aliénateur），因为它是——尤其因为它已经是——人的生命的需要与满足这些需要的对象之间的中介（l'entremetteur），同时也是矗立在人的生命与其他人的存在（l'existence）之间的中介。

　　通过复兴犹太先知的赎罪热情（la passion purificatrice）以及同伟大的（"资产阶级的"）诗人的联盟，马克思引用莎士比亚和歌德的诗句对货币的堕落腐朽力量加以尖锐批判。马克思赞同《雅典的泰门》（*Timon d'Athènes*）所做的猛烈抨击，他在宣告"一切都是不平等的，在我们的受诅咒的本性中没有平等可言"和希望人类毁灭之后，开始刨土寻根。但是，他在地里找到的却是金子，于是开始诅咒它，并发誓要彻底埋葬这种该死的贵金属：

　　　　"金子？黄黄的、发光的、宝贵的金子？

　　　　不，天神们啊，

　　　　我不是无聊的拜金客。

　　　　……

　　　　这东西，只这一点点儿，

　　　　就可以使黑的变成白的，丑的变成美的；

　　　　错的变成对的，卑贱变成尊贵，

　　　　老人变成少年，懦夫变成勇士。

这东西会把……祭司和仆人从你们的身旁拉走

把壮汉头颅底下的枕垫抽去；

这黄色的奴隶可以使异教联盟，同宗分裂；

它可以使受咒诅的人得福，

使害着灰白色的癫病的人为众人所敬爱，

它可以使窃贼得到高爵显位，和元老们分庭抗礼；

它可以使鸡皮黄脸的寡妇重做新娘，

即使她的尊容会使那身染恶疮的人见了呕吐，

有了这东西也会恢复三春的娇艳。

该死的土块，你这人尽可夫的娼妇，

你惯会在乱七八糟的列国之间挑起纷争。"①

而且，泰门这样描述货币：

"你有形的神明，

你会使冰炭化为胶漆，仇敌互相亲吻！

为了不同的目的，

你会说任何的方言！

你这动人心坎的宝物啊！

你的奴隶，那些人类，要造反了，

快快运用你的法力，让他们互相砍杀，

留下这个世界来给兽类统治吧！"②

马克思也完全赞同地引用了《浮士德》(*Faust*)中靡菲斯特斐勒斯(Méphistophélès)的话：

"见鬼！脚和手，

① Karl Marx, *Économie politique et philosophie*, *Œuvres philosophiques*, T. VI, p. 108-109. 中文版参见《马克思恩格斯文集》第1卷，第243页。

② Karl Marx, *Économie politique et philosophie*, *Œuvres philosophiques*, T. VI, p. 108-109. 中文版参见《马克思恩格斯文集》第1卷，第244页。

还有屁股和头,当然都归你所有!

可我获得的一切实在的享受,

难道不同样也为我所拥有?

假如我能付钱买下六匹骏马,

我不就拥有了它们的力量?

我骑着骏马奔驰,我这堂堂男儿

真好像生就二十四只脚一样。"①

货币是异化的和被诅咒的,因为它颠倒了事物的——可能是自然的——属性,调和了对立,将人性置于从属地位,使它能买到的任何东西都沦为娼妓。货币的特性成为那些拥有这种"普遍财产(propriété universelle)"的人的特性,即能够占有任何东西。马克思对莎士比亚和歌德的上述文字总结道:"使一切人的和自然的性质颠倒和混淆,使冰炭化为胶漆,货币的这种**神力**包含在它的**本质**中,即包含在人的异化的、外化的和外在化的**类本质**(*l'essence générique/Gattungswesen*)中。它是**人类**的外化的**能力**。"②

如果一个人想满足某种需要并且拥有货币,那么,他就能**实现**自己的欲望。但如果这个人只有需要而没有货币,那就只能**想象**自己的欲望得到满足。因此,第一类人是同外部世界的现实建立联系,而第二类人只能在内在思想中寻求庇护,而这种思想本身又是在异化的外在性(l'extériorité aliénante)中获得发展的。而且,货币的匮乏也决定了需要的匮乏。因此,货币能够将需要的观念(la représentation du besoin)转化为客观的实现,并将需要的现实性(la réalité du besoin)转化为纯

---

① Karl Marx, *Économie politique et philosophie*, *Œuvres philosophiques*, T. VI, p. 108-109. 中文版参见《马克思恩格斯文集》第1卷,第243页。

② Karl Marx, *Économie politique et philosophie*, *Œuvres philosophiques*, T. VI, p. 111. 中文版参见《马克思恩格斯文集》第1卷,第245—246页。马克思在《资本论》第一卷中也援引了索福克勒斯的《安提戈涅》(l'*Antigone*)中的一段诗句(第295—301行)来批判货币的腐蚀能力。参见 Karl Marx, *Le Capital*, Livre I, T. 1, p. 138. 中文版参见《马克思恩格斯全集》第44卷,第156页注释(92)。

粹的主观观念（représentation subjective）。由于人类劳动通过异化而
生产出使用价值和交换价值，货币已经变成能够换得一切东西以及使
一切东西皆须通过交换才能得到的东西。

早在雅典的泰门、靡菲斯特斐勒斯和马克思之前，赫拉克利特就已
经在货币的普遍性的一切光辉中捕捉到了一切事物转化为货币和货币
转化为一切事物的"辩证"过程。我们可以在他的"片段 90（fragment
90）"中读到这样的话：**"通过交换，火变成万物，万物又变成火，就像金
变成货物，货物变成金一样。**（*Tout s'échange contre le feu et le feu
contre tout，comme les marchandises contre l'or et l'or contre les
marchandises*.）"①在《资本论》第一卷第三章"货币或商品流通"中，马
克思在探讨**商品的形态变化**（*la métamorphose des marchandises*）时直
接引用了赫拉克利特，认为赫拉克利特的这一片段阐明了他正在研究
的这一过程，即商品转化为货币，货币重新转化为商品，因而完全能够
被买卖。②然而，《1844 年经济学哲学手稿》中作者特别感兴趣的是货
币的异化权力，以及货币催生出来的这个颠倒的、反常的世界中的普遍
混乱。货币不仅能够换得任何财产，因而能够购买财产的对立物，而且
能够换得整个人类世界和客观世界（l'ensemble du monde objectif et

---

① 这句引文的中文版参见《马克思恩格斯全集》第 44 卷，第 126 页注释（65）。
英文版参见 Kathleen Freeman, *Ancilla to the Pre-Socratic Philosophers*，a complete
translation of the Fragments in Diels, Fragmente der Vorsokratiker, Oxford：Basil
Blackwell，1948，p. 31. 另外，阿克塞洛斯专门研究赫拉克利特的著作《赫拉克利特与
哲学》（*Heraclite et la philosophie*，Editions de Minuit，1962）是其《迷误的部署》（*Le
déploiement de l'errance*）三部曲之一。——译者注

② 参见《马克思恩格斯全集》第 44 卷，第 126 页注释（65）。马克思熟知黑格尔
在《哲学史讲演录》（*Cours sur l'histoire de la philosophie*）中对赫拉克利特的解读和
斐迪南·拉萨尔（Ferdinand Lassalle）于 1858 年出版的两卷本大部头著作《爱非斯的
晦涩哲人赫拉克利特的哲学》（*Die Philosophie Herakleitos des Dunklen von Ephesos*，
Berlin，2 vol. 1858）。在 1858 年 2 月 1 日写给恩格斯的一封信中，马克思批评拉萨尔
只是详细复述了黑格尔关于赫拉克利特的思想。参见 Eduard Bernstein,
"Vorbemerkung," in F. Lassalle, *Die Philosophie Herakleitos des Dunklen von
Ephesos*, ed. Eduard Bernstein, Berlin：Paul Cassirer, 1920, p. 7‑8. 中文版参见《马
克思恩格斯全集》第 29 卷，人民出版社 1972 年版，第 262—263 页。

humain）。人们的真正需要和真正满足都屈从于货币。对货币的需要成为唯一的真正需要，因此，关于需要和满足的科学（政治经济学）正是通过这样的事实而产生和得到承认的，即现实的（经济）运动只产生出对货币的需要。

第四章　机器、工业和技术文明

　　马克思所攻讦的这个颠倒的、反常的世界不仅受到劳动分工、资本和货币的支配,而且在其中机器、工业和整个技术文明(la civilisation techniciste)的统治使人类的经济异化和社会异化达到极点。人作为自然(la nature)和技术(la technique)的产物,通过自己的实践活动(activité pratique)——为满足其自然的、迫切的需要而从事的活动——而同其他动物区别开来。"为了生活,首先就需要吃喝住穿以及其他一些东西。因此第一个历史活动就是生产满足这些需要的资料,即生产物质生活本身,而且,这是人们从几千年前直到今天单是为了维持生活就必须每日每时从事的历史活动,是一切历史的基本条件"。①因此,使人成为人、使人同大写的自然(la Nature)相对立并从中攫取他的财物(bien)的东西,就是**工具**(l'*outil*)。马克思赞同本杰明·富兰克林给出的关于人的美国式的**动物-技术-学**(*zoo-techno-logique*)的定义:"人是制造工具的动物(l'homme est un animal fabricateur d'outils [*a toolmaking animal*])。"②工具的制造和使用、生产手段(instrument

---

　　① Karl Marx, Friedrick Engels, *L'Idéologie allemande*, *Œuvres philosophiques*, T. VI, p. 165. 中文版参见《马克思恩格斯文集》第 1 卷,第 531 页。

　　② Karl Marx, *Le Capital*, T. I, p. 182. 中文版参见《马克思恩格斯全集》第 44 卷,第 210 页。

de production)和生产力的发展构成了人类历史生成的真正主导线索，并产生一种无限的辩证法（dialectique infinie）——它同时也是由这种无限的辩证法所创造的。因为马克思在定义接下来的第二个历史状况时指出："第二个事实是，已经得到满足的第一个需要本身、满足需要的活动和已经获得的为满足需要而用的工具又引起新的需要，而这种新的需要的产生是第一个历史活动。"①

自然需要和满足需要的手段、新的需要和新的手段之间相互作用，但我们既不能将一切都归结为一种原初的不断发展的需要辩证法（initiale dialectique progressante des besoins），也不能将其归结为一种生产技术进化的原始辩证法（dialectique primordiale de l'évolution des techniques productives）。需要决定着使其获得满足的手段，而便利的生产资料（les moyens de production）又会产生（生产）新的需要。当然，这两种现实活动是相互的，但它难道不是基于一种二元论吗？一方面是自然需要，另一方面是技术（technique）。这里还尚未实现一种统一的基础，因为马克思主要关注的是技术的**发展**过程（le processus du *développement* de la technique），而不是探寻最终的历史-人类学**基础**（l'ultime *fondement* historico-anthropologique）。他的出发点是人与大写的自然（la Nature）的原初关系。人与（历史化了的[historialisée]）大写的自然（la Nature）之间的自然关系和社会关系是一种斗争关系（rapport de lutte），人的自然史就是这种斗争的产物。人制造工具，而人的历史是通过斗争的武器的发展而被"塑造（fabrique）"的。人的历史本身也在其生成过程中锻造（fabriquant）了决定其生成的武器（armes）。

历史唯物主义的创始人随时随地都在寻找人类历史发展的真正的现实动力。他全身心地投入对异化过程的探究中，最终勾勒出在未来的普遍和解中超越异化的前景。他的出发点（拥有一定的肉体组织

---

① Karl Marx, Friedrick Engels, *L'Idéologie allemande*, *Œuvres philosophiques*, T. VI, p. 166. 中文版参见《马克思恩格斯文集》第 1 卷，第 531—532 页。

[organisation corporelle déterminée]、为了生产自己的生命而借助工具 [instrument]社会地同自然作斗争的个人)旨在摆脱任何形而上学的 束缚。他总是能够看到历史(人类史)中的人的本性的展现,而从未假 设一种作为人的历史本性的起源(l'origine de la nature historique de l'homme)的"自然状态(état naturel)"。原始人对自身几乎不感兴趣。 他知道每个时代都会创造自己的民族学(ethnologie),"产生自己的原 始人(hommes primitifs)"。

马克思的思想在本质上是历史的(historique),并试图在经济发展 中探寻全部历史运动的方向。马克思的思想具有双重的历史性:他试 图理解他的历史(son histoire)(和大写的历史[l'Histoire])中的每一种 现象,同时他又特别关注历史的当下(présent historique)——当下的历 史情境(l'actuelle situation historique)。因为正是过去(le passé)创造 了现在(le présent),而现在为未来(l'avenir)做好准备。因此,过去— 现在—未来(passé-présent-avenir)在历史时间(temps historique)的维 度上是相互联系的。

历史时间迫使社会主义预言家迅速行动,避免在历史研究上浪费 太多时间。当前的异化状态亟待治疗。因此,他的主要批判对象是资 本主义的机械化(machinisme capitaliste)所造成的异化。

只要人们主要地使用自然的生产手段(instrument de production), 比如水,他们就仍然屈从于自然,但文明所创造的生产资料(生产资料 随即又将文明改造为一种技术文明[la civilisation techniciste])能帮助 人们更有效地对抗自然。然而,人们在剥削(exploitant)自然的同时自 身也遭受着其他人的剥削。因此,他们仍然从属于他们自己所生产的 东西。生产手段的发展必然导致机器(la machine)的发明和发展,因为 以机器为前提的劳动被证明是最适于发展的。

机器是迄今为止生产手段的持续而逐步的改良和发展的最后一个 阶段。人类漫长的历史生成之路经历了从制造和使用最初极其粗陋的 工具到掌握强有力的、高度完善的机器的过程。在某种程度上,机器是一切工具的综合（la synthèse de tous les instruments）：机器包含着工具，并将工具以析分的方式（analytiquement）产生的东西综合地生产出来。然而，人们在自己的劳动中并通过这种劳动仍然不断地发生异化。这种异化在机器时代达到完成，生产机器的人们现在发现自己只不过是资本主义的庞大的机器（machine）和机构（machinerie）中的一颗齿轮（rouage）。当面对非人的异化的机器时，曾经赞美生产力发展的马克思便由实证主义（le positivisme marxien）转向充满激情的浪漫主义（romantisme passionné）。虽然机器对人类社会发展是必要的，但也会压榨人。然而，机器不是简单地作为机器来压榨人，而是通过劳动者和机器的关系来压迫人。

这种把人束缚在机器上的非人的关系恰恰构成了人的机械本质（mécanique l'essence de l'homme）。今天，马克思注意到，机器适应人的弱点是为了将赢弱的人吸纳进机器之中。于是，人就变成了机器的奴隶，正如人也是分工、私有财产、资本、货币、工业以及整个技术文明的奴隶一样。劳动分工的不断发展、机械的机器般的劳动（travail mécanique et machinal）的持续简化把儿童转化为工人、把工人转变为儿童。生产力的发展——它导致资本主义机器的统治（règne des machines capitalistes）——并没有使工人变得成熟，而是使工人变得幼稚和赢弱。历史的车轮碾压着那些推动它的人们。

现实的生产力是历史发展的内在动力，因为它能够满足人们的物质需要并不断创造出新的需要——通过它们的节奏决定着整个社会的发展节奏。这些生产力的运动节律失常（l'arythmie），特别是在复杂的机械化层面，将会变为一种普遍的社会的节律失常。的确，大写的**经济**（l'Économie）并不等同于整个大写的**社会**（la Société）。但是，经济构成了社会运行和发展的动力。马克思有时似乎是把**生产关系的总和**（l'ensemble des rapports de production）（显然，它不只是纯粹的经济）和**社会总体**（la totalité de la société）"视为同一的"，从而把"部分"与"整体"看作一致的。如果把它定义得过于狭隘，经济运动就失去了它的重要性；但如果把它定义得过于宽泛，它最终就会囊括一切。由于他试图突出经济运动的重要性和广泛性，因此，马克思较多地牺牲了第二种倾向。当马克思对一切使人异化的急剧变化的经济现实进行具体批判时，他也将社会作为一个整体来抨击，而没有将"经济的罪恶（maux économiques）"与"社会的罪恶（maux sociaux）"区分开来。但是，作为自发异化的劳动者的生产力，转变为商品的劳动，将工人的存在和社会的存在割裂开来的劳动分工，从共同体中解放出来的私有财产，统治着个人和无产阶级的资本、货币和机器，自发的各个社会阶级，所有这些外化和异化的力量都是经济的，还是主要是经济的，抑或在整体上是社会的？只有生产力发展的内在辩证法（dialectique interne）才会引导人类走向资本主义、机械化（machinisme）、工业主义（l'industrialisme）和技术主义（technicisme）的阶段吗？生产力的发展不也是一**种产物**（*produit*），一种超越经济的严密框架（le cadre strict de l'économie）和生产关系之总和的东西吗？

对于"是什么促使机械化（machinisme）和工业主义（l'industrialisme）的巨大发展——这种情势只描述了全部人类历史的几个世纪的特征——成为可能"这一问题，马克思没有给出完整的答案。他认为，人的存在取决于物质生产条件，人类就是**他们本身**实际上所**表现出来**的样子。因此，人们无法超越他们的现实表现（manifestations réelles），甚至经济表现，人们必须同消费品的有形的生产材料（données tangibles et productrices）密切联系。"一定的生产方式或一定的工业阶段始终是与一定的共同活动方式或一定的社会阶段联系着的，而这种共同活动方式（mode de collaboration）本身就是'生产力'；由此可见，人们所达到的生产力的总和决定着社会状况，因而，始终必须把'人类的历史'同工业和交换的历史联系起来研究和探讨。"①对此，我们在其他地方

---

① Karl Marx, Friedrick Engels, *L'Idéologie allemande*, *Œuvres philosophiques*, T. VI, p. 167. 中文版参见《马克思恩格斯文集》第1卷，第532—533页。

可以读到更有力的表述："**工业**的历史和工业的已经生成的**对象性的**
(*objective*)存在,是一本打开了的关于**人的本质力量**(*forces essentielles
de l'homme*)的书,是感性地摆在我们面前的人的心理学(la
psychologie)。"①

　　工业(l'industrie)是最完善的劳动形式。这个庞大的生产机构
(machinerie productive)允许人在有效对抗自然中确立自身。城乡的
决定性分离导致生产与商业的分离,这又反过来推动了制造业
(manufactures)的发展。商业、航海和制造业的扩大加速了流动资本
(capital mobile)的积累,并催生了大工业(la grande industrie)。正是大
工业完成了城市对乡村的胜利,产生出大量的生产力,使竞争普遍化,
建立起交往手段和世界市场(le marché mondial),实现对商业的控制,
将一切资本都转化为工业资本(capital industriel),导致金融体系的发
展和资本的集聚。现代世界的女神"尽可能地消灭意识形态、宗教、道
德等等,而在它无法做到这一点的地方,它就把它们变成赤裸裸的谎
言。它首次开创了世界历史,因为它使每个文明国家以及这些国家中
的每一个人的需要的满足都依赖于整个世界,因为它消灭了各国以往
自然形成的闭关自守的状态"②。

　　因此,工业主义的系统化和自动化消解了每一种自然关系,并将人
们的劳动、分工和社会生活中的"本性(naturel)"贬低到一无是处。机
械化(la machinisme)、工业化(l'industrialisation)和技术主义(le
technicisme)无疑构成了人类历史发展中的巨大征服(immenses
conquêtes),构成了**全部**征服的核心。然而,它们致使资产阶级的资本
主义文明(la civilisation bourgeoise et capitaliste)达到一种完成的不宜
居住的形式(forme parachevée et invivable)。所有这些征服也加强和

---

　　① Karl Marx, *Économie politique et philosophie*, *Œuvres philosophiques*, T.
VI, p. 34. 中文版参见《马克思恩格斯文集》第 1 卷,第 192 页。

　　② Karl Marx, Friedrick Engels, *L'Idéologie allemande*, *Œuvres philosophiques*, T.
VI, p. 218. 中文版参见《马克思恩格斯文集》第 1 卷,第 566 页。

扩展了异化的悲剧(le drame de l'aliénation)，把人的实践活动的外在性(l'extériorité)和人的存在的外化(l'extériorisation)推向它们的最终结果。在工业将历史转化为普遍历史的同时，一切似乎都变为陌生的、外在的、敌对的和异化的。赋予人以生命的自然似乎已经被决定性地击败了，但正是在这种情况下，被征服的人们才应该投入反抗他们的征服者、资本家和工业家的伟大战斗中。而这场战斗应该建立在这样一种矛盾之上，即工业生产力的巨大的片面发展和私有财产的结构(la structure de la propriété privée)之间的矛盾。

作为浪漫主义者的马克思在工业化和去自然化(la dénaturalisation)的过程中所看到的"痛惜"之事正是作为实证主义者的马克思所欣赏的东西。工业制度给所有文明打上了积极的印记。工业已经使经济生活普遍化，并使经济生活和社会生活统一起来，这是以前的统治秩序，比如野蛮的、亚细亚的、古代的、封建的统治秩序所无法实现的。将一个经济的历史的时代同另一个时代区别开来的不是它生产或制造的东西(ce qu'on produit ou fabrique)，而是它生产或制造的方式(la manière de produire ou de fabriquer)。因此，工业时代的生产资料规定了整个资产阶级的资本主义的技术时代(l'époque de la technique bourgeoise et capitaliste)。技术的生成构成了通向工业机械化(machinisme industriel)的不断前进的运动，而人们曾经用来满足自身需要的简单工具在文明时代的过程中已经转变为现代技术(technique moderne)。然而，尽管为了整个人类社会的利益，技术注定会根据自身的性质(自然的和反自然的性质)而融入自然、利用自然，但技术还没有实现它的命运。技术文明已经使生活和劳动变得**令人不堪忍受**(*insupportables*)。技术文明已经将人类活动的作用(le jeu de l'activité humaine)贬低为自由工人的角色，即工人把自己的劳动力出卖给那些拥有生产资料并将其作为私有财产的人。技术将生产**力**(les *forces* productives)和劳动与财产的组织**形式**(les *formes* de l'organisation du travail et de la propriété)之间的矛盾推到极端。因此，技术使社会生活的**基础**(la *base* de la vie sociale)变得越来越广阔,同时也使那些决定生产关系的**封闭循环**(le *cercle rétréci*)越来越狭窄。在这一过程中,技术文明阻碍了生产力的全面和谐发展,同时扼杀了工业劳动者和工业本身的真正创造性的社会的可能性。生命、城市和人的技巧活动和工业活动(l'activité industrieuse et industrielle des hommes)在异化的技术文明构架中不再获得确证。马克思经常伤感地怀念过去,总是对现在充满恐惧和满怀希望地展望未来。于是,他从一般层面上对工业机械化和技术文明如是写道:"(大工业)使分工丧失了自己自然形成的性质的最后一点假象。它把自然形成的性质(le caractère naturel/*Naturwüchsigkeit*)一概消灭掉(只要在劳动的范围内有可能做到这一点),它还把所有自然形成的关系变成货币的关系。它建立了现代的大工业城市——它们的出现如雨后春笋——来代替自然形成的城市(les villes naturelles)(马克思甚至谈到了自然形成的城市[*naturwüchsigen Städte*])。"①

　　这些技术的(techniques)和技术化的(technicisées)、已经异化的(aliénées)和正在异化的(aliénantes)人的生命和城市构成了进步这枚硬币的反面。人们不再享受他们的劳动产品,因为工人只能得到维持他的物质生活和继续出卖他的劳动力所必需的东西。那些掌握生产资料的人们把他们的产品作为诱饵,通过创造和唤醒人们的需要和欲望——往往是人为的需要和欲望——来攫取别人的金钱,从而满足他们自己。真正的需要远没有得到真正的满足,大量的人为需要(besoins artificiels)是被人为制造和人为满足的。"这种异化也部分地表现在:一方面出现的需要的精致化和满足需要的资料的精致化,却在另一方面造成需要的牲畜般的野蛮化和彻底的、粗陋的、抽象的简单化。"②一切事物都已变成粗陋的、一致的、无意识的和机械的。量的统

----

① Karl Marx, Friedrick Engels, *L'Idéologie allemande*, *Œuvres philosophiques*, T. VI, p. 218. 中文版参见《马克思恩格斯文集》第1卷,第566页。

② Karl Marx, *Économie politique et philosophie*, *Œuvres philosophiques*, T. VI, p. 51. 中文版参见《马克思恩格斯文集》第1卷,第225页。

治、抽象的量(la quantité abstraite)的统治将人类的大地(la terre des hommes)扩展和改造成文明的沙漠(désert civilisé)。但是，富人走进这片沙漠的方式同穷人是不一样的。"生产对富人所具有的意义，**明显地**表现在生产对穷人所具有的意义中；对于上层来说总是表现得讲究、隐蔽、含糊，是表象，而对于下层来说则表现得粗陋、明白、坦率，是本质。工人的**粗陋的**需要是比富人的**讲究的**需要大得多的赢利来源。"①

因此，工业文明和技术文明是从**需要和劳动的粗陋野蛮**(la *grossière barbarie du besoin et du travail*)的内部发展起来的。劳动遭受了比以往任何时候都要严酷的剥削，需要只得到粗陋的人为的满足，因而仍未得到真正的满足。这种粗陋的过度文明的野蛮行为(grossière barbarie sur-civilisée)是一种双重思辨的领域：文明的"支柱(piliers)"既推测需要的精致性(le raffinement)，也推测需要的粗陋性(grossièreté)，一种被人为制造出来的粗陋，因此，作为享受而被提供的东西只是一种眩晕和对真正的丰富需要所做的表面而虚幻的满足。所以，资产阶级的资本主义文明(la civilisation bourgeoise et capitaliste)向人们掩盖了物质世界的一切真正的财富，使需要、生产和满足需要的手段变得机械化，用人造的、异化的和技术化发展到极点的世界，用同建造它并生活在其中的人们相疏离和敌对的世界，取代了自然的和社会的世界，真正的属人的世界。历史生成的资本主义阶段所释放出来的"文明的卑鄙的瘟疫气息(l'ignoble souffle pestilentiel de la civilisation)"证明了人类发展过程中的这一阶段所达到的腐朽程度。那么，一切还会沿着同一方向继续发展下去吗？资本主义的技术主义(le technicisme capitaliste)使一切事物都中毒和异化，只有触及其本质的否定性(la négativité)才能够提供解药(le contre-poison)，使人同一种社会的属人的文明与技术相和解。

---

① Karl Marx, *Économie politique et philosophie*, *Œuvres philosophiques*, T. VI, p. 58-59. 中文版参见《马克思恩格斯文集》第 1 卷，第 229 页。

　　一旦技术异化(l'aliénation techniciste)被克服,技术就能在整个人类共同体(la communauté humaine)的控制之下以一种非异化的方式得到充分发展。对技术生产的计划(la planification)应该防止它成为剥削(exploitation)和混乱(désordre)的根源。

　　资本主义社会,在使劳动一般化(généralisé)和为整体的技术发展奠定基础的过程中,已经准备好要废除它。[①] 资本主义社会已经使劳动**普遍化**(*universalisé*),使劳动发生最大程度的**异化**(*aliénant*),并建立起一种在总体的**漠不关心**(totale *indifférence*)中运作的**抽象**劳动(travail *abstrait*)的实际现实(la réalité pratique)。技术劳动(le travail techniciste)不再表现为一种特殊的形式,而是在它的抽象的普遍性(l'universalité de son abstraction)中强加于每个人。它不再同个人紧密联系在一起。"对任何种类劳动的同样看待,以各种现实劳动组成的一个十分发达的总体为前提,在这些劳动中,任何一种劳动都不再是支配一切的劳动。所以,最一般的抽象总是产生在最丰富的具体发展的

————————

　　① "在我们这个时代,每一种事物好像都包含有自己的反面。我们看到,机器具有减少人类劳动和使劳动更有成效的神奇力量,然而却引起了饥饿和过度的疲劳。财富的新源泉,由于某种奇怪的、不可思议的魔力而变成贫困的源泉。技术的胜利,似乎是以道德的败坏为代价换来的。随着人类愈益控制自然,个人却似乎愈益成为别人的奴隶或自身的卑劣行为的奴隶。甚至科学的纯洁光辉仿佛也只能在愚昧无知的黑暗背景上闪耀。我们的一切发明和进步,似乎结果是使物质力量成为有智慧的生命,而人的生命则化为愚钝的物质力量。现代工业和科学为一方与现代贫困和衰颓为另一方的这种对抗,我们时代的生产力与社会关系之间的这种对抗,是显而易见的、不可避免的和毋庸争辩的事实。有些党派可能为此痛哭流涕;另一些党派可能为了要摆脱现代冲突而希望抛开现代技术;还有一些党派可能以为工业上如此巨大的进步要以政治上同样巨大的倒退来补充。可是我们不会认错那个经常在这一切矛盾中出现的狡狯的精灵。我们知道,要使社会的新生力量很好地发挥作用,就只能由新生的人来掌握它们,而这些新生的人就是工人。"参见 Karl Marx, *Speech at the Anniversary of the People's Paper*, in *People's Paper*, 19 avril 1856;转引自 M. Rubel, *Karl Marx. Essai de biographie intellectuelle*, p.437. 中文版参见[德]马克思:《在〈人民报〉创刊纪念会上的演说》,《马克思恩格斯选集》第1卷,人民出版社1995年版,第775页。马克思是一个技术思想家,并宣告人们能够通过征服世界而超越自我异化。他指认"技术的胜利,似乎是以道德的败坏为代价换来的",并不是希望人们摆脱现代技术,而是想使技术摆脱掉一切使它变得非人性的东西,从而将技术自身的力量和人类的力量解放出来。

场合，在那里，一种东西为许多东西所共有，为一切所共有。"①这种情况已经在美国发生，并且由于其他原因也在俄国出现了。马克思指出："在资产阶级社会的最现代的存在形式——美国，这种情况最为发达。所以，在这里，'劳动''劳动一般(travail en général)'、**直截了当的劳动**(travail *sans phrases*)这个范畴的抽象，这个现代经济学的起点，才成为实际上真实的东西。所以，这个被现代经济学提到首位的、表现出一种古老而适用于一切社会形式的关系的最简单的抽象，只有作为最现代的社会的范畴，才在这种抽象中表现为实际上真实的东西。"②不过，这种最现代的社会、最发达的工业化、征服性的机械化的统治(le règne du machinisme conquérant)和最具技术含量的文明(la civilisation la plus techniciste)所具有的特征在一种技术不发达的社会中也会出现吗？马克思接着说："人们也许会说，在美国表现为历史产物的东西——对任何劳动同样看待——，例如在俄国人那里，就表现为天生的素质。但是，首先，是野蛮人具有能被使用于一切的素质，还是文明人自动去从事一切，是大有区别的。其次，在俄罗斯人那里，实际上同对任何种类劳动同样看待这一点相适应的，是传统地固定在一种十分确定的劳动上，他们只是由于外来的影响才从这种状态中解脱出来。"③

　　劳动的最大程度的机械化和自动化，一切现存事物和已经完成的事物向一种工业机械化(machinisme industriel)的诸构成部分的转变，抽象的和自动的技术主义(le technicisme)都已经在最现代的社会中发展到极致，并侵袭了技术不发达的国家，所有这些都将导向它们自身的否定(négation)。这种情况——把所有人都变为能够自由出卖他们的劳动力的工人和对劳动方式完全漠不关心的发展——能够且必然导致

　　① Karl Marx, *Appendice à la Contribution à la critique de l'économie politique*，p. 294. 中文版参见《马克思恩格斯全集》第 30 卷，第 45 页。

　　② Karl Marx, *Appendice à la Contribution à la critique de l'économie politique*，p. 294. 中文版参见《马克思恩格斯全集》第 30 卷，第 46 页。

　　③ Karl Marx, *Appendice à la Contribution à la critique de l'économie politique*，p. 294‐295. 中文版参见《马克思恩格斯全集》第 30 卷，第 46 页。

所有劳动者的解放，超越传统劳动和现代劳动。但是，劳动者的解放是同生产力的解放相一致的，因为资本主义技术（la technique capitaliste）不仅是正在异化着的（aliénante），而且是已经自我异化了的（elle-même aliénée）。

第三部分

政治异化

在马克思看来，政治依赖经济，政治属于上层建筑领域，并由经济基础所决定。政治是组织生产力量和经济力量的形式。但是，政治也歪曲了经济发展的逻辑，它是一种凝固的生成形式。政治异化（aliénation politique）构成了经济异化的表现形式（这种表现形式本身也是异化了的）。因此，作为权力的政治和国家既是异化了的（aliénées），又是异化着的（aliénantes）。

第五章　市民社会和国家

　　经济社会的解剖学提供了分析和研究市民社会(la société civile)的现实起源的工具。政治社会属于因异化而已经变为准自主的(quasi autonome)总体社会(la société totale)的领域,而政治社会的发展是受生产力的发展所制约的。大写的社会(la Société)的客观现实性依赖于人的力量对生产过程的激活,而人的力量在政治社会的诸形式中并通过这些形式得以组织起来,其中,国家是最强有力的表现形式。

　　人们(人本身就是自然的社会的产物)在生产他们的物质生活的过程中同生产着生产关系的生产资料建立联系,并在这个过程中彼此联系起来。人们同生产力的关系既受到生产力的发展的制约,也受到生产力的发展形态(les modalités)的制约。人们所处的生产关系受到人们的需要和生产方式的制约,而且,生产关系在现实中先在于政治关系和法律关系。反过来,政治形式又反作用于经济力量,这种反作用是现实的、居于次要地位的。"受到迄今为止一切历史阶段的生产力制约同时又反过来制约生产力的交往形式,就是**市民社会**(*la société bourgeoise/die bürgerliche Gesellschaft*)……从这里已经可以看出,这个市民社会是全部历史的真正发源地和舞台,可以看出过去那种轻视现实关系而局限于言过其实的重大政治历史事件的历史观是何等荒谬。"①

国家只是对市民社会(la société civile)及其中的阶级斗争的一种反映。市民社会是真正的主角发生冲突的戏剧舞台：被剥削压迫阶级(生产社会财富的阶级)和剥削压迫阶级(拥有生产力并将其作为财产加以合法占有的阶级)。国家是统治阶级的权力工具和斗争武器,它构成上层建筑的支柱(l'armature)。国家的本质必须通过历史发展来加以把握,——这将通向现在和它的未来,甚至是它的非未来(non-avenir)。

城乡分离不仅导致和促进劳动分工、私有动产以及资本与工业的形成条件的"反自然(anti-naturel)"的发展,而且也产生了对一种行政管理机关(l'administration)和政治一般(la politique en général)的需要。这种行政机关和政治——它们是产生于经济而非某些永恒现实的历史产物——相应地变为自主的,并同生产力的发展逻辑相悖而行。政治组织形式和经济生产力量的关系是冲突的根源。市民社会不仅是历史的发源地,而且是持续冲突的发源地。生产力(及从事生产的人们)和各种关系形式(formes de relations)(劳动和财产的组织形式、法律形式和政治形式)闯入市民社会的内部,并将使它遭到破坏。

在形式上,市民社会被看作正义和自由的保证、整个社会的公正管理。但事实上,事情并没有按照这种方式发展,而且恰恰相反。市民社会中的个人自由只是对统治阶级中的个人来说是实际有效的。它很难成为普遍有效的。在社会中,无论是从经济的角度还是从公民的角度来看：**一方面**,总体生产力(la totalité des forces productives)通过大多数个人(准确地说,这个"阶级"不是一个阶级,因为它构成了社会的总体大众,代表着大写的社会[la Société])的劳动而发挥作用;另一方面,社会关系的总和(l'ensemble des relations sociales)服务于最少数个人(占有生产资料和掌握政治机构的阶级)的利益。同时,总体生产力看

---

① Karl Marx, Friedrick Engels, *L'Idéologie allemande*, *Œuvres philosophiques*, T. VI, p. 179. 中文版参见《马克思恩格斯文集》第1卷,第540页。

起来是独立的,同个人相分离的,形成一个同个人相疏远的世界。然而,这些力量之所以是现实的力量,只是由于各个人的劳动社会地联系起来。现实的总体生产力的具体形式是同与这些力量相分离的各个人的抽象形式相对立的。一种独立的脱离个人的平等表象积累为社会关系的总和,这些社会关系构成了自治的、同个人相疏远的政治世界,但这些社会关系是人与人的关系。行政机关的具体形式和国家的具体形式同个人是相对立的,现在又转变为抽象。而这就是为什么政治异化是经济异化的异化表现。

因此,国家在同社会的联系中解放自身,并产生一种准独立的(quasi indépendante)存在,并始终在两个方面进行斗争:一方面是对抗它的内部敌人即无产阶级和一般的被剥削者(les exploités en général),另一方面是对抗它的外部敌人即其他民族社会(sociétés nationales)。外部政治仍然从属于内部政治。

"市民社会包括各个人在生产力发展的一定阶段上的一切物质交往。它包括该阶段的整个商业生活和工业生活,因此它超出了国家和民族的范围,尽管另一方面它对外仍必须作为民族(Nationalité)起作用,对内仍必须组成为国家。'市民社会(Société bourgeoise)'这一用语是在 18 世纪产生的,当时财产关系已经摆脱了古典古代的和中世纪的共同体。真正的市民社会只是随同资产阶级发展起来的,但是市民社会这一名称始终标志着直接从生产和交往中发展起来的社会组织,这种社会组织在一切时代都构成国家的基础以及任何其他的观念的上层建筑的基础。"①

各个领域的组织——社会组织、法律组织、国家组织、政治组织、管理组织——由于生产和经济生活而得以发展。这是从现实的基础中产生出来的上层建筑。这种机制一直都存在着,特别是自资本主义的资

---

① Karl Marx, Friedrick Engels, *L'Idéologie allemande*, *Œuvres philosophiques*, T. VI, p. 244 - 245. 中文版参见《马克思恩格斯文集》第 1 卷,第 582—583 页。

产阶级时代以来尤为如此。但是，这种现象总会这样吗？或者，难道马克思不曾设想将某一历史阶段——它试图变为普遍的——的现实的真理普遍化到整个历史吗？我们好像能够肯定地回答这两个问题。在马克思对人类社会历史发展及其发生的一切冲突的考察中，马克思从未停止确认经济对政治的优先性。生产力的发展和生产力与生产关系的冲突被认为能够解释社会发展和社会革命。然而，并非只是由于经济的辩证法（la dialectique économique）（或者主要是由于经济逻辑［la logique économique]）才实现了从**史前史**（la *préhistoire*）向历史（l' histoire）的过渡，缔造了**东方帝国**和**亚细亚**民族的繁衍生息与兴衰变迁，造就了**希腊-罗马**世界的建立，导致了**蛮族**的入侵，促成了**中世纪的封建**社会的建构以及**现代**的到来。每个社会内部的阶级斗争都不能单独解释历史的生成，只有从生产力和生产关系的矛盾角度才能加以解释。经济**质料**、经济**内容**和生产方式不是那么容易就同政治**形式**和政治**组织**相分离的。**经济力量**（*forces économiques*）和**政治权力**（*puissance politique*）不是作为一种现实基础和一种唯心主义的上层建筑联系在一起的。伟大的非经济的历史事件不只是构成组织一种有机体（organisme）的组织（organisation）：它们本身就是构成性的（constitutifs）和有机的（organiques）。

我们从《〈政治经济学批判〉序言》和《共产党宣言》中引用的一些段落以及《1844 年经济学哲学手稿》和《德意志意识形态》（更不用说马克思的其他更直截了当的著述）中的很多其他文本都坚持主张生产力和生产关系的矛盾这一著名论断。生产力形成基础（la base），并由劳动者所掌握。而交往形式/关系形式（les formes des rapports）构成通过法（le Droit）和国家（l'État）组织起来的服务于剥削者的利益的上层建筑（la superstructure）。它所产生的这种矛盾和阶级斗争似乎贯穿了整个人类历史。一切进步、革命和冲突都是从"内部的"经济和政治角度来加以考察的，而**没有任何第三种力量或解决方案对这种根本的二元论**（*le dualisme fondamental*）**产生影响**。马克思思想的伟大和局限就在于从事物的现存状态出发，并将其普遍化到过去和未来。马克思眼前正在发生的事情和当代历史的视域都变为总体的现实。几个世纪以来一直是真实的、并为当下的普遍历史运动注入活力的东西，现在和将来都是真实的东西也恰好是真实的。一切冲突都可归结于一种共同特征："生产力(les forces productives/Produktivkräften)和交往形式/关系形式(la forme des relations/Verkehrsform)之间的这种矛盾——正如我们所见到的，它在迄今为止的历史中曾多次发生过，然而并没有威胁交往形式的基础——，每一次都不免要爆发为革命，同时也采取各种附带形式，如冲突的总和，不同阶级之间的冲突，意识的矛盾，思想斗争，政治斗争……因此，按照我们的观点，一切历史冲突都根源于生产力和交往形式/关系形式(la forme des relations/Verkehrsform)之间的矛盾。"①

马克思关注的是当前由无产阶级所推动的技术发展和为资产阶级的经济统治和政治统治提供保障的行政形式、法律形式和政治形式之间的矛盾。因此，马克思大大窄化了政治的意义。当然，马克思对经济社会变革、结构转换和纯粹的政治变革所做的界划是完全正确的。但是，一般而言，政治不只是反作用于经济和各个国家之间的斗争。它至少与国家内部的阶级斗争具有同样的重要性和决定性。诚然，我们可以找到国家间斗争的经济基础，将国家看作似乎准独立于经济运动的自主实体。不过，在过去，国家已经扮演着一种基本的首要的角色，即使在后马克思的(post-marxiennes)思想和政治中，我们也目睹了政治对经济的复仇。

至于当下的政治异化，马克思孜孜不倦地对市民社会和一切机构体制进行了否定性批判，甚至可以说是无政府主义的批判。马克思对国家

---

① Karl Marx, Friedrick Engels, *L'Idéologie allemande*, *Œuvres philosophiques*, T. VI, p. 220 - 221. 中文版参见《马克思恩格斯文集》第 1 卷，第 567—568 页。请注意，在 S. 朗兹胡特和 J. 迈耶尔编辑的德文版《德意志意识形态》中的"Verkehrsform(交往形式)"概念在其法文版中被译为"la forme des relations(关系形式)"，阿克塞洛斯自己使用了类似的表达"la forme des rapports"。参见 S. Landshut (Hrsg.), *Karl Marx: Die Frühschriften*. Stuttgart: Kröner, 1953, p. 392.——译者注

的批判持有一种消灭国家的观点，并特别集中地抨击了作为最近几个世纪的国家机构(l'appareil étatique)的资产阶级国家(l'État bourgeois)。

"因为资产阶级已经是一个**阶级**(*classe*)，不再是一个**等级**(*état/Stand*)了，所以它必须在全国范围内而不再是在一个地域内组织起来，并且必须使自己通常的利益具有一种普遍的形式。由于私有制摆脱了共同体，国家获得了和市民社会并列并且在市民社会之外的独立存在；实际上国家不外是资产者为了在国内外相互保障各自的财产和利益所必然要采取的一种组织形式……因为国家是统治阶级的各个人借以实现其共同利益的形式，是该时代的整个市民社会获得集中表现的形式，所以可以得出结论：一切共同的规章都是以国家为中介的，都获得了政治形式。由此便产生了一种错觉，好像法律是以意志为基础的，而且是以脱离其现实基础的意志即**自由**意志(la volonté *libre*)为基础的。同样，法随后也被归结为法律。"①

无论是**政治**领域还是**国家**，无论是**法律**还是**机构制度**，它们都没有自己的历史。它们的发展源自经济的发展，并通过经济的发展获得进一步发展。事实上，它们在异化中变成自主的，异化赋予它们一种虚假的表象：它们是一种特殊的独立的存在。所有这些上层建筑——它构成市民社会的"结构(structure)"——在使它们自身同经济领域相异化的同时也使置身其中的人们发生异化。这些上层建筑所搭建的框架使人与物保持原地不动，阻碍了他们的发展和繁荣。所有政治的、国家的、行政的、制度的和司法的"生成"都是在个人的头顶上发生的，并献身于异化。马克思揭露了大写的法则(Loi)和大写的法(Droit)的谎言：司法法则(la loi juridique)只是经济法则(loi économiques)的畸变形式，司法法则源自经济法则，同时又使经济法则变得神秘化。法(le droit)仅仅是统治阶级的法，保证统治阶级的权利。在市民社会——它

---

① Karl Marx, Friedrick Engels, *L'Idéologie allemande*, *Œuvres philosophiques*, T. VI, p. 246 - 247. 中文版参见《马克思恩格斯文集》第 1 卷，第 583—584 页。

是现实社会的有组织的"人为的"形式，即经济社会——中，国家是统治者，负责制定现存事物状况的法则和合法地位。从事共同劳动和生活的人们的有机生活（la vie organique）和实际社会（la société effective）遭到国家及其大写的法（Droit）的打击和压制。国家抛弃了社会领域，发展出"自己的"逻辑，背离了普遍利益。国家只关注那些拥有财产的人们的利益。社会阶级、国家机构、政治制度和政治权力从共同体中解放出来，它们对个人来说是自主的，它们奴役个人，甚至制造出一种独立于个人之外的幻象。正如法律就是一种幻象，它也因此实际迫使人们重新返回异化的现实，并作为一种压抑和镇压的力量发挥作用。法律的义正词严远非对普遍意志（la volonté générale）的表达，而是"合法地"表达了某一既定阶级的特殊统治。因此，世界是颠倒的和反常的。当每一事物都恰好相反（实际上是真实的）的时候，一切似乎都走在正确的道路上。

根据我们刚才所看到的，我们就能更好地理解马克思对黑格尔的政治哲学所做的激烈批判。马克思从黑格尔的《精神现象学》（la *Phénoménologie de l'Esprit*）和《法哲学原理》（les *Principes de la philosophie du droit*）出发，主要在《〈黑格尔法哲学批判〉导言》（l'*Introduction à la critique de la philosophie du droit de Hegel*）、《黑格尔国家哲学批判》（la *Critique de la philosophie de l'État de Hegel*）①

---

① 即《黑格尔法哲学批判》。MEGA¹ 第 1 部分第 1 卷的编者将该文本命名为《黑格尔法哲学批判》（*Aus der Kritik der Hegelschen Rechtsphilosophie*），同时增加了副标题《黑格尔国家法批判》（*Kritik des Hegelschen Staatsrechts*）。参见 *Marx-Engels-Gesamtausgabe（MEGA¹）*, Ab. I, Bd. 1.1, Frankfurt A. M. : Marx Engels-Archiv Verlagsgesellschaft, 1927, S. 401. 朗兹胡特和迈耶尔编辑出版的德文版《历史唯物主义：早期著作》（1932）则将其命名为《黑格尔国家哲学批判（1841/1842）》（*Kritik der Hegelschen Staatsphilosophie*［1841/42］）。此处的法文表述是依据朗兹胡特和迈耶尔在德文版的基础上翻译而来的法文版《马克思全集：哲学著作集》第四卷（1948）。参见 S. Landshut（Hrsg.）, *Karl Marx: Die Frühschriften*. S. 20. Karl Marx, *Critique de la philosophie de l'État de Hegel. Œuvres philosophiques*, T. IV, Paris: Costes, 1948. 为了便于理解，下文将遵循现行惯例把同一文本直接译为"《黑格尔法哲学批判》"。——译者注

和《1844 年经济学哲学手稿》(*Économie politique et philosophie*)中批
判了黑格尔的历史哲学、国家哲学和法哲学。马克思对黑格尔的批判
是以黑格尔政治思想的**成就**即抓住了现代社会历史的本质为开端的，
并给予了充分的承认。马克思没有拒斥黑格尔，而是批判和继承了黑
格尔，并进而颠覆了黑格尔。马克思指责黑格尔虽然把握了国家和法
的机构、功能，权力的观念本质、起源与发展，却没有认识它们的实际真
理，它们的现实的物质的起源和历史。马克思认识到黑格尔只是抓住
了一切异化之物的观念形式，而没有把握它们的真正现实性。国家和
法仍是精神实体，因为唯有精神是国家的真正存在。由此，在市民社会
和国家——自主的现实性(réalités autonomisées)——内部的人的政治
异化就被维持和合理化了。马克思并没有因为他的伟大导师把握了辩
证运动、洞察了劳动的否定性(la négativité à l'œuvre)和开展了否定性
批判(la critique négatrice)就原谅他。因为黑格尔只不过是将一切都
溶解在对现存现实的合理化辩护中，这种唯灵论的、唯心主义的、神秘
主义的合理化辩护退变为一种神秘化。黑格尔被指责掩盖了矛盾本身
以及各种特殊的矛盾表征，即经济生活与市民社会之间的矛盾、市民社
会与国家之间的矛盾、国家机构的现实功能与合理化的唯心主义的司
法法则之间的矛盾。马克思指责黑格尔为一切事物(无论是现实中的
事物，还是虚假的唯心主义的证明中的事物)的经验现实性进行合理化
辩护。马克思指出，黑格尔的**批判**主义是虚有其表的，而且他的**实证主
义是虚假的**。①

　　马克思赞赏黑格尔政治思想的深度和广度，但并不赞成对他所做
的简单轻蔑的评判。马克思看到了否定性(la négativité)在黑格尔思
想中的作用，因此，他继续毫不留情地批判黑格尔。马克思不断地责备
黑格尔，因为他没有否定表象的存在(l'être apparent)，以便维护真正

---

　　① Karl Marx, *Économie politique et philosophie*, *Œuvres philosophiques*, T.
VI, p. 82. 中文版参见《马克思恩格斯文集》第 1 卷，第 213 页。

的存在,反而通过论证异化的合理性来维持和确证表象存在(或异化存在[l'être aliéné])。在黑格尔的思想中,扬弃和超越**经济社会**(la *société économique*)就会通向**市民社会**(la *société civile*),而扬弃和超越市民社会就会通向**国家**(l'*État*),扬弃和超越国家就会导向**普遍历史**(l'*histoire universelle*)。但是,马克思随后在依循黑格尔解读精神的生成史时发现,在这一扬弃和超越的过程中只有一种对思想存在(l'être pensé)的**扬弃**(*Aufhebung*),并为意识所把握。换言之,这种扬弃仍是在观念中进行的,对现实没有造成任何影响。这种辩证法相信它已经现实地征服了它的对象,并通过证明它的合理性而使它存在于现实中。因此,在这种辩证法和现象学的视域中,现实变成一种观念的元素,并在它的抽象现实性(réalité abstraite)中被考虑。

因此,现实的异化的政治存在仍然被遮蔽着,只是在思想和哲学中才能被揭示出来。然而,政治哲学无法过度弥补(surcompenser)政治悲剧的现实(la réalité du drame politique)。生活在一个由国家组织起来的社会中的人们只是抽象的公民(abstraitement citoyen),正是**思想**(la *pensée*)而非**实际现实**(la *réalité effective*)证明了这一点。既然政治异化只是经济异化和根本的社会异化的一种异化表现,那么,政治思想的异化就是一种第三层级的异化(aliénation au troisième degré)。因此,马克思写道:"我的真正的政治存在(existence/*Dasein*)是我的**法哲学的**存在(existence *philosophico-juridique*),我的真正的自然存在是自然哲学的存在,我的真正的艺术存在是艺术哲学的存在,我的真正的**人的存在**(existence *humaine*)是我的**哲学的**存在(existence *philosophique*)。同样,宗教、国家、自然界、艺术的真正存在=宗教哲学、自然哲学、国家哲学、艺术哲学。"[1]因此,政治异化的存在便**在实践上被保存下来**,而仅**在理论上被"超越"**。国家是且依然是异化的状态,

---

① Karl Marx, *Économie politique et philosophie*,*Œuvres philosophiques*,T. VI,p. 84. 中文版参见《马克思恩格斯文集》第 1 卷,第 215 页。

而这种状况是由整个国家机构、制度、法律和政治所维系的。"一个认识到自己在法、政治等等中过着外化生活的人，就是在这种外化生活本身中过着自己的真正的人的生活。因此，与自身相矛盾的，既与知识又与对象的本质相矛盾的自我肯定、自我确证，是真正的知识（savoir）和真正的生活。"①因为即使是公民的理论存在和社会正义的纯粹理论"现实"也无法被思想和知识所把握。理论知识不是对实际现实的一种充分表达。

当黑格尔将真实存在（l'existence réelle）提升为真理（vérité），将理性（le rationnel）转化为真实（le réel），将真实转化为理性，洞察到理性在真实中的展现的时候，他就用哲学的语言表达了他所处的那个时代的市民社会、国家和政治的非真实的真理（la vérité non vraie）。于是，他消除了否定性（la négativité）和革命的历史时间（temp historique révolutionnaire）在既定的实在性（la positivité donnée）中的生成。黑格尔曾谈论过存在（ce qui est），但他的言说既证明又掩盖了存在的真正现实性（la vraie réalité）。一方面，正是因为某物存在，它才被确证；另一方面，正是理性证明（la justification rationnelle）赋予它存在。黑格尔是现代资产阶级国家的既诚实又非诚实的阐释者（l'interprète véridique et non véridique），但他没有将它的实际真理性（la vérité effective）转化为一种同样真实的语言。至少，马克思是这样认为的。

不过，马克思自己想要揭露社会生活和政治生活的一切矛盾和冲突。他想通过实现一种调和的平衡来阻止这些矛盾冲突。他的分析辩证法（dialectique analytique）是分解的（dissociative），因为他将分解（la dissociation）看作社会的碎片化（la fragmentation）的结果，即一个整体社会分解为部分的、特殊的、异化了的和异化着的社会。与黑格尔相反，马克思认为，正是经济社会（la société économique）、生产力（les

---

① Karl Marx, *Économie politique et philosophie*, *Œuvres philosophiques*, T. VI, p. 82. 中文版参见《马克思恩格斯文集》第 1 卷，第 214 页。

forces productives)和生产关系(les rapports de production)决定着市民社会。市民社会并不是同政治国家相"对立"的,而且政治国家仍然被设定为"高于"市民社会,以支配整个社会历史发展。国家既是市民社会的支柱(l'armature),也是市民社会用来对抗它的内部敌人(劳动者)和外部敌人的武器。全部经济生活构成了社会的基础(le fondement)和场域(le terrain)。市民社会,作为组织起来的和正在组织着的形式(forme organisée et organisatrice),受到经济的——技术学的和人的(technologique et humain)——运动的制约,并形成了阶级斗争的舞台。正是通过阶级斗争——它表现了对生产和生产资料的特定关系,国家的政治现实和人事管理的政治现实,**特别是**财富管理的政治现实才得以建立。马克思强烈反对这种国家观念,即国家是一种自主的管理机构,它将建立一个强大的官僚机构和一种以某种自封的普遍方式发挥社会功能的公职人员(fonctionnariat)。国家主义(l'étatisme)、中央集权主义(le centralisme)和官僚主义(le bureaucratisme)只是使社会异化和政治异化变得组织化、集中化和制度化。行政机关和公职人员没有发挥一种集体的或普遍的功能,而是体现了一种特殊的特定的现实与利益。那些掌管国家事务的人们掌管和管理着将自身事务同整个社会的利益"混淆"起来的统治阶级的事务。马克思在《黑格尔法哲学批判》中指出:"关于官僚政治,黑格尔给我们作了一番经验的描述,其中一部分符合实际情况,一部分符合官僚政治本身对自己存在的看法……黑格尔以国家同市民社会、特殊利益同自在自为地存在着的普遍东西的**分离**(la séparation)为出发点,而官僚政治实际上以**这种分离**(cette séparation)为基础……黑格尔完全没有阐明官僚政治的**内容**(contenu/Inhalt),只是给官僚政治的'**形式的**'组织做了某些一般的规定,而官僚政治实际上只是在它本身以外的一种内容的'**形式主义**(le formalisme)'。**同业公会**(les corporations)是官僚政治的唯物主义,而官僚政治则是同业公会的**唯灵论**(le *spiritualisme*)。"①

然而，当黑格尔试图通过哲学地思考现实，通过在大写的精神(Esprit)和大写的理性(Raison)中建构现实来描述和论证现存的现实时，他并没有像马克思主义者——不只是马克思——所宣称的那样是天真的"唯灵论的(spiritualiste)"或"唯心主义的(idéaliste)"。黑格尔的政治哲学是完全**实在论的**(*réaliste*)，通过一切调解与和解，他把握到全部人类历史所固有的悲剧性矛盾。市民社会同经济社会相对立，国家同市民社会相对立，因为国家凌驾于具体的个人的政治生活和市民生活之上。政治现实并不是完全统一与和谐的，尽管经历了各种调和，但是矛盾仍然存在。不过，马克思并不想在充满矛盾的最高现实面前止步不前，而是要公开抨击这些矛盾。他的目标不只是为了一种总体主义的统一(unité totaliste)而取代它们，而是要彻底消灭它们。

马克思揭示了市民社会和国家的**形式**(la *forme*)——官僚主义的形式(forme bureaucratique)——和实际**内容**(*contenu*)之间的矛盾，揭示了激活或再现政治生活的思想**观念**(l'*idée*)和它的不可调和的肮脏的历史**现实**(*réalité* historique)之间的矛盾，揭示了各种制度的虚假**精神**(l'*esprit* mensonger)和它们精于算计的**物质性**(*matérialité* calculatrice)之间的矛盾，揭示了行政机关的**普遍性**(l'*universalité*)和它们极其狭隘的**特殊性**(*particularité*)之间的矛盾，揭示了国家的**虚假总体性**(la *totalité fictive*)和**人的有机总体性**(*la totalité organique des hommes*)、**公民**(le *citoyen*)和**人**(l'*homme*)、**公共生活**(la *vie publique*)和**类生活**(la *vie générique*)之间的矛盾。一切超出现实社会的东西都被马克思以历史唯物主义和现实主义(réalisme)的名义加以批判。因此，既然马克思想要消除一切矛盾，实现一种总体主义的统一(l'unité totaliste)——这正是他对市民社会和国家进行否定批判的目的所在，

---

① Karl Marx, *Critique de la philosophie de l'État de Hegel*. *Œuvres philosophiques*, T. IV, p. 98‐99. 中文版参见《马克思恩格斯全集》第 3 卷，人民出版社 2002 年版，第 58 页。

那么,马克思自己不就表现出唯心主义吗? 这种对于统一的浪漫主义的渴望,这种对于实现出来的总体性的憧憬,这种使马克思关于异化及其各种形式的理论充满活力的集体无政府主义(anarchisme communautaire)——凭借这种集体无政府主义,各种异化成为各种异化,难道不是带有强烈的唯心主义色彩吗? 通过承认和接受中介(les médiation)和异化,黑格尔不就破坏了现实主义者的形象了吗? 然而,马克思的辩证法运动也是现实主义的和唯物主义的,特别是在它的分析性批判方面。它不停地拆解那些扼杀自然的有机的发展的经济机制、社会机制和政治机制(le mécanisme économique, social et politique)。但是,难道任何自然的有机的发展都必然会在社会组织(无论是怎样的社会组织)中变得异化吗? 整个社会能否以准无政府主义的方式(quasi anarchiquement)来管理生产力的巨大发展、劳动组织、技术控制、财富分配呢? 政治本身能否被取代? 或者政治能否通过普遍化(généralisant)(而不是通过完成)而被废除呢?

马克思作为这一运动的创始人始终试图把他的理论变为现实,因此,马克思更关心的是弄清楚现存事物,而不是过去或未来的事物。马克思分解了现存事物,揭示出它的一切缺陷,**好像**这些缺陷也不可能存在。① 因此,政治国家被分解开来,并借由市民社会获得**实质性的**解释,而市民社会本身是一种经济过程的**精神化**(*spiritualisation*),因为马克思没有清楚地解释总体社会(la société totale)及其本质和类人(l'homme générique),也没有实现——迄今为止也没有实现——同

---

① 马克思对已建立的政治生活、官僚主义的行政机关(l'administration bureaucratique)和国家机构的抨击是毫不留情的。马克思指出:"现代意义上的政治生活是人民生活的经院哲学(la scolastique)。"(参见 Karl Marx, *Critique de la philosophie de l'État de Hegel. Œuvres philosophiques*, T. IV, p. 71. 中文版参见《马克思恩格斯全集》第3卷,第42页。)在对黑格尔的政治哲学的全部批判中,每当他的对手揭露行政惯例(la routine administrative)、官僚制度(le fonctionnarisme)以及只有"有限领域的眼界(l'horizon d'une sphère limitée)"的机构时,马克思都乐于向他的对手表示敬意。(参见 *Ibid.*, p. 115. 中文版参见同上,第69页。)

时废除"唯灵主义（spiritualisme）"和"唯物主义（matérialisme）"。马克思作为这一运动的创始人不厌其烦地声明："由此可见，事情是这样的：以一定的方式进行生产活动的一定的个人，发生一定的社会关系和政治关系。经验的观察在任何情况下都应当根据经验来揭示社会结构和政治结构同生产的联系，而不应当带有任何神秘和思辨的色彩。社会结构和国家总是从一定的个人的生活过程中产生的。但是，这里所说的个人不是他们自己或别人想象中的那种个人，而是**现实中的**个人，也就是说，这些个人是从事活动的，进行物质生产的，因而是在一定的物质的、不受他们任意支配的界限、前提和条件下活动着的。"①

建立在生产力和生产关系——这些力量和关系都是由人（les hommes）而非物（les choses）赋予活力——的现实基础之上的国家采取了一种异化了的和异化着的形式，成为一种不依赖于现实的普遍利益的虚假共同体组织。国家不但不像它所宣称的那样具有普遍的现实性，而且它的存在根源于共同利益（和尚未得到满足的利益）与特殊利益（统治阶级的利益）之间的矛盾。现代人在非自然化的（dénaturalisante）和非人化的（déshumanisante）物化（réification）过程中被碎片化了②：人变为劳动者、雇佣工人、经济人、政治动物、公民、公职人员等。他们都是相互分离的，而不是类人（homme générique）（无论如何，他们或许从未成为类人），即同其他人共同劳动、生活，组织共同体生活的总体的人。于是，人被分为两部分：他既过着一种公共**生活**（*vie publique*），又过着一种**私人生活**（*vie privée*），两者互不联系且相互矛盾。

无论是**东方亚细亚帝国**、**古希腊罗马城邦**（le *cité-État*）、**基督教**和**中世纪**，还是**资产阶级**都没有完满成功地解决政治生活问题。在**亚洲**

_____

① Karl Marx, Friedrick Engels, *L'Idéologie allemande*, *Œuvres philosophiques*, T. VI, p. 155 - 156. 中文版参见《马克思恩格斯文集》第 1 卷，第 523—524 页。

② 在该书的英文版中，此处被译为："现代人通过物化过程而被碎片化了，由此，自然和人都被消除了。"参见 Kostas Axelos, *Alienation, Praxis and Technē in the Thought of Karl Marx*, p. 100. ——译者注

(l'*Asie*)的专制国家中,只有一个人即专制君主是自由的,其他所有"主体"都屈从于他。这种政治国家——如果它可以被称作政治国家的话——是由一个特殊的个体所掌控的。在**古代**城邦中,共同体(la communauté)由于允许公民获得充分发展而成为一个"真理(vérité)",不过,只有自由人才是公民。尽管如此,除奴隶之外的人们的私人生活和公共生活还没有成为两个彼此疏离的世界。人完全是一个由人-公民(hommes-citoyens)组成的共同体中的公民。这种现实性当然只是唯心主义的政治人(l'homme politique idéaliste)的现实性,而非实际真实的。因为古希腊罗马的遗产(奴隶制)并没有使公共事务成为所有人都能参与的事务。

　　使真正的民主制有可能到来的诸条件是由**基督教**而非生产力的发展所创造的吗? 在这个重要问题上,马克思的思想并不十分明确。在《黑格尔法哲学批判》中有这样一段话:"正如同不是宗教创造人,而是人创造宗教一样,不是国家制度创造人民,而是人民创造国家制度。在某种意义上,民主制对其他一切国家形式的关系,同基督教对其他一切宗教的关系是一样的。基督教是卓越超绝的宗教,**宗教的本质**,作为**特殊**宗教的神化的人。民主制也是一样,它是**一切国家制度的本质**,作为特殊国家制度的社会化的人。它对其他形式的国家制度的关系,同类对自己的各个种的关系是一样的。"①当然,马克思在这里并非主张基督教所倡导的面向所有个人(而不再是像东方帝国那样只面向**一个人**,或者是像古希腊罗马那样只面向**某些人**)的平等和自由是民主制的源泉。至少他没有明确主张这一点。然而,他的确告诉我们基督教是最完满的宗教形式,而民主制——这里同基督教有关的是马克思本人——是一切政治制度的本质。但这并不妨碍人们想到:基督教和民主制还没有真正实现它们的本质,它们只是通过新的异化形式以特殊

---

　　① Karl Marx, *Critique de la philosophie de l'État de Hegel. Œuvres philosophiques*, T. IV, p. 67. 中文版参见《马克思恩格斯全集》第3卷,第40页。

的、部分的方式实现它，它们的许诺仍然是形式上的。

"在人民生活的各个不同环节中，政治国家即国家制度的形成是最困难的。对其他领域来说，它是作为普遍理性、作为彼岸之物而发展起来的。因此，历史任务就是国家制度的回归，但各个特殊领域并没有意识到：它们的私人本质将随着国家制度或政治国家的彼岸本质的消除而消除，政治国家的彼岸存在无非是要肯定这些特殊领域自身的异化。**政治制度**到目前为止一直是**宗教领域**，是人民生活的**宗教**，是同人民生活现实性的尘世存在（*l'existence terrestre*）相对立的人民生活普遍性的天国。"①

在**中世纪**，人民生活和国家生活是同一的，但现实的人们，虽然不是奴隶，却远非自由的。"因此，这是**不自由的民主制**，是完成了的异化。抽象的反思的对立性只是现代世界才有。中世纪是**现实的二元论**"②。二元论（le dualisme）在**现代**（les *Temps modernes*）就变得**抽象**（*abstrait*）了。现在，一切都变得抽象了：私人生活、公共生活、国家本身以及全部政治。如果古代人的共同体还是一种"真理（vérité）"，那么，现代人的共同体已经变为一种唯心主义的"谎言"（«mensonge» idéaliste）；现代人、资产阶级只有同货币（l'argent）和商业（commerce）为伴才是现实的（réaliste）。全部政治生活同样变为形式的，它们促使物质内容得以形成，又使其变得畸形。政府行动接管一切，国家为行政机构所占有。即使是所谓最具有普遍性的政治体制即民主制（而非共和制）也没有成功促使政治生活消除异化。民主制在原则上的确包含着"内容和形式"和"一切形式的国家制度的已经解开的**谜**（l'énigme）"③。它的"**形式的**原则同时也是**物质的**原则"，因为它是"普

---

① Karl Marx, *Critique de la philosophie de l'État de Hegel. Œuvres philosophiques*, T. IV, p. 70. 中文版参见《马克思恩格斯全集》第3卷，第42页。

② Karl Marx, *Critique de la philosophie de l'État de Hegel. Œuvres philosophiques*, T. IV, p. 72. 中文版参见《马克思恩格斯全集》第3卷，第43页。

③ 参见《马克思恩格斯全集》第3卷，第39页。

遍和特殊的真正统一"①。然而，由于"不言而喻，一切国家形式都以民主为自己的真实性，正因为这样，它们有几分不民主，就有几分不真实"②，因此，在马克思看来，民主制仍然是抽象的和形式上的，是资产阶级的和特殊的。政治生活统治和扼杀了人民的真正生活。

行政机构、公职人员和官僚政治的不断发展进一步加深了政治异化。官僚政治助长了"国家形式主义（formalisme d'État）"，试图成为国家和整个社会的自我意识和意志，但它只是一种实践的幻想组织（un tissu d'illusions pratiques）。它是"国家的幻想（l'illusion de l'État）"。它为**内容**（le contenu）提供形式（le formel），为**形式**提供内容。作为一种自主的实体，没有人能够从这种（恶的）循环中逃脱。"体现在官僚政治中的'国家形式主义'，是'作为形式主义的国家'。"③这些制度缺乏实质内容。人的主体性无法通过政治结构使自身对象化。政治的令人窒息的天空沉重地压在人类的大地上。在马克思看来，人作为一种**社会的**而非**政治的**动物，无论是在市民社会和国家的肮脏的现实中，还是在以意识形态或政治的方式消除其异化的尝试中，都无法实现自身。启蒙运动的哲学家、自由主义思想家、法国大革命、康德的道德观、黑格尔的政治伦理或者空想社会主义者的梦想都没有提供关于这种罪恶的救赎方案。人们的真正的物质生活仍然被唯心主义的和唯灵主义的形式和抽象——它们掩盖了社会的类生活（la vie générique et sociale）的意义——所背叛。政治权力使受其统治的人们变得无能为力。业已建立的国家权力不是一种活生生的有机体，而是一种无生气的组织和体系。它不是将其各个要素融入一个有序的整体，而只是使各个要素像车轮和齿轮一样机械地运转。随着马克思对过去和现在的强有力的否定性批判——并且他只想专注于为拯救未来做积极准备，而没有积极

---

① 参见《马克思恩格斯全集》第 3 卷，第 40 页。

② Karl Marx, *Critique de la philosophie de l'État de Hegel. Œuvres philosophiques*, T. IV, p. 69. 中文版参见《马克思恩格斯全集》第 3 卷，第 41 页。

③ 参见《马克思恩格斯全集》第 3 卷，第 59 页。

地谈论这个未来,他撕下了政治戏剧主角的面纱,揭穿了它的整个机制。政治悲剧(la tragédie politique)对那些活出它的真谛的人们来说都是虚伪的,但当它的秘密被揭穿之后,它就会变为喜剧(comédie)。

"因此,官僚政治要维护普遍利益的**虚构的**特殊性,即它自己的精神,就必须维护特殊利益的**虚构的**普遍性,即同业公会精神……官僚政治精神是一种纯粹的耶稣会精神、神学精神。官僚是国家耶稣会教士和国家神学家。官僚政治是**僧侣共和国**(la *république prêtre*)。……官僚政治精神是'形式的国家精神(esprit formel de l'État)'。因此,官僚政治把'形式的国家精神'或**现实的**国家无精神(*réel* manque d'esprit de l'État/*Geistlosigkeit des Staats*)变成了绝对命令。官僚政治认为它自己是国家的最终目的。既然官僚政治把自己的'形式的'目的变成了自己的内容,它就处处同'实在的'目的相冲突。"①

马克思猛烈抨击现代世界的激情就是犹太先知的激情,但是,他的激情是用批判的否定的分析武器武装起来的。它把矛头指向现代世界、资产阶级世界——它实际上还不是一个世界,但它肯定会给其他的同样的现代世界带来光明。他的大炮不仅仅是瞄准最后一个伟大哲学家的政治哲学:他的目标是将异化推向极限的整个现代性(la modernité)——自文艺复兴到 19 世纪,整个历史阶段(及其全部现实表现和精神表现)。不断前进的技术主义(le technicisme)和官僚主义(le bureaucratisme)已经掌控了人类的社会现实,它们的形式主义(formalisme)已经将其自身建构成一种可怕的现实力量,使之变成它们的内容。官僚政治的目标已经同国家的目标混淆起来,官僚政治国家的目标已经同整个社会的目标混淆起来,政治生活已经失去了它的意义。鉴于这一切,首要的任务就是描述和批判整个状况,以便最终能够消除人类历史的异化。马克思继续揭露道:"它的(官僚政治的)等级

---

① Karl Marx, *Critique de la philosophie de l'État de Hegel. Œuvres philosophiques*, T. Ⅳ, p. 100 - 101. 中文版参见《马克思恩格斯全集》第 3 卷,第 59—60 页。

制是**知识的等级制**(*hiérarchie du savoir*)。上层指望下层了解详情细节,下层则指望上层了解普遍的东西。结果彼此都失算。官僚政治是同实在的国家并列的虚构的国家,它是国家的唯灵论。因此,每一件事都具有双重意义,实在的意义和官僚政治的意义,正如同知识(还有意志)也是双重意义的——实在的和官僚政治的。但是,对实在的本质,是根据它的官僚政治本质,根据它那彼岸的唯灵论本质来看待的。官僚政治掌握了国家,掌握了社会的唯灵论本质:这就是它的**私有财产**。

　　官僚政治的普遍精神是**秘密**(le *secret*),是奥秘;保守这种秘密在官僚政治内部靠等级制,对于外界则靠它那种封闭的同业公会性质……因此,**权威**(l'*autorité*)是它的科学(知识)原则(le principe de sa science),而**神化权威**(la *déification* de l'autorité)则是它的**思维方式和感觉方式(信念)**(*manière de penser et de sentir* [*Gesinnung*])。但是,在官僚政治内部,**唯灵论**(le *spiritualisme*)变成了**粗陋的唯物主义**(*matérialisme sordide*),变成了消极服从的唯物主义,变成了信仰权威的唯物主义,变成某种例行公事、成规、成见和传统的**机械论的**唯物主义(matérialisme *mécanisme*)。就单个的官僚来说,国家的目的变成了他的私人目的,变成了**追逐高位**(la *chasse aux poses élevés*)、**谋求发迹**(le *faire carrière*)。首先,这个官僚把现实的生活看作**物质的生活**(*vie matérielle*),因为**这种生活的精神**在官僚政治中**自有其独立的存在**。因此,官僚政治必须使生活尽可能物质化。其次,这种现实生活,对官僚本身来说,即就现实生活成为他的官僚活动的对象而言,是物质生活,因为它赋有这种生活的精神,它的目的在它之外,它的存在只是办事机构的存在。国家已经只是作为由从属关系和消极服从联系起来的各种固定的官僚势力而存在……对于官僚来说,**现实的科学**(la science *réelle*)是没有内容的,正如现实的生活是毫无生气的一样,因为他把这种虚构的知识和这种虚构的生活当作本质。"①

因此，马克思清算了一种功能即现代政治的功能的实质，而这种功能本身就是缺乏实质的。公职人员存在于国家、市民社会和整个社会的行政机构中，并在其中发挥作用，但是它的存在是空洞的。这似乎就是马克思对于全部公职人员的看法，因为全部公职人员在任何情况下都变成自主的、分离的、同社会中的各个人的类生活相疏离的。这种谴责同样适用于使得压抑的现实缺乏生命和意义的一切制度。任何在本质上普遍的东西在其特殊化中成为异化了的和异化着的东西：人不能靠授权（délégation）来生活和行动。马克思将粗陋的**唯物主义**（le *matérialisme* sordide）和虚伪的**唯灵论**（*spiritualisme* mensonger）看作背靠背不可分离的，但他没有勾勒出任何一种系统的非异化的国家理论。他甚至没有追问这种国家何以可能。马克思对作为走向未来之前提的现存事物进行了无情的批判。在未来，官僚政治将被废除，普遍利益将同特殊利益相一致，形式将变得同现实相一致，并超越任何对立。马克思渴望实现这样一种人与物的情势，即一种没有国家的状态，因此，他希望人能够充分实现自己的类生活，而不再分裂为两种东西：一方面是私人（homme privé），另一方面是公民（citoyen）。因此，总体的**私人**生活（la vie *intime* et totale）应该既是个人的又是公共的，而不是划分为两个似乎独立的领域，因为人类活动的一与多的表现形式只发生在一个**单一**的领域中。这就是马克思的全部追求。他想使社会的经济结构（la structure économique de la société）普遍化和废除政治的和国家的上层建筑（la superstructure politique et étatique）。他想要个人和人类都能够完全实现为主体，并以共同体的形式统治客体。但是，这种人类愿望的真正实现是否完全可能呢？

通过继承和保留以能动的人的**自我**（l'*ego* de l'homme agissant），

---

① Karl Marx, *Critique de la philosophie de l'État de Hegel*. *Œuvres philosophiques*, T. IV, p. 102 - 103. 中文版参见《马克思恩格斯全集》第 3 卷，第 60—61 页。

即意志（volonté）及其力量（puissance）为基础的西方传统，并将这一传统推向它的最终结果，马克思特别否定了西方历史的一个特殊阶段，即资产阶级的资本主义阶段（la phase bourgeoise et capitaliste）。因为正是在这一特殊阶段中，国家的官僚政治才上升为社会的主人，"它那粗陋的唯灵论就在于它**想创造一切**（*veut tout faire*），就是说，它把**意志**推崇为始因，因为它只是**活动着的**存在，而它的内容是从外面得到的"①。因此，国家成为全能的主体，即绝对的、同它的基础相分离的、把一切事物都作为对象的主体。相反，马克思想要使能动的**人的意志**（la *volonté des hommes* actifs）（普遍化了的**自我**）能够同**普遍的社会秩序**（*l'ordre social universel*）和**集体力量**（la *puissance collective*）共存，于是，整个人类历史就是一个形成对客体进行改造、生产和管理的大写的主体（le Sujet）的过程。因此，西方传统被普遍化了，并被推向它的最终结果。理性主义的和技术主义的个人主义（l'individualisme rationaliste et techniciste）被转化为共产主义（communisme）——共产主义的基础仍然是技术（la technique）、**理性**（la *ratio*）和意志（la volonté）。共产主义最终将会走向无政府状态（l'anarchie）。曾经是劳动者、雇佣工人、无产者、资产者、公职人员、公人（homme public）、私人（homme privé）、理论家和实践者的人，屈从于劳动和分工（la division du travail）、资本和阶级以及制度和唯灵主义结构（les constructions spiritualistes）的人，将会在一种总体的社会中成为总体的人，人类将被镌刻进大写的宇宙（l'Univers）的历史生成的节律中。

然而，即使市民社会和国家由于自身的逻辑矛盾走向崩溃，它们也必然会遭到这些矛盾的主体即人的攻击。表面上的共同体（la communauté apparente）、国家和市民社会，建立在经济状况、国家法和资产阶级法律状况之上的"共同体"很可能变得独立，变得同个人相疏

---

① Karl Marx, *Critique de la philosophie de l'État de Hegel. Œuvres philosophiques*, T. IV, p. 103. 中文版参见《马克思恩格斯全集》第 3 卷，第 61 页。

离并矗立于个人之上。尽管如此，它仍然会被阶级斗争所撕裂。对于
有产阶级（la classe possédante）的统治和被压迫阶级（la classe
opprimée）为自身的彻底解放而斗争是相一致的。"国家内部的一切斗
争——民主政体、贵族政体和君主政体相互之间的斗争，争取选举权的
斗争等等，不过是一些虚幻的形式——普遍的东西一般说来是一种虚
幻的共同体的形式——，在这些形式下进行着各个不同阶级间的真正
的斗争……每一个力图取得统治的阶级，即使它的统治要求消灭（la
suppression/le dépassement/Aufhebung）整个旧的社会形式和**一切统
治**（la domination［Herrschaft］en général），就像无产阶级那样，都必
须首先夺取政权，以便把自己的利益又说成是普遍的利益，而这是它在
初期不得不如此做的。"①因此，政治国家只是对以拙劣的方式来表达
经济利益的政治斗争的总结。生产、分配和消费的社会化，劳动分工的
替代，私有财产和资本的废除，资产者和劳动者本身的消灭，人类劳动
的普遍化，资产阶级国家机器的摧毁——总之，经济的和政治的去异化
（la désaliénation）——都是以**无产阶级专政**（la *dictature du prolétariat*）
为开端的，无产阶级也将反过来消灭自身。由此，通过一种新的特殊的
"统治"形式，人类将朝着整体的共产主义（le communisme intégral）前
进，那将是一个没有阶级和国家的社会，其中"政治"与"经济"、"社会"
与"个人"将融为一体，没有政府行为指导集体行为。

　　对当前的政治异化的整体分析视域将导向在未来克服这种异化，
而这个未来将是世界历史上第一个不是建立在异化基础上的未来。同
时作为**哲学家**（理论家和梦想家）、**科学家**（社会学家和经济学家）和**政
治家**（实践的技术学家［technicien de la pratique］）的马克思从未在自
己的思想中质疑过实现这种非异化（la non-aliénation）的可能性。这正
是他的思想的深刻性和局限性：为了把握事物的本质并废除它，他抓住

---

　　①　Karl Marx, Friedrick Engels, *L'Idéologie allemande*, *Œuvres philosophiques*, T.
VI, p. 173-174. 中文版参见《马克思恩格斯文集》第 1 卷，第 536—537 页。

了现存事物——当然这是从他自己的角度出发的，但这种角度至少揭示了全部实体现实（la réalité ontique totale）的一个方面。马克思在彻底改造性的和革命性的中介视域（la vision de la médiation）中为人类的历史性救赎开辟前景。马克思很少涉及对于未来的预见问题，他总是尽量避免**先验**系统化地（systématiser *a priori*）阐述这种预见。马克思的思想兼具以下这些特点：太过于**理论**（*théorique*）（具有"唯心主义"、浪漫主义、无政府主义等性质）和太过于**实际**（*pratique*）（天真的"现实主义"、非常务实，等等），太过于**开放**和思辨（*ouverte* et spéculative）（考察普遍历史以便在思想中使其去异化）以及太过于**僵化**和教条化（*figée* et dogmatique）（将一切事物都还原为经济和阶级斗争）。但是，当我们认为可以用这种称谓来批评马克思的时候，我们并没有得到任何本质性的东西。这种思想仍然是富有成效和极具问题意识的（extrêmement problématique），甚至是模棱两可的，而不只是辩证的。它在思想领域和现实领域中可得到不同的解释。这种思想的政治问题式（la problématique politique）远不是单一的，而且，在一个似乎把政治看作其整体命运的世界里，马克思的政治哲学所提出的问题仍然是开放的。因为政治可能无法如此轻易地就被还原为经济，社会和政治的二元论不会如此轻易地消失，形式也不会允许自身同物质、现实和作为形式的内容相分离。

马克思以人化的和总体化的经济和社会的名义谴责政治和国家本身。然而，**经济**、**社会**（对马克思而言，社会是总体性的，技术学的和人道的经济[technologiquement et humainement économique]）和**政治**（它远远超过了形式）作为它的基础是无法以框架的方式加以区分的。马克思直截了当地指出，**无产阶级的解放将首先是一种政治**[1]，并使最底

---

① Karl Marx, Friedrick Engels, *L'Idéologie allemande*, *Œuvres philosophiques*, T. VI, p. 174. 中文版参见《马克思恩格斯文集》第 1 卷，人民出版社 2009 年版，第 537 页。

层的阶级掌握政治和投身政治。① 在将马克思的思想和意图转变为马克思主义的过程中，**政治**甚至似乎超越了**经济**。列宁在《怎么办？》(*Que faire?*)一书中阐述了阶级斗争的三个层面——**经济的、政治的和理论的**（我们总会遇到这种一分为三的模式）——和在阶级斗争过程中经济从属于政治的必要性。事实上，政治权力尽管自然同经济和技术相关联，但似乎要比经济事实更加显而易见。过去几百年的历史表明，民族之间的冲突（这是马克思严重忽视的一种现实）和国家之间的冲突是同各阶级之间的冲突结合在一起的，甚至达到前者支配后者的程度。因为掌握技术的权力意志逐渐取得了对经济的支配，政治在部署自己的权力意志的过程中发展了自身的辩证法。

我们的目的并非要把马克思的思想应用于元马克思的和马克思主义的现实（la réalité métamarxienne et marxiste）中。我们想让马克思自己用所有伟大的词句来言说和理解他的充满问题的话语。人们在援引马克思来解决同现实的联系时提出一个无法通过某种单一方式就能仓促解决的重要问题。人们有可能把福音书中的话应用于那种想要成为基督徒的现实中吗？ 当然，一个人只有始终铭记将两种愿景和两种

---

① 毋庸置疑，在马克思主义创始人的心目中，共产主义原则应该以具体的特殊的形式加以运用。在《共产党宣言》的 1872 年德文版序言中，马克思、恩格斯强调："这些原理的实际运用……随时随地都要以当时的历史条件为转移……"（参见 Karl Marx, Friedrick Engels, *Le Manifeste communiste*. Paris: Costes, 1953, p. 42. 中文版参见《马克思恩格斯文集》第 2 卷，第 5 页。）而我们想要强调的是马克思在世时共产主义运动已经采取的政治方向。作为黑格尔的政治哲学和一般政治学的猛烈批判者，他不可避免地赋予工人解放这样一种角色，即他们从一开始就具有这种政治权利。早在 1844 年，马克思就在巴黎的《前进报》(*Vorwärts*)上写道："一般的革命——推翻现政权和废除旧关系——是政治行动。但是，社会主义不通过革命是不可能实现的。社会主义需要这种政治行动，因为它需要破坏和废除旧的东西。但是，只要它的有组织的活动在哪里开始，它的自我目的，即它的灵魂在哪里显露出来，它，社会主义，也就在哪里抛弃政治的外壳。"（参见 Karl Marx, *Le Roi de Prusse et la réforme sociale*, *Œuvres philosophiques*, T. V, Paris: Costes, 1948, p. 244. 中文版参见《马克思恩格斯全集》第 3 卷，第 395 页。）

现实化(réalisations)区分开来的差异,才会提出这一问题。① 思想总会腾空而起,而现实总是保持自己的分量,尽管如此,没有哪种思想是非真实的(irréelle)或非现实的(non réelle)。面对思想的问题和现实的难题,**个人和人类设定了自己无法完成的任务**,因为不是所有事物都是既定的和实际的。思想在某些时候能够抓住事物的本质,开辟一条通向生成的道路,但是,生成中的存在会再一次溜走。政治思想亦是如此。"政治"这一术语要在其历史的形成的意义(sens historique et formateur)上来把握。西方人在其历史进程中见证了柏拉图的《理想国》(la *République*)、圣奥古斯丁的《上帝之城》(la *Cité de Dieu*)和马克思的《共产党宣言》(le *Manifeste communiste*)的诞生,这一历史进程现在正趋向一种普遍的行星的生成(devenir universelle et planétaire)。然而,没有哪个思想家能够洞察这一大写的历史(Histoire)之谜,使其真相大白。马克思也没有做到这一点,但这并不因此就是"空想的"。他在努力破译现实,聆听响彻天地的人类悲剧的声音,尽管他并不相信天堂的存在。他还能言说或践行其他事情吗? 思想思考着事物的本质,政治活动建造和摧毁着城市与帝国。然而,这并不意味着思想是无效的。

马克思想要彻底超越思辨思维,以便使理论的意识形态的抽象"真理"在实践的能量(l'énergie pratique)中实现。然而,意识形态异化的伟大英雄们不仅有助于我们理解马克思的思想,而且有助于我们理解实践的马克思主义(marxisme pratique)的经济的实现和政治的实现(les réalisations économiques et politiques)。作为一切唯心主义形而上

---

① 值得注意的是,列宁曾呼吁人们关注马克思的真理被遗忘的方式:"正是在这特别明显的一点上,也许是国家问题的最重要的一点上,人们把马克思的教训忘得最干净! 通俗的解释(这种解释多不胜数)是不提这一点的。人们把这一点看作已经过时的'幼稚的东西','照例'不讲它,正如基督教徒在获得国教地位以后,把带有民主精神和革命精神的早期基督教的种种'幼稚的东西''忘记了'一样。"(参见 V. Lénine, *L'État et la Révolution*, in T. II des *Œuvres choisies*, Moscou, 1947, p. 195. 中文版参见[苏]列宁:《国家与革命》,《列宁全集》第 31 卷,人民出版社 1985 年版,第 41 页。)

学家的鼻祖，柏拉图在其《理想国》中认识到真正思想的实践的应用和政治的应用并不是理所当然的。因为他在谈论了哲学王和哲学与政治的一致性之后追问道："真理通常总是做到的比说到的要少?"①(*République*，473a)

　　至于亚里士多德，马克思曾毫不犹豫地称其为"古代最伟大的思想家(géant de la pensée)"②。亚里士多德相当冷静地断言："理论的目的在于真理，实践(la pratique)的目的在于工作(l'œuvre[ἔργον])。"③(*Métaphysique*，993b，20)

---

　　① 参见[古希腊]柏拉图：《理想国》，郭斌和、张竹明译，商务印书馆 1986 年版，第 214 页。

　　② Karl Marx, *Le Capital*, T. I, p. V. 中文版参见《马克思恩格斯全集》第 44 卷，第 469 页。

　　③ 在中文版的《形而上学》中，此处的表述是："理论知识的目的在于真理，实用知识的目的则在其功用。"参见[古希腊]亚里士多德：《形而上学》，吴寿彭译，商务印书馆 1995 年版，第 33 页。

第四部分

人的异化

人类是生成的既可见又不可见的主角，既是历史的主体，又是历史的客体。人类既发展了技术，又凭借技术而获得发展。然而，人类同自身及其本质的关系是异化的。人类在生存(la subsistance)斗争中丧失了自己的真正存在(vraie existence)，变得同自身相疏离。正如马克思所设想的，人类具有一种在本质上是历史的本性。正是人的这种(历史的)本性在人类的生成过程中变为外化的(extériorisée)和异化的(aliénée)。人类就是一切存在物和现实的存在，并通过这些存在物和现实而展现自身。人类的本质是一种普遍性(universalité)和一种可能性的共同体(communauté de possibilités)的本质。因此，人是类存在物(l'être générique/*Gattungswesen*)和共同体存在物(l'être communautaire/*Gemeinwesen*)，并且在生活的各个方面——经济、政治、家庭和人类——都是异化的。因此，消除异化必然会产生总体的人(l'homme total)，人**将成为**真正的人。人的**本性**将最终成为**人类的**(*humaine*)——因为那是人的本质所在。

第六章　两性关系和家庭

人是一种类存在物,他按照自己的本性反抗大写的自然(la Nature),以便满足自身的需要。他在改造他的对立物的过程中也改造了自身。因此,"整个历史也无非是人类本性(la nature humaine)的不断改变而已"①。每一种积极的满足都会带来新的需要,而新的需要又反过来寻求新的满足,如此循环往复。因此,人的生活——由于人的本质是共同的,因此准确地说应该是人类的生活——就是对人类的既有之物和现存状态的永恒的实现与超越。我们已经看到马克思是如何把握历史的三个原初条件中的前两个。② **第一个历史条件**(la *première condition historique*)是"**生产满足这些需要的资料**",即"吃喝住穿以及其他一些东西"③。**第二个历史条件**是"已经得到满足的第一个需要本身、满足需要的活动和已经获得的为满足需要而用的工具(l'instrument)又引起**新的需要**(*nouveaux besoins*)"④。全部历史的这两个条件和前提共同构成"第一个历史活动(le premier acte〔*Tat*〕

---

① Karl Marx, *Misère de la philosophie*, Paris: Costes, 1950, p. 177. 中文版参见《马克思恩格斯文集》第 1 卷,第 632 页。

② 参见本书第二章和第四章的开头部分。

③ 参见《马克思恩格斯文集》第 1 卷,第 531 页。

④ 参见《马克思恩格斯文集》第 1 卷,第 531 页。

historique)"，而与前两者相联系的"第三个"前提是作为**第三种关系**的
自然–社会关系(*rapport naturel-et-social*)。① 但是，人们必须把这三
个"因素"看作一个整体。马克思指出："一开始就进入历史发展过程的
第三种关系是：每日都在重新生产自己生命的人们开始生产(faire/
machen)另外一些人，即繁殖。这就是夫妻之间的关系，父母和子女之
间的关系，也就是**家庭**。这种家庭起初是唯一的社会关系，后来，当需
要的增长产生了新的社会关系而人口的增多又产生了新的需要的时
候，这种家庭便成为从属的关系了(德国除外)。"②接着，马克思明确阐
述了这三个历史条件的相互联系："不应该把社会活动的这三个方面看
作是三个不同的阶段，而只应该看作是三个方面，或者，为了使德国人
能够明白，把它们看作是三个'因素'。从历史的最初时期起，从第一批
人出现以来，这三个方面就同时存在着，而且现在也还在历史上起着
作用。"③

因此，人类史——它既是自然的又是社会的——和产生它的各种
条件与关系蕴含着一种双重的生产：通过**劳动**(le *travail*)进行的物质
资料的生产和通过**生殖**(la *procréation*)进行的人的生命的生产。**生产
工具**(*instruments de production*)在某种程度上相当于**再生产的器官**
(les *organes de reproduction*)。因此，人们是借助自然纽带和社会纽
带将人与人、人与大写的自然(la Nature)联系起来的。

这并不意味着马克思承认存在一种二元性的力量推动着人的历史
本性(la nature historique de l'homme)的发展。一方面是**饥饿**(la
faim)，另一方面是**爱**(l'*amour*)的情况并不存在。性的力量也不会随

---

① 马克思在这段文字中使用的德文词"Verhältnis"同时具有"**条件**(*condition*)"
和"**关系**(rapport/*relation*)"的意思。在马克思看来，条件(les conditions)是使人与自
然、人与人既相互联系又相互对立的关系(rapport)。

② Karl Marx, Friedrick Engels, *L'Idéologie allemande*, *Œuvres philosophiques*, T.
VI, p. 166 - 167. 中文版参见《马克思恩格斯文集》第 1 卷，第 532 页。

③ Karl Marx, Friedrick Engels, *L'Idéologie allemande*, *Œuvres philosophiques*, T.
VI, p. 166 - 167. 中文版参见《马克思恩格斯文集》第 1 卷，第 532 页。

着生产力的发展而发展。①　生殖，即人的再生产，是历史生成的必要条件，但它仍然首先是——尽管不是唯一的——一种自然功能（fonction naturelle）。**历史**（*l'histoire*）（它不只是一种**演化**［*évolution*］）的生成和发展的动力在于生产力的使用、创造和发展，这种生产力决定着普遍性

----

①　在马克思去世后，恩格斯肩负起追溯家庭史的任务。从结果来看，恩格斯概要地完成了这一任务。这一工作的成果就是他于 1884 年发表的《家庭、私有制和国家的起源》。同样是恩格斯促成了历史的"二元论"理论（la théorie «dualiste» de l'histoire）的创立。对此，马克思主义者们并不接受。在《家庭、私有制和国家的起源》第一版序言中，恩格斯指出："根据唯物主义观点，历史中的决定性因素，归根结底是直接生活的生产和再生产。但是，生产本身又有两种：一方面是生活资料即食物、衣服、住房以及为此所必需的工具的生产；另一方面是人自身的生产，即种的繁衍。一定历史时代和一定地区内的人们生活于其下的社会制度，受着两种生产的制约：一方面受劳动的发展阶段的制约，另一方面受家庭的发展阶段的制约。"（参见 Friedrick Engels, *L'Origine de la famille，de la propriété privée et de l'État*. Paris：Costes，Préface, p. VIII-IV. 中文版参见《马克思恩格斯文集》第 4 卷，人民出版社 2009 年版，第 15—16 页。）作为马克思的朋友、同志和传播者的恩格斯熟知巴霍芬（Bachofen）的名著《母权论》（*Das Mutterrecht*，1861），他依据摩尔根（L. H. Morgan）的两部著作《人类家庭的血亲和姻亲制度》（*Systems of Consanguinity and Affinity of the Human Family*，1871）和《古代社会，或人类从蒙昧时代经野蛮时代到文明时代的进步过程的研究》（*Ancient Society or Researches in the Lines of Human Progress from Savagery through Barbarism to Civilization*，1877）对家庭的演变做了如下概述：在杂乱的毫无限制的性关系的原始状态（恩格斯对这一现象的性质没有给出明确的阐述）之后出现的是**血缘家庭**（*la famille consanguine*），其中父母和子女之间禁止发生性关系。随后出现的是**普那路亚家庭**（*la famille punaluenne*），其中兄弟姐妹之间禁止发生性关系，然后出现的是夫妻结合而成的**对偶制家庭**（*la famille syndyasmique*），虽然这种结合仍然具有非常灵活的形式。这些就是在未开化的野蛮的史前时期家庭演变的几种主要形式，其中的例子仍然可以在当前的原始民族中看到。随着**父权制家庭**（*la famille patriarcale*）的建立——它标志着女性的巨大历史性失败，即母权的颠覆和妇女丧失了掌管家庭的角色——我们进入了（有文字记载的）历史阶段。最后，这一收缩过程的最后形式是**专偶制家庭**（*la famille monogamique*），它建立在男性的统治之上，形成了一种**个人的性爱**（*l'amour sexuel individuel*）。根据恩格斯的说法，这种关系类型如果不是开始于基督教的话，就是开始于中世纪。专偶制和个人的性爱——即使它们的起源归因于决定性的财产状况——似乎构成了最高的关系类型。因此，即使是在后资本主义的未来，它们也将会保存下来。但是，将会消失的是男性的优势和联结（lien）的永续性，即阻碍离婚的种种障碍。在资本主义被推翻之后，**两性的完全平等、个人的性爱和共享的性爱**（只要它仍存在）将会完全实现，即使没有人知道两性之间的联结（lien）将会演化为何种形式。当一切经济的压力消失之后，男女之间的相互吸引将会自行寻找促使自身实现的适当形式。

的人与人的关系(les rapports humains en général)和特殊性的两性关系的人的内容和形式(la forme et le contenu humain des rapports sexuels en particulier)。人从一开始就是历史存在物，因而不只是自然存在物。因此，两性关系和家庭关系的发展是受生产力和生产关系的发展所制约的。

正如人的生产劳动的分工将资产者和压迫者同被剥削者和被压迫者置于相互对立的位置上，人的生殖"劳动"及其所处的关系也将相互分离的主人和奴隶嵌入家庭之中。马克思甚至认为分工"起初只是性行为方面的分工"①。似乎从一开始就存在一种**两性斗争**(*lutte des sexes*)，而且这种两性斗争一直延续到我们的现时代，并同**阶级斗争**(la *lutte des classes*)相适应，由**阶级斗争**所决定。由于两种相互吸引的"对立物(contraires)"即男性和女性的相遇以及他们的极端差异的结合，于是，人类诞生了。人类是对立物的对立统一的产物。然而，人类不单是诞生于大写的自然(la Nature)，也诞生于生活在一个大写的社会(Société)中的两种人。这个社会的典型特征就是劳动分工(la division du travail)和人对人的剥削(l'exploitation de l'homme par l'homme)。"分工包含着所有这些矛盾，而且又是以家庭中自然形成的分工和以社会分裂为单个的、互相对立的家庭这一点为基础的。与这种分工同时出现的还有分配，而且是劳动及其产品的不平等的**分配**(la *répartition/ Verteilung*)(无论在数量上或质量上)，因而产生了所有制，它的萌芽和最初形式在家庭中已经出现，在那里妻子和儿女是丈夫的奴隶。家庭中这种诚然还非常原始和隐蔽的奴隶制，是最初的所有制……"②

而且，私有财产的不断发展制约着家庭生活的诸形式的发展。私

———————

① Karl Marx, Friedrick Engels, *L'Idéologie allemande*, *Œuvres philosophiques*, T. VI, p.170. 中文版参见《马克思恩格斯文集》第1卷，第534页。

② Karl Marx, Friedrick Engels, *L'Idéologie allemande*, *Œuvres philosophiques*, T. VI, p.172. 中文版参见《马克思恩格斯文集》第1卷，第535—536页。

有财产和分工使共同体中的家庭变得孤立起来,使之成为一种私人的现实而非共同体的现实。私有财产的运动直接决定了一种分离的国民经济。市民社会和国家以家庭为前提和基础。由于私有财产关系将虚假共同体及其成员同自然的对象世界联系起来,也就是说,将前者同后者在异化中联系起来,因此,**婚姻**看起来就是"**一种排他性的私有财产的形式**(*forme de la propriété privée exclusive*)"[1]。私有财产、婚姻和家庭是资产阶级的统治得以确立的实践基础。(资产阶级)家庭制度在相当大的程度上取决于经验问题,即经济问题。而家庭的真正主体(le véritable corps)是财富状况。促使人们结婚的通常是厌倦无聊和金钱利益的结合,而不是家庭的自主有效性(la validité autonome)。因此,尽管家庭的解体实际上已经发生,现实的分裂行动变得越来越普遍,但是,这一制度仍然会存续下去,因为家庭同市民社会和生产方式(le mode de production)之间的联系使它的存在成为必要的。而且,家庭的解体已经由英法社会主义者们和法国小说家们在理论上宣告了。甚至德国哲学家们也已经注意到这一点,马克思更是予以讽刺。现在,家庭的解体包括两个层面:一是实际发生的**现实的解体**(*dissolution réelle*),因为资产阶级本身就是这一解体的主角;二是**必要的解体**(*dissolution nécessaire*),也就是说,对于这一情势的有意识的认知和通过去异化的无产阶级运动对家庭及其资产阶级形式的废除。

　　家庭在理论上能够继续存在且仍然相对完整,正是因为它在实践上是资产阶级确立其统治地位的基础之一。由于资产阶级在本质上是虚伪的,因此,资产阶级并没有严格遵守这种制度,但这种制度却被普遍地保留下来。在个人层面上,婚姻和家庭无论在理论上还是在实践上都是被否定的;但在社会层面上,它们在理论和实践上都被保留下来。异化存在(l'existence aliénée)的无聊和空虚、金钱利益、对婚姻和

---

① Karl Marx, *Économie politique et philosophie*, *Œuvres philosophiques*, T. VI, p. 20. 中文版参见《马克思恩格斯文集》第 1 卷,第 183 页。

家庭的理论批判以及它们的实际分解是家庭和婚姻的不可分割的组成部分，绝不会导致——在资本主义和资产阶级的框架（les cadres capitalistes et bourgeois）中——有效的解体和超越。资产阶级存在的普遍伪善（l'hypocrisie générale）将两性关系的物化（réification）（和非人化［déshumanisation］）的肮脏存在（l'existence malpropre）提升为一个神圣的世界。这种建立在直接的经验条件之上的伪善找到了逃生路线和紧急出口，尤其是在通奸和卖淫方面。

然而，就男人把女人当作满足快感肉欲的俘虏和婢女而言，他表现出了他的无限堕落（dégradation）和异化（aliénation）。在婚外两性关系中，特别是在卖淫（la prostitution）中，这种人的真正社会本性（la vraie nature sociale）的异化以更加无耻的形式表现出来，因为卖淫建立在一种商业关系之上，而这种商业关系使卖淫者（que celui qui prostitue）比嫖娼者（que celui qui est prostitué）更加异化了的（aliéné）和异化着的（aliénant）。因此，货币——它拥有通过购买而占有任何事物的权力——也能买到"爱"。作为普遍的娼妓、人类需要的普遍中介，货币混淆、颠倒和调换了普遍的共同的人类的一切自然属性（toutes les propriétés naturelles de l'être humain générique et communautaire）。货币能"迫使仇敌互相亲吻"[①]。

相反，马克思在《1844年经济学哲学手稿》中指出："我们现在假定人就是人，而人对世界的关系是一种人的关系，那么你就只能用爱来交换爱，只能用信任来交换信任，等等。如果你想得到艺术的享受，那你就必须是一个有艺术修养的人。如果你想感化别人，那你就必须是一个实际上能鼓舞和推动别人前进的人。你对人和对自然界的一切关系，都必须是你的**现实的个人生活**（vie *individuelle réelle*）的、与你的意志的对象相符合的**特定表现**（*manifesation*［*Äusserung*］déterminée）。如果你在恋爱，但没有引起对方的爱，也就是说，如果你的爱作为爱没有

---

① 参见《马克思恩格斯文集》第1卷，第247页。

使对方产生相应的爱，如果你作为恋爱者通过你的**生命表现**（*en manifestant ta vie*）［不是以异化和外化的形式］没有使你成为**被爱的人**（*homme aimé*），那么你的爱就是无力的，就是不幸（malheur）［这种不幸内在于人类的境况（la condition humaine）中，而不再内在于社会制度（régime social）①中］。"②为了能够废除两性关系的异化，（资产阶级的）婚姻以及所有制约、从属和伴随它的东西都必须在形式和内容上加以改变。因为家庭只是一种特殊的生产方式，并受到它的一般规律的影响。因此，消灭私有制和单个分开的经济生活（*la vie économique séparée*）是和消灭家庭分不开的。③ 在马克思看来，积极有效地废除私有财产就意味着占有真正的人的生活（总体性的类生活）和彻底废除一切异化。由此，家庭成员才能复归人的存在，即不可分割的个人的和共同体的存在。这里，问题的关键在于私有财产的**废除**和消灭，而不在于私有财产的**普遍化**（*généralisation*）和扩展。因此，消灭婚姻绝不意味着规定女性的公共地位，好像她们应该成为共同财产，就像每一种"相当粗陋的毫无思想的共产主义"④所设定的目标那样。马克思批判这种共产主义只不过是资本主义的普遍化，是对人的个性的否定，并将人的个性嵌入一种同人的真正本质相对立的平均化过程之中。克服人在性爱方面的异化，将促使人向"自己的**合乎人性的**存在（existence *humaine*/ *menschliches* Dasein）即**社会的**存在（existence *sociale*/

---

① 在该书的英文版中，此处的表述是"而不再内在于社会秩序的特殊形式（the particular form of the social order）中"。参见 Kostas Axelos, *Alienation, Praxis and Technē in the Thought of Karl Marx*, p. 116. ——译者注

② Karl Marx, *Économie politique et philosophie*, *Œuvres philosophiques*, T. VI, p. 114. 中文版参见《马克思恩格斯文集》第 1 卷，第 247—248 页。（方括号内的评论为阿克塞洛斯所加。——译者注）

③ Karl Marx, Friedrick Engels, *L'Idéologie allemande*, *Œuvres philosophiques*, T. VI, p. 223. 中文版参见《马克思恩格斯文集》第 1 卷，第 569 页。与中文版译文略有差异，此处按照法文版和英文版原文译出。——译者注

④ 参见《马克思恩格斯文集》第 1 卷，第 183 页。

gesellschaftliches Dasein)"的复归①。

马克思的确说过"肉体的最高功能是**生殖活动**(*l'activité sexuelle*/
Geschlechtstätigkeit)"②,但马克思绝没有将人的生殖活动看作一种纯
粹的动物功能。真正的性爱不能被简化为精液分泌这种肉体行为。马
克思揭示了**合乎人性的**生殖活动在私有财产的令人窒息的统治下所遭
受的异化、扭曲和压抑。马克思远不想通过将私有财产普遍化而使特
殊的东西普遍化,而是想用具体的东西(le concret)来反映普遍的东西
(l'universel)。因此,他指出:"把**妇女**当作共同淫欲的虏获物和婢女来
对待,这表现了人在对待自身方面的无限的退化,因为这种关系的秘密
(马克思在这里使用了"*Geheimnis*[秘密]"一词)在**男人对妇女**的关系
(le rapport/*Verhältnis*)上,以及在对**直接的**、自然的类关系的理解方式
上,都**毫不含糊地**、确凿无疑地、**明显地**、露骨地表现出来。人对人的**直
接的**、自然的、必然的关系是**男人对妇女**的关系。在这种**自然的**类关系
(rapport générique *naturel*/*natürlichen Gattungsverhältnis*)中,人对大
写的自然(la Nature)的关系直接就是人对人的关系,正像人对人的关
系直接就是人对自然的关系,就是他自己的**自然的**规定。因此,这种关
系通过**感性的**形式,作为一种显而易见的**事实**,表现出人的本质在何种
程度上对人来说成为自然,或者自然在何种程度上成为人具有的人的
本质。因此,从这种关系就可以判断人的整个文化教养程度。从这种
关系的性质就可以看出,人在何种程度上对自己来说成为并把自身理
解为**类存在物**、人。男人对妇女的关系是人对人**最**自然的关系。因此,
这种关系表明人的**自然的**行为在何种程度上是**合乎人性的**,或者,**人的**
本质在何种程度上对人来说成为**自然的**本质,他的**人的**本性(nature

---

① Karl Marx, *Économie politique et philosophie*, *Œuvres philosophiques*, T.
VI, p. 24. S. Landshut (Hrsg.), *Karl Marx: Die Frühschriften*, p. 236. 中文版参
见《马克思恩格斯文集》第 1 卷,第 186 页。

② Karl Marx, *Critique de la philosophie de l'État de Hegel. Œuvres
philosophiques*, T. IV, p. 89. 中文版参见《马克思恩格斯全集》第 3 卷,第 53 页。

humaine/menschliche Natur）在 何 种 程 度 上 对 他 来 说 成 为 **自 然**（*nature*）。这种关系还表明，**人的**需要在何种程度上成为合乎人性的需要，就是说，**别人作为人**在何种程度上对他来说成为需要，他作为最 具 有 个 体 性 的 定 在（existence la plus individuelle/*individuellsen Dasein*）在何种程度上同时又是社会存在物（l'être de la communauté/*Gemeinwesen*）。"①

　　马克思——他曾给从青年时代就陷入热恋，后来成为他的妻子、忠实伴侣和孩子的母亲的女孩写过情书和诗歌②——从未把真正的亦即合乎人性的性欲与爱情（激情之爱）分离开来，就像他从未在更一般的层面上将自然与人、人与人类、个人与社会、主体性和客体性分离开来一样。他反对那些试图削弱爱情之情欲力量的人们，同时也批判那些批判的资产阶级唯物主义者和思辨的非人性的唯心主义者。"爱情是一种情欲，而对认识的宁静说来，再没有比情欲更危险的东西了……绝对的主观性、纯粹的活动（l'acte pur/actus purus）、'**纯**'批判怎么能不把爱情看作令人讨厌的东西（bête noire），看作撒旦（Satan）的现身呢！因为爱情第一次真正地教人相信自己身外的物质世界（实物世界）（monde matériel），它不仅把人变成对象，甚至把对象变成了人！"③

　　实际上，爱情的情欲是爱情的"内在的、隐藏在脑子里面的、而且是可以感触得到的客体"④，它的发展是无法被**先验地**建构的，因为这是一种从一开始就发生在影响着具体的个人的感性世界（le monde

---

① Karl Marx, *Économie politique et philosophie*，*Œuvres philosophiques*，T. VI, p. 21 - 22, 23. S. Landshut（Hrsg.），*Karl Marx：Die Frühschriften*，p. 234 - 235. 中文版参见《马克思恩格斯文集》第 1 卷，第 184—185 页，译文略有改动。——译者注

② 1836 年 12 月，18 岁的马克思为他"所倾慕的、永远爱恋的燕妮·冯·威斯特华伦"写了满满两大本抒情诗，并命名为《爱之书》（*Livre de l'amour/Buch der Liebe*）。

③ Karl Marx, Friedrick Engels, *La Sainte Famille. Œuvres philosophiques*，T. II, p. 32, 34. 中文版参见《马克思恩格斯全集》第 2 卷，人民出版社 1957 年版，第 23—24 页。

④ 参见《马克思恩格斯全集》第 2 卷，第 25 页。

sensible)中的现实的物质的发展。正因如此,便没有关于爱情的理论的思辨的建构。爱情-情欲(l'amour-passion)的内在发展,即它的**起源**和**目的**,似乎无法被辩证地加以研究,也不能为其制定计划。相反,问题的关键在于:任何可能妨碍爱情绽放和人的性欲获得充分而丰富的展现的东西都应该通过废除资产阶级婚姻和家庭来实现去异化,从而把"它们将来会成为什么样子"当作一个完全开放的问题。马克思暗示道,一旦资产阶级婚姻和家庭被废除,男人和女人将会自由而平等地结为夫妻。女人将不再是一种娱乐或(再)生产的工具,孩子将主要由共同体来养育。女人将不再依附于男人,夫妻将不再倚赖经济形势和国内形势,孩子将不再依赖他们的父母。但是,需要重申的是,这并不意味着女人会成为一种共有之物和普遍欲望的社会化(socialisation de l'envie générale)——这是粗陋的共产主义所希冀的而资产阶级所害怕的东西。在马克思的早期哲学著作之后,他在《共产党宣言》中对此做了更多阐释:"资产者是把自己的妻子看作单纯的生产工具的。他们听说生产工具将要公共使用,自然就不能不想到妇女也会遭到同样的命运。他们想也没有想到,问题正在于使妇女不再处于单纯生产工具的地位。其实,我们的资产者装得道貌岸然,对所谓的共产党人的正式公妻制表示惊讶,那是再可笑不过了。公妻制无须共产党人来实行,它差不多是一向就有的。我们的资产者不以他们的无产者的妻子和女儿受他们支配为满足,正式的卖淫更不必说了,他们还以互相诱奸妻子为最大的享乐。资产阶级的婚姻实际上是公妻制。人们至多只能责备共产党人,说他们想用正式的、公开的公妻制来代替伪善地掩蔽着的公妻制。其实,不言而喻,随着现在的生产关系的消灭,从这种关系中产生的公妻制,即正式的和非正式的卖淫,也就消失了。"①

　　这里,马克思对两性关系、爱情、婚姻和家庭的分析和拒斥再一次

---

　　① Karl Marx, Friedrick Engels, *Le Manifeste communiste*, p. 90 - 91. 中文版参见《马克思恩格斯文集》第 2 卷,第 49—50 页。

比对它们的肯定和治疗更加有力。它始终是从这样一个基本事实——马克思的根本思想——出发的：人们创造自己的生活，并彼此互相生产，因此，有人可能会说，人类既是生产者又是产品。在这个生产、再生产和多产的过程中，人们始终紧紧抓住一种历史性的自然（nature historique），因此，人类史恰恰也是自然的。在人类的生成过程中，人类的存在和行为（ce qu'ils sont et ce qu'ils font）都变为去自然化的（dénaturalise）、非人化的（déshumanise）、异化了的（s'aliène）和异化着的（les aliène），因而使人类发生异化、非人化和去自然化。任何事物在这个进步的普遍化的演进过程中都变得死板、僵化和物化（réife）。**劳动**和**爱情**遭受了同样的命运。重要的是，马克思将**性欲**（la *sexualité*）与**技术**（la *technique*）联系起来，甚至将（生殖的）**性行为**看作**劳动分工**的首要表现。因此，技术的发展构成了整个人的自然史（亦即反自然的历史）的秘密，同时也阐明了爱情的生成。技术在越来越远离大写的自然（la Nature）以便更好地驾驭自然的同时，也使人越来越远离人自身的本性（nature）。无疑，技术在本质上就是反自然的（anti-naturelle），但是在人类史即异化史的进程中，技术甚至丧失了同它的对立物之间的联系：它变为自主的，并使全部生命都变得空虚。

因为技术同交换和商业都建立在同一基础之上，这同在两性关系中能够看到的那种商业形式是一致的。这种关系始终是一种商业关系，但在马克思看来，这种商业化的异化特征主要是在现代资产阶级社会中才变得昭然若揭。因此，马克思也试图弄清楚爱情的本质——这种本质在历史上还从未得到实现，它只有在废除一切异化的根源即私有财产之后才能实现——，考察资产阶级时代中爱情和家庭的现实（les réalités érotiques et familiales）。尤论这种现实是异化了的，还是正在异化着的。因此，马克思一方面赞美爱情，即肉体之爱、激情之爱、精神之爱，"因而"总体之爱；另一方面，他描述了爱所具有的一切异化形式。然而，爱情从一开始就涉及分工和生产，因为性行为就依赖于一种分工形式。于是，有人就会问，爱情在废除社会分工之后将会得到充分展现到底意味着什么呢？在两性关系没有同爱情分开来的情况下，马克思真的把握到所谓爱情的意义了吗？如果他没有看到基督教对于个人的爱情（l'amour individuel）的发展所发挥的作用，那么，在一种非基督教的、绝对无神论的世界——这个世界将使个人普遍化——中，个人的爱情的自由展露对他来说意味着什么呢？继资本主义（capitalisme）之后的人类社会（la société humaine）将超越阶级斗争和性别斗争：男人和女人将变得平等。但是，这个社会也会废除私有财产以及一切与之相关的个体化形式（les formes individualisantes）。但是，我们需要追问，被普遍化了的爱情还是爱情吗？一旦人类不再是"生产者"和"劳动者"，那么，他或她在何种程度上还是再生产（生殖）者（reproducteur），甚至是爱人（amoureux）呢？他或她将会把什么东西作为"爱情"的"对象"呢？作为人类的去异化（la désaliénation）事业所必然经历的一步，在彻底废除一切分工之后，**爱情和性行为**（分工的原初形式）将会变成什么样？在一种新的技术的和经济的**生产**方式（mode de *production* technique et économique）中，我们会看到一种与之相应的新的**再生产（生殖）**方式（mode de *reproduction*）吗？

　　马克思关于性欲和爱情（尽管他没有将两者等同起来，但也没有将它们分离开来）、婚姻和家庭及其子女的全部思想都是根据"人是制造工具和自我再生产（生殖）的动物（l'homme-animal fabriquant des outils et se reproduisant）"这一观念。通过将这种全面的总体的"类的"观念作为他的思想基础，马克思探究了现实中的人所经历的各种异化，并以救赎作为目标。然而，马克思在这样做的时候仍然依赖于现代的资产阶级的资本主义的社会（la société moderne, bourgeoise et capitaliste）。这个社会既是马克思的剖析对象，也为他提供了以"超越"为目标的战斗武器。因此，他将全部批判扩展到过去两个世纪中有关爱情和家庭制度的各种社会形式中。他自己提到使家庭的基础发生动摇的十八世

纪的批判和法国大革命(la Révolution française)。[①] 马克思继续推进
了这一批判,使之激进化,将其推向最终结果,并使现代性的激进主义
普遍化:障碍必将被消除,以便人类完全实现自身,人类的自然本质和
社会本质能够完全对象化,而无须任何形而上学的超越。所以,马克思
的目标首先是废除资产阶级的家庭和婚姻,以便爱情能够在它作为爱
情的普遍性中展现自身,"把人变成对象,把对象变成人"。在这个大写
的主体(Sujet)和大写的客体(Objet)构成的世界即现代世界中,作为一
种特殊形式的资产阶级形式是否定的,但这一过程的更深层趋势仍然
是相同的:人类主体必须掌握一切事物,使其普遍化,使其自身同客体
相一致。但是,在反对粗陋的机械的共产主义——这种共产主义只是
使私有财产普遍化,而不是彻底超越它——的过程中,马克思能够真正
抛弃那种思想,提供一种能够建立一种新型联结方式的两性关系和爱
情关系的视域吗?因为即使他拒斥有关妇女共同体(la communauté
des femmes)[②]的观点,他自己关于两性关系的去异化(la désaliénation)
和去物化(la dé-réification)的"观点"仍然是以一种使现存事物普遍化
的思想为轴心的。马克思的确避免了一种虚假的共产主义,但仍然没
有成功从他所否定的对象中完全摆脱出来。结果就是,他否定了正在
瓦解的东西即婚姻和家庭,而使贯穿于异化的一个构成要素,亦即对于
客体的爱情-情欲(l'amour-passion-de-l'objet)普遍化了。马克思在他
对爱情的全部赞美上蒙了一层阴影,而这种爱情似乎无法驱散它。

---

① Karl Marx, Friedrick Engels, *L'Idéologie allemande*, *Œuvres philosophiques*, T.
VII, p. 159 - 160. 中文版参见《马克思恩格斯文集》第 1 卷,第 574 页。

② 即把妇女看作共有之物。——译者注

第七章　存在、制造和拥有

　　马克思的思想既把对象理解为异化的对象本身，又把对象理解为使人异化的对象。尽管它如此接近对象，但它仍然努力通过解放人来解放对象。如果说"**主义**"有什么意义的话，这种努力可以同时被描述为浪漫主义（romantisme）和现实主义（réalisme）。马克思既是一个空想家，又是一个实干家；既是一个预言家，又是一个技术学家（technicien）。

　　人的存在及其本质，人的真正的历史本性和社会本性是马克思的关注焦点。然而，人的本质是通过制造（le faire）①而展现出来的，这种制造又会导致一种拥有（un avoir）。在制造中，人使自身发生异化，人的真正本质只能在异化中并通过异化以否定的方式显露出来。人的真正本质仍然是无法实现的，因为迄今为止的全部历史都还是异化的发展。因此，人正是在他的社会活动中展现自身，但是人的一切活动都使他同自身、万物以及世界相疏离。因此，人的存在是某种从未完全展现它的一切可能性的东西。只有破解了这种异化的历史，人们才能把握这种类本质，而这种类本质依然是任何经验观察都无法触及的。除了阅读经验之书（le livre de l'expérience），马克思拒绝做任何其他事情，

---

　　① 法文词"faire"的含义非常广泛，它的基本含义是指一种及物的活动（doing），即"制造（making）"。它不同于法文词"agir"，后者是指一种不及物的活动，即"行动（acting）"。——译者注

但他仍然需要破解它，领悟其中的言外之意，仔细考察某种只有在畸形的意象（les images déformées）中才能看到的东西。

为了成为人，人就必须做事。而人的基本活动，同其他人共同完成的生产性劳动，使人的存在发生异化。我们已经看到整个马克思主义的劳动理论。制造（le faire）导致一种拥有（un avoir），这种拥有似乎以一种更为根本的方式使人与万物的关系相异化。劳动，分工，尤其是私有财产，使人的存在同其真正的社会的人的本性相疏远，并使他在拥有（l'avoir）和所有（la possession）中寻求其异化存在的巩固（la consolidation）。人的主体并没有在历史生成的过程中被实现出来，而只是在越来越远离其真正本质的过程中否定了自身。社会财富的生产使人们变得贫穷，外部世界对人们来说是虚假的，他们所缺乏的东西推动他们发展内部世界的丰富性。人的存在的现实需要推动他们去劳动和制造，即固着在拥有（l'avoir）中的劳动。然而，这种对所有（la possession）和财产（la propriété）的控制已经使人的本质发生异化，正如它使人的活动的对象发生异化一样。反过来，需要又会引导人们在一种与现实相隔绝的想象中寻求满足。"私有制（la propriété privée）使我们变得如此愚蠢而片面（unilatéraux/einseitig），以致一个对象（objet/Gegenstand）①，只有当它为我们所拥有的时候，就是说，当它对我们来说作为资本而存在，或者它被我们直接占有，被我们吃、喝、穿、住等等的时候，简言之，在它被我们使用的时候，才是我们的……因此，**一切**肉体的和精神的感觉都被这**一切**感觉的单纯异化即**拥有**的感觉（le sens② de l'avoir）所代替。人的本质（l'être humain）只能被归结为这种绝对的贫困，这样它才能够从自身产生出它的内存丰富性（richesse

———————

①　当我们在马克思的德文文本中看到"Gegenstand"一词时，比如这里出现的这个词，通常应按照它的原初含义来加以理解，即 Gegen-stand（**对-立**），"表示正对着和面对"，"表示构成一种辩证关系的另一极"。

②　这里的"sens（Sinn）"一词在德语和法语中既有"**感性器官**（organes de la sensibilité）"的意思，也有"**意义**（signification）"的意思。

intérieure)……对于没有音乐感的耳朵来说，最美的音乐也毫无意义，不是对象，因为我的对象只能是我的一种本质力量的确证，就是说，它只能像我的本质力量作为一种主体能力自为地存在着那样才对我而存在……忧心忡忡的、贫穷的人对最美丽的景色都没有什么感觉；经营矿物的商人只看到矿物的商业价值，而看不到矿物的美和独特性；他没有矿物学的感觉。因此，一方面为了使人的**感觉**成为**人的**，另一方面为了创造同人的本质和自然界的本质的全部丰富性相适应的**人的感觉**（le *sens humain*），无论从理论方面还是从实践方面来说，人的本质的对象化（objectivation/*Vergegenständlichung* de l'être humain）都是必要的。"①

但是，大写的人（l'Homme）是什么？这个自然的存在（être naturel）亦即人的自然本质（être naturel humain/*menschliches Naturwesen*），这个共同体存在和类存在，这个通过迄今为止的异化的制造来表现的存在是什么？把人与整个世界联系起来的感性、人的感性的意义是什么？

大写的总体的生成中的存在（l'être en devenir de la Totalité）被大写人（l'Homme）所把握——更准确地说，它被认为被大写的人所把握了。非本体论（la non-ontologie）转化为人类学（anthropologie），但这**种人类学仍然是否定性的**（*négative*）：它告诉我们人不是什么。在马克思的思想中，人是通过感觉（les *sens*）建立同大写的世界（le Monde）的关系，而感觉反过来又使作为主体的人依附于存在物，也就是依附于其他人和对象。然而，自然的人的感觉既是肉体的又是物质的，既是"形而上学的"又是"精神的"②，既是实践的又是理论的。视觉、听觉、

---

① Karl Marx, *Économie politique et philosophie*, *Œuvres philosophiques*, T. VI, p. 20, 32, 33. 中文版参见《马克思恩格斯文集》第 1 卷，第 189—192 页。

② 马克思在《1844 年经济学哲学手稿》中写道："因为，不仅五官感觉，而且连所谓精神感觉（les sens dits spirituels）、实践感觉（意志、爱等等），一句话，人的感觉、感觉的人性，都是由于它的对象的存在，由于人化的自然界，才产生出来的。"参见 Karl Marx, *Économie politique et philosophie*, *Œuvres philosophiques*, T. VI, p. 32. 中文版参见《马克思恩格斯文集》第 1 卷，第 191 页。

嗅觉、味觉、触觉、思维（penser/*Denken*）、直观（regarder/*Anschauen*）、
情感、**愿望**（*vouloir*）、**行动**（*agir*）和爱（aimer）都构成了（异化了的）人
的现实的表现和全部现实的占有方式（modes d'appropriation）的表现
（尽管这种占有在本质上是非占有［non-appropriation］）。因此，如果不
是为了异化，全部感觉及其有意义的活动，在彻底克服所有异化之后，
应该将人置入一切事物之中。所有感官，无论是肉体感官还是精神感
官，绝不能还原为感觉，因为正是客体的意义在人的主体中展示自身，
甚或隐藏自身。如果不是因为异化使感觉与意义、客体与主体、特殊与
普遍、部分与整体、制造与存在、被强化的拥有（l'avoir consolidé）与在
制造中创造自身的存在分离开来，人在本质上就能以一种普遍的方式
占有全部现存事物和人自身的普遍存在。总体的、统一的、多维度的人
的现实性允许他们以一种非所有性的方式（un mode non possessif）占
有对象和这种人的现实性本身。这里的占有（approprier）是指完全实
现一种存在着的主观的可能性和客观的可能性，以及在生成中进行制
造，不受固定的所有性的规定（fixation statique et possessive）的阻碍。

　　（人的）存在、制造、拥有、主体性、现实性和客体性构成了一种独特
的问题交汇点。人在劳动中展现自身，但这种展现是一种外在性
（extériorité）：人使自身外化，从而使人同人的本质相疏离。因为人不
再是作为人，而是作为劳动者而存在，且在一个劳动被分解的世界中，制
造便在必要的生产活动中自我异化了。人的存在同所有事物建立起联
系；然而，通过拥有来掌握它们，人并没有拥有它们，而是放弃了它们。①

---

　　①　在这里，我们应该再次记住一点，即强力（forces）、力量（puissances）和无力
（impuissantes）的全部发挥都是通过人的存在和物的存在而展现出来的。人的存在是一
种**已经表现出来的**（*se manifeste*）和**正在表现着的/外化着的**（*manifeste/äussern*）存在。
它的本质活动就是**这种表现/外化**（*manifestation/Äusserung*）。然而，这种表现构成了一
种外在性（*extériorité/Äusserlichkeit*），甚至是一种让渡（*dessaisissement/Entäusserung*），一
种异化（*aliénation/Veräusserung，Entfremdung*）。马克思在《德意志意识形态》中指
出："私有财产不仅**夺去**（*aliène*）人的个性（l'individualité），而且也夺去物的个性。"参
见 Karl Marx, Friedrick Engels, *L'Idéologie allemande*, *Œuvres philosophiques*, T.
VII, p. 243. 中文版参见《马克思恩格斯全集》第 1 版第 3 卷，第 254 页。

人既是历史生成(devenir historique)的主体，"又"从属于这一生成：作为主体的人是通过他对客体的技巧活动(activité industrieuse)而产生的。但是，主体和客体这些术语在马克思那里到底意味着什么呢？马克思赋予它们以明确的意义了吗？

人不是一个绝对的"主体"，也不是一个客体。那么，他的主体性和客体性体现在哪里呢？人的实际现实性(réalité effective)(现实的人[*der wirkliche Mensch*])是什么呢？在马克思看来，人似乎是"对象性的本质力量(forces essentielles objectives/*gegensändlicher Wesenskräfte*)的主体性(la subjectivité/*Subjektivität*)，因此这些本质力量的活动也必定是**对象性的**活动。对象性的存在物(l'être objectif/*gegensändliche Wesen*)进行对象性活动，如果它的本质规定中不包含对象性的东西，它就不进行对象性活动。它所以创造或设定对象，只是因为它是被对象设定的，因为它本来就是**自然界**(*nature*)"①。马克思的出发点是：人是一种直接的自然的存在物，主体性的-客体性的存在物，现实的行动的存在物以及从事制造的存在物。他正是由此出发来分析人所经历的异化。与其说人是一种主体或对象，不如说他是一种**感性活动**(*activité sensible*)。正是由于人的合乎人性的社会的**本性**，因此，"并不是它在设定这一对象性存在的行动中从自己的'纯粹的活动'转而**创造对象**，而是它的对象性的产物仅仅证实了它的**对象性**活动，证实了它的活动是对象性的自然存在物的活动"②。

生产性劳动，这种对对象的创造，无疑是人的本质的实体的对象性的力量的实现。然而，人的生命的表现就是人的生命的异化，人的具体化(concrétisation)就是人的抽象(abstraction)。正是人的本质上的现实性**变为**一种异己的现实性(une réalité étrangère)。正是同整个世

---

① Karl Marx, *Économie politique et philosophie*, *Œuvres philosophiques*, T. VI, p. 75 - 76. 中文版参见《马克思恩格斯文集》第 1 卷，第 209 页。

② Karl Marx, *Économie politique et philosophie*, *Œuvres philosophiques*, T. VI, p. 75 - 76. 中文版参见《马克思恩格斯文集》第 1 卷，第 209 页。

界——自然世界"和"社会世界构成了人的本质——的联系，使人外在于世界和人自身。一切事物都通过拥有(l'avoir)的形式来抛弃人。因此，同别人合作共事就变成一个占有(posséder)和被占有(être possédé)的问题。由此，人就**变为**一种单纯的**对象**(*objet*)，并把各种存在物和事物作为对象而加以评估。人的存在不再出于友谊和对现实的热爱而走向现实，而只是为了占有它们才走向现实。历史的生成既是现实化又是异化。由此，人既"实现"了其自然的共同体的本质(essence naturellement communautaire)，又违背了这一本质，陷入一种商业利己主义(égoïsme commerçant)。我们的世界已变成这样一个世界：存在的生成已经被制造(le faire)所背叛，因为制造已完全被拥有(l'avoir)所吞没。人由于创造了整个巨大的财富世界而变得更加贫困，直到成为一个拥有**宾我**(*Moi/Me*)的**主我**(*Je/I*)，正如某个人可以说：我有(j'ai)，我的(mon)，我(moi)。人"是"这样一种存在：只渴望通过劳动来创造一切自在之物和自造之物(sien tout ce qui est et se fait)。

　　然而，当人以合乎人性的方式亦即以自然的"和"社会的方式使自身对象化，并懂得如何看待人的社会及其产物的全部客观性(objectivité)，而非把自身和一切事物转化为对象的时候，人的本质就实现了唯一真正和现实的对象化(objectivation)。只有这样，人才能共同实现其个性(individualité)，而不是使其异化。对私有财产和私有财产所制约的整个世界的废除允许激活人类主体的客体力量得到全面对象化。而这一废除必须同废除使所有人成为雇佣劳动者的那种条件一起进行。"只有当对象对人来说成为**人的对象**或者说成为对象性的人的时候，人才不致在自己的对象中丧失自身。只有当对象对人来说成为**社会的**对象，人本身对自己来说成为社会的存在物，而社会在这个对象中对人来说成为本质的时候，这种情况才是可能的。因此，一方面，随着对象性的现实在社会中对人来说到处成为人的本质力量的现实，成为人的现实，因而成为人**自己的**本质力量的现实，一切对象对他来说也就成为他自身的**对象化**(objectivation/*Vergegensändlichung*)，成为确证和实现他的个性的对象,成为**他的**对象,这就是说,对象成为**他自身**。"①这一段模棱两可而意蕴复杂的文本似乎在说,通过对象性的人的本质的对象性的、感性的、物质的、现实的、实际的布展(le déploiement),也就是说通过人成为不可分割的自然和社会的、个体和共同体的人,(主体的)人的现实的丰富性和人的本质力量的实现的丰富性,将会成为一个为了人们,为了由各个人组成的社会,并使人的本质的力量得到展现和被认识(人的本质正是由此而被实现出来)的场域(champ)。人的存在从属于感性的物质的自然,而人只能物质地占有自然。在这里,占有(l'approprier)不是指对自然对象或生产对象的占有,即通过转让所有权(la propriété)而导致的异化或**剥夺**(*exproprié*)。每个人的自己的物质性(matérialité)只是作为整个人类的物质性的个体化(individualisation)而存在。因此,如果人的存在想要把其他人的存在作为对象而据为己有,那么,人的存在便否定了自身,使自身发生异化。人的内容,即**人的真正的现实性**(*sa vraie réalité/wahre Wirklichkeit*)是由人的对象性本质(essence objective)构成的,而这种本质绝不会同外在的物质性相分离。相反,正是异化使内容与形式、主观与客观、内在与外在、物质与精神分离开来。

自然的物质性构成人。在这个意义上,自然是第一对象,人的实体的和主体的力量只是在自然对象和生产对象中获得对象性的实现。马克思并没有超越笛卡尔以来的现代哲学所处的哲学阶段——**主体性哲学**(*la philosophie de la subjectivité*)。我们并不是将社会中的主体性普遍化,并使它成为客体的,就能够真正超越主体性。这种哲学的本质并没有对有关主体和客体的问题达成一个明确的认识,这个问题正是它必须加以质疑的问题,即使它仍然缺乏足够的根据。马克思是从人——对象性的主体(un sujet qui est objectif)——出发的。人的存在是现实的,人的愿景是为现实化而行动(réalisante),达到现实化

---

① Karl Marx, *Économie politique et philosophie*, *Œuvres philosophiques*, T. VI, p. 75 - 76. 中文版参见《马克思恩格斯文集》第 1 卷,第 190—191 页。

(réalisatrice)，成为现实的（réaliste）。但是，**现实**（*réalité*）在这里意味着什么呢？它是某种在感性对象性（l'objectivité sensible）之外的东西吗？事实似乎并非如此。马克思经常提到的现实的东西、**真正的现实**的东西就是以感性的方式客观存在的东西。因此，作为主体的人（l'homme-sujet）是一种对象性的现实的存在（un être objectif réel）。

马克思是借助一种非常特殊的形而上的现实性概念——这一现实性是感性客观的和经验可察的——来进行思考的。他并没有成功从这种实在论的客观主义（objectivisme réaliste）中解放出来，正如他无法从主体性哲学的理路或对象性主体的思想（la pensée des sujets objectifs）中解放出来一样。然而，他反对坏的对象性（la mauvaise objectivité），反对物化（la réification）。由于坠入物化领域，人的现实性被剥离。每个人和所有人都丧失了他们的现实性和人性，甚至所有事物都是异化的。拜物教式的事物化（la chosification fétichiste）使现实的对象性变得异化，打碎了将人与自然、人与人、人与物（chose）统一起来的关系构架（les cadres de la relation），将这些关系转化为物与物之间的关系，转化为虚假的客观的关系和颠倒的现实的关系。人与人的社会关系——由于它的共同本质——就是通过一种去异化的制造而得以实现的真正实践的基本原则。自然性（la naturalité）、社会性（la sociabilité）、人性（l'humanité）、物质性（la matérialité）、对象性（l'objectivité）和现实性（la réalité），亦即现存事物的本质，迄今为止已经分别被异化为一种非自然化（dénaturalisant）、非社会化（désocialisant）、非人化（déshumanisant）、非物质化（dématérialisant）、事物化（chosifiant），把每一事物都转化为客体的非客观化（désobjectivant）和非现实化（déréalisant）的形式。然而，超越物化就能够使人的本质得以实现，使人本身在一种不再导致拥有（l'avoir）的制造中得到全面展开。但是，马克思没有看到，也无法看到的是**物本主义**（le *chosisme*）、**物化**、（"坏的"）**客观主义**（l'*objectivisme* [le «mauvais»]）和（肮脏的）**现实主义**（le *réalisme* [sordide]）是他的思想所依附的整个运动的必然的不可避免的结果：在整个运动中，尽管**客观**

性、**现实性**和**感性经验**是同没有基础的剩余部分和残余部分相分离的权力，但它们仍占据着特权地位。马克思没有，也无法提出这个决定性的问题：怎样才能积极超越一个结果和一系列结果而无须考虑它们的后果？

马克思认为，彻底超越异化就能允许人在普遍的人类历史上第一次实现人的需求，全面实现人的一切需求，而无须沉沦为物化（la réification），无须被剥夺（la dépossession）和侵占（la frustration）的否定性力量所支配。人的存在的需要是极其丰富的，人自身的内在需要不断驱使他进行外在的现实化（la réalisation extérieure）。人有着丰富的需要。贫困（la pauvreté）——这不是财富在所有者手中积累所造成的人为的贫困，而是人的贫困——能够获得一种人的和社会的意义，因为正是这些需求中的一部分引导人趋向各种存在物和事物。在一个消除了异化的社会中能够且必须建立将人的存在与最高的丰富性（la suprême richesse）——亦即其他人的存在——统一起来的积极联系（la lien positif）。由此，贫困便可以通过人对人的合乎人性的需要而获得意义。

人的需要和人的能动激情将人推向物质世界的对象。但是，人的活动的"对象"——他的目标和目的——已经发生异化，并沉沦在事物化（la chosification）、物化（la réification）和拜物教（la fétichisme）之中。真正的对象化（la réelle objectivation）没有发生过，也从未发生过。人，通过对象性（l'objectivité）而建构的主体，在把自身变为一种简单的（物化的）对象并希望支配对象的过程中，变得同自身和这个世界相异化。根本性的异化将主体和对象分离开来，并成为这种二元论的异化的源泉。支配一切特殊异化的彻底的总体的异化在一切特殊的现实即不同的活动领域——亦即人的异化领域——中被揭示出来。人的存在的实体性力量变成物化的，人生活在一个由各种对象（异在的对象）所构成的世界中。但是，人所产生的这种"对象性的"和拥有性的占有（l'appropriation）是虚假的和抽象的，即它是从对象性的非物化的真正现实中**抽象**出来的。**我所拥有的东西和我想要拥有的东西、别人所拥有的东西和我也想要拥有的东西**：这种（主体性的）欲望和（虚假的对象性的)所有物之间的总体辩证法,这种由存在(l'être)、制造(le faire)和拥有(l'avoir)所构成的整个循环,简直就是可怕的、反自然的(antinaturel)、非人的和反社会的(antisocial)。"异化既表现为**我的**生活资料属于**别人,我**所希望的东西是我不能得到的、**别人的**占有物;也表现为每个事物本身都是不同于它本身的**另一个东西**,我的活动是**另一个东西**,而最后……则表现为一种**非人的**力量统治一切。"①但是,这种导致**拥有**(尽管是一种非拥有[non-avoir])的**制造**(*faire*),这种反自然的、反社会的、**非人性的**力量的统治的扩展,以及所有这些"异化"对人类历史来说难道不是比马克思所想的还要更加重要吗? 历史难道不是通过反自然的制造而建立起来的吗? 马克思认为,在克服异化之后,制造将使存在获得实现。拥有将被废除,一切事物将会重新**出现**(*sera*),并被大量**制造**出来。从现实中抽象出来的东西将被总体中的具体和总体本身所代替。但是,每一事物不是已经发生并将继续保持"异化(aliénant)",特别是当它采用巨大的现代的技术机器(machinerie technique)的形式的时候吗? 这种存在于人的需要、现存事物和被生产的产品之间的中介力量,这种作为生存手段的中介(dispensatrice),这种绝妙的机器(μηχανή),能够摆脱自身的他者性(l'altérité)和"非人性"(l'«inhumanité»)吗? 再重申一次,马克思没有关注这一问题,因为他的关注点指向了别处。他完全被他想要终结的东西所吸引,即作为劳动的劳动和作为所有-剥夺(possession-dépossession)的私有财产的暴政(la tyrannie)。

　　拥有(l'avoir)战胜制造(le faire)和存在(l'être)在**节约**(l'*épargne*)中以一种最明显的方式表现出来。节约是(物化了的)对象支配人的存在的完满方式,它是一种以私有财产的名义剥夺了人的一切东西的权力,也是一种阻止人进行消费(dépenser)和消费自身(se dépenser)的力量。因为"国民经济学这门关于**财富**(*la richesse*)的科学,同时又是关

---

　　① Karl Marx, *Économie politique et philosophie*, *Œuvres philosophiques*, T. VI, p. 66. 中文版参见《马克思恩格斯文集》第 1 卷,第 233 页。

于克制、穷困和**节约**(l'*épargne*)的科学……这门关于惊人的勤劳的科学(而且，人们必须在这里读出，最重要的是，建立在它之上的现实的经济运动)，同时也是关于禁欲(l'*ascèse*)的科学，而它的真正理想是**禁欲的却又进行重利盘剥**的吝啬鬼和**禁欲的却又进行生产的**奴隶。它的道德理想就是把自己的一部分工资存入储蓄所的**工人**(l'*ouvrier*)"①。在人的深层存在中有一种创造财富的运动，因为人本身就是由他丰富的需要所驱动的。但是，在成为**工人**或者**资本家**的过程中，人与人的活动及其产品的关系都是异化的。但是，人有一种欲望，那就是去拥有，即使是将其放置一边，以便将来能够拥有。于是，人同时放弃了他自身的存在和他的制造的对象化(objectivations)。他甚至放弃了直接的所有物，而一味追求节约，也就是说，他在变得富裕的同时又使自己变得更加贫穷。这种对人的生活的限制似乎在工人、无产阶级身上表现得最为明显，尽管异化已经使所有人都变为纯粹的工人或"雇佣劳动者"。工人必须有足够的金钱来维持生计，以便能够从事生产和再生产。同时，工人必须有仅仅为了拥有(avoir)而活下去的愿望。在自己的劳动产品的包围下，人在本质上以一种非拥有的方式被剥夺了原本属于他的东西。虽然没有人能够避免任何麻烦，但当他富有的时候，他必须积累或储存资本，当他贫穷的时候，他必须"节约"。在政治经济学中，经济节约理论(la théorie économique de l'épargne)只是对作为一种生产和剥夺过程的经济运动中的节约的现实让渡功能(la réelle fonction aliénante)的异化表达。节约不仅影响着人的经济生活，而且人的全部存在都变得愈加贫穷和狭隘。"你越是少吃，少喝，少买书，少去剧院，少赴舞会，少上餐馆，少思考，少爱，少谈理论，少唱，少画，少击剑，等等，你积攒的就越多，你的那些既不会被虫蛀也不会被贼偷的财宝，即你的**资本**，也就会越多。你的存在越微不足道，你表现自己的生命越少，你拥有

---

① Karl Marx, *Économie politique et philosophie*, *Œuvres philosophiques*, T. VI, p. 53 - 54. 中文版参见《马克思恩格斯文集》第 1 卷，第 226 页。

的就越多,你的**外化的**生命(vie *aliénée*/*entäussertes Leben*)就越大,你的异化本质(être *aliéné*/*entfremdeten Wesen*)也积累得越多。"①

　　制造和生产、人的活动和技术已经将人带入最先进的异化形式的中心,而这种现代世界的异化如此奇异地钳制着人的存在,迫使它不断缩小退化。节约/储蓄(faire économique)的全部涌现导致这样一种统治,即为了存在,必须"节约/储蓄(faire des économies)",也就是说,为了非存在,必须节约/储蓄一切使人成为人和使人同完满的世界(monde de la plénitude)联系起来的东西。② 我们必须明确理解马克思对节约(l'épargne)的猛烈批判。马克思的批判超出了任何特殊的节约形式,而直指事物本身。它力图否定充斥整个现代世界的奢侈(luxe)、挥霍(la prodigalité)和财富。它旨在指认使人变得虚弱的那些力量的人的方面(实际上就是非人性的方面)的基础。"……挥霍和节约,奢侈和困苦,富有和贫穷是画等号的。而且,如果你愿意节俭行事,并且不愿意毁于幻想,那么你不仅应当在你的直接感觉,如吃等等方面节约,而且也应当在普遍利益、同情、信任等等这一切方面节约。你必须把你的一切变成可以**出卖的**(*vénal*),就是说,变成有用的。"③

　　若想把握马克思对人的异化的分析,难点就在于把握自我异化了的人的本性(la nature)。要有异化,就必须使人或物发生异化。有人会问,既然迄今为止还没有人是非异化的,那么,异化了的人的本质(l'essence)是什么呢? 马克思非常概括地定义了人的**本性**(la *nature*/*Natur*)、人的**存在**(l'être/*Sein*)和人的本质(essence/*Wesen*)。他的愿望是人能够作为人,作为一种自然的和社会的存在而被承认和实现。他希望人们能够通过社会共同体和历史过程来满足他们的一切需要,

---

① Karl Marx, *Économie politique et philosophie*, *Œuvres philosophiques*, T. VI, p. 54. 中文版参见《马克思恩格斯文集》第 1 卷,第 226—227 页。

② 请注意,在该书的英译版中,英译者遗漏了这句话。参见 Kostas Axelos, *Alienation, Praxis and Technē in the Thought of Karl Marx*, p. 131. ——译者注

③ Karl Marx, *Économie politique et philosophie*, *Œuvres philosophiques*, T. VI, p. 56. 中文版参见《马克思恩格斯文集》第 1 卷,第 228 页。

无论是**自然**需要（吃、喝、穿、住、繁殖等），还是**精神**需要。因此，马克思的出发点是一种关于人的形而上学的观念，一种他只是否定地阐明的观念，并要求在真正的现实中将其实现出来。在克服异化之后，合乎人性的类人，必须在借助大写的技术（la Technique）同大写的自然（la Nature）作斗争的同时，在大写的社会（la Société）中实现人的自然本性（nature naturelle），因为人在本质上是自然的-人的-社会的。然而，在整个普遍历史上，人只是使自身变得越来越异化。人在自我展现中使自身外化（s'extériorise），也在劳动中使自身异化（s'aliène）。由于私有财产的总体统治，"以前是**自身之外的存在**（*extériorisation de soi/Sich-Äusserlichsein*）——人 的 真 正 外 化 （réelle extériorisation/*reale Entäusserung*）——的东西，现在仅仅变成了外化的行为（l'acte de l'extériorisation/*Tat der Entäusserung*），变成了外在化（l'aliénation/*Veräusserung*）"①。因此，一切都是这样发生的：人的某种**内在性**（*intériorité*）似乎是在自我外化（s'extériorisant）中发生自我异化的，外化（l'extériorisation）本身就是异化（aliénation）。然而，马克思很少谈论在外化中丧失的东西。马克思忠实于整个主体性形而上学的精神（l'esprit de toute la métaphysique de la subjectivité）。因为尽管形而上学和主体性可能有着不同的形式，但是它们都是从同一个并不容易克服的基础出发的。因此，马克思关注的是在客观需要的驱使下在生产中展现自身以满足自己的自然需要和精神需要的人，而在这一过程中，人就在由此产生的现实中异化了。因为现实**剥夺**了人的**存在**和事物的**存在**，一切都变成外在的、异己的和敌对的。因此，对人来说，"他的生命表现（la manifestation de sa vie/*Lebensäusserung*）就是他的生命的外化（l'extériorisation de sa vie/*Lebensentäusserung*），他的现实化（réalisation/*Verwirklichung*）就 是 他 的 非 现 实 化（déréalisation/

① Karl Marx, *Économie politique et philosophie*, *Œuvres philosophiques*, T. VI, p. 13. 中文版参见《马克思恩格斯文集》第 1 卷，第 179 页。

Entwirklichung），就是**异己的现实**（réalité *étrangère*）"①。

所有不同维度的异化（具有根本决定性的**经济异化**，国家和官僚制度的**政治异化**，宗教、艺术和哲学的**意识形态异化**）的核心是**人的异化**（l'*aliénation humaine*），准确地说是人的存在的异化（l'aliénation de l'être humain），因此，对人而言，整个存在和人自身的存在都变为异己的和有害的。因此，马克思的人道主义（l'humanisme）就是要消除人的异化，消除一切阻碍人（社会的和理性的动物）满足其必要需要、社会需要和精神需要——简言之，**人的需要**——的东西。因为人这种社会动物被赋予了生命力，并在他的需要的刺激下变得活跃起来。**人的主体性行为**（l'action de *la subjectivité humaine*）作用于感性的现实的**对象**，而这种主体性本身就是现实的和感性的。这些**欲望**（les *pulsions*）构成了推动生产力发展和新事物产生的自然驱动力（la force motrice naturelle）。"他的欲望②的**对象**（les *objets* de ses pulsions）是作为**不依**

————

①　Karl Marx, *Économie politique et philosophie*, *Œuvres philosophiques*, T. VI, p. 29. 中文版参见《马克思恩格斯文集》第 1 卷，第 189 页。

②　马克思把激发自然的人的需要（les besoins humains naturels）的**欲望**（les *pulsions*）称为"**本能**（*Triebe*）"，这与弗洛伊德用来定义我们通常译为"*instincts*（**本能**）"的东西是同一个词。在他们看来，人首先应当被定义为一种动物的、自然的和合乎人性的存在物，并在欲望的驱使下对象性地、感性地（不只是物质地）满足自身的需要，而这种运动都是在人的社会中完成的。然而，在新的秩序出现之前，各种需要和欲望仍然是得不到满足和遭受挫败的。需要本身无处不在，而且无限扩大。马克思和弗洛伊德都要求充分承认和满足各种本能（欲望），却没有追问由此产生的这种辩证法是否蕴含着一种限制。对马克思和弗洛伊德、马克思主义和精神分析的研究仍然需要继续推进。在青年马克思和老年弗洛伊德之间有一种特殊的耦合，譬如弗洛伊德的《一个幻觉的未来》（L'*Avenir d'une illusion*）和《文明中的不满》（*Malaise dans la civilisation*，又译作《文明及其缺憾》或《文明与缺憾》）。（参见 Kostas Axelos, *Le «mythe médical» au XXᵉ siècle*, et *Freud analyste de l'homme*, dans *Vers la pensée planétaire*, Éditions de Minuit, 1964, p. 226 - 242, 243 - 272.）但是，无论马克思还是弗洛伊德都没有说过或怀疑过别人能够洞察并将其定义为**权力意志**（*volonté de puissance*）和无限意志的意志（volonté de la volonté infinie）的东西。因为在上帝死后，正是权力意志统治着人们，驱使着人类主体——不是主体性的主体（le sujet subjectif），而是对象性的人-主体（l'homme-sujet objectif）——对全部"对象"施以永不满足的、不断加剧的统治，在一个虚无主义世界中，大写的存在（l'Être）被沉沦和消解为一种漫无目的的永无止境的生成。当然，我们谈论的正是尼采。

赖于他的**对象**而存在于他之外的；但是，这些对象是他的**需要**的**对象**；
是表现和确证他的本质力量所不可缺少的、重要的**对象**。说人是肉体
的、有自然力的、有生命的、现实的、感性的、对象性的存在物，这就等于
说，人有**现实的**、感性的**对象**作为自己本质的即自己生命表现的对象；
或者说，人只有凭借现实的、感性的对象才能**表现**自己的生命。说一个
东西是对象性的、自然的、感性的，又说，在这个东西自身之外有对象、
自然界、感觉，或者说，它自身对于第三者来说是对象、自然界、感觉，这
都是同一个意思。"①

　　在马克思看来，人只能在感性的现实的物质的"外在的"对象中展
现自己的生命。然而，正是在展现自己的生命的过程中，人不仅同对象
相异化，而且同自身相异化。毫无疑问，作为一个相信在自然主义-社
会主义中实现人道主义的预言家，马克思认为，由于根本性的经济异
化，人是在异化中展现自己的生命的。马克思没有质疑整个形而上学
的"主体性"观念和"对象性"观念，这种观念超越了社会历史的特定阶
段。马克思的确希望超越主客体相互对立的问题式，但是他并没有完
全成功地做到这一点，因为他仍然要把人所遭遇的东西改造为感性的
物质的对象。

　　驱使人和激发人积极追求其目标的行动的东西，总是一种客观的
力量，即使这种能动的力量采取受动（la souffrance）和激情（la passion）
的形式。正是人的激情促发了他的行动。"说一个东西是**感性的**即现
实的，是说它是感觉的对象，是**感性的**对象，也就是说在自身之外有感
性的对象，有自己的感性的对象。说一个东西是感性的，是说它是受动
的。因此，人作为对象性的、感性的存在物，是一个**受动的存在物**（*être
souffrant*）；因为它感到自己是**受动的**，所以是一个**有激情的存在物**
（*être passionné*）。激情、热情（la passion/ *die Leidenschaft，die*

----

　　① Karl Marx, *Économie politique et philosophie*, *Œuvres philosophiques*, T.
VI, p. 76 - 77. 中文版参见《马克思恩格斯文集》第 1 卷，第 209—210 页。

Passion）是人强烈追求自己的对象的本质力量。"①人的天生的受动性，人的体验激情的本性以及激情本身滋养着人的行动。然而，人并不是先有激情，然后才有行动。作为感性活动，人从一开始就拥有一种能动的激情。需要和受动促使人行动起来寻求克服需要和受动。人的行动本身也是充满激情的。"la passion"一词的双重内涵似乎恰好描绘了人本身的特性。在这个异化的时代，激情的行动方面仍然是正在异化的和异化了的。但是，在克服异化之后，人们的激情-行动将会展现它的真正力量。这里，人们一定不能把人的真正的**激情**（la vraie *passion*）同萦绕他的**不安**（l'*inquiétude*）混淆起来，后者作为一种**焦虑**（l'*angoisse*）——心理上的焦虑和道德上的焦虑——是人的存在异化的一种标志。因为一方面，掌控着资产阶级个人并使其容易受到各种唯心主义和唯灵主义——非对象性的、非现实的——神秘和神秘化的攻击的令人不安的焦虑与其说是人的历史本性的一种本质特征，不如说是伴随资产阶级的资本主义的统治（régime capitaliste et bourgeois）——这种统治将人置于一种卑贱状态并使其退回自身的"内在性（intériorité）"中——而产生的劳动和烦恼（l'ennui）、空虚（vide）和异化的必然附属物。另一方面，无产阶级的"不安"是一种急剧而强烈的痛苦。这促使无产阶级成为革命者，鼓舞无产阶级战斗到死，激发他们行动起来去真正占有外部世界：这种不安是一种征服的激情（passion conquérante）。

马克思并非想要彻底消灭人类所遭受的一切痛苦、不幸和"贫穷"，而是认为这些现实在异化中无法呈现它们的真正的人的意义。马克思誓死反抗的经济制度和社会制度同样使受动、不幸、激情、"贫穷"和人的需要变得异化，将它们同其本质和对象分离开来。然而，富有意义的受动、人的存在所固有的不幸以及能动的激情都值得消除其异化，因为它们蕴含着丰富的人的内容，它们构成了行动的源泉。但是，行动一定

---

① Karl Marx, *Économie politique et philosophie*, *Œuvres philosophiques*, T. VI, p. 78. 中文版参见《马克思恩格斯文集》第 1 卷，第 211 页。

不能像现在这样遮蔽事物。因为政治经济学和资产阶级心理学既不能公正地对待真正的生活需要，也不能公正地对待真正的休息需要（besoins de repos）；既不能公正地对待行动，也不能公正地对待激情。人对休息的需要也成为异化的，因为对财产的疯狂争夺阻止了这种需要成为一种使人富足的需要。

因此，人的本质的所有表现及其蕴含的一切否定性都是异化的。在马克思看来，人们就是如此这般**表现**自身的，但是人的表现是异化。那么，人们的本质应该何以安置呢？人是一种感性的、现实的、物质的**和对象性的主体性**（*subjectivité objective*，matérielle，réelle，sensible）——但是，**对象使人物化**，现实使人变得非现实，感性世界变得毫无意义。那么，真正的对象性和现实性是什么？感性的意义是什么？人被定义为**一种感性活动**（*activité sensible*），一种从事生产和被生产的存在物。但是，劳动是**自我外化**（*extériorisation de soi*），而生产则是剥夺（dépossession）。那么，能够塑造存在的制造（le faire）究竟是什么呢？

我们并不期望能够找到这些问题的答案。马克思运用各种思想来工作，而没有停下来阐明他自己的运思概念。他通过批判和分析、论战和否定来发起攻击。他只提供了一种关于人的简单定义。马克思肯定了人的存在，设定了人的本质，并进一步详细论述了人的异化、人的存在的破坏性表现以及对人的本质的背叛。作为信奉人的经验客观观察的人，马克思摆脱了每一种形而上学的或哲学的预设，按照他所看到的人的样子来描述人。但是，他似乎并不承认存在着非异化的人。马克思用以作为异化的尺度（la mesure des aliénations）的那种**真正现实的类的人**（*vrai homme réel et générique*）的思想是一种高度形而上学的思想：它优先和超越了一切感性的、客观的、现实的、实证的、自然的、社会的经验，等等。马克思正是利用这种（人类学-历史学的）形而上学思想（pensée métaphysique［anthropologico-historique］）来攻击其他关于人的形而上学观念，甚至是攻击任何关于人的（形而上学的）观念，特别是黑格尔的关于人的形而上学观念。简单来说，这种关于人的观念就是一种异化的形式，在某种程度上，人在被解读的过程中就被进一步异化了。在他看来，这种反对一种哲学的人类学后果（les conséquences anthropologiques d'une philosophie）的斗争似乎是绝对必要的。

在这个意义上，马克思站起来反对他的天才的"前辈"，特别是《精神现象学》中的黑格尔（《精神现象学》是"黑格尔哲学的真正诞生地和秘密"[1]）。马克思认为，黑格尔作为最后的哲学家保留了人的异化，并通过他的思想，通过他的道德理论的伪善和他的哲学的谎言论证了人的异化的合理性。马克思指出，对黑格尔来说，人的存在就是人的自我意识（conscience de soi），人的自我（son moi），人自身（son soi）和人的意识（sa conscience）。因此，"人的本质的全部异化不过是**自我意识的异化**。自我意识的异化没有被看作人的本质的现实异化的**表现**（*expression/Ausdruck*），即在知识和思维中反映出来的这种异化的表现。相反，**现实的**即真实地出现的异化，就其潜藏在内部最深处的——并且只有哲学才能揭示出来的——本质来说，不过是现实的人的本质即**自我意识**的异化现象（le phénomène/*Erscheinung*）。因此，掌握了这一点的科学就叫作**现象学**"[2]。黑格尔被谴责一方面将人看作自私自利的主体性（subjectivité égoïste），另一方面将人看作一种精神性的存在（être spirituel）。因此，黑格尔忽视了人的社会本性（la nature sociale）或人的感性现实（réalité sensible），他将现实的异化解读为自我意识的异化。在他看来，具体的总体的人并不存在，因为他只看到作为一种精神总体的构成部分的抽象的人。马克思是以自己的方式来理解黑格尔的；他非常粗暴地对待黑格尔，他的阐释构成一种反阐释（contre-interprétation）。然而在这一过程中，马克思仍然依附于黑格尔，并朝着黑格尔的形而上学方向产生出一系列后果。马克思**想要消**

① 参见《马克思恩格斯文集》第1卷，第201页。
② Karl Marx, *Économie politique et philosophie*, *Œuvres philosophiques*, T. VI, p. 72 - 73. 中文版参见《马克思恩格斯文集》第1卷，第207页。

除迄今为止只是以异化的方式表现出来的人的异化。

马克思所说的人是自然的人"和"社会的人，个体的人"和"共同的人，人在社会实践的感性活动中并通过这一感性活动以一种异化的方式**呈现**自身。马克思不用担心自己的形而上学假设，因为还没有人见过这种合乎人性的、其本质正在发生异化的个人。于是，他写道："个体**是社会存在物**(*l'être social*)。因此，他的生命表现，即使不采取**共同的**、同他人一起完成的生命表现这种直接形式，也是**社会生活**(la *vie sociale*)的表现和确证。人的个体生活和类生活不是**各不相同的……**"①构成人的个体生活"和"类生活的东西——人的现实的有效的本性(nature réelle, agissante[*wirklich et wirkend*])，人的实际的有效的本质，人的对象性(objectivité)——恰恰就是感性活动(l'activité sensible)。当马克思讨论现实性(la réalité)、对象性、感性(la sensibilité)和物质性(la matérialité)的时候，他在头脑中想到的总是现实的、对象性的、感性的、物质的**活动**，生产性的制造(le faire producteur)，**实践**(la *praxis*)。对于黑格尔，他在根本上批判的是黑格尔的"**僵化的**(*inactive*)"和思辨的形而上学。对于反对黑格尔的黑格尔左派，马克思给予谴责的是一种同样"**僵化的**"唯物主义的形而上学(métaphysique matérialiste)。马克思自己所提倡的是一种通过在(物质)活动中实现自身而最终扬弃自身的"形而上学"。唯心主义所知道和认识的活动并不是一种活动，因为它是机械的和非人性的。《关于费尔巴哈的提纲》第一条就是将黑格尔的唯心论的唯灵主义(le spiritualisme idéaliste)和黑格尔左派的唯实论的唯物主义(le matérialisme réaliste)对立起来："从前的一切唯物主义(包括费尔巴哈的唯物主义)的主要缺点是：对对象、现实、感性，只是从**客体**(*l'objet*)的或者**直观**(*l'intuition*)的形式去理解，而不是把它们当作**感性的人的**

---

① Karl Marx, *Économie politique et philosophie*, *Œuvres philosophiques*, T. VI, p. 27. 中文版参见《马克思恩格斯文集》第1卷，第188页。

活动(*activité sensible-humaine*)，当作**实践**(*praxis*)去理解，不是从主体方面去理解。因此，和唯物主义相反，唯心主义却把**能动**的方面抽象地发展了，当然，唯心主义是不知道现实的、感性的活动本身的。"[1]

马克思希望改造性的和生产性的实践劳动(le travail pratique)、总体的社会实践(la praxis sociale)能够满足全部自然需要，并能够承认它的现实性、物质性和异化。这种劳动在本质上是实践的和客观的，因为理论性的劳动来源于它，最多只能够理解它。然而，**实践**(la pratique)和**现实**(la *réalité*)并非**真理**本身。它们是真理的源泉，但是在异化中它们已经变为已经异化了的和正在异化着的，削弱了真正的活动的能量。并不是所有的现实和实践都是真正现实的。真正的现实的**实践**(*praxis*)不包括狭隘的、有限的、自私自利的、市侩的、拜物教的和物化的活动，即马克思所说的以"卑污的犹太人的表现形式"所展现的实践。相反，它蕴含着这样一种实践：它将彻底超越异化，掀起一场总体的开放的共同的持久的革命行动，从而使人类和万物同时获得解放，以非占有的方式占用整个世界，即人(l'Homme)的世界与大写的自然(la Nature)的世界。只有这种实践才是真正具有启示性的实践，只有与之相对应的现实才是实际真实的现实。事实上，人的每一种外化仍然是一种异化的实践。马克思在《关于费尔巴哈的提纲》的第一条中继续写道："费尔巴哈想要研究跟思想客体确实不同的感性客体，但是他没有把人的活动本身理解为**对象性的**活动(activité *objective* / *gegensändliche Tatigkeit*)。因此，他在《基督教的本质》中仅仅把理论的活动看作是真正人的活动，而对于实践则只是从它的卑污的犹太人的表现形式去理解和确定。因此，他不了解'革命的(révolutionnaire)''实践批判的(critico-pratique)'活动的意义。"[2]

马克思正是基于这种革命的、批判的、实践的、反思辨的活动来反

---

① 参见《马克思恩格斯文集》第 1 卷，第 499 页。
② 参见《马克思恩格斯文集》第 1 卷，第 499 页。

对黑格尔和费尔巴哈。马克思的任务就是要在现实中通过去异化的实践（la praxis désaliénée）来实际地消除人的异化。他抛弃思维存在（l'être pensé）、自我意识、绝对知识和思维本质的辩证法（la dialectique des essences pensées），着眼于所有其他事物的载体，即现实的异化的人。马克思认为，黑格尔不是将人"设定"为一个从事一种实在的现实化的活动（activité réelle et réalisatrice）的具体存在物，而是将人设定为一种自我意识；黑格尔甚至用自我意识来设定物性一般（la choséité [Dingheit] en général）。这样一来，人就不是一种自然存在物，人没有被赋予感性的客观的实体力量（forces substantielles objectives et sensibles），没有现实的感性的对象作为其需要的对象和行动的目的。人只是一个精神主体，只是绝对观念的一部分，只是一种自我意识。这种自我意识在它的表现形式中没有遭遇事物的现实性，而是遭遇由自我意识本身所设定的物性（la choséité/Dingheit）。在这一视域下，人的活动的产物就表现为绝对精神的产物，表现为精神要素、理念的存在物（êtres idéaux）和理念总体的环节（moments de la totalité idéelle）。因此，黑格尔被指责忽视了地上演出的悲剧，唯一的悲剧，而只看到天上的观念所演绎的副本。马克思认识到黑格尔的"苦恼意识"（la «conscience malheureuse»）包含着戏剧性的批判性的因素，但它却以异化的形式发挥作用。因为历史性生成的主体和客体仍然是自我意识和由精神所设定的客体。人的现实异化始终表现为一种自我意识的异化，客体性（l'objectivité）消融于精神性（la spiritualité）之中。如此一来，黑格尔只是超越了作为意识之对象的客体，却保留了现实的人的存在的异化（l'aliénation de l'être humain réel）和现实的事物的异化（l'aliénation des choses réelles）。而且，黑格尔是在思想中完成这一切的，因为他还没有看到人是一种自然的感性的存在物，人拥有自身之外的本性，人参与了大写的自然（la Nature）的运动，并构成了客观力量的主体场域（le lieu subjectif des forces objectives），人是一种只是通过自己的制造活动而使自身发生异化的存在物，一种被剥夺了自己的产品的存在物。

　　就像任何创造性的解读一样,马克思对黑格尔的解读是一种扭曲的解读(interprétation déformante)。在黑格尔那里,西方形而上学达到它的顶峰。这种哲学通过将绝对(l'absolu)把握为大写的主体(Sujet),通过大写的历史主体(le Sujet historique)而达到绝对精神-绝对知识(l'esprit absolu-savoir absolu)。马克思抓住了这一思想的另一方面,并加以继续发展,即把人的主体(le sujet humain)设定为在行动(l'action)中表现出来的人的本质力量和物质力量的对象性(objectivité des forces essentielles et matérielles de l'homme)。迄今为止的一切行动都已经发生异化,只有实践(la pratique)能够消除人的存在的异化,并在客观上满足人的需要(besoins)。马克思谴责黑格尔把人的自我意识(la conscience de soi)(精神存在[être spirituel])和人的异化的生命的物质现实(la réalité matérielle de sa vie aliénée)混淆起来。黑格尔没有把握现实的异化(l'aliénation réelle),而是以一种异化的方式,亦即抽象的思辨的方式把握了自我意识的异化。因此,人的生命(la vie humaine)就变成一种哲学的生命(vie philosophique),实际的存在(l'existence effective)就变成一种思维的存在(existence pensée)。因此,思维和哲学维持了人的异化、悲剧性的物质的异化(l'aliénation humaine, tragiquement matérielle),论证了现存事物状态的合理性,因而仅在某种形而上学的意义上超越了它。从这种观念中产生的道德教化是墨守成规的(conformiste)和伪善的(hypocrite),它迫使人接受现存事物,接受他的异化存在,接受他的异化制造(faire aliénateur)①。道德意识(la conscience morale)在思维中"克服了"外化(l'extériorisation),以便更好地在现实中维持它:"……外化(异化)(l'extériorisation [aliénation])的扬弃(le dépassement/Aufhebung)成为外化的确证,或

────────

　　①　在该书的英文版中,此处被译作"作为异化行动的制造行动(making action as alienating action)"。参见 Kostas Axelos, *Alienation, Praxis and Technē in the Thought of Karl Marx*, p. 138. ——译者注

者说，在黑格尔看来，**自我产生**（*se produire soi-même*）、**自我对象化**（*s'objectiver soi-même*）的运动，作为**自我外化**（*extériorisation de soi-même*）和**自我异化**（*aliénation de soi-même*）的运动，是绝对的因而也是最后的、以自身为目的、安于自身的、达到自己本质的人的**生命表现**（la *manifesation vitale*）"①。

在抨击关于人的活动的虚假解释和自我意识的幻象时，马克思特别关注它们的实践假设和"伦理"后果。在马克思看来，一切异化的基础现在和将来始终都是私有财产（propriété privée）统治下的劳动（le travail）。正是现实的物质的经济运动（le mouvement économique réel et matériel）制约着意识形态异化和伦理异化的运动。**道德**，作为一个使人在其中追逐异化的生命的自治领域，不是一个自治的法庭（instance autonome）：它受到生产过程（les processus de la production）的制约，它掩盖了生产过程的意义，也就是掩盖了它们的无意义。道德受到财产的权力（les puissances de l'avoir）的统治，并以一种伪装的方式表达了政治经济学的戒律。道德意识远没有表现和引导人的存在——正如人的存在在制造中展现的那样，而是一种异化的形式和异化的力量。道德意识根植于现实的异化，它服务于为压抑自然的、社会的、客观的和物质的需要提供理由。道德是维持人的异化（l'aliénation humaine）及其现实结构（structures réelles）的（上层）建筑的一个重要组成部分。它既没有独立性，也没有自己的生成，而是扭曲地表达了人的活动的重要物质过程及其意义。道德没有自己的历史，而是从属于物质生产的发展史，即人的异化-外化的历史。当某种道德同现存的社会条件发生矛盾时，这不是道德原因造成的结果，而是由于现存的社会条件已经同现存的生产力（les forces productives）发生矛盾，并阻碍了生产力的发展。当道德为异化了的人的生命提供一种异化的观念时，

---

① Karl Marx, *Économie politique et philosophie*, *Œuvres philosophiques*, T. VI, p. 87. 中文版参见《马克思恩格斯文集》第1卷，第217页。

道德就同人的本性的全面发展（l'épanouissement）对立起来，并维持和保障异化劳动（le travail aliénateur），同时阻碍需要（besoins）通过一种势不可挡的去异化的制造活动（faire désaliéné）得到全面满足。

　　无论是唯灵主义的道德（la morale spiritualiste）还是受动的唯物主义的道德（la morale passivement matérialiste）都没有将自身确立为真正的教育力量（puissances éducatrices）。唯心主义道德没有为人的革命性活动（l'activité révolutionnaire de l'homme）提供空间，而唯物主义道德则没有为这种**活动**提供足够的空间。然而，只有这种革命性活动才能打碎异化的锁链，后者使人成为一种孤立的主体（sujet isolé），使事物成为物化的现实（réalités réifiées）。"关于环境和教育起改变作用的唯物主义学说忘记了：环境是由人来改变的，而教育者本人一定是受教育的。因此，这种学说必然会把社会分成两部分，其中一部分凌驾于社会之上。环境的改变和人的活动或自我改变的一致，只能被看作是并合理地理解为**革命的实践**（*praxis révolutionnaire*）。"①因为人的存在是通过制造（le faire）表现自身，然而，每一种表现已经是一种异化，制造本身就是异化的（aliénateur），只有一种去异化的制造（faire désaliénateur）才能够彻底打碎异化的锁链。产生拥有（l'avoir）的制造是异化的根源，而废除拥有的制造构成异化的解毒剂（le contre-poison）。现实的经济运动中的道德和政治经济学中的道德意识都属于将会被超越的领域，因为它们以牺牲人的存在和人的活动的真正力量为代价来保证异化劳动（travail aliéné）和拥有（l'avoir）的维持。因为道德使人的异化和自我意识的异化达到顶点。道德只是**在表面上**同政治经济学相对立。当然，我们对道德的抽象（abstraction）在某种程度上就如同我们对政治经济学所做的那样，我们对政治经济学的抽象在某种程度上就如同我们对道德所做的那样。但是，**实际上**（*en réalité*），道德服务于和辅助于经济，它阻碍生产和消费，也妨碍需要的满足。道

---

　　①　参见《马克思恩格斯文集》第1卷，第500页。

德不是同经济相对立，而是同经济相联合。"国民经济学（及其现实基础）的道德是**谋生**（le *gain*）、劳动和节约（l'économie）、节制（la sobriété），——但是，国民经济学答应满足我的需要。——道德的国民经济学就是富有良心、美德等等；但是，如果我根本不存在，我又怎么能有美德呢？如果我什么都不知道，我又怎么会富有良心呢？——每一个领域都用不同的和相反的尺度来衡量我：道德用一种尺度，而国民经济学又用另一种尺度。这是以异化的本质为根据的，因为每一个领域都是人的一种特定的异化，每一领域都把异化的本质活动的特殊范围固定下来，并且每一个领域都同另一种异化保持着异化的关系……"①

所有这些异化的核心就在于人的异化，即人的客观主体性的本质力量的异化（l'aliénation des forces essentielles de la subjectivité objective de l'homme），人的构成性力量、感性活动的异化（l'aliénation de l'activité sensible，puissance constitutive de l'homme）。在生产性技术（la technique productive）的发展过程中，人只会使自己同他的存在、他的活动以及他的活动的产物相异化。人越来越感到自己的需要不能得到满足。人的制造（faire）发展缓慢，一切事物都拒斥人。（人）类的繁衍运动、（资产阶级的）爱情和家庭也使人异化，拥有（l'avoir）的束缚窒息了人的存在。人对自身的意识是不充分的，人的自我意识是不真实的。道德终究有助于异化的维持，人的唯一出路就是革命性的实践（la pratique révolutionnaire）。

当然，马克思用来描述处于异化存在中的人的形容词是毫无根据的：一切事物都被认为在本质上是**感性的**（*sensible*）、**物质的**（*matériel*）、**客观的**（*objectif*）和**现实的**（*réel*），而这一本质到目前为止都只是在否定意义上被发现的。整个历史唯物主义和人类学唯物主义（matérialisme historique et anthropologique）——带有形而上学的启

---

① Karl Marx, *Économie politique et philosophie*, *Œuvres philosophiques*, T. VI，p. 57. 中文版参见《马克思恩格斯文集》第 1 卷，第 228 页。

示,但不是明确的本体论的——被嫁接了一种精神的东西(精神需要、精神感觉,等等),马克思对这种精神的东西给予了有限的重要性(importance limitée)。在此意义上,马克思通过否定的颠倒(renversements négateurs)扩展了形而上学,希望使形而上学在行动(l'action)中得以实现。那么,行动的目的是什么呢?为了满足需要。马克思的道德观(La vue marxienne de la morale)虽然激进,但仍有一点不足。马克思尚未对伦理(l'éthique)做出严肃的思考,而是专注于对人的精神气质(l'*éthos*)——正如他所理解的,正如大写的现代性(la Modernité)似乎要求的那样——做出定义。马克思的人道主义(l'humanisme marxien)并不关心古代(l'Antiquité),而是想要使人去异化(désaliène),这并不是为了复归人的本质,而是为了在实现人的本质的过程中第一次发现人的本质。然而,这种普罗米修斯式的梦想(le rêve prométhéen)还从未实现过。技术(la technique)的整个发展过程是同异化(l'aliénation)的发展相一致的。人没有一处值得他拥有的地方,所有栖身之地(habitat)都让他失望。异化了的人(l'homme aliéné)成为工人(ouvrier),"栖居于(habite)"一个陌生的和外域的、敌对的和异化的世界中。所有人都变成没有住所的劳动者(travailleurs)。人虽有寄宿之处(loge),却无栖居之所。"他必须为这停尸房支付租金(la paie)。明亮的居室,这个曾被埃斯库罗斯笔下的普罗米修斯称为使野蛮人变成人的伟大天赐之一,现在对工人来说已不再存在了。"①那么,野蛮人就能更少地发生异化吗?野蛮人就有一处属于自己的安身之处吗?"野人在自己的洞穴——这个自由地给他们提供享受和庇护的自然要素——中并不感到陌生,或者说,感到如同鱼(le *poisson*)在水中那样自在。但是,穷人的地下室住所却是敌对的、'具有异己力量的住所,只有当他把自己的血汗献给它时才让他居住';他无权把这个住所

---

① Karl Marx, *Économie politique et philosophie*, *Œuvres philosophiques*, T. VI, p. 52. 中文版参见《马克思恩格斯文集》第 1 卷,第 225 页。

看成自己的家园，而只有在自己的家园，他才能够说：这里就是我的家，相反，他是住在别人的家里，住在一个每天都在暗中监视着他，只要他不交房租就立即将他抛向街头的**陌生人**的家里。"①还有必要指出这种境况远远超出了工人住房（l'habitation ouvrière）和住宅危机（la crise du logement）问题吗？这就是现代人的存在，人成为劳动者（l'homme devenu travailleur）的存在，而这正是这里的关键之处。这就是人成为工人的本质（l'essence de l'homme devenu ouvrier），人要为他所拥有的一切付出极大的代价，而这正是需要抓住的关键之处。人的这一**存在**（être[Sein]）、**本质**（essence[Wesen]）和**定在**（existence[Dasein]）没有立足之地和安身之所。人们已经成为无国籍之人（apatrides），人们不再有"家园（chez-soi）"；人们成为无根的（déracinés）。由于身陷所有权的齿轮（l'engrenage de la propriété）中，人丧失了自己的存在，被剥夺了所有的享受和庇护所。他徒劳地试图躲进死人的坟墓（la maison de mort）、敌人的住所（l'habitation hostile）和陌生人的家（la maison étrangère）里避难。

---

① Karl Marx, *Économie politique et philosophie*, *Œuvres philosophiques*, T. VI, p. 65 – 66. 中文版参见《马克思恩格斯文集》第 1 卷，第 233 页。

第五部分

意识形态的异化

　　人类的技术学发展（la développement technologique）是决定着人类的意识形态发展、上层建筑亦即法和道德、宗教和艺术、哲学和科学的现实基础。技术学（la technologie）优先于意识形态，我们已经引用过《〈政治经济学批判〉序言》中的那个著名段落，它概要地阐明了马克思的历史唯物主义的重要论点。不过，马克思称之为意识形态的东西必须加以深入理解。因为虽然马克思对它做了明确的定义，但仍具有许多可能性的意义。同技术的工具性发展（développement instrumental de la technique）相对应的是观念（les idées），观念本身也是工具性的（instrumentales）。但这种工具性（instrumentalité）会带来诸多问题。人的意识会忠实地或非忠实地表达（exprime）、**反映**（*traduit*）和**引导**（*conduit*）实践活动和改造活动（l'activité pratique et transformatrice）。这种意识——这种从实践（la praxis）中产生的理论——可以是现实的和真实的，即使它还从未成为如此抽象的（脱离现实）和异化的。因为同现实的异化过程相对应的是意识形态的异化运动。

第八章 思想与意识:真实的和现实的?

人们以一定的方式(manière déterminée)——由人们的周围环境的性质、人们的肉体组织和生产力的发展程度所决定——来生产他们的物质的(总体的)生活。通过这种方式,人类发展出一种历史(histoire)。人类也会**认识**(connaissent)一种历史性生成(devenir historique)。从一开始,人的思想就参与了这一历史生成(devenir-histoire)的运动,而且此后人的思想还会返回这种生成,以便理解它。那么,什么是思想(la pensée)、意识(la conscience)和认识(la connaissance)?马克思没有明确区分这三个术语,它们的用法是可互换的。最初的实际的能动的现实的意识是一种实践的意识,即**语言**(langage)。在马克思看来,语言,作为思想的绝对构成要素,是物质性的(nature matérielle)。语言和思想(意识和认识)仅产生于实践的需要(besoin pratique),产生于人与人之间相互交流的必要性。正因为动物没有同其他存在物建立这种关系,因而动物没有语言和思想。意识是一种社会**产物**(produit social),而且只能这样保持下去。意识具有物质性(la nature matérielle)的来源,并在人类社会的历史发展中表现自身。

现在我们来谈论一下构成人类历史的"三个方面(trois côtés)"和三个"因素(moments)":(1)能够满足自然需要的**资料的生产**(la *production des biens*），即通过劳动进行的生命的生产（la production de la vie par le travail）；（2）满足需要的活动和已经获得的为满足需要而使用的工具所引起的**新的需要的生产运动**；（3）通过**繁殖**（la *reproduction*）进行的他人生命的生产。这"**三个因素**（trois facteurs）"是共存的（coexistent），它们主导了人类的所作所为，以便能够"创造历史（faire de l'histoire）"。现在需要加上另一种力量："我们才发现：人还有'意识'。但是这种意识并非一开始就是'纯粹的'意识。"①那么，**意识**本身作为一种精神生产（production spirituelle）是在物质生产（production matérielle）和再生产（reproduction）这些主要力量之后的一种**附属性**力量（puissance *supplémentaire*）吗？马克思似乎是这样认为的，因为他在这里将意识置于最后的位置。然而，在刚引述的这段文字的一处边注中，马克思补充道："人们之所以有历史，是因为他们必须**生产**自己的生命，而且必须用**一定**的方式来进行：这是受他们的肉体组织（organisation physique）制约的，人们的意识也是这样受制约的。"②现在，我们可以从这个匆匆写下的边注中读出这样的含义：（1）"**人们的肉体组织**"，"**正如他们的意识一样**"，使得生产和历史性的生命（la vie historique）成为可能的和必要的；或者（2）**生命的生产**（*la production de la vie*）正如**意识**（la *conscience*）一样是通过**人们的肉体组织**（l'*organisation physique des hommes*）而成为可能的和必要的。有一件事情似乎是肯定的：无论马克思的意图是什么，他始终是在这样一种思想维度中运思的，即**肉体**（le *physique*）和**形而上学**（le *métaphysique*）、**现实**（la *réalité*）和**观念**（l'*idée*）、**物质**（la *matière*）和**精神**（l'*esprit*）、**实践**（la *pratique*）和**理论**（la *théorie*）之间存在一种"分离"。马克思的思想是形而上学的，即使他希望超越对立（les oppositions）和二元论（le

---

① Karl Marx, Friedrick Engels, *L'Idéologie allemande*, *Œuvres philosophiques*, T. VI, p. 168. 中文版参见《马克思格斯格斯文集》第 1 卷，第 533 页。

② Karl Marx, Friedrick Engels, *L'Idéologie allemande*, *Œuvres philosophiques*, T. VI, p. 168. 中文版参见《马克思恩格斯文集》第 1 卷，第 533 页脚注①。

dualisme)。事实上，正是这种形而上学——正如自笛卡尔以来的全部西方思想和欧洲思想都是形而上学的——赋予了同"形而上学"相对的肉体(le physique)和感性(le sensible)一种特权地位。马克思考虑并运用了以形而上学的方式存在于**真正的东西**(*ce qui vraiment est*)和**次要的东西**(*ce qui n'est que secondairement*)之间的**区别**(la *distinction*)和**差异**(*la différence*)。对马克思而言，真正的根本的东西不是超感觉的东西(le supra-sensible)，而是可感觉的东西。然而，这一原则是在**形而上学的对立**(*l'opposition métaphysique*)中加以阐明的。大写的世界(le Monde)、存在的总体(la totalité de l'être)仍然是双重的：物质的**和**精神的。

因此，继经济生产的工具和人类繁殖的器官"之后"出现，又同前者密切联系的东西就是作为人们之间的交流工具的语言(la langue)。它是思想、意识和认识的基础。因此，语言是一种工具(outil)：它不属于意识形态的上层建筑领域。它构成了思想的直接现实性(la réalité immédiate)，即实践的意识(la conscience pratique)。思想不能在语言之外存在。马克思是以一种双重的形而上学的方式把握语言的。"'精神'从一开始就很倒霉，受到物质的'纠缠'，物质在这里表现为振动着的空气层、声音，简言之，即语言。语言和意识具有同样长久的历史，语言是一种实践的、既为别人存在因而也为我自身而存在的、现实的意识。语言也和意识一样，只是由于需要，由于和他人交往(commerce/Verkehrs)的迫切需要才产生的。"①

在人类的历史性生成之初，意识只是对直接的感性环境(l'entourage sensible immédiat)、周围世界(monde environnant)中的人与事物的一种感性意识(conscience sensible)。作为一种社会产物，意识是由人与人之间进行交流的需要所产生的。社会中的个人正是在经

---

① Karl Marx, Friedrick Engels, *L'Idéologie allemande*, *Œuvres philosophiques*, T. VI, p. 168 - 169. 中文版参见《马克思恩格斯文集》第1卷，第533页。

历了人与自然、人与人之间的依然狭隘的、有限的和封闭的联系之后才开始**变得**有意识，并逐渐获得思想和认识。面对自然界中可怕而不可遏制的力量，人们仍然以动物的方式进行活动。人类从属于自然，还没有使自己成为对自然进行历史性改造的主体（les sujets de la transformation historique）。然而，随着意识开始出现，人类开始通过他们的狭隘联系（contacts bornés）和有限关系（relations limitées）意识到他们的社会生活。"这个开始，同这一阶段的社会生活本身一样，带有动物的性质。这是纯粹的畜群意识，这里，人和绵羊不同的地方只是在于：他的意识代替了他的本能，或者说他的本能是被意识到了的本能。"①社会生产发展的水平，即社会不发达或欠发达的水平，制约了这一阶段。这种"人与自然的同一性"，这种人类史对自然的非独立性（non-surgissement），同样以这种形式表现出来，即"人们对自然界的狭隘的关系决定着他们之间的狭隘的关系，而他们之间的狭隘的关系又决定着他们对自然界的狭隘的关系"②。同样地，"辩证法"仍然是意识与历史之间的原始关系（le rapport originel），因为意识只是在历史中并通过历史获得发展，虽然它同时也是历史生成的因素和先决条件之一。

马克思似乎更关注思想（和意识）的派生作用，而较少关注它的生产作用，因为他将思想看作生产力繁荣发展、需要倍增、人口和社会联系（rapports sociaux）增长的产物。尽管如此，意识也参与其中，并以某种方式共同推动这一运动。

随着社会发展的某个时刻产生的**分工**（la *division du travail*）的出现，思想、意识和认识在发生异化之前，它们真正真实地把握存在物了吗？劳动被划分为**物质劳动**（*travail matériel*）和**精神劳动**（*travail spirituel*/*geistige Arbeit*）——在这种划分中或者在这种形式中，劳动

---

① Karl Marx, Friedrick Engels, *L'Idéologie allemande*, *Œuvres philosophiques*, T. VI, p. 169. 中文版参见《马克思恩格斯文集》第 1 卷，第 534 页。

② Karl Marx, Friedrick Engels, *L'Idéologie allemande*, *Œuvres philosophiques*, T. VI, p. 170. 中文版参见《马克思恩格斯文集》第 1 卷，第 534 页脚注①。

实际上发生分离和异化——之前,"理论"有效地表现"实践"了吗? 存在先于异化的思想形式(formes de pensée)吗? **社会过程**(le *processus social*)、人的活动的产物和人类的生产者(producteur d'humanité),产生语言、思想、意识和认识,即**社会精神**(l'*esprit social*),并使它们成为必要的。然而,被纳入语言的东西、被思考的东西、使意识到的东西和使认识到的东西同真实的现实是相一致的吗? 我们已经指出,马克思并没有完整定义他称之为**现实**(*réalité*)的东西,**真理**(la *vérité*)亦是如此。真实的(réel)、实际的(effectif/wirklich)首先意味着"能动的(agissant)""有效的(efficace/*wirken*)"。(真正)真实的东西就是能激发行动的东西。因此,真实的思想是服务于一种实践、一种"真实的"非异化的实践的理论。现实的和真实的认识和意识,能够认识现实和激发行动的认识和意识,总之,普遍的思想(la pensée générique)"不过是以**现实**共同体(l'être commun *réel*)、社会存在物(l'être social)为**生动**形态(la forme *vivante*)的那个东西的**理论**形态(la forme *théorique*)……我的普遍意识的活动——作为一种活动——也是我**作为**社会存在物的**理论**存在(existence *théorique*)"①。那么,真实的意识将是这样一种普遍的理论的意识,个人借助它能够表达自己的社会生活,在思想中反映和复现他的现实存在。于是,社会的共同的普遍存在——人类的实践活动——将会在一种普遍的理论的意识中显现出来。然而,**理论**和**实践**之间的这种差异已经暗示了异化,因为它是异化着的分工(la division aliénatrice du travail)的产物。马克思虽然运用了这种差异(即使他辩证统一地把握这**两个**术语),但没有给出它们的根据。尽管他把**物质**和**精神**、**实践**和**理论**之间的对立,将**现实结构**(la *structure réelle*)和**唯心主义的意识形态的上层建筑**(la *superstructure idéaliste et idéologique*)之间的对立看作同异化共存的,但他没有成功使自己处在低于或高于

　　① Karl Marx, *Économie politique et philosophie*, *Œuvres philosophiques*, T. VI, p. 27. 中文版参见《马克思恩格斯文集》第1卷,第188页。

这一鸿沟的位置。既然每一种"理论"都表达一种"实践"，既然一切人的活动都已经异化，那么，我们就有权假设马克思不承认过去存在一种真正真实的或现实的认识，甚至是在分工出现之前也不存在。尽管如此，一切思想、意识、认识都是"意识形态的"、异化的、受动的，并受到根本的经济异化的制约。

当然，非常肯定的是，同人类在生产和再生产的驱动下寻求满足人的现实需要相对应的是一种导引意识（conscience conductrice），同现实的实践相对应的是一种"真实的"理论。因为意识有助于社会历史的建构（l'édification）。同样非常肯定的是，人类已经认识到一种进步的历史演进。但是，由于全部历史仍然是异化的历史，并且历史能够创造出克服异化的条件，因此，全部意识的历史同异化的意识的逐步生成（devenir progressif de la conscience aliénée）是一致的。在马克思看来，由于精神、观念、思想和概念（les représentations）没有自主权，因而始终是同实践、物质活动和现实存在（présences réelles）相对立的。当然，由于现实思想（les pensées réelles）是能动的，因此，它始终是整体异化中的实际引导因素。不过，现实思想的最大优点最多在于允许一种对异化的意识（conscience）。在彻底克服异化之前，所有"现实"都仍是不现实的，没有任何人的活动是真实的。理论性的真理标准是实践秩序（ordre pratique），它是能动的；尽管如此，至今尚未出现任何真正的非异化的实践（pratique désaliénée）。因此，**真正的**实践（la *vraie* pratique）、真实的现实（la réalité réelle）是真理的标准，而非简单的活动（异化了的活动）。只有当我们勾勒出马克思关于在完成了的自然主义、共产主义的人道主义和废除一切意识形态的行动主义（l'activisme）中克服异化的愿景和纲领，我们才能看到真正的实践（la vraie praxis）是什么样子。现在，我们试图理解马克思如何把所有的思想转化为实践（la praxis），这种实践旨在满足现实需要，而非追逐幻想。《关于费尔巴哈的提纲》中的第二条指出："人的思维是否具有客观的真理性（la vérité objective/*gegenständliche Wahrheit*），这不是一个理论的问题，而是一个**实践的**

问题。人应该在实践中证明自己思维的真理性,即自己思维的现实性和力量,自己思维的此岸性(le caractère terrestre/*Diesseitigkeit*)。关于思维——离开实践的思维——的现实性或非现实性的争论,是一个纯粹**经院哲学**的问题。"①既然所有的实践都是异化了的活动,那么**更有理由说**,这必然意味着:全部思维都只存在于异化之中。

真理不是某种去发现的东西,而是某种去创制和生产的东西,是某种通往真正的非异化的实践(la vraie praxis désaliénée)的东西。但如此说来,马克思不是在创制理论吗? 另一方面,他在创制**现实性**和**力量**、"**此岸性**(*la Diesseitigkeit*)"和(实践的)真理标准的时候,难道不是放弃了全部理论吗?

思想,亦即意识和认识、理论和唯心主义的"上层建筑"、精神和马克思称之为精神需要的起源、作用、功能和使命确实是难以把握的。在分工出现之前,由于人们的有限性,技术(la technique)的不发展以及人与自然的联系和人与人的联系的狭隘性质,人们**谈论**(*parlent*)或**言说**(*disent*)的不是"是什么",而是"**在他们看来是什么**"(*non pas ce qui es, mais ce qui leur apparaît*)。人们的语言不是在言说真理,因为他们的实践是如此不真实、狭隘和微乎其微。在这一层面上,在自然的历史化(devenir-histoire de la nature)②的开端,人们只拥有"一种绵羊意识或部落意识(conscience moutonnière ou grégaire)"③。人类的语言(它不属于上层建筑领域)和意识只是结结巴巴地说出来,因而是非常不真实的,也就是说,它们是如此缺乏现实性和力量。然而,正是由于这种意识,人类的历史才得以建立起来。于是,人——作为只是勉强具有理性的、会制造工具的动物——由此进入异化的历史。人们对于分工出现之前的这一历史阶段几乎什么也说不出来,使用诸如"**实践**"和"**理论**"

---

① 参见《马克思恩格斯文集》第 1 卷,第 500 页。
② 自然的历史化意即自然生成为历史。——译者注
③ Karl Marx, Friedrich Engels, *L'Idéologie allemande*, *Œuvres philosophiques*, T. VI, p. 170. 中文版参见《马克思恩格斯文集》第 1 卷,第 534 页。

这些范畴来表述它是不确当的。因为这种"绵羊意识或部落意识"是从制约分工的生产力的发展中获得自身的发展。分工产生于**现实的、实践的、物质的劳动**(le *travail matériel*, *pratique et réel*)与**派生的、理论的、精神的劳动**(le *travail spirituel*, *théorétique et dérivé*)之间的分离，与此同时，分工本身又促成了这些分离。在这种分离出现之前，几乎没有"理论"，正如几乎没有实践一样；甚至不存在这种区分。在劳动获得发展且在这种分离中变得异化之前，"绵羊意识或部落意识"既不具有任何崇高的真理性，也不具有任何强烈的现实性和力量。"从这时候起意识才能现实地想象：它是和现存实践的意识不同的某种东西，它不用想象某种现实的东西就能现实地想象某种东西。从这时候起，意识才能摆脱世界而去构造'纯粹的'理论、神学、哲学、道德等等"①。

人们生产物质资料，现实地制造生产工具，进行自我繁衍(se reproduisent)，**同样也**生产观念、思想、概念(représentations)和精神性工具(instruments spirituels)。人类用自己的双手生产的东西是最实在的和最有力的，即使这些东西是在一种异化实践(pratique aliénée)中塑造出来的(同时，人类也利用他们的生殖器官实际地繁衍出其他人)。与之相反，他们头脑中的产物以某种方式表现了他们所做的东西，但这是通过超越物质现实，通过使它们自我异化而实现的。意识是一种通过表露(trahissant)来表现(traduit)的产物。意识是一种源自制造(faire)的知识(savoir)，是一种虚假的附属物(accompagnement mensonger)。《德意志意识形态》第一篇的前二十几页试图阐明马克思的意识形态理论，其中自然主义的、人道主义的和行动主义的激进主义(radicalisme naturaliste, humaniste et activiste)必须从根本上加以理解。我们必须把属于马克思的东西还给马克思：他的才华横溢(génialité)和他的狭隘平庸(étroitesse)，而不是试图将他的话语消解为

---

① Karl Marx, Friedrick Engels, *L'Idéologie allemande*, *Œuvres philosophiques*, T. VI, p. 170. 中文版参见《马克思恩格斯文集》第 1 卷，第 534 页。

一种不着边际的空谈(discours sans contours)。让我们阅读并尝试理解一下马克思的这段话："这些个人(即从事生产的能动的个人[les individus productivement actifs])所产生的观念(les représentations/*Vorstellungen*)，或者是关于他们对自然界的关系的观念，或者是关于他们之间的关系的观念，或者是关于他们自身的状况的观念。显然，在这几种情况下，这些观念都是他们的现实关系和活动、他们的生产、他们的交往、他们的社会组织和政治组织(attitude sociale et politique)有意识的表现(l'expression consciente)，而不管这种表现是现实的还是虚幻的。① 相反的假设，只有在除了现实的、受物质制约的个人的精神之外还假定有某种特殊的精神的情况下才能成立。"②在这里，马克思似乎承认了一种真正有意识的表现的可能性和现实性。但实际上，他否认了这一点，因为每一种"有意识的"表现，即使是那种由于是能动的而多少具有一点现实性的表现，只不过是对现实的实践的异化(la réelle aliénation pratique)的异化的理论表现(l'expression théorique aliénée)。

在接下来的几页中我们还有机会展示马克思对于人的思想(la pensée humaine)的实际看法：到目前为止，这种思想始终都是虚假的。但现在，还是让我们继续阅读眼前的文本："如果个人的现实关系的有意识的表现(l'expression/*Ausdruck*)是虚幻的，如果他们在自己的观念(représentations/*Vorstellungen*)中把自己的现实颠倒过来，那么这又是由他们狭隘的物质活动方式以及由此而来的他们狭隘的社会关系造成的。③ 思想、观念、意识的生产最初是直接与人们的物质活动，与人们的物质交往，与现实生活的语言交织在一起的。人们的想象、思维、精神交往在这里还是人们物质行动的直接产物(l'émanation

---

① 括号中的语句是阿克塞洛斯所做的解释。——译者注

② Karl Marx, Friedrick Engels, *L'Idéologie allemande*, *Œuvres philosophiques*, T. VI, p. 156. 中文版参见《马克思恩格斯文集》第 1 卷，第 524 页脚注②。(值得注意的是，阿克塞洛斯没有注意到引用的这段文字和下一段的第一句话在原始手稿中是被马克思划掉的。——译者注)

③ 德文词是由阿克塞洛斯插入的。——译者注

[*Ausdruck*] directe)。表现在某一民族的政治、法律、道德、宗教、形而上学等的语言中的精神生产也是这样。"①同**物质**生产和**实践**生产的行为（gestes）和关系（rapports）相对应的是作为**精神生产**和**理论**生产之衍生物（dérivé）的语言。生产是公分母（le dénominateur commun），但这种生产又是**双重的**（*double*），甚至是**二元论的**（*dualiste*），而马克思几乎无法克服这种关于人的双重认识：肉体的和形而上学的。同活动异化（l'aliénation de l'activité）相对应的是意识形态异化（l'aliénation idéologique），即对一种现实异化的虚幻表现（expression illusoire）。让我们继续阅读这一如此肯定的文本："人们是自己的观念、思想等等的生产者，但这里所说的人们是现实的（réels/*wirkliche*）、从事活动（agissants/*wirkende*）的人们，他们受自己的生产力和与之相适应的交往的一定发展——直到交往的最遥远的形态——所制约。意识（la conscience/*Bewusstsein*）在任何时候都只能是被意识到了的存在（l'être conscient/*das bewusste Sein*），而人们的存在就是他们的现实生活过程。如果在全部意识形态中，人们和他们的关系就像在照相机（chambre noire/*camera obscura*）中一样是倒立成像的，那么这种现象也是从人们生活的历史过程中产生的，正如物体在视网膜上的倒影是直接从人们生活的生理过程中产生的一样。"②

通过简单勾勒意识形态的起源，马克思试图将一切看起来**虚无缥缈的**（*éthéré*）、**天上的**（*céleste*）东西带回产生它的**人间**（la *terre*）和**大地**（*sol*）。现实的、具体的、能动的、从事生产的人们正是在大地上进行活动的，并受到生产力发展水平的制约。因此，这些历史性的人们产生出从人间上升到天国的产物，即观念（idées）和概念（représentations）、思想和意识。一切唯心主义的和唯灵主义的上层建筑要素都源自存在

---

① Karl Marx, Friedrick Engels, *L'Idéologie allemande*, *Œuvres philosophiques*, T. VI, p. 156 - 157. 中文版参见《马克思恩格斯文集》第 1 卷, 第 524 页。

② Karl Marx, Friedrick Engels, *L'Idéologie allemande*, *Œuvres philosophiques*, T. VI, p. 157. 中文版参见《马克思恩格斯文集》第 1 卷, 第 524—525 页。

(l'être)(不是**大写的存在**[*l'Être*],而是**人的存在**[*l'être de l'homme*]），皆是对存在的表现（l'expriment）、反映（le reflètent）和颠倒（le renversent）。它们构成了意识形态异化的材料,构成了掩盖真理的材料。它们是这样一种骗人的、虚幻的海市蜃楼（mirages mensongers et illusoires）：它们通过意识表现出意识的异化,即异化了的意识（conscience aliénée）。真实表现（人的）存在的思想,指导实践（la pratique）——不是一种简单的生产实践,而是一种旨在实现需要的完全满足的总体性实践（praxis totale）——的真正的意识和思想从未在异化中存在过。充其量,一种半真半假的思想、一种半遮半掩的意识已经能够隐约显现出来,但是这并没有使马克思对只具有次要意义和重要性的精神生产（productions spirituelles）予以重视。使意识形态世界中现象的位置和意义发生颠倒的**照相机**（la *chambre noire*）是颠倒了的现实世界的对应物（le pendant）,在这个世界中没有清晰的支配领域,一切意义都消失了。

精神生产绝不**等同于**（*identifiée*）物质生产:前者是被**还原**到后者的（elle se trouve *ramenée* à elle）。针对黑格尔在历史中看到了精神的发展,马克思既反对自己过去的观点,又试图推翻黑格尔的观点。马克思不再通过在不可见的和超感觉的东西（l'invisible et le supra-sensible）中寻找**有形之物**（le *physique*）（可见的和可感觉的东西[le visible et le sensible]）的基础,而是通过使物质的实际的和经验的东西成为精神的东西的基础来颠倒**形而上学**。马克思始终是沿着**本真**的东西（ce qui *est vraiment*）和**派生**的东西之间的区分（la distinction）、差别（la différence）、中断（la coupure）和断层（la faille）这一轴线而展开的。因此,马克思仍然是一个形而上学家（métaphysicien）,一个将"两个世界"的次序颠倒过来的形而上学家。因为他所说的**基础**（*base*）、**现实**结构（structure *réelle*）现在已成为本真的东西,而他所说的**上层建筑**（*superstructure*）、**唯心主义的和唯灵主义的表现**（*émanation idéaliste et spiritualiste*）现在则成为以本真之物为标准的只是派生的东西。马克思的唯物主义并不关心**宇宙物质**（la *matière cosmique*）、根本的第一性的**存在**（être premier et fondamental）和本体论上的**本原**（*arché* ontologique）。在"本体论（l'ontologie）"和"宇宙论（la cosmologie）"方面没有多少"天赋"的马克思将深邃敏锐的目光投向**对人类来说至关重要的事情**，投向使所有事物都表现为生产性的改造性的**劳动的材料**（*matériel de travail* productif et transformateur）的事情。这种物质的、实践的、感性的劳动，这种创造现实的活动，是真的异化了。因此，由它产生的精神生产就更加异化了。最重要的是，通过革命性的实践（la praxis révolutionnaire）来消除客观的人的劳动（le travail humain objectif）的异化，以便它能够充分展现自身，在**现实**条件中展开，以防止意识形态的乌云遮蔽人的社会的活动的视野。通过大写的技术（la Technique）将大写的自然（la Nature）转化为大写的历史（Histoire），人将消灭一切幽灵（les fantômes）和幻想（phantasmes）。

然而，如果人被降低到只是从事实践活动（activité pratique），只是通过他的社会属性和生产属性（nature sociale et productrice）来加以定义，那么，人就将不再是一种属**人的存在物**（un *être humain*），而是一种较高级种类的动物。因此，马克思不得不引入**形而上学**（作为一个派生的世界[monde dérivé]）即概念和观念、意识和思想，并使这个世界成为物理-历史世界（monde physico-historique）和动物式的人类世界（monde animalement humain）的一种**补充性的**和附属性的世界（monde complémentaire et supplémentaire）。正如所有他想成为的辩证论者（dialecticien）那样，在马克思看来，物质世界（le monde matériel）①——物质世界的客观性（l'objectivité）被定义为人的劳动的对象（objet），物质世界的现实性（la réalité）意味着它是现实行动（l'action réelle）的对

---

① 在法文原版中，此处为"le monde matériel（物质世界）"，在英文版中则是"the human world（人的世界）"。参见 Kostas Axelos, *Marx：Penseur de la Technique*, Éditions Les Belles Lettres, 2015, p. 199. Kostas Axelos, *Alienation, Praxis and Technē in the Thought of Karl Marx*, p. 153. ——译者注

象——是基础(la base),是**首要的**根本的现实(la réalité *première* et
fondamentale)。在这个基础之上附属性地建构起一个**第二**世界
(monde *second*)、主观性的概念世界(le monde des représentations
subjectives)。不管马克思主义者或者反马克思主义者所希冀的是什
么,马克思都没有成功消除这种二元性,尽管他努力这样做了。马克思
的出发点正是对大写的主体性的形而上学(la métaphysique de la
Subjectivité)、大写的人的形而上学(la métaphysique de l'Homme)的延
续:作为主体或客观主体(sujet objectif)的人,通过他的制造活动
(faire),通过他的意志(volonté)和概念(représentation)来掌握在他以
外的世界,并通过概念来"理解"它。我们应该看到,即使废除异化也无
法实现两个世界的同一(l'identité)。"精神"世界将继续存在下去。然
而,这个精神世界——马克思没有成功地使它成为虚无(néant)——被
粗暴地降低到物质生产的世界(monde de la production matérielle),沦
为一种病态的赘生物(excroissance pathologique)。但是,如果没有这
种赘生物,人(l'homme)还是属人的存在物(l'être humain)吗? 让我们
再听一下马克思在批判意识形态异化、照相机时所说的话吧:"我们不
是从人们所说的、所设想的、所想象的东西出发,也不是从口头说的、思
考出来的、设想出来的、想象出来的人出发,去理解有血有肉的人。我
们的出发点是从事实际活动的人,而且从他们的现实生活过程中还可
以描绘出这一生活过程在意识形态上的反射(réflexes/*Reflexe*)和反
响(échos)的发展。甚至人们头脑中的模糊幻象也是他们的可以通过
经验来确认的、与物质前提相联系的物质生活过程的必然附属物
(suppléments/*Supplemente*)①。(他在这里不是以形而上学的方式对

---

① MEGA¹ 和 MEGA² 的编者将此处用词判读为"Sublimate"(升华物)。S. 朗
兹胡特则将其判读为"Supplemente"。《德意志意识形态》的英文版和中文版都是根据
MEGA 版译出。为了对应阿克塞洛斯所使用的版本,此处的中译文将原来的"升华
物"改为"附属物"。参见 *MEGA¹*,I/5,Berlin:Marx-Engels-Verlag,1932,S. 16.
MEGA²,I/5,Berlin:Walter de Gruyter,2017,S. 136. S. Landshut(Hrsg.),*Karl
Marx:Die Frühschriften*,S. 349.

'精神'进行反形而上学颠倒[renversement métaphysiquement anti-
métaphysique du «spirituel»]来支持**与之不同的**东西即物质吗?)因此，
道德、宗教、形而上学和其他意识形态，以及与它们相适应的意识形式
便不再保留独立性的外观了。它们没有历史，没有发展，而发展着自己
的物质生产和物质交往的人们，在改变自己的这个现实的同时也改变
着自己的思维和思维的产物。不是意识(la conscience)决定生活(la
vie)，而是生活决定意识。"①

　　人们——劳动(le travail)是人类的历史基础(le fondement
historique de l'humanité)——的社会本质(la nature sociale)总是通过
一种意识形态(idéologie)来表现的。在马克思看来，人们就是这种能够
表现他们自身的实体。如果他们的表现异化了，那么他们的存在本身就
是异化的。这种异化了的存在(être[*Sein*] aliéné)反过来又决定着有意
识的存在的异化(l'aliénation de l'être conscient [*Bewusstsein*])。而这种
异化进一步加剧了人类的迷误(l'errance de l'humanité)，这就是在马克
思之前的全部"史前史(préhistoire)"。从一种异化了的实践中产生的
理论仍然是受限制的、有限的和虚假的。每一种意识——"绵羊意识或
部落意识"、直接的感性意识、关于自然和人与人之间的关系(les
rapports inter-humains)的基本观念、更复杂精细的知识(les
connaissances plus élaborées)以及看起来独立的系统的意识形态——
都是对异化了的人们的物质的现实的异化的一种精神的、观念的表现，
却没有认识到它们所表现的东西的真理性。当某种思想以一种近似真
实的(quasi réelle)方式表现出来时，当某种真实的意识(conscience
réelle)出现时，这也发生在总体的异化(l'aliénation totale)和特殊的意

---

①　Karl Marx, Friedrick Engels, *L'Idéologie allemande*, *Œuvres philosophiques*, T.
Ⅵ, p. 157－158. 中文版参见《马克思恩格斯文集》第 1 卷，第 525 页。

识形态异化(l'aliénation idéologique en particulier)的内部。① **然而**,正
如马克思所言,人们**也具有**意识,如果没有思想和意识,人类史就无法
建构起来。如果按字面意思来理解这句话并推出它的最终结果的话,
即使马克思认识到观念具有一种工具属性(caractère instrumental),并
且没有忽视能动的"真实的"意识——尽管它从来都不具有实际的真正
的真实性,马克思的意识形态理论也会使所有语言、思想、艺术、道德、
法律、宗教、观念和哲学成为一种将大地笼罩在黑暗中的阴云。

　　考虑到它的彻底性,马克思对人类的精神"生产"(«productions»
spirituelles de l'humanité)的理解应该排除掉把理论视为某种值得关注
的东西的想法。然而,思想家们并不容易将他们的思想贯彻到底,马克
思的意识形态上层建筑理论仍然是模糊不清的。当马克思将意识形态
归结于神圣不可侵犯的生产(la sacro-sainte production),使它成为一
种从属的次要的派生的第二种生产的时候,他并没有消灭意识形态。
恰恰相反,他以颠倒的方式重新接受了自柏拉图至黑格尔以来的("二
元论的")形而上学传统,即感性与观念、自然与精神、思想与现实之间

---

　　①　语言亦是如此。在写作《德意志意识形态》的整个过程中,马克思始终以讽刺
的辩论的方式来反对这样一种倾向,即通过运用词源学分析(les analyses
étymologiques)、歧义句构(les amphibologies)、同义词(les synonymies)和文字游戏
(les jeux de mots)来使一种语言的词句表达某种东西。语言,作为社会历史的产物,
遭到异化的打击,几乎没有揭示任何特定的内在的真理。"资产者(le bourgeois)可以
毫不费力地根据自己的语言证明重商主义的和个人的或者甚至全人类的关系是等同
的,因为这种语言是资产阶级(la bourgeoisie)的产物,因此像在现实中一样,在语言中
买卖关系也成了所有其他关系的基础。例如:*propriété*,*Eigentum*(**财产**)和
Eigenschaft(**特性**),*property*,*Eigentum*(**财产**)和 *Eigentümlichkeit*(**独特性**);重商主
义意义上的和个人意义上的"*individuel/eigen/propre*"("**自有**"),*valeur*,*value*,*Wert*
(**价值**);*commerce*(**商业**),*Verkehr*(**交往**),*échange*,*exchange*,*Austausch*(**交换**);等等。
所有这些字眼既意味着商业关系,也意味着作为个人自身的特性和相互关系"。(参见
Karl Marx, Friedrick Engels, *L'Idéologie allemande*, *Œuvres philosophiques*, T.
VII, p. 244 - 246. 中文版参见《马克思恩格斯全集》第 1 版第 3 卷,第 255 页。)我们必
须知道如何倾听和阅读词句与命题的释义(la paraphrase),因为"字面上的伪装,只有
当它是现实的伪装的自觉或不自觉的表现时,才有意义"。(参见 *Ibid.*, T. IX, p. 44.
中文版参见同上,第 479 页。)

的"对立"。无论是对人的存在(l'être humain)而言，还是对其他所有存在而言，马克思都没有成功抓住存在的唯一基础。实践和理论、现实和观念、物质性(matérialité)和精神(esprit)都存在着，不管它们是相互作用、相互依赖、相互贯通，还是处于其他辩证联系中。这种二元性只是由于异化而使劳动划分为物质劳动(travail matériel)和精神劳动(travail spirituel)吗？似乎并非如此。但是，我们不必期待废除生产资料私有制之后"精神"可能会变成什么样子。现在，让我们暂且牢记马克思根据这种双重运动所把握的生产的双重运动(le double mouvement de la production)。从作为西方和欧洲形而上学(哲学)的真正起源的柏拉图到犹太教-基督教及其神学(le judéo-christianisme et sa théologie)一直到现代欧洲思想家(笛卡尔、康德、黑格尔)，**理念**(l'*idée*)独立于**实体**(l'*étant*)并统治着实体，**思想**(la *pensée*)同**自然**(la *nature*)相对立并超越于自然。理念、上帝、精神或思想是最卓越的存在(l'être par excellence)、**真正的大写的存在**(l'*Être vrai*)，而与之相关的**感性实体**(l'*étant sensible*)则是不同的和派生的。自笛卡尔以降，思想、概念、观念和意识成为一切事物的现实性的尺度(la mesure de la réalité)，而人的**自我**(l'*ego*)则是它们的基点(lieu/locus)。黑格尔促成了这种形而上学即西方形而上学的完成，作为整个存在之基础的大写的精神(l'Esprit)在普遍历史和自我意识的完成形式中认识自身。当然，在黑格尔看来，真理(la vérité)就是"它的生成运动(le mouvement de son devenir)"；但是，真理就是理念，因为"唯有绝对理念是存在(l'idée absolue seule est être)"[①]。对黑格尔而言，从《精神现象学》的序言到《逻辑学》的结论，总体的生成性存在(l'être en devenir de la totalité)是且始终是**理念**(*idée*)。然而，在黑格尔之后，人们对黑格尔的反对通常也只是反对他的形而上学，而且这种反对仍然是在形而上

---

① 参见[德]黑格尔：《逻辑学》(下卷)，杨一之译，商务印书馆 1982 年版，第 529页。译文略有改动。——译者注

学的范围内进行的。马克思是开启颠倒(le renversement)形而上学的第一人:在马克思看来,感性自然(la nature sensible)、社会人的本质能动力量(les forces essentiellement actives de l'homme social)、生产力的发展、经济和社会的物质条件(les conditions matérielles économiques et sociales)包含了真理性(la vérité)和现实性(la réalité),构成了根本的**物质基础**(la *base matérielle* et fondamentale),而与之相关的**唯心主义上层建筑**(la *superstructure idéaliste*)——思想、观念、概念、意识——则是派生的和不同的,构成了唯灵主义的意识形态领域。但是,这种对形而上学的颠倒仍然是形而上学的,我们应该看到马克思没有设法废除整个"上层建筑"。

正如前苏格拉底学派(les présocratiques)在任何哲学的、形而上学的和辩证法的系统化(systématisation philosophique, métaphysique et dialectique)之前所理解的那样,马克思没有达到关于思维"与"存在、说(dire)"与"做(faire)(λέγειν、ποιεῖν 和 πράττειν)的根本统一,他既没有想要发现这种统一,也没有想要重建这种统一,尽管他确立了渴望实现统一(l'unification)的辩证法。他的统一事业开始于对立(l'opposition)和差异(la différence)(比如,理论与实践的对立和差异),他所实现的任何统一在根本上都是其中的一个因素决定、统治着另一个因素,为另一个因素奠定基础。在此意义上,马克思的思路沿袭了柏拉图的和后柏拉图的(甚至是基督教的)形而上学道路(la voie de la métaphysique platonicienne et post-platonicienne, voire chrétienne),而较少听取前苏格拉底学派的思想话语的声音。马克思并没有理解总体性存在的统一(l'unité de l'être de la totalité):他关注的是使思想与现实、理论与实践对立起来的裂缝(la brisure)。准确地说,异化就是这一裂缝的"原因(cause)"。然而,马克思并没有成功跳出这一裂缝,甚至有可能使它加深了。无论是赫拉克利特(Héraclite)的格言"**如果你们不是听了我的话,而是听了我的逻各斯,那么,承认'一切是大写的一'就是智慧的**(*Si vous entendez non pas moi, mais le Logos, il est sage de reconnaître* *que Tout*［*ce qui es*］*est Un*）"①,还是巴门尼德（Parménide）的观点"因为大写的思维和大写的存在是同一的（*Car Penser et Être sont le même*）"②,都没有找到通往存在的统一的道路。

在马克思看来,并不存在作为大写的总体的"**一**"这种存在的**逻各斯**（*Logos* de l'être *un* de la Totalité）,思想**只是重复了存在的活动**（*répète seulement* l'activité de l'être）,不是大写的存在（l'Être）的活动,而是现实的人的存在（l'être humain réel）的活动。**逻各斯**（le *Logos*）与真理、意义与思想都变得相当狭隘,都变成了意识。"作为**类意识**（*conscience générique*/*Gattungsbewusstsein*）,人确证（ratifie/bestätigt）自己的现实的社会生活（vie sociale réelle）,并且只是在思维中复现自己的现实存在（existence réelle）……可见,思维（Penser/*Denken*）和存在（être/*Sein*）虽有**区别**（*différents*/unterschieden）,但同时彼此又处于**统一**（*unis*）中"③。然而,马克思仍想要阐明的是**区别**（la *différence*）,而不是统一（l'unité）。这种区别描述了两种异化即实践异化（l'aliénation pratique）和理论异化（l'aliénation théorique）的特征。正如我们之前所指出的,在马克思看来,似乎从来没有一种真正的思想和意识能够充分表现真正的现实（la réalité vraie）,而非异化了的现实（la réalité aliénée）。甚至当思想"正确地"表现了事物的客观情况时,它只不过是继续表现了一种活跃的却异化了的现实（réalité agissante mais aliénée）。**理智与事物的一致**（l'*adequatio intellectus et rei*）足以应对这种双重异化。而异化本身还没有被思想所把握。

马克思把意识形态工具（les instruments idéologiques）归结为经济

---

① Kathleen Freeman, *Ancilla to the Pre-Socratic Philisophers*, Fragment 50, p. 28. 中文版参见北京大学哲学系外国哲学史教研室编译：《西方哲学原著选读》（上卷）,商务印书馆 1981 年版,第 22—23 页。

② Kathleen Freeman, *Ancilla to the Pre-Socratic Philisophers*, Fragment 3, p. 42. 中文版参见《西方哲学原著选读》（上卷）,第 31 页。

③ Karl Marx, *Économie politique et philosophie*, *Œuvres philosophiques*, T. VI, p. 28. 中文版参见《马克思恩格斯文集》第 1 卷,第 188—189 页。

工具(instruments économiques)。但观念仍然区别于现实。这种基础与上层建筑之间的二元性——顺便说一下,这不是一种平等力量之间的二元性——使得观念和思想对经济基础(la base économique)和生产关系(les rapports de production)产生一种影响,从而造成一种反冲作用(un choc en retour)。产生于实践(la pratique)并通过对实践的转化而从实践中产生的意识诸形式(les formes de conscience)能够发挥作用,指导实践。尽管如此,所有这些理论作用(action de la théorie)仍然是次要的。特别是恩格斯在许多书信中所坚持的有关基础要素(les éléments de la base)与上层建筑形态(les formations de la superstructure)之间的相互作用的论点。[①] 这种因果关系仍然保持不变,只是被进一步"辩证化"了。时至今日,无论官方的马克思主义者还是非官方的马克思主义者,无论是著名的马克思主义者还是学究式的马克思主义者,都在重复一种赋予意识形态以一定的重要性的观点。建立在经济、技术发展和社会实践(la pratique sociale)基础上的上层建筑的"精神的"意识形态的诸形式能够付诸实践,并在历史发展中发挥

[①]　参见恩格斯致约瑟夫·布洛赫的信(1890 年 9 月 21 日)、致瓦尔特·博尔吉乌斯的信(1894 年 1 月 25 日)、致康拉德·施米特的信(1890 年 10 月 27 日)和致弗兰茨·梅林的信(1893 年 7 月 14 日)。恩格斯认为,现实生活的生产和再生产**在归根到底的意义上**(qu'en dernière instance)是历史的决定性因素(le facteur déterminant de l'histoire)。他也说到他和马克思对今天经济维度负有部分责任。因为,尽管他们全神贯注于发表他们的对手所否定的东西,但是他们并不总是有时间、场合和机会来公正地考察参与到所有相关力量的相互作用和反作用(la réaction/Wechselwirkung)中的其他因素。"政治、法、哲学、宗教、文学、艺术等等的发展是以经济发展为基础的。但是,它们又都互相作用并对经济基础发生作用。这并不是说,只有经济状况才是**原因**(la cause),**才是积极的**(seule active),其余一切都不过是消极的结果,而是说,这是**在归根到底**(en dernière instance)不断为自己开辟道路的经济必然性的基础上的相互作用。"(参见 Marx-Engels, Études philosophiques, Paris:Éditions Sociales, 1947, p. 132. 中文版参见《马克思恩格斯文集》第 10 卷,人民出版社 2009 年版,第 668 页。)尽管这样说,恩格斯仍然认为"意识形态的"力量是没有价值的:"科学的历史,就是逐渐消除这种愚昧的历史[思想上的愚昧(stupidité idéologique)源自经济的不发达(sous-développement économique)],或者说,是用新的、但越来越不荒唐的愚昧取而代之的历史。"(参见 Ibid., p. 128. 中文版参见同上,第 599 页。)(方括号中的说明性文字是由阿克塞洛斯插入。——译者注)

作用。这样一来,思想和意识——尽管它们从来没有摆脱经济发展的主要决定——就对它们的起源产生一种反作用的影响(influence ré-agissante)(无论是积极的还是消极的,有利的还是不利的)。因此,思想和意识可以是"现实的"存在(être «réelles»),因为它们具有现实的能动性。然而,这并不能阻止它们对于整个人类史即人类异化表现的历史(histoire de la manifestation-de l'aliénation-des hommes)来说是异化的。只有彻底超越和实际克服现实的异化,才能促使语言、思想、意识以及其他所有不同于实践的东西实现去异化(désaliénera)。当消除异化之后思想和意识最终与人们的历史活动**相统一**的时候,思想和意识就会变为现实的和真实的,就能够充分展现制造(la faire)所揭示出来的东西。然而,即便这样,我们马上就会看到,它们同实践(la praxis)仍然不是同一的。理论、精神表现(les manifestations spirituelles)、思想、意识和知识将始终**翱翔**(*survoler*)在实践的现实(la réalité de la pratique)之上。

第九章　宗教与观念

　　在马克思看来，宗教是意识形态异化的最初的、原始的形式（la forme première et primordiale de l'aliénation idéologique），也是最顽固的、最迷惑人的意识形态异化形式。宗教首先是上述提到的对自然的动物式的意识（conscience animale）的一种产物。在人类历史进程的开端，当宗教最初产生的时候，它是一种"自然宗教（religion naturelle）"，表现了人类在全能的自然面前的无能为力（l'impuissance），自然界的奇异而陌生的力量还几乎不受改造性的劳动（le travail transformateur）的影响。纯粹感性意识（conscience uniquement sensible）的第一种形式，即这种"绵羊意识或部落意识（conscience moutonnière ou grégaire）"，这种对一种社会中的自然（la nature dans une société）的"动物式的"理解（saisie «animale»）仍然是半畜半人的（mi-animale mi-humaine）（由于缺乏技术［technique］），并在原始的自然宗教（la religion naturelle primitive）中反映出来。将人与自然联系起来的能动关系（les rapports actifs）和人与人之间的能动关系仍然是极其有限和狭隘的，生产力所蕴含的力量还没有真正显现出来。因此，人类产生出宗教，而宗教的卓越的超验的力量则在精神层面上反映了人类在自然面前的实践的物质的无能为力。所以，宗教在根本上是一种特殊的生产方式（modes particuliers de la production），它遵循着自身的普遍规律，但没有自己的历史发展：它始终是对物质历史发展（le développement historique matériel）的一种反映。

　　人在生活中以宗教的方式展现了那些构成他现在至关重要的弱点的东西。宗教是在不发达的生产力基础上产生的，随后又成为对社会经济过程的有意义和无意义的一种升华的非现实反映。因为随着人口的增长，生产率（la productivité）的提高，生产力的发展和需要的倍增，随着劳动划分为物质劳动和精神劳动，随着私有制暴政（la tyrannie de la propriété privée）的建立和巩固，宗教开始将人与其劳动产品的关系的异化表现为他的没有得到满足的现实冲动（pulsions réelles）的幻想性满足。生产力的不发展（Le non-développement des forces productives）决定了宗教的产生，而生产力的发展随后又决定了宗教的继续"发展"。作为虚弱和异化的表现，宗教反过来又以自己的方式使人同人的生命和本质力量（forces essentielles）相异化。宗教绝不是某种人的存在的力量（la force de l'être de l'homme）的标志，只不过是由于人的软弱、挫败、不满和异化才产生的。作为一种从具体条件中产生的抽象（abstraite），宗教就是一种人的理论异化和实践异化的产物。神秘主义（la mystique）没有暗示它自身的真理性，反而遮蔽了现实的真理性，掩盖了它自身的神秘性（mystification）。马克思以一种极大的狂热向**一切宗教宣战**。马克思对实践的异化（l'aliénation pratique）、物质基础的异化（l'aliénation de la base matérielle）、意识形态的异化（l'aliénation idéologique）和唯灵主义的上层建筑的异化（l'aliénation de la superstructure spiritualiste）的批判性分析在对宗教和宗教虔诚（la religiosité）的批判中达到顶点。

　　在马克思的第一部"马克思主义（marxiste）"著作的开篇，即他的《〈黑格尔法哲学批判〉导言》的第一页中就充满了这种极大的反宗教热情："对宗教的批判是其他一切批判的前提……反宗教的批判的根据是：**人创造了宗教**（L'homme fait［macht］la religion），而不是宗教创造人。就是说，宗教是还没有获得自身或已经再度丧失自身的人的自我意识和自我感觉……人就是**人的世界**（*le monde de l'homme*），就是国家（l'État），社会（la société）。这个国家、这个社会产生了宗教，一种**颠倒的世界意识**（*conscience du monde renversée*），因为它们就是**颠倒的世界**（*monde renversé*）。宗教是这个世界的总理论，是它的包罗万象的纲要，它的具有通俗形式的逻辑，它的唯灵论的荣誉问题［Point-d'honneur］，它的狂热，它的道德约束，它的庄严补充，它借以求得慰藉和辩护的总根据。宗教是人的本质（l'être humain）在**幻想中的实现**（la *réalisation imaginaire*），因为**人的本质**不具有真正的现实性（vraie réalité/*wahre Wirklichkeit*）……**宗教里的**苦难既是现实的苦难的**表现**（l'*expression*），又是对这种现实的苦难的**抗议**（la *protestation*）。宗教是被压迫生灵的叹息，是无情世界的心境，正像它是无精神活力的制度的精神一样。宗教是人民的**鸦片**（l'*opium*）。"①

马克思首先批判的是事物本身，一切真正的现实性的根源：人的实践活动，亦即人的异化了的生命。正是因为宗教是被抽空了本质的生命的庄严补充，因此马克思对宗教进行了彻底的批判。但批判并不是他的目的。相反，马克思是要抨击那些**停留**在批判或批判的批判层面上的黑格尔左派（les hégéliens de gauche），即以大卫·弗里德里希·施特劳斯、布鲁诺·鲍威尔、麦克斯·施蒂纳、路德维希·费尔巴哈为代表的青年黑格尔派（jeunes-hégéliens）。不同于黑格尔和老年黑格尔派（vieux-hégéliens）借助精神和观念来**理解一切**（*comprenant tout*），青年黑格尔派则**批判一切**（*critiquaient tout*），即通过将一切都归结为一种宗教和宗教观念（représentation religieuse）的问题来批判一切。宗教的全部统治都是预先设定的，宗教观念支配着所有的现实和观念。因此，在以宗教和神学的方式解释了一切事物之后，这些批判的批判家就想要抨击这种统治是对人的真正的、自然的生命的一种篡夺

---

① Karl Marx, *Contribution à la critique de la philosophie du droit de Hegel. Introduction. Œuvres philosophiques*, T. I, Paris：Costes，1946，p. 83 - 84. 中文版参见《马克思恩格斯全集》第 3 卷，第 199—200 页。

(usurpation)。他们想要将人们从他们的宗教桎梏（entraves religieuses)中解放出来。然而，由于他们是一群借助宗教来看待一切事物的人，因此，他们对束缚人们的枷锁的否定仍然是意识形态意义上的批判的、抽象的、神学的——以一种反神学的形式——和冗长的。马克思的哲学著述（《〈黑格尔法哲学批判〉导言》《1844 年经济学哲学手稿》《神圣家族》《关于费尔巴哈的提纲》《德意志意识形态》）都是由他的双重哲学斗争所激发的：一方面是反对黑格尔的"唯心主义"和"唯灵主义"；另一方面是反对黑格尔左派的伪激进主义（le pseudo-radicalisme)、伪人道主义（le pseudo-humanisme）和伪唯物主义（le pseudo-matérialisme)。马克思对现存的现实本身和与之相应的意识形态进行批判，而这一批判的最终目标就是要求对所有事物进行实践的革命的改造（la transformation pratique et révolutionnaire)。这场斗争不是以"哲学真理(la vérité philosophique)"的名义进行的，而是为了在实践层面上超越异化，实现生产力的解放和人的解放。

于是，对宗教的批判便指向它从中产生的那个世界，后者是异化的根源，必须被消灭。"反宗教的斗争间接地就是反对以宗教为精神**抚慰**的**那个世界**的斗争……废除作为人民的**虚幻**幸福的宗教，就是要求人民的现实幸福。要求抛弃关于人民处境的幻觉，就是**要求抛弃那需要幻觉的处境**。因此，对宗教的批判就是**对苦难尘世——**宗教是它的**神圣光环**（l'auréole)**——的批判的胚芽**。"①一切宗教的超然存在（transcendance religieuse)都是虚幻的和异化的，因此必须被**废除**。宗教以意识形态的方式表现技术的弱点(les faiblesses de la technique)和人的实践组织(l'organisation pratique des hommes)。只有一种全能的技术和实践才能使人复归自身，复归人的真正工作。马克思力图使去异化的实践（la pratique désaliénée)同对这种实践的理论理解（la

---

① Karl Marx, *Contribution à la critique de la philosophie du droit de Hegel. Introduction. Œuvres philosophiques*, T. I, p. 83 - 84. 中文版参见《马克思恩格斯全集》第 3 卷，第 199—200 页。

compréhension théorique)"相符合(coïncider)",而没有深入探究这种
"去神秘化的(démystifiant)"事业的内容与意义。马克思在《关于费尔
巴哈的提纲》的第四条和第八条中写道:"费尔巴哈是从宗教上的自我
异化,从世界被二重化为宗教世界和世俗世界这一事实出发的。他做
的工作是把宗教世界归结于它的世俗基础。但是,世俗基础使自己从
自身中分离出去,并在云霄中固定为一个独立王国,这只能用这个世俗
基础的自我分裂和自我矛盾来说明。因此,对于这个世俗基础本身应
当在自身中、从它的矛盾中去理解,并且在实践中使之发生革命。因
此,例如,自从发现神圣家族的秘密在于世俗家庭之后,世俗家庭本身
就应当在理论上和实践中被消灭。……全部社会生活在本质上是**实践
的**(*pratique*)。凡是把理论引向神秘主义的神秘东西,都能在人的实
践(la praxis)中以及对这种实践(pratique)的理解中得到合理的
解决。"①

马克思的斗争对象不只是**基督教**(le *christianisme*),他的目标是
废除一切宗教虔诚(*religiosité*)和宗教。马克思对**犹太教**——他祖先
所创立的宗教——的谴责更加激烈。②

马克思既不是以神学的或宗教的方式,也不是以政治的方式,而是
以社会的即经济的方式来考察犹太人问题的。他不是在犹太教中寻找
犹太人的秘密,相反,只有在作为一种现实的犹太人中才能发现犹太教

————————

①　参见《马克思恩格斯文集》第1卷,第500—501页。同样的观点他也在《资本
论》中表述过:"只有当实际日常生活的关系,在人们面前表现为人与人之间和人与自
然之间极明白而合理的关系的时候,现实世界的**宗教反映**(le *reflet religieux*)才会消
失。只有当社会生活过程即物质生产过程的形态,作为自由联合的人的产物,处于人
的有意识有计划的控制之下的时候,它才会把自己的神秘的纱幕揭掉。但是,这需要
有一定的社会物质基础或一系列物质生存条件,而这些条件本身又是长期的、痛苦的
发展史的自然产物(le produit naturel/*naturwüchsig*)。"参见 Karl Marx, *Le Capital*,
T. I, p. 91. 中文版参见《马克思恩格斯全集》第44卷,第97页。

②　马克思是犹太人之子,他的父母都"皈依了"新教。马克思的父亲是一个拉比
之子,他在卡尔·马克思出生之前就受洗。马克思的母亲也是拉比的后裔,她在父母
逝世之后加入福音教派。但是,马克思的父母,特别是他的父亲是自由的新教徒,没有
很深的宗教信仰。卡尔·马克思在他六岁时接受洗礼。

的秘密。他在**实际需要**(le *besoin pratique*)和**私人利益**(l'*intérêt*)中发现了犹太教的尘世的、世俗的和真正的基础。在马克思看来,**做生意**(le *trafic*)和**金钱**(l'argent)分别构成了现实的犹太人而不是理想化的安息日的犹太人的礼拜(le culte)和神(le Dieu)。马克思花费大量笔墨来讨论**犹太人问题**(*la question juive*)表明,他的强烈愿望就是废除犹太教及其实际的、功利主义的和商业的精神:

"那好吧! 从**做生意**和**金钱**中解放出来——因而从实际的、实在的犹太教中解放出来——就会是现代的自我解放了。如果有一种社会组织消除了做生意的前提,从而消除做生意的可能性,那么这种社会组织也就会使犹太人不可能存在。他的宗教意识就会像淡淡的烟雾一样,在社会这一现实的、生命所需的空气中自行消失。另一方面,如果犹太人承认自己这个实际本质毫无价值,并为消除它而工作,那么他就会从自己以前的发展中解脱出来,直接为人的解放工作,并转而反对人的自我异化的最高实际表现。

总之,我们在犹太教中看到普遍的**现代的反社会的**(*antisocial*)要素,而这种要素,经由有犹太人在这一坏的方面热心参与的历史发展,达到自己目前这样的高度,即达到它必然解体的高度。

犹太人的解放(l'*émancipation juive*),就其终极意义来说,就是人类从**犹太精神**(*judaïsme*)中得到解放。"①

犹太人已经用犹太人的方式解放了自己,即把一切事物都转化为**商品**(*marchandise*),使犹太人的实际精神成为基督教各国人民的精神,把基督徒转化为犹太人。由此,他们在建造资产阶级的资本主义的社会(la société bourgeoise et capitaliste)方面进行密切合作,这个社会从自己的内部不断产生犹太人。犹太人被指责剥夺了整个世界——人的世界和自然界——固有的价值,从而将一切事物都变为异化的商业

---

① Karl Marx, *La question juive*, *Œuvres philosophiques*, T. I, Paris: Costes, 1946, p.206. 中文版参见《马克思恩格斯全集》第 3 卷,第 192 页。

的价值(valeur marchande et aliénatrice)。这种在犹太教中以意识形态的方式存在的对人与自然界的贬低(abaissement)，正是现实的犹太人在实践层面上完成的。"抽象地存在于犹太宗教中的那种对于理论、艺术、历史的蔑视和对于作为自我目的的人的蔑视，是财迷的**现实的、自觉的**看法和品行。就连类关系本身、男女关系等等也成了买卖对象！妇女也被买卖。犹太人的想象中的民族是商人的民族，一般地说，是财迷的民族。"[①]犹太人的法律只是一种虚假的流于形式的讽刺画，一种隐含着导致报复的法律，一种在狡猾的实践中被不断废除的法律。这种狭隘的、有限的、功利主义的、自私自利的、唯利是图的、庸俗的和非理论的(a-théorétique)实践正是马克思以真正的实践——去异化的(désaliénée)、革命的(révolutionnaire)、共同体的(communautaire)以及带来对自身的理论理解(compréhension théorique)的实践，向未来敞开的实践——的名义所强烈批判的对象。[②]"**犹太精神**(le *judaïsme*)不可能作为宗教继续发展，即不可能在理论上继续发展，因为实际需要的世界观，按其本性来说是狭隘的，很快就会穷尽。实际需要的宗教，按其本质来说不可能在理论上完成，而是只能在**实践**(la *pratique*)中完成，因为实践才是它的真理。犹太精神不可能创造任何新的世界。"[③]

　　起源于犹太教的基督教最终又还原为犹太教。基督教没有战胜实在的犹太教。基督教没有消除犹太教的实际需要(le besoin pratique)和庸俗实践(la pratique vulgaire)，而是使其升华了。本质上的犹太教，而非摩西五经(Pentateuque)和塔木德(Talmud)中的犹太教，在基督教中得到升华。而基督教正变得越来越实际而鄙俗，重新还原为犹太教。"基督教是犹太教的思想升华，犹太教是基督教的鄙俗的功利应用，但

　　① Karl Marx, *La question juive*, *Œuvres philosophiques*, T. I, p. 210. 中文版参见《马克思恩格斯全集》第 3 卷，第 195 页。

　　② 另参见引用过的《关于费尔巴哈的提纲》中的第一条和第八条内容。

　　③ Karl Marx, *La question juive*, *Œuvres philosophiques*, T. I, p. 211. 中文版参见《马克思恩格斯全集》第 3 卷，第 196 页。

这种应用只有在基督教作为完善的宗教**从理论上**完成了人从自身、从自然界的自我异化之后，才能成为普遍的。只有这样，犹太教才能实现普遍的统治，才能把外化了的人、外化了的自然界，变成可让渡的、可出售的、屈从于利己的需要、听任买卖的对象。"①于是，**基督教使资产阶级社会**（*la société bourgeoise*）——它扼杀类人（l'homme générique），使人的世界分解为一个"原子式的"异化的个人的世界（monde d'individus «atomistiques»〔*atomistischer Individuen*〕aliénés）——的繁荣发展成为可能。犹太教，作为基督教和资产阶级社会的起源，随着以自私自利的、商业的利益为基础的**资产阶级社会**的完成而达到自己的顶点。犹太精神不能创造任何新的世界，就将一切其他的创造物和观念吸引到自己的活动范围内，虽然它自身仍然是被动的，但它能通过它的实践精神（esprit pratique）将它们都变成商品。于是，犹太精神（l'esprit juif）就成为资产阶级社会的实践的自私自利的精神。在资产阶级社会中，利己主义的需要和实践对象所构成的这个世界仍然从属于犹太人的世俗的上帝，即金钱。马克思并不想为犹太人的解放作出贡献，而是希望克服异化的人类社会能够废除犹太精神的经验本质（l'essence empirique），即做生意及其前提，从而使犹太人不可能成为犹太人。马克思并不想谴责犹太人的社会狭隘性（la limitation sociale），而是想要废除和超越社会的犹太局限性（la limitation juive de la société）。马克思在《论犹太人问题》中是以这样一句宣言结束的："犹太人的**社会**解放（l'émancipation *sociale*）**就是社会从犹太精神中获得解放**（*c'est l'émancipation de la société du judaïsme*）。"②

　　根据马克思对宗教这一特殊而又具有决定性的意识形态异化和唯灵主义上层建筑领域的解释，**一切宗教都将归结于实践**（la pratique）。

---

①　Karl Marx, *La question juive, Œuvres philosophiques*, T. I, p. 212. 中文版参见《马克思恩格斯全集》第3卷，第197页。
②　Karl Marx, *La question juive, Œuvres philosophiques*, T. I, p. 214. 中文版参见《马克思恩格斯全集》第3卷，第198页。

实践和技术（la technique）的不发达状况决定了原始的"自然"宗教的诞
生。生产力的欠发展和私有制时代的生产关系固有的障碍决定了宗教
的性质，即对现存事物状况的唯心主义辩护和对现实苦难的虚伪抗议
（pseudo-protestation）。实践和技术的充分发展将使宗教变得彻底**无
用**（*inutile*），从而废除一切宗教。宗教是建立在一种匮乏（manque）、一
种缺陷（défaut）和一种局限（limitation）之上的。宗教的真理存在于实
践中，作为宗教，它本身没有实践，正如它没有自己的历史一样。由于
实践——它始终会被升华——不包含任何现实的真理，因此，宗教只是
对现实异化的异化表现，当然，它也促进了这种异化的维系。马克思不
承认宗教具有任何塑型的和根本的作用（rôle formateur et
fondamental）。在他看来，无论是**政治**（la *politique*）还是**宗教**（la
religion），无论是**艺术**（l'*art*）还是**哲学**（la *philosophie*）都不是人类历
史——即使是异化的人类历史——的构成性力量（puissances
constitutives）。实践是真理性和现实性的唯一源泉。只有实践将人与
世界联系起来，而介于中间的其他一切事物都是对异化的表现
（expression）、反射（reflet）和反映（réflexe）。问题在于：宗教是如何发
挥这种力量的呢？马克思没有认识到宗教的重要性。他的宗教观仍然
是简短的（courte）。他不仅反对历史上的各种宗教，而且反对一切宗
教虔诚（religiosité），反对关于神圣本身（divin même）或神圣之物
（sacré）的一切发现。只有人的实践及其相应的理解力（la
compréhension）才是"神圣的（sancifiée）"。甚至不存在任何关于"神
圣"或"神圣之物"的问题，它们只不过是宗教幻想（l'imagination
religieuse）的异化的产物，而宗教幻想本身又是异化了的物质生产的副
产品。异化了的人的生活孕育了宗教。宗教的消亡和废除将与以人本
身为基础的人的真正诞生同时发生。因此，马克思的思想和计划以及
他所谈论的世界就被打上了**上帝之死**（*la mort de Dieu*）、人类谋杀上
帝的标签。

马克思迅速概述了一下**原始的自然的**宗教，没有谈论**东方的亚洲**

的宗教,而且对**异教徒的多神教**(*polythéisme païen*)也不感兴趣。他始终关注的是产生现代西方(l'Occident moderne)、资产阶级的资本主义的欧洲(l'Europe bourgeoise et capitaliste)的运动,这种运动一旦被超越,建立普遍的人类社会就将成为可能。作为**一神教的犹太教**为**基督教**做好了准备。基督教是完成了的宗教、卓越的宗教(la religion κατ' εξοχήν)、宗教的本质,是把**人神明化了的**宗教(la religion de *l'homme déifié*)。马克思没有花费太多时间讨论这种**宗教的本质**(*essence de la religion*)以及一般的宗教和特殊的基督教所造成的严重问题,只希望超越一神教(monothéisme)和把人奉为神明(l'homme déifié),使人真正成为人,使人作为自然的社会的存在物生活在地球上,而无须任何宗教的天堂。在**神学**方面,马克思几乎没有提出任何问题,因为他只是将其看作另一种异化了的理论活动(哲学)的"腐朽的顶点(point pourri)"。

然而,到目前为止,宗教异化并不是以理论的形式来表现异化实践的唯一异化。其他不承认它们的反映特性的意识形态力量也反映了人的无能为力。意识形态,各种形式的上层建筑和(异化了的)理论——虽然实际上只是反映形式——都没有认识到它们的作用,不知道它们的本质。作为社会意识的诸形式(formes de la conscience sociale),作为一定启蒙**意识**(*Bewusstsein* éclairant)的诸形式和观念,作为概念(représentations),它们以一种异化的方式表现了在它的异化中决定它们的东西:人的存在(l'être [*Sein*] de l'homme)必须处理的事物,人在世界中的实际在场(présence effective)。它们的确照亮了一些东西,但它们所照亮的东西是黑暗的。它们是从人的具体生成(devenir concret des hommoes)中抽象出来的,它们以抽象的方式使人的具体生成和它们自身固定下来,它们构成了抽象(abstractions)。它们的"真理性(vérité)"是非真实的(non-vraie),因为它们以虚幻的方式揭示了一种非实际真实的现实性(une réalité non effectivement réelle)。为了真正理解意识形态异化,这里我们需要再次回到马克思的基本框架,回到他的思想道路,回到没有划分为方法(méthode)和学说(doctrine)的运动的中心。

根本的、能动的和现实的(agissante et réelle〔*wirkend et wirklich*〕)、真正第一性的和作为一切真理之源泉的现实,就是**物质生产力的发展**(*le développement des forces productives et matérielles*),即工具(instruments)和人类劳动(travail humain),这使人的存在能够在同自然的对抗中确立自己的地位。自然只是通过人类的自然史(histoire humaine naturelle)才与人息息相关,而不是因为自然"先在于(préexiste)"人。感性劳动(travail sensible)是感性世界(monde sensible)的基础,是通过人并为了人而存在的事物总体的基础。生产力的发展产生了**生产关系**(*les rapports de production*),即人与人之间的关系和人与生产力之间的关系。生产力和生产关系的总和构成了**人类社会的经济结构**(*la structure économique de la société des hommes*)、人类历史性生成的**物质现实**基础(la base *réelle et matérielle*)。正是生产劳动的异己的外化(l'extériorisation aliénante du travail productif)构成了普遍异化(l'aliénation générale)的基础。

在物质现实基础上建立起来的**法的和政治的上层建筑**(*la superstructure juridique et politique*),是实际的生产关系、社会组织、政治生活和国家在法律上的表现。这种上层建筑是**唯心主义的和唯灵主义的**,因为它**以意识形态的方式**歪曲了现实的物质的事物状态的意义。同这种意识形态上层建筑相对应的是作为它的组成部分的、受制约的、被决定的社会意识形式。意识诸**形式**都是**理论的**(*théoriques*),同实践活动相对立,它们所表现的东西对它们来说仍然是隐蔽的:推动它们的真正**力量**对它们来说仍然是未知的。因此,准确地说,这些意识形式是无意识的(inconscientes)。建立在实践之上的思想在意识形态上认为自己是建立在自身之上的。这种通过思想的中介而完成的东西似乎是由思想完成的,要归功于思想。概念、观念、思想、理论、意识形式等都是抽象的,都是对一种现实的、物质的异化(aliénation réelle et matérielle)的意识形态反映（reflet idéologique），即异化的反映（reflet aliéné）。**宗教的、道德的、艺术的、哲学的和科学的创造物形成了主要的精神产品，它们实际上是人的技巧性活动、工业活动和物质生产的一些特殊的升华物。**这些反映以一种虚幻的方式反映了真正的现实，反映了发展——人们在生产人的生命和生产的经济条件（les conditions économiques de la production）时所采用的技术的发展——的内在动力。生产**关系**本身的某些方面，不管已经是法律的东西还是可能成为法律的东西，都掩盖或限制了发展的意义，并以这种方式进入上层建筑。法律同"道德"是相关的；对于政治而言，它并不是一种真正的现实活动，而是在异化中"组织"了社会有机体的生命（la vie de l'organisme social）。最后，意识形态的诸形式——有时部分是"真实的"，部分是能动的和"现实的"——在本质上构成了那种维持着人的无能为力的异化的力量，因为它们将事物转化为观念，混淆了观念和事物。

为了使马克思的反哲学的哲学（la philosophie anti-philosophique）成为在哲学上是可理解的，必须严谨地理解这种激烈的反形而上学的（anti-métaphysique）"形而上学"的全部**激进的**（*radicale*）、**还原的**（*réductive*）和**片面的**（*unilatérale*）深刻性。各种松散而宽泛的解读，通过剔除马克思思想中的锋芒而使其变得乏味和扁平，因而从未通达马克思思想的核心。这些解读只是试图使马克思的粗暴思想（la pensée brutale）变得更"容易理解"。马克思希望自己的思想能够摆脱哲学预设的影响，而从经验出发，从人的自然史和社会史的现实物质前提出发。然而，马克思提出的这种思想仍然是沿着形而上学的轴线展开的，即使是以否定的形式展开的。马克思对**一般观念**（*idées* en général）的批判，对赋予意识形态以生命的观念的批判是百折不挠的（implacable）。

正是因为"观念"是对有限性的缺陷（vice de la limitation）、现实的人类史的内在障碍和现实的异化史的升华的、唯心主义的和意识形态的表现，因此，他们才以产生实际真理和历史的实践（la praxis）的名义进行斗争："我们需要深入研究的是人类史，因为几乎整个意识形态不是曲解人类史，就是完全撇开人类史。意识形态本身只不过是这一历史的一个方面。"①事实上，马克思是同**所有**从一开始就被认定为唯心主义的意识形态作斗争。他反对任何柏拉图式的唯心主义或基督教的唯心主义（尼采会说，基督教就是通俗的柏拉图主义［platonisme populaire］）抑或现代唯心主义，反对思想的全部自主性（autonomie）。马克思写道："但是，意识本身究竟采取什么形式，这是完全无关紧要的……不言而喻，'幽灵''枷锁''最高存在物''概念''疑虑'显然只是孤立的个人的一种观念上的、思辨的、精神的表现，只是他的观念，即关于真正经验的束缚和界限的观念；生活的生产方式以及与此相联系的交往形式就在这些束缚和界限的范围内运动着。"②这里不仅针对黑格尔左派，而且包括一切被认为是对现实障碍的唯心主义表现的"观念"。观念形成的秘密就在现实的实践之中。它们的"丰富性（richesse）"对应于社会财富的生产，它们的空虚（vide）则表明了人类尽管投入了大量的生产性劳动却仍然在贫困中挣扎的状况。人与人、人与物之间的**真实关系**（*rapport réel*）通过意识形态的中介（l'intermédiaire）而被升华为一种思想、一种观念③。至于第一位的根本的**实践**（la *praxis*），马克思实际上没有阐明它的本质，因为它既被用来解释实践活动，也被用来解释理论活动。在这里，马克思做了思想家们通常都会做的事情：遗留下未被解释的东西，并用它来解释整个存在。

　　人的力量发现自己的道路被观念堵塞了，因为观念阻碍了人的本质力量的发展。观念就像生产工具一样是同统治阶级联系在一起的。那些统治着尘世（terre）并剥夺工人的生产劳动的人们，也生产了"神圣的"的占统治地位的观念。观念并不是表现了某种普遍之物，而是作

①　Karl Marx, Friedrick Engels, *L' Idéologie allemande*, *Œuvres philosophiques*, T. VI, p. 153－154. 中文版参见《马克思恩格斯文集》第1卷，第519页。
②　Karl Marx, Friedrick Engels, *L' Idéologie allemande*, *Œuvres philosophiques*, T. VI, p. 171－172. 中文版参见《马克思恩格斯文集》第1卷，第535页。
③　可以说，"**思想**（*pensées/Gedanken*）"和"**观念**（*idées/Ideen*）"两个术语是被马克思作为同义词来使用的。但"*idées*"这个术语是在较为贬义的意义上被使用的。

为反映的形式反映了一种自认为具有普遍性的特殊之物。"统治阶级的思想在每一时代都是占统治地位的思想。这就是说，一个阶级是社会上占统治地位的**物质**力量，同时也是社会上占统治地位的**精神**力量。支配着物质生产资料的阶级，同时也支配着精神生产资料，因此，那些没有精神生产资料的人的思想，一般是隶属于这个阶级的。"①

因此，占统治地位的思想、观念、范畴和原则就是对占统治地位的物质条件的观念的、唯心主义的和意识形态的表现。那些拥有生产资料的人们也生产出他们时代的观念，掌管着这些观念的分配与消费。统治阶级拥有其他被统治阶级所没有的东西，观念服务于补偿和升华这种**双重缺乏**(manque *double*)：物质缺乏和精神缺乏。因此，观念服务于它们所奴役的人们。不存在永恒的法则和不朽的思想，只有以经济和占统治地位的观念为基础的社会历史规律。观念和思想没有属于自己的历史和发展，因为它们只是对物质历史和物质发展的唯灵主义的精神升华。它们的前提是现实的和物质的。如果它们的地位变为抽象的、意识形态的和非现实的，那么，这是异化的双重性质即根本的经济异化和派生的意识形态异化所造成的结果。思维和观念、思想与意识形式、理论和概念必须根据它们的具体社会历史性质(caractère social et historique concret)、它们的经验确定性(déterminations empiriques)、生产的发展阶段(la phase du développement de la production)和相应的生产关系模式(le mode des rapports de production)来加以分析和批判。观念自认为是自主的产物(productions autonomes)，但实际上，在现实中，它们只是赋予自身这种自主性，但这并不意味着它们具有实际的独立性。它们自身的逻辑来自别处。

私有财产的统治和社会劳动分工(la division du travail social)使思想和观念发生异化。正如在整个社会内部生产劳动被分化了一样，精

---

① Karl Marx, Friedrick Engels, *L'Idéologie allemande*, *Œuvres philosophiques*, T. VI, p. 193. 中文版参见《马克思恩格斯文集》第 1 卷，第 550 页。

神劳动在占统治地位的社会阶级的内部也被分化了。一部分人是观念的生产者,即思想家和活跃的意识形态家,而另一部分人则是生产出来的观念的被动接受者和消费者。相反地,那些隶属于统治阶级的意识形态产品的被动消费者是统治阶级中的社会活跃成员。占统治地位的观念,虽然它们可能占据主导地位,但仍然同它们的社会支撑(support social)紧密相连,因而只能过着它自己的生活,并且知道它将会消亡。它们只是将非真实的现实以理论的方式转化为一种虚幻的语言,甚至产生出它们独立于具体的个人和社会条件的幻觉,即使它们没有将自己看作历史生成的动力。它们的"真理性"就存在于它们的虚幻(mensonge)和迷误(errement)之中。

因此,可以说,意识形态异化的特性是双重的:一方面,观念用一种畸形的方式表现物质力量的现实关系,因而建构起一种不可靠的和不充分的反映;另一方面,观念臆造出一种关于自身力量的幻想,即它们能够将社会个人(individus sociaux)的现实生活转化为意识形态生活。于是,人们就在同实际的、具体的现实和实践的未公开的完全的矛盾中以一种抽象的异化的方式过着"道德的""宗教的""理论的"和"艺术的"生活。因为人作为一种理论存在并没有被异化,人的意识的异化并不是根本的异化。人的现实的物质的异化,关于人的现实劳动的材料(le matériel de son travail réel)的异化才是一切异化的根基(la racine)。这种彻底的异化反映(reflétée)和隐藏(voilée)在一切意识形态中。人们甚至认为是观念和概念支配着历史(黑格尔),或者通过其他的观念来寻求解放(黑格尔左派)。但是,这是完全错误的,并且歪曲了生成的真正意义。为了揭示在社会空间和时间中接踵而来的各种观念的功能、联系(la connexion)、秩序(l'ordre)和起源的秘密,我们必须着眼于经验基础(la base empirique)和基础构造(l'infrastructure)。我们必须彻底祛魅任何作为神秘关系——它具有一种构成观念世界之本质的特殊辩证法(dialectique spécifique)——的观念。通过用(精神性的)观念代替(现实的、物质的)关系,一切都被转化为观念,各种存在物和事物丧失了它们的真理性而变成**空想的**(*idéaux*)。通过这些意识形态的建构，人的关系便被隐藏起来。将人与自然、人与人联结起来的关系的总和转变为某种自主的东西，成为一种对人来说不可思议的力量，一种陌生的、外在的、敌对的力量。从在生活过程中被建构起来的诸关系中脱离出来的一切东西现在凌驾于人们(hommes)和人类(l'humanité)的头顶上，这既阻碍了人们通过生产他们的生命来生活，也阻碍了他们通过理论来理解这种实践(pratique)。

因此，马克思似乎致力于把**理论**、**思想**、**意识**、**概念**、**观念**和**精神生产**——缺乏现实的真理性、掩盖实践的意识形态异化的形式和力量——投入**地狱之火**(feux de l'enfer)。马克思的批判目的是扬弃异化和异化的双重方面。我们已经说过，马克思作为研究经济异化和派生的意识形态异化的**思想家**，并没有成功克服把现实与思想、(人的)存在与(自我)意识对立起来的观念。马克思总是用一种二重性的方式进行思考，即使他在谈论首要的、原始的东西和次要的、从属的东西时亦是如此。观念和事物(les choses)仍然是分离的。因此，即使迄今为止的全部理论、意识形式或系统化的观念都是异化的和意识形态的，理论、意识和观念的力量也将带来异化的废除——当然，这是生产力发展的表现。一旦异化被认识到，催生了无产阶级的技术和工业发展到一定程度，思想似乎就可以变为真实的、现实的和能动的。正是技术的欠发达决定了意识形态的虚假(le mensonge idéologique)，目前技术的成熟程度在人类历史上第一次允许思想和观念成为真实的(vraies)和现实的(réelles)。

肩负着扬弃异化使命的无产阶级，如果缺乏启发其斗争的革命思想的指导，就无法完成这一任务。那么，无产阶级从哪里能够获得这种革命思想呢？答案就是抛弃他们自身所处的阶级即统治阶级，加入作为被压迫阶级的无产阶级(prolétariat)的资产阶级知识分子。正是这种对历史形势的**意识**(la conscience)决定了脱离自己阶级的知识分子阵营的变化。正是这种**来自外部的**意识催生了无产阶级。在这里，意识、理论、思想和观念不再是一种简单的意识形态附带现象（simple épiphénomène idéologique），而是**超越了**特殊的经验条件而上升到能够俯瞰整体的高度。在这里，在某种意义上，世界的次要方面迈出了第一步，资产阶级知识分子给无产阶级**带来**的理论武器对于他们的实际解放是根本必要的（因为并不是无产阶级的实践［la pratique］直接产生了革命理论）。作为资产阶级知识分子和《共产党宣言》的作者，马克思没有关注这里明显存在的二元论，而是继续写道："最后，在阶级斗争接近决战的时期，统治阶级内部的、整个旧社会内部的瓦解过程，就达到非常强烈、非常尖锐的程度，甚至使得统治阶级中的一小部分人脱离统治阶级而归附于革命的阶级，即掌握着未来的阶级。所以，正像过去贵族中有一部分人转到资产阶级方面一样，现在资产阶级中也有一部分人，特别是已经提高到能从理论上认识整个历史运动的一部分资产阶级思想家，转到无产阶级方面来了。"[①]这种关于整个历史运动的**理论认识**（*conscience théorique*），这些新的革命观念和思想，通过异化世界中的知识分子的中介而成为新世界的先锋（l'avant-garde），并使它的**双重**斗争（*double* lutte）取得丰硕成果：它的**实践的**（*pratique*）、经济的和政治的斗争和它的**理论的**（*théorique*）（意识形态的或"意识形态的?"［idéologique ou «idéologique?»］）斗争。

因此，革命阶级**接受了**（*reçoit*）革命观念，这种理论指导着实践（la pratique）。有意识的存在（l'être conscient）优先于人的存在（l'être des hommes）。即使是富于战斗性的、凯旋的马克思主义（le marxisme militant et triomphant）也没有成功克服这种革命意识的观念（conception de la conscience révolutionnaire），即虽然革命意识**表现了**无产阶级的物质的、现实的革命情境，但它还是由革命的知识分子从外部带来的。列宁在《怎么办?（我们运动中的迫切问题)》中将革命意识

---

① Karl Marx, Friedrick Engels, *Le Manifeste communiste*, p. 75. 中文版参见《马克思恩格斯文集》第 2 卷，第 41 页。

和理论斗争看作一个至关重要的亟待解决的问题。他不断思考的是
"没有革命的理论（théorie révolutionnaire），就不会有革命的运动
（mouvement révolutionnaire）"。当他认识到伟大斗争的三种形式即**经
济斗争、政治斗争**和**理论斗争**时，他把理论斗争与其他两种斗争置于同
等的地位。

"我们说，工人本来**也不可能**有社会民主主义的意识。这种意识只
能从外面灌输进去，各国的历史都证明：工人阶级单靠自己本身的力
量，只能形成工联主义的意识，即确信必须结成工会，必须同厂主斗争，
必须向政府争取颁布对工人是必要的某些法律，如此等等。而社会主
义学说则是从有产阶级的有教养的人即知识分子创造的哲学理论、历
史理论和经济理论中发展起来的。现代科学社会主义的创始人马克思
和恩格斯本人，按他们的社会地位来说，也是资产阶级知识分子。俄国
的情况也是一样，社会民主党的理论学说也是完全不依赖于工人运动
的自发增长而产生的，它的产生是革命的社会主义知识分子的思想发
展的自然和必然的结果。"① 马克思从未宣扬过原始主义（le
primitivisme）、经济主义（l'économisme）、实践主义（le practicisme）、民
粹主义（le populisme）和对**被剥削群众的自发性的盲目信赖**（la
confiance aveugle）。革命**行动**离不开革命**理论**，这是马克思一以贯之
的立场。然而，马克思没有深入研究这种关系在过去和现在所提出的
问题。

---

① Lénine, *Que faire? sur les questions brûlantes de notre mouvement*, *Œuvres choisies* en 2 volumes, T. I, Moscou, 1946, p. 197 - 198. 中文版参见《列宁选集》第 1 卷(第三版修订版)，人民出版社 2012 年版，第 317—318 页。

第十章　艺术与诗歌

您认为一般人最宝贵的品德——纯朴

您认为男人的最好品德——刚强

您认为女人最值得珍重的品德——柔弱

您的特点——目标始终如一

您对幸福的理解——斗争

您最厌恶的缺点——逢迎

您喜爱的做的事——啃书本

您喜爱的诗人——莎士比亚、埃斯库罗斯、歌德

您喜爱的散文家——狄德罗

您喜爱的英雄——斯巴达克、刻卜勒

您喜爱的女英雄——甘泪卿

您喜爱的格言——人所固有的我无不具有

您喜爱的座右铭　　怀疑一切①

---

① 这是马克思玩过的一种"自白"游戏的一部分,参见 J. Fréville, *K. Marx, Fr. Engels, Sur la littérature et l'art*, Paris: Éd. Sociales, 1954, p. 359. 中文版参见[苏]瓦·奇金:《马克思的自白》,蔡兴文等译,中国青年出版社1982年版,第3—4页。(德文版参见 N. Rjasanoff, "Marx' Bekenntnisse," *Die Neue Zeit*, 1913, S. 856 - 857. 英文版参见 Karl Marx and Friedrick Engels, *Literature and Art: Selections from Their Writings*, New York: International Publishers, 1947, p. 145. ——译者注)

　　艺术也是一种上层建筑形式，一种思想升华，一种对经济生活的反映和补充，因而是现实的和异化的。艺术——包括诗歌、文学、戏剧、造型艺术和音乐等艺术形式在内的整个艺术领域——在其内部的发展中没有自己的历史。艺术只是一种特殊的精神上的一般物质生产运动（mouvement général de la production matérielle）。马克思非常明确地否定了各种异化了的上层建筑形式的自主性历史生成（devenir historique autonome des formes de la superstructure aliénée）："没有政治史、法律史、科学史等等，艺术史、宗教史等等。"①正是意识形态思想家颠倒了历史的力量，使它头足倒立行走。

　　作为**艺术**（*art*）的"τέχνη"是作为**技术**（*technique*）的"τέχνη"的创造物之一。经济的生产性的技术（la technique productive et économique）和社会条件（les conditions sociales）决定着一切人类创造物，其中就包括艺术品（les œuvres d'art）。我们应该尝试准确理解马克思的思想和话语：经济的决定性只有**在归根结底的意义上**（*en dernière instance*）——在最后分析的意义上（en dernière analyse）——和经过一系列中介的意义上才是真正有效的。然而，正是生产力和与之相应的生产关系构成了全部人类生产发展的持久的、根本的原因。这里马克思非常明确地指出这一观点是他的思想的核心。② 由于生产和经济社

---

① Karl Marx, Friedrick Engels, *L'Idéologie allemande*, *Œuvres philosophiques*, T. VI, p. 250. 中文版参见《马克思恩格斯文集》第 1 卷，第 586 页。

② 为了抨击麦克斯·施蒂纳，即唯一者（l'unicité）的倡导者，马克思在论及拉斐尔（Raphaël）、达·芬奇（Léonard de Vinci）和提戚安诺（Titien）时写道："桑乔以为，拉斐尔的绘画跟罗马当时的分工无关。如果桑乔把拉斐尔同列奥纳多·达·芬奇和提戚安诺比较一下，他就会发现，拉斐尔的艺术作品在很大程度上同当时在佛罗伦萨影响下形成的罗马繁荣有关，而列奥纳多的作品则受到佛罗伦萨的环境的影响很深，提戚安诺的作品则受到全然不同的威尼斯的发展情况的影响很深。和其他任何一个艺术家一样，拉萨尔也受到他以前的艺术所达到的技术成就、社会组织、当地的分工以及与当地有交往的世界各国的分工等条件的制约。像拉斐尔这样的个人是否能顺利地发展他的天才，这就完全取决于需要，而这种需要又取决于分工以及由分工产生的人们所受教育的条件。"参见 Karl Marx, Friedrick Engels, *L'Idéologie allemande*, *Œuvres philosophiques*, T. IX, Paris：Costes, 1948, p. 14 - 15. 中文版参见《马克思恩格斯全集》第 1 版第 3 卷，第 459 页。

会生活是彻底异化的,因而艺术生产(la production artistique)也必然是彻底异化的。

尤其是**过去几个世纪的**资产阶级的资本主义的**社会**(la *société bourgeoise et capitaliste*)使艺术的异化(l'aliénation de l'art)达到极点。通过使艺术品变为一种交换的对象,或者用一定量的结晶劳动(travail cristallisé)换取一定量的其他结晶劳动;通过将艺术品变为一种可交换另一种商品或金钱的商品;通过将艺术品变为一种商贸业务:现代欧洲社会迈出了决定性的一步。它使艺术生产变得商品化(mercantilisa)和物化(réifia),并使之依赖于供求规律。然而,为了实现这一运动,艺术不得不按其本质而成为一种生产的对象,一种劳动的实现(réalisation d'un travail),一种物质产品(和精神产品)。艺术的当前境况加剧了这种艺术的特性。异化似乎是艺术所"固有的"。私有财产的统治(le régime de la propriété privée)是一切经济异化、社会异化和意识形态异化的根源,因此艺术也不例外。这里,我们要再次引用《1844 年经济学哲学手稿》中的一个非常重要的段落:"这种**物质的**、直接感性的私有财**产**,是**异化了的人**的生命的物质的、感性的表现。私有财产的运动——生产和消费——是迄今为止全部生产的运动的**感性**展现,就是说,是人的实现或人的现实。宗教、家庭、国家、法、道德、科学、艺术等等,都不过是生产的一些**特殊的**方式,并且受生产的普遍规律的支配。"①然而,迄今为止,人的实现只发生在异化中,而且人的精神生产使他进一步异化。马克思旨在废除一切异化的根源,扬弃异化的**双重**方面(异化的物质方面和精神方面),希望人能够摆脱异化了的上层建筑诸形式,即政治、家庭、宗教、科学和艺术,以便复归他的合乎人性的存在即社会的存在,因为人就是人自身的基础和根基。

然而,马克思对于艺术的立场仍然是极其含糊而矛盾的。作为一

---

① Karl Marx, *Économie politique et philosophie*, *Œuvres philosophiques*, T. VI, p. 24. 中文版参见《马克思恩格斯文集》第 1 卷,第 186 页。

种异化了的意识形态上层建筑形式,作为一种理想的完全非真实的世界,作为根本异化的物质生产之上的一种特殊的精神生产,艺术就应该像上层建筑中的一切"力量"那样被废除和超越,从而使现实的物质的生产性技术在完成实际改造一切事物的任务中独自施展自己的全部力量吗? 艺术难道不是这些形式中的一种吗? 在刚才引用的马克思的著述中,只有几行文字谈到物质的私有财产、异化了的人的生命的感性表现和异化了的生产运动的感性表现,而**宗教、家庭、国家、法律、道德、科学**和**艺术**都只是特殊的方式。紧接着,我们会读到:"因此,对**私有财产**的积极的扬弃,作为对**人**的生命的占有,是对一切异化的**积极的扬弃**,从而是人从宗教、家庭、国家等等(这里没有像先前一样提到艺术)向自己的**合乎人性的**存在即**社会的**存在的复归。"①因此,人的异化的各种形式即人的生命外化了的各种形式——**宗教、家庭、国家**以及**一切包含在**马克思所说的**"等等"之中的东西**——将被废除和超越。但是,艺术作为其中之一也会被废除和超越吗? 这里我们提出的不是这样一种如此本质的决定性的问题,即关于人在废除家庭、道德、宗教(科学)和国家之后复归合乎人性的存在的结果的问题式(la problématique)。我们把与这种建立在自己的根基上并彻底摆脱了任何异化分支(家庭、道德、法律、政治、国家、宗教、科学和哲学)的人的生命的内容和意义相关的问题留作一个开放性的问题。我们尝试对关于艺术的本质的问题式作一些阐明。

在对异化了的上层建筑的意识形态力量和没有自己的历史的各种形式和力量的列举中,在对使物质生产的匮乏(le manque)得到升华的精神生产的各种形式的定义中,马克思提到艺术,并将艺术看作第二世界(monde second)的构成部分,即意识形态的唯心主义的理想世界和理论世界的构成部分。当马克思想要人复归自己的合乎人性的存在

---

① Karl Marx, *Économie politique et philosophie*, *Œuvres philosophiques*, T. VI, p. 24. 中文版参见《马克思恩格斯文集》第 1 卷,第 186 页。

（唯一的存在），想要人摆脱人的实际无能为力的补充力量（les puissances complémentaires）时，马克思没有谈到艺术（参见上述最后一个引述）。因此，异化不会对艺术产生**致命的**影响吗？扬弃一切异化也不能扬弃作为艺术的艺术吗？

答案是：马克思关于艺术的观点仍然是极其模糊和矛盾的。马克思似乎想要彻底废除家庭、宗教、政治和理论知识，以便人能够全身心地投入生产实践（la praxis productive）中，但他在艺术问题上却犹豫不决。马克思从**双重**视角来看待艺术：一方面，艺术只是一种遵循（物质）生产规律，因而遵循一般异化规律的精神生产，从这个角度来看，艺术当然应该被废除；另一方面，马克思作为一个具体的个人和一个（伟大的）思想家始终关注着艺术，但将这种关注仅仅理解为一种"一般陶冶（culture générale）"或"审美兴趣（intérêt esthétique）"的表现，是非常肤浅的。

马克思在他的青春期就写过抒情诗、浪漫主义诗歌和情诗。1836年，马克思曾送给他正热恋着的未婚妻燕妮·冯·威斯特华伦三本诗集：其中一本命名为《歌之书》（le *Livre des chants/Buch der Lieder*），两本命名为《爱之书》（*Livre de l'amour /Buch der Liebe*）。诚然，这些诗歌还缺乏强烈的**诗意**，马克思后来也认为它们很普通，但充满了一定的**人性的**热情。在这些诗歌中，我们可以听到怀旧、忧郁、悔恨、理想主义和绝望的声音。不过，即便是在这些诗歌中，马克思的马克思主义声音（la voix marxienne）也已经显现出来，正如他写道："我想获得一切，获得神的种种恩宠，我要勇敢地获取知识，掌握艺术和歌咏……切莫在空想中虚掷时光，切莫在枷锁中犹豫彷徨，只要胸怀抱负和渴望，我们就可以将事业开创。"①

马克思也创作了一个幻想剧本《乌兰内姆》（*Oulanem*）的一部分，

---

① 引自 Mehring，*Karl Marx*，Leipzig，1923，p. 15. 中文版参见《马克思恩格斯全集》第 1 卷，人民出版社 1995 年版，第 561—563 页。

一篇对话《克莱安泰斯，或论哲学的起点和必然的发展》(*Cléanthe*, *ou du point de départ et du développement nécessaire de la philosophie*)①，一部幽默小说《斯考尔皮昂和费利克斯》(*Le Scorpion et Félix*)，他痛苦地感叹道："当今之世是写不出叙事史诗的。"②后来，他想为自己的女儿写一部希腊戏剧，但始终没有完成。他对哲学、科学和经济学的紧张工作，对政治和实践活动的指导使他远离了诗歌。但对他来说，艺术并没有失去它的魅力。荷马(Homère)、埃斯库罗斯(Eschyle)(创作了普罗米修斯的悲剧性反抗的诗人)、但丁(Dante)、莎士比亚(Shakespeare)和歌德(Goethe)(《浮士德》的作者，《浮士德》描述了一个人试图通过行动征服世界的故事，歌德一直都是马克思崇敬的诗人)。马克思将他们**特别是埃斯库罗斯、莎士比亚**和**歌德**看作人类最伟大的诗歌天才。他每年都会重读埃斯库罗斯的原著。在众多散文作家和小说家中，塞万提斯(Cervantès)、狄德罗(Diderot)和巴尔扎克(Balzac)给他留下了深刻印象。尽管马克思反对一切模仿者的形式主义，但是他自己总是希望尽可能地关注他的写作风格。他写信给一个朋友说道："如果你是一个**诗人**，那末我就是一个**批评家**。"③但是把马克思变成一个庸俗的艺术社会学家是完全肤浅的。难道他没有把他与之交流的这些伟大诗人，这些创作关于神与人的悲剧和喜剧的诗人看作通过意识形态的、诗歌的异化来表达人的生产活动的现实异化——尽管他们没有意识到这一点——的精神劳动者吗？但是，这种对于艺术的双重态度(作为建立在异化劳动的异化分工[la division aliénante dutravail aliéné]之上的人

---

① 关于马克思的诗歌以及他的其他诗作，参见马克思在 1837 年 11 月 10 日致他父亲的信中所作的评论。Karl Marx, *Cléanthe*, *ou du point de départ et du développement nécessaire de la philosophie*, *Œuvres philosophiques*, T. IV, Paris: Costes, 1948. 中文版参见《马克思恩格斯全集》第 47 卷，人民出版社 2004 年版，第 12—13 页。

② 参见《马克思恩格斯全集》第 1 卷，第 820—821 页。

③ Karl Marx, *Lettre à Freiligrath du 29 février 1860*, citée par Fréville, *K. Marx*, *Fr. Engels*, *Sur la littérature et l'art*, p. 378. 中文版参见《马克思致斐迪南·弗莱里格拉特(1860 年 2 月 29 日)》，《马克思恩格斯全集》第 30 卷(下册)，人民出版社 1975 年版，第 481 页。译文略有改动。——译者注

的创造物的艺术和作为反映一种一分为二的世界的创造物的艺术）到底是什么意思呢？

关于这一问题的答案尚不清楚。让我们对马克思的艺术思想这个问题式做更进一步的限定。马克思把艺术思想看作一种用来对抗没有生气的庸俗之辈和纯粹的艺术消费者的力量，用来反对诗歌和造型艺术（art plastique）领域的一切自治，反对一切唯心主义的或现实主义的唯美主义（esthéticisme），反对一切小资产阶级艺术生产的力量。这种平庸的非本质的生产尤其受到马克思的激烈批判。小资产阶级的艺术创作把有限的和受限的特殊性（la particularité bornée et limitée），把这个阶级的狭隘利益，把它在**支持**（le *pour*）与**反对**（le *contre*）之间的犹豫不决以及它仍然无意识地置身于**一方面和另一方面**的中间状态，统统伪装成普遍的东西。马克思的确公开反对这一切东西，但他也直言支持某些东西。

我们不应该期望在马克思的著作中找到一部艺术史、一种艺术哲学或者一种作为哲学或科学的美学。他对想象的或现实的普遍艺术博物馆（le musée imaginaire ou réel de l'art universel）并不感兴趣。然而，马克思的思想中提出了一种典型形式，即阐述人类历史在通向普遍之路过程中经历了三个阶段：**古希腊**、**中世纪**和**资本主义现代性**（la *Modernité capitaliste*）。因此，马克思在最初的哲学著作中就转向对西方世界之起源的研究。他的博士论文《德谟克利特的自然哲学和伊壁鸠鲁的自然哲学的差别》就是对某种自然主义、唯物主义和无神论之起源的研究。同样地，马克思也转向对作为西方艺术和欧洲艺术之起源和第一阶段的希腊艺术的研究。那么，他从中看到了什么呢？他看到了凡人在同"神"进行普罗米修斯式的斗争中为自己赢得的自由。"只有当看得见的天空，生活的实体联系，政治和宗教生活的吸引力都毁灭时，古代人的斗争才能结束，因为自然应该被劈开以便求得精神自身的统一。希腊人用赫斐斯塔司（Héphaïstos）的艺术铁锤打碎自然，用以

塑造雕像。"①马克思在其博士论文的准备材料中提到这一点。马克思
有时能够看到,虽然可能只是暂时地看到:即使思想的实践(la praxis)
本身是理论性的,非实践的沉思(la contemplation non pratique)也有自
身的闪耀之处。因此,马克思会考察这些雕像,尽管它们已经支离破
碎。"不过,这些神并不是伊壁鸠鲁的虚构。它们曾经存在过。这是希
腊艺术塑造的众神……理论上的宁静正是希腊众神性格上的主要因
素。亚里士多德也说:'最好的东西不需要行动,因为它本身就是
目的。'"②

　　马克思对古希腊造型艺术的欣赏就在于其中光辉闪耀的人性。这
是一种将古代城邦的生活结晶化为个体形式的艺术,尽管这个城邦是
建立在自由民和作为生产者的奴隶之间的差别之上的。那么,这种光
辉灿烂的人性同样也能用来描述这个悲剧的时代吗?马克思还没有一
眼就领悟造型艺术的沉静之美(la beauté calme)和悲剧诗歌的神圣之
怖(la terreur sacrée)。他崇尚诗歌,尤其是其中的**人的存在**的个人自
由,特洛伊战争中英雄们的个人自由,尤利西斯(Ulysse)、普罗米修斯
(Prométhée)、安提戈涅(Antigone)的个人自由,尽管这种崇尚很可能
会引导他以过于现代的和人道主义的方式来阐释古代(l'Antiquité)。
至于东方的和亚洲的艺术,他只是转身离去而已。他对这种艺术不感
兴趣,就像对东方的和亚洲的历史一样。随着希腊人的出现,世界才真
正开始成为一个**世界**。只有在西方(Occident),才有黎明的曙光。东
方艺术是粗鄙的、奢靡的、晦暗的和非人性的,因为它表现的是暴政(la
tyrannie)和专制迷信(la superstition despotique)。

　　然而,希腊艺术不得不走向消亡。这似乎是因为"抽象的个别性是

---

　　① Karl Marx, *la différence de la philosophie de la nature chez Démocrite et
Épicure*, citée par Fréville, *K. Marx, Fr. Engels, Sur la littérature et l'art*, p. 41.
中文版参见《马克思恩格斯全集》第 40 卷,人民出版社 1982 年版,第 61 页。

　　② Karl Marx, *Différence de la philosophie de la nature chez Démocrite et
Épicure, Œuvres philosophiques*, T. I, p. 32. 中文版参见《马克思恩格斯全集》第 1
卷,第 36 页。

脱离定在(mode d'être)的自由,而不是定在中的自由。它不能在定在之光中发亮"[1]。希腊艺术似乎将要消亡,就像希腊哲学将要消亡一样,这不仅是亚里士多德——希腊哲学中的马其顿的亚历山大大帝(l'Alexandre macédonien de la philosophie grecque)——将要消亡,而且在他之后的三大**流派**(ismes)也将会消亡。斯多葛学派(stoïcisme)、伊壁鸠鲁学派(épicurisme)和怀疑派(scepticisme)是主观的、抽象的、形式的自我意识的完全实现了的形式,虽然它们尚未在其定在中实现出来,但仍然是个别的异化了的意识的结果。思想和艺术的"会死的生命被不死的死亡夺去了",个人和希腊城邦的"会死的生命被不死的死亡夺去了(une immortelle mort emporte la mortelle vie)"[2]。自我意识无法表现生成中的整个世界(le monde total en devenir),因为它的自由仍然是"否定的",一种尚未在总体的生成性存在(l'être en devenir de la totalité)中实现的、脱离定在的自由。艺术形式(les formes d'art)和意识形式(les formes de conscience),无论是自然的、个别的还是抽象的形式,在很大程度上是由于它们自身的弱点而屈从,而非屈从于生产力发展的弱点。至少这是马克思在青年时代的想法。

但是,我们现代人能在古代艺术中看到什么呢? 马克思在其成熟时期又是如何定义现代人的看法的呢? 当我们发现自己处于物质(和精神)生产发展的另一个层面时,我们还能在一个已经永远过去了的时代里寻找什么呢? 这是一个令人苦恼的难题,这对于马克思主义的创始人来说同样如此。在写作《政治经济学批判。第一分册》时,他在一篇未完成的研究性文本中试图提出这个问题——如果没有解决它的

---

① Karl Marx, *Différence de la philosophie de la nature chez Démocrite et Épicure*, *Œuvres philosophiques*, T. I, p. 51. 中文版参见《马克思恩格斯全集》第 1 卷,第 50 页。

② Karl Marx, *Différence de la philosophie de la nature chez Démocrite et Épicure*, *Œuvres philosophiques*, T. I, p. 51. 中文版参见《马克思恩格斯全集》第 1 卷,第 50 页。这句话引自卢克莱修的《物性论》第 3 卷第 869 行(*De rerum natura*)。——译者注

话。在这篇《〈政治经济学批判〉序言》①中，马克思指出了"物质生产的发展例如同艺术发展的不平衡关系"。而且，正是马克思警告我们要反对任何形式上的进步主义（progressisme）："进步（progrès）这个概念绝不能在通常的抽象意义上去理解。"②因此，艺术，这个特殊的生产部门，不会跟随技术的进步运动。

马克思指出："关于艺术，大家知道，它的一定的繁盛时期绝不是同社会的一般发展成比例的，因而也绝不是同仿佛是社会组织的骨骼的物质基础的一般发展成比例的。例如，拿希腊人或莎士比亚同现代人相比。就某些艺术形式，例如史诗来说，甚至谁都承认：当艺术生产一旦作为艺术生产出现，它们就再不能以那种在世界史上划时代的、古典的形式创造出来；因此，在艺术本身的领域内，某些有重大意义的艺术形式只有在艺术发展的不发达阶段上才是可能的。如果说在艺术本身的领域内部的不同艺术种类的关系中有这种情形，那么，在整个艺术领域同社会一般发展的关系上有这种情形，就不足为奇了。困难只在于对这些矛盾作一般的表述。一旦它们的特殊性被确定了，它们也就被解释明白了。"③

艺术的——往往是倒退的——发展并不积极地服从于生产力的发展。实际上，相反的情况经常发生。某些物质生产力的发展阻碍甚至扼杀艺术形式和精神形式的发展。当艺术表现为艺术**生产**（production artistique）时，一些重要的形态（formations）就变得不可能了。但是，这种矛盾一旦被规定就能被解释吗？马克思是否解决了这个困扰他的具体问题即古希腊艺术与现代技术的关系问题呢？我们继续看一下文本："大家知道，希腊神话不只是希腊艺术的武库，而且是它的土壤。成

---

① 阿克塞洛斯将《〈政治经济学批判〉序言》看作马克思的《政治经济学批判。第一分册》的一个附录。——译者注

② Karl Marx, *Appendice à la Contribution à la critique de l'économie politique*, p. 301. 中文版参见《马克思恩格斯全集》第 30 卷，第 51 页。

③ Karl Marx, *Appendice à la Contribution à la critique de l'économie politique*, p. 302. 中文版参见《马克思恩格斯全集》第 30 卷，第 51—52 页。

为希腊人的幻想的基础、从而成为希腊［艺术］的基础的那种对自然的观点和对社会关系的观点，能够同走锭精纺机、铁道、机车和电报并存吗？在罗伯茨公司面前，武尔坎又在哪里？在避雷针面前，丘必特又在哪里？在动产信用公司面前，海尔梅斯又在哪里？任何神话都是用想象和借助想象以征服自然力，支配自然力，把自然力加以形象化；因而，随着这些自然力实际上被支配，神话也就消失了。在**印刷所广场**（*Printing house square*）旁边，**法玛**（*Fama*）还成什么？希腊艺术的前提是希腊神话，也就是已经通过人民的幻想用一种不自觉的艺术方式加工过的自然和社会形式本身。这是希腊艺术的素材。"①

希腊古代（l'antiquité grecque）的经济社会发展和**技术**的欠发达（le sous-développement *technique*）促进了这种**神话**关系（le rapport *mythologique*）（应该说是虚构的［mythique］关系）。人与自然的关系本身就是神话的生产者（producteur de mythologie），这种生产的被创造出来的神话（mythologie productrice et engendrée）也产生出艺术生产。但是，我们现代人已经借助真正（或几乎）决定和支配自然的技术力量取代了神话般的想象——一种被决定的、被限定的无能为力（impuissance déterminante et déterminée）的产物，我们该如何对待艺术生产（la production artistique）呢？

"阿基里斯能够同火药和铅弹并存吗？或者，《伊利亚特》（l'*Iliade*）能够同活字盘甚至印刷机并存吗？**随着印刷机的出现，歌谣、传说和诗神缪斯岂不是必然要绝迹**，因而史诗的必要条件岂不是要消失吗？

但是，困难不在于理解希腊艺术和史诗同一定社会发展形式结合在一起。困难的是，它们何以仍然能够给我们以艺术享受，而且就某方

---

① Karl Marx, *Appendice à la Contribution à la critique de l'économie politique*, p. 303. 中文版参见《马克思恩格斯全集》第 30 卷，第 52 页。

面说还是一种规范和高不可及的范本。"①

　　马克思没有从技术学的角度(le biais technologique)来思考(希腊)艺术所固有的这种困难，以及我们与艺术的关系这一问题式。他从社会历史转向"个人"历史，从人类的成熟期转向人类的童年期，并试图从中找到启示。于是，他怀着这种怀旧的思绪继续说道："一个成人不能再变成儿童，否则就变得稚气了。但是，儿童的天真不使成人感到愉快吗？他自己不该努力在一个更高的阶梯上把儿童的真实再现出来吗？在每一个时代，它固有的性格不是以其纯真性又活跃在儿童的天性中吗？为什么历史上的人类童年时代，在它发展得最完美的地方，不该作为永不复返的阶段而显示出永久的魅力呢？有粗野的儿童和早熟的儿童。古代民族中有许多是属于这一类的。希腊人是正常的儿童。他们的艺术对我们所产生的魅力，同这种艺术在其中生长的那个不发达的社会阶段并不矛盾。这种艺术倒是这个社会阶段的结果，并且是同这种艺术在其中产生而且只能在其中产生的那些未成熟的社会条件永远不能复返这一点分不开的。"②这部手稿到此结束，没有完成。因此，答案也仍是未完成的和碎片式的。希腊艺术，过去的艺术，仍然是"活的"，但它是作为记忆而活着。我们成年人仍然思考着儿童的作品。由于现代生产技术的发展，某种类型的艺术生产已经变得不可能。然而，我们仍然能欣赏过去的生产为我们的消费所提供的艺术作品。毕竟，这种**消费**(consommation)是完全无害的。

　　基督教艺术——不朽的、"占绝对优势的""崇高的"——似乎没有引起马克思的注意。他当然不认为它能继续"活"在人类的历史记忆和"艺术"记忆之中。他强烈的反基督教立场使他绝不会为基督教世界的造型艺术(l'art plastique)进行辩护。这种艺术具有一种宗教的本质，

---

　　① Karl Marx, *Appendice à la Contribution à la critique de l'économie politique*, p. 303. 中文版参见《马克思恩格斯全集》第30卷，第52—53页。

　　② Karl Marx, *Appendice à la Contribution à la critique de l'économie politique*, p. 303-304. 中文版参见《马克思恩格斯全集》第30卷，第53页。

远不只是"神话的"，而且是同激发它的虚幻宗教（la religion illusion）密不可分的。它以艺术的形式构成了宗教异化的巅峰。然而，马克思这个具有二元论思想构架的思想家却最推崇基督教的和封建的中世纪诗人但丁。难道《神曲》（la *Divina Comedia*）中充满诗意的大教堂（la cathédrale poétique）不是同由石头建造的大教堂一样异化吗？

马克思将异教的希腊艺术同基督教艺术和转向基督教艺术的人对立起来，尽管希腊艺术诞生于（异化着的）分工，赋予诸神以塑造的形式（formes plastiques），并且建立在生产力欠发达的奴隶制社会的基础之上。那么，希腊艺术是否展现了这样一个社会，即它赋予使用价值——事物的特定质量（la qualité spécifique des choses）——以特权地位，还不屈从于交换价值——受到物化的和商业化的质量（la qualité réifiée et mercantilisée）——的统治？这个事实是否"证明"希腊社会和与之相适应的艺术是正当的呢？①

至于"骑士的基督教"艺术和"封建的现代"艺术，即**浪漫主义艺术**（*l'art romantique*），马克思认为它完全是反动的。浪漫主义的第一种表现被看作对法国大革命及其解放工作和去神圣化工作的一种反抗。这种浪漫主义的反抗旨在回到基督教的、封建的和黑暗的中世纪。马克思反对任何浪漫主义，因为他认为浪漫主义是转向过去，转向已经被废除的东西。浪漫主义的第二种表现是对社会主义的和共产主义的革命运动的一种反抗。它越过中世纪看到了不同民族的原始的、古老的时代。浪漫主义几乎不考虑未来。浪漫主义的"模糊性、亲密美好和主观腔调"，它的英雄崇拜，统治着它的基督教的、骑士的、封建的原则，以及它对回归自然的眷恋（正如它表现出来的样子），这一切都显示了浪漫主义对于把握现在和在它眼前展开的客观力量的运动的完全无能为力。

---

　　①　参见 Karl Marx, *Le Capital*, Livre I, T. II, p. 54-55. 中文版参见《马克思恩格斯全集》第44卷，第422—423页。

我们并不期望在马克思那里找到对各个时代的艺术及其不同流派和风格的"系统的"、历史的、美学的或哲学的分析。他对艺术和诗歌的洞见既深刻又扼要，既敏锐又零碎。如果我们知道**现实主义**（le *réalisme*）是什么，尤其是**诗歌的**和**艺术的**现实主义（le *réalisme poétique* et *artistique*）是什么，那么，我们能否更明确地说马克思是**现实主义艺术**（art *réaliste*）的辩护者呢？在这些方面几乎不会出现问题。当然，马克思希望艺术能够以深刻的理解力真正表现"现实关系"。正是这种真实性（véracité）和这种理解力（compréhension）让他对巴尔扎克高度赞赏，马克思计划在完成他的《人间喜剧》（*Comédie humaine*）即《资本论》之后专门研究巴尔扎克。马克思没有考虑一部艺术作品的创作者的（主观的）意识形态和作品的（客观的）内容之间可能存在的矛盾。他热情地、科学地喜爱着这个在他的《人间喜剧》的序言中写下这样一句话的作者："我在两个永恒真理的照耀下写作，那就是宗教（la Religion）和君主政体（la Monarchie）。"在 1859 年 4 月 19 日写给斐迪南·拉萨尔（Ferdinand Lassalle）的信中，马克思对拉萨尔的悲剧英雄**弗兰茨·冯·济金根**（*Franz von Sickingen*）①做了如下评论："这样，你就得更加**莎士比亚化**，而我认为，你的最大缺点就是**席勒式地**把个人变成时代精神的单纯的传声筒。你自己不是也有些像你的弗兰茨·冯·济金根一样，犯了把路德式的骑士反对派看得高于闵采尔式的平民反对派这样一种外交错误吗？……照我看来，胡登（Hutten）过多地一味表现'兴高采烈'，这是令人厌倦的。他不也是个聪明人、机灵鬼吗？因此你对他不是很不公平吗？"②

此外，即使是"现实主义的"艺术，难道不仍然是**艺术**，一种外化的形式（forme de l'extériorisation），一种异化的知识（savoir de l'aliénation）吗？产生这种**现实主义**的历史时代不正是使一般的意识

---

① 济金根（Franz von Sickingen）是拉萨尔创作的一个历史悲剧人物，讲述了1522 年秋即农民起义（la guerre des paysans）的前两年，骑士反抗王公贵胄的起义。

② 参见《马克思恩格斯全集》第 29 卷，人民出版社 1972 年版，第 574 页。

形态异化和特殊的艺术的审美的异化达到顶点的历史时代吗？因为在建立世界市场的统治和剥夺它们的诗歌与艺术的精神活动的光环的过程中，现代西欧的资产阶级的资本主义社会，一方面对一定的诗歌作品和艺术作品表现出一种敌意，另一方面，它使精神产品转化为商品变得普遍化。这个现代社会"抹去了一切向来受人尊崇和令人敬畏的职业的神圣光环。它把医生、律师、教士、诗人和学者变成了它出钱招雇的雇佣劳动者"①。然而，现代社会只拥有普遍化的和完成了的异化，其中法律和法官、宗教和教士、诗歌和诗人、艺术和艺术家、科学和科学家都是异化了的表现。它展露和剥掉了异化的所有光环，使异化变得普遍化，同时为普遍超越这种异化创造了条件。"过去那种地方的和民族的自给自足和闭关自守状态，被各民族的各方面的互相往来和各方面的互相依赖所代替了。物质的生产是如此，精神的生产也是如此。各民族的精神产品成了公共的财产。民族的片面性和局限性日益成为不可能，于是由许多种民族的和地方的文学形成了一种世界的文学（littérature mondiale/Weltliteratur）。"②

　　马克思似乎认为，艺术、一般艺术（l'art en général）和现代艺术是人的技术无能（l'impuissance technique）的一种反映，是异化的一个特殊领域。**艺术异化**（l'*aliénation artisique*）是**技术**的异化（l'aliénation de la *technique*）的补充。"**工业**的历史和工业的已经生成的**对象性的**存在，是一本打开了的关于**人的本质力量**（*forces essentielles de l'homme*）的书，是感性地摆在我们面前的人的心理学；对这种心理学人们至今还没有从它同人的**本质**的联系，而总是仅仅从外在的有用性这种关系来理解，因为在异化范围内活动的人们仅仅把人的普遍存在，宗教，或者具有抽象普遍本质的历史，如政治、艺术和文学等等，理解为人的本质

---

① Karl Marx, Friedrick Engels, *Le Manifeste communiste*, p. 61. 中文版参见《马克思恩格斯文集》第 2 卷，第 34 页。

② Karl Marx, Friedrick Engels, *Le Manifeste communiste*, p. 63. 中文版参见《马克思恩格斯文集》第 2 卷，第 35 页。

力量的现实性和人的类活动。"①而且，"因为全部人的活动迄今为止都是劳动，也就是工业，就是同自身相异化的活动"②，艺术的生产性活动也是异化的难道不是很"清楚"吗？

艺术本身似乎隐含着这样一种异化，即资产阶级的资本主义的社会只能使这种异化扩大和普遍化。通过这种特殊的生产即艺术，正如通过所有生产方式一样，异化的运动——这是一场掠夺（la spoliation）、剥夺和使人丧失构成人的类存在的东西的运动——也得以实现。通过艺术，主体与客体、生产者与产品、事物（内容）和观念（形式）、感性存在和想象观念（la représentation imaginaire）、现实与意识形态相分离。通过艺术，**现存事物被思想观念**所超越。因此，"我的真正的艺术存在是**艺术哲学**的存在（existence *philosophico-artistique*），我的真正的人的存在是我的**哲学**的存在。同样，**宗教、国家、自然界、艺术**的真正存在＝宗教哲学、自然哲学、国家哲学、艺术哲学"③。

那么，为了人能够重新获得他的类存在，艺术不应该像其他所有的物质异化和精神异化的力量和形式那样被取代吗？因为为了展现自身，人的确只需要一种真正的、非异化的生产活动。马克思**有时**会公开表示欣赏的艺术，难道应该停止存在吗？这是我们从马克思的笔下读到的文字："诗一旦变成诗人的手段，诗人就不成其为诗人了。作者绝不把自己的作品看作**手段**。作品就是**目的本身**（*buts en soi*）；无论对作者本人还是对其他人来说，作品都绝不是手段，所以，在必要时作者可以为了作品的生存而牺牲他自己的生存。宗教的传教士也是一样，只是方式不同，他也遵循一个原则：'多服从上帝，少服从人们。'这些人们

---

① Karl Marx, *Économie politique et philosophie*, *Œuvres philosophiques*, T. VI, p. 34. 中文版参见《马克思恩格斯文集》第1卷，第192页。

② Karl Marx, *Économie politique et philosophie*, *Œuvres philosophiques*, T. VI, p. 34. 中文版参见《马克思恩格斯文集》第1卷，第193页。

③ Karl Marx, *Économie politique et philosophie*, *Œuvres philosophiques*, T. VI, p. 84. 中文版参见《马克思恩格斯文集》第1卷，第215页。

中也包括具有人的要求和愿望的他自己。"①我们总是试图将马克思抨击的东西和他捍卫的东西区分开来——即使这种区分很难做到,因为他是从一种具体的视域出发加以抨击和捍卫的。马克思批评和拒斥任何一种将艺术看作独立的、在它自己的世界中发展并构成一种自主领域的观念。但是,他同样批评了那些诋毁艺术的观念。当然,相对于**作为艺术**的艺术,马克思对艺术赖以发展的社会状况更感兴趣。他抨击和拒斥使艺术发生异化的资产阶级社会,而艺术本身的确只是一种异化的形式。为此,马克思捍卫艺术,反对资本主义社会,但并不是无条件这样做的。艺术是一种生产,当这种生产成为资本主义生产的时候,马克思便为艺术辩护。他对艺术的辩护源自他对资产阶级社会的攻击。在刚引用过的这个文本中,我们也可以看到这一点:"**新闻出版的最主要的自由就在于不要成为一种行业。把新闻出版贬低为单纯物质手段的作者应当遭受外部不自由——书报检查——对他这种内部不自由的惩罚;其实他的存在本身就已经是对他的惩罚了。**"②马克思写下这些话来抨击资产阶级审查制度、资产阶级新闻出版和资本主义工业,并同时牢记**工业是包括艺术在内的一切人类活动的原型**(*l'industrie est le prototype de toute activité humaine-l'art y compris*),艺术不能且不应该被从它只是其中的一个分支的生产中分离出去。为了捍卫新闻出版自由,他抨击了艺术的工业性质,尽管他认为一切都是工业。这个专注于工业的全面解放和将一切事物改造为工业材料的思想家,经常对技术社会(la société techniciste)所否定的东西——家庭、道德、诗歌、艺术——予以同情。他对被否定之物的同情使他更深入否定一切的论战中,目的就是彻底扬弃所有这些异化,以便人能够把它们当作虚假的居所加以抛弃,重新获得他的独特的合乎人性的存在,减少他的需要的

① Karl Marx, *Débats sur la liberté de la presse*, cité par Fréville, *K. Marx, Fr. Engels, Sur la littérature et l'art*, p. 195. 中文版参见《马克思恩格斯全集》第1卷,第192页。

② 参见《马克思恩格斯全集》第1卷,第193页。

丰富性。因此，"工业"和"艺术"两个术语在马克思的笔下至少有两种含义：工业作为资本主义的工业是"恶的"，作为一种人的活动方式则是好的；当资产阶级社会损害艺术时，艺术是"好的"，但它并不因此就不是"坏的"，因为它是异化的表现。

马克思主张艺术是同一切生产联系在一起的，它是一种由生产主体创造出来并供消费主体进行消费的对象，生产和消费来自同一源泉。艺术不具有"超验性"，它被封闭在生产与消费的循环中。"所以，生产创造消费者。生产不仅为需要提供材料，而且它也为材料提供需要……艺术对象创造出懂得艺术和具有审美能力的大众，——任何其他产品也都是这样。因此，生产不仅为主体生产对象，而且也为对象生产主体"①。

因此，从废除**一切**异化的角度来看，我们或许认为艺术应该**作为艺术**而被废除。艺术将会通过人的类活动并在人的类活动中被吸收，并在现实层面上具有生产性，因为完全自由的生产运动将排除掉任何异化，无论是现实的、物质的异化，还是意识形态的（观念的）或精神的异化。人类历史本身就包含着"诗歌"和"艺术"，但艺术和诗歌将不再构成一个内居于或超越于大写的世界（Monde）的世界（monde）。因此，与其说艺术变为现实主义的，不如说人类历史本身创造性地、现实地即通过一种强有力的现实化的方式实现自身。历史人物将不再起作用，他们将不再是代表性的人物。他们将是现实存在的社会人的本质力量的表现。人们的生产活动和历史活动将不再像在戏剧世界里那样是悲剧或喜剧，而是将会成为技术的全面发展的、现实的、独特的舞台（la scène réelle et unique）。这个舞台上的英雄将不再有官方的外观。他们将不再脚穿高筒靴、头戴王冠。他们将不再戴着旧面具或新面具，不再伪装。这些非英雄的（non héroïques）"英雄"和集体性的英雄（héros de la collectivité），将不再说任何超出内容的溢美之词。相反，内容将

---

① Karl Marx, *Appendice à la Contribution à la critique de l'économie politique*, p. 276. 中文版参见《马克思恩格斯全集》第 30 卷，第 33 页。

溢出话语及其形式。一切迷信和幻想，一切意识形态的诗歌，一切属于已被取代的、传统的艺术形式，都必须予以清除，以便新的社会现实能够确立自身和部署自身，而无须在非生产的中介（les médiations improductives）中使自身异化。《路易·波拿巴的雾月十八日》开篇是这样一句话："黑格尔在某个地方说过，一切伟大的世界历史事变和人物，可以说都出现两次。他忘记补充一点：第一次是作为伟大的悲剧出现，第二次是作为卑劣笑剧出现。"[①]在普遍和解（la réconciliation universelle）的视域中，人类史成为人的实践能量（l'énergie pratique）得以展现的现实舞台。它不再将自身双重地划分为悲剧和喜剧。异化的世界始于悲剧，并且已经丧失了一切存在的理由（raison d'etre），一旦技术完全成熟，它便陷入荒谬（le ridicule）。它的姿势动作是徒劳空洞的，它的人物和事件是荒谬的，它的演员只是在进行拙劣的模仿。既然异化已经耗尽它产生时的任何意义，不再为诗歌和艺术提供源泉，人类必须果断地建构自己的未来——人类必须这样做，因为现在他能够这样做了。这种和解将以一种必然的、现实的、严肃的和实践的方式实现出来，而不是作为悲剧、喜剧、诗歌、散文、艺术或粗俗作品实现出来。过去的诗歌将会被超越。"历史是认真的，经过许多阶段才把陈旧的形态（forme/*Gestalt*）送进坟墓。世界历史形态的最后一个阶段是它的**喜剧**（*comédie*）。在埃斯库罗斯（Eschyle）的《被缚的普罗米修斯》（*Prométhée enchaîné*）中已经悲剧性地因伤致死的希腊诸神，还要在琉善（Lucien）的《对话》中喜剧性地重死一次。为什么会出现这样的历史进程呢？这是为了人类能够**愉快地**同自己的过去诀别。"[②]

生活本身会吸收艺术，而不会为了所有**特殊**诗意的、艺术的或审美

① Karl Marx, *Le 18 Brumaire de Louis Bonaparte*. Paris：Éd. Sociales，1945. 中文版参见《马克思恩格斯文集》第2卷，第470页。

② Karl Marx, *Contribution à la critique de la philosophie du droit de Hegel*. Introduction. *Œuvres philosophiques*，T. I，p. 90-91. 中文版参见《马克思恩格斯文集》第1卷，第7—8页。

的东西而改变。人们通过技术来征服自然所付出的努力的真理(la vérité)与审美(la beauté)将不再需要一种理想的补充，即真理的秩序(l'ordre de la vérité)和诗意美或艺术美的秩序。马克思坚持认为，艺术(l'art)是分工的一个部门，是建立在生产力的发展和社会组织与商业组织之上的一种技术(technique)。他告诉我们他所设想的未来或者说非未来、作为艺术的艺术："由于分工，艺术天才完全集中在个别人身上，因而广大群众的艺术天才受到压抑。即使在一定的社会关系里每一个人都能成为出色的画家，但是这绝不排斥每一个人也成为独创的画家的可能性，因此，'人的'和'唯一者的'劳动的区别在这里也毫无意义了。在共产主义的社会组织中，完全由分工造成的艺术家屈从于地方局限性和民族局限性的现象无论如何会消失掉，个人局限于某一艺术领域，仅仅当一个画家、雕刻家等等，因而只用他的活动的一种称呼就足以表明他的职业发展的局限性和他对分工的依赖这一现象，也会消失掉。在共产主义社会里，没有单纯的画家，只有把绘画作为自己多种活动中的一项活动的人们。"①

自从最后的整合(la consolidation)和系统化(la systématisation)以来，即从柏拉图以来，艺术和诗歌就从未停止向哲学思想提出它们的问题。关于美的永恒的真正观念，自前苏格拉底学派终结以来就开始成为一个难题，它在与感性的流动之美(la beauté mouvante du sensible)相分离(le χωρισμός)的同时，又参与(la μέθεξις)到感性的流动之美中，而且只是反映了感性的流动之美。我们在面对自然(la φύσις/nature)和技艺(la τέχνη/art, technique)、真理(l'ἀλήθεια/truth)和行动(l'ἐργον/action, deed, work)的联系(les liens)与关系(les rapports)问题

---

① Karl Marx, Friedrick Engels, *L'Idéologie allemande*, *Œuvres philosophiques*, T. IX, p. 16. 中文版参见《马克思恩格斯全集》第 1 版第 3 卷，第 460 页。马克思在这段话的前一页专门指出，有必要将共产主义社会中的"组织起来的直接生产劳动"和"间接生产劳动"区别开来，由此每个人都能够自由地表达自己。艺术是间接生产劳动的一部分。参见 *Ibid*., p. 14. 中文版参见同上，第 458 页。

时,会再次遇到这个难题。当哲学的语言要处理这些问题时,发现很难将诗歌的语言把握为 ποίησις(a making, a production)和 ποιεῖν(making, producing)。在《理想国》(la *République*)和《法律篇》(*les Lois*)中,诗歌和艺术使这位西方古典哲学家关注到对他们来说最基础的、最成问题的和最脆弱的东西。诗歌和艺术正处于危险之中,同时它们本身就是危险的力量。在经历了长期发展之后,西方最后的"体系"哲学家黑格尔在他的《美学讲演录》(*Cours sur l'Esthétique*)中再次总结性地考察了艺术的真理。艺术、宗教和哲学构成了绝对精神在大写的世界历史(l'histoire du Monde)中实现自身的三个环节。**艺术**是绝对真理在一种**感性形式**(une forme sensible)中的**显露**(la révélation),是理念的感性再现(la représentation sensible),是内容的形式赋型(la mise en forme)。艺术——它的本质是诗歌——是对神圣(divin)的一种表现。**宗教**比艺术在更高程度上表现了绝对,而且依赖于信仰的再现(la représentation de la foi)。最后,以**哲学**的形式存在的思想,通过**理性**(*Vernunft*)、概念和观念把握了总体之生成性存在的真理的现实性本身(la réalité même de la vérité de l'être en devenir de la totalité)。然而,哲学也必须被真正的(绝对)知识、真实的**科学**知识(le réel savoir de la *Wissenschaft*)所超越。因此,黑格尔认为大写的精神(l'Esprit)超越了艺术。他甚至认为艺术会成为某种非绝对必要的东西。在某一特定时间之后,艺术可能就成为过去。黑格尔并不是说全部艺术作品都将不复存在,一切艺术运动和艺术生产都将会停止。他认为,艺术对我们来说将不再是**一种绝对的需要**(besoin absolu),我们不再绝对需要通过一种艺术的感性的形式来体现和展现一种精神内容。诗歌和艺术的神圣本质将不再表现出来。它的本质的决定性的真理对世界来说将不再是必要的。

　　《美学讲演录》中的某些段落是值得认真思考的,因为它们提出了一个尚未回答的、真正严肃的问题,一个我们通常过于忽视的问题。在这些段落中,我们将直面艺术的问题:这个问题并不涉及艺术的理论,即美学,而是关乎艺术本身。"对我们而言,艺术已经成为一个对象,但正如我们的文化不能准确被生活的剩余所描述一样,我们的精神和心灵不再能够获得由一种生气从内部推动的对象提供的满足。可以说,考虑到艺术的使命和尊严,我们甚至不会从文化、我们的文化的角度来鉴赏艺术及其正确价值。艺术不再提供我们的精神需要的满足,而其他民族则在艺术中寻求和发现这种精神需要。我们的需要和兴趣已经被转移到观念领域,而且为了满足它们,我们必须借助反思(la réflexion)、思维、抽象、抽象观念和一般观念的帮助。结果是,艺术不再占据它曾经在真正活的生活中所占据的位置,取而代之的是一般观念和反思。这就是为什么我们现在倾向沉迷于对艺术的反思和思考。正如我们现在所看到的那样,艺术本身也非常适合成为思考的对象。"①

　　再过几页,黑格尔指出了其他有待处理的问题:"艺术创作以及其作品所特有的方式已经不再能满足我们最高的要求;我们已经超越了奉艺术作品为神圣而对之崇拜的阶段;我们对艺术创作的态度更加冷静和深思熟虑。面对艺术创作,我们现在感觉要比以前自由得多,当时艺术作品是理念(l'Idée)的最高表达。艺术作品需要我们的判断;我们要对艺术作品的内容及其表现的准确性进行反思性的考察。我们尊重艺术,我们欣赏艺术。不过,我们不再从中看到某些不能被超越的东西,即绝对的本质表现(la manifestation intime de l'Absolu),我们对其进行思考分析。而这不是为了激发新的艺术作品的创作,而是旨在认识艺术的功能以及它在我们全部生活中的地位。希腊艺术的辉煌时代以及中世纪晚期的黄金时代都已一去不复返了。我们现时代的一般情况是不利于艺术的。"②

---

　　① G. W. F. Hegel, *Esthétique*, T. I, trans. S. Jankélévitch, Paris: Aubier, 1944, p. 24. 中译文参见 [德]黑格尔:《美学》第 1 卷,朱光潜译,商务印书馆 1979 年版,第 13—14 页。译文略有改动。(阿克塞洛斯所引用的黑格尔的法文版《美学》同德文原版《美学》及其英文版和中文版存在较大差异。——译者注)
　　② G. W. F. Hegel, *Esthétique*, T. I, p. 30. 中译文参见 [德]黑格尔:《美学》第 1 卷,第 13—14 页。

最后,在几行之后,这个人——他的思想在马克思那里得到呼应,他的思想也许不仅拥抱"过去"和"现在",而且也展望未来——不得不这样说:**"从这一切方面看,就它的最高的职能**(suprême destination)**来说,艺术对于我们现代人已是过去的事了**。因此,它也已丧失了真正的真实和生命,已不复能维持它从前的在现实中的必需和崇高地位,毋宁说,它已转移到我们的观念世界里去了。现在艺术品在我们心里所激发起来的,除了直接享受以外,还有我们的判断,我们把艺术作品的内容和表现手段以及二者的合适和不合适都加以思考了。"①

马克思特别关注黑格尔的艺术哲学,并通过阐述"何为艺术""艺术在现代世界中已经成为什么"以及"艺术将会成为什么"而给出了他对于艺术问题的答案。从我们所看到的全部论述可知,马克思似乎认为,艺术和诗歌构成了一种建立在技术(la technique)的不发达或欠发达之上的**技术**(techné),成为意识形态异化世界和理想世界的一部分。因此,它们似乎只能被人的真正实践(la praxis réelle)的全面的、去异化的发展所压制,从事社会劳动的人通过改造自然的物质的世界来适应自然的物质的世界。同样地,理论(la θεωρία/theory)从属于实践(la πρᾶξιϲ/practice, praxis),而没有充分探讨两者之间的区别的根据(le fondement)。生产(la ποίησιϲ/ a making, a production),作为技艺(la τέχνη)的本质,从属于实践(la πρᾶξιϲ),而技艺(la τέχνη)具有大写的(生产性的)技术(Technique [productrice])的意义。因此,技艺(la τέχνη)就同自然(la φύσιϲ)割裂开来,真理(l'ἀλήθεια)被溶解在行动(l'ἔργον)之中,这是想要通过改造自然来满足他们的生命需要的人们的生产实践能量(l'énergie productrice et pratique)的产物。除了不断被实现出来的现实性(la réalité)和作为适合满足消费的对象的实现和生产的现实性,没有别的现实性(actualité)。真实之美(la beauté

---

① G. W. F. Hegel, Esthétique, T. I, p. 30. 中译文参见[德]黑格尔:《美学》第 1 卷,第 15 页。(第一句的斜体是由阿克塞洛斯所加,中文版以黑体的形式展现原文的斜体。——译者注)

vraie)的光辉被真实(la vraie)所吸收,也就是被作为强有力的实际的现实所吸收。理性(λόγος),作为诗歌和思想的语言的共同源泉,是沉默的。"随着印刷机的出现,歌谣、传说和诗神缪斯岂不是必然要绝迹……"①除此之外,对马克思来说,语言从未真正成为一个问题。它也会被替代吗?②

艺术成为美学(l'esthétique)的一个对象——无论美学是否被当作哲学的、科学的、技术的、实践的或简单经验的,当它不再是艺术时,它**就达到了它的最高目的**(suprême destination)。因此,它将自身表达为l'αἴσθησις,感觉(sense)、感性(la sensibilité)、情绪(émotions)、情感(sentiments)。人们在所有的享受和消费中至多寻找到一种智力意义(signification intellectuelle)——一种智力感觉。在去异化(la désaliénation)和去物化(la déréification)的视域中,全部对象都能够和应该成为感觉的对象,成为社会人的本质的主客体力量(forces essentielles et subjectives-objectives de l'homme social)的对象化。通过技术力量的全面部署而超越异化,人们将能够运用他们的感觉和借

---

①　参见《马克思恩格斯全集》第 30 卷,第 52 页。
②　很奇怪的是,马克思与他的同时代人兰波(Rimbaud)既非常接近,又相距甚远。兰波同样宣告了语言、诗歌和艺术的死亡,宣告了我们在世界上的不在场(notre absence du monde)和世界本身的不在场(l'absence de monde)。同时,他敞开了一个光明的未来,迫切地为"一种新的劳动、一种新的智慧的诞生"而欢呼。但是,这种关于"最后的诗人"的说法和视域在本质上是**充满诗意的**(poétiques)。在超越了所有已建立起来的世界和所有革命计划之后,他看到某些为了能够存在而不需要"真正存在"的东西。他谈到超越了"行动,这个世界的珍贵之处(l'action, ce cher point du monde)"的东西,并指出:"永恒的艺术(亦即全时间的[omnitemporel]艺术)将会发挥它的功能,因为诗人就是公民。大写的诗歌(la Poésie)将不会把它的节奏赋予行动(l'action):它将**继续前进**(elle sera en avant)。**这些诗人将会存在**(Ces poètes seront)!"(参见 Arthur Rimbaud, Letter to Paul Demeny, May 15, 1871, in Complete Works, Selected Letters, trans. Wallace Fowlie, Chicago: University of Chicago Press, 1966, p. 309.)兰波正在呼唤曾经处境糟糕的新的工人诗人(poètes-travailleurs)。参见阿克塞洛斯的文章:Kostas Axelos, "Rimbaud et la poésie du monde planétaire," Revue de Métaphysique, n° 3, 1957. Kostas Axelos, "Rimbaud et la poésie du monde planétaire," in Vers la pensée planétaire, Editions de Minuit, 1964, p. 139-171.

助他们的观念来享受世界上的所有客体（"为了主体的客体"意义上的客体，而非"客观上独立的客体"意义上的客体）。如果技术必须通过技术从上到下进行改造，直到丧失它的自然性（naturalité），使一切正在完成的东西实现去神圣化（la désacralisation）和人化（l'humanisation），那么，为什么要继续生产诸如诗歌和艺术创作这类由分工决定的特殊创造性活动所产生的特殊作品和对象呢？为什么延长了感官的感性意识还不足以发现人通过他的现实化劳动（travail réalisateur）而产生的现实对象的意义呢？如果世界变为真实的，为什么人们还会需要一种意识形态的补充、一个理想的世界呢？

马克思指明了他的答案的方向，也指明了当前历史生成的方向和意义。他所说的东西恰恰是正在实现着的东西：为了促进技术的进步，艺术正在丧失自己的本质。同时，大量文学和艺术**技巧**（*techniques littéraires et artistiques*）获得发展。通过其全部的多样性（multiplicité）和问题性（problématicité），新的行星现实（la nouvelle réalité planétaire）展现出一种意义：人类主体对客体世界的**生产**（la *production*）。在归根结底的意义上，人通过一种**现实的**方式使自身对象化，在世界中确证自身。"对象如何对他来说成为他的对象，这取决于**对象**的**性质**以及与之相适应的**本质力量**的**性质**；因为正是这种关系的**规定性**（la *certitude déterminée*）形成一种特殊的、**现实的**肯定方式。**眼睛**对对象的感觉不同于**耳朵**，**眼睛**的对象是不同于**耳朵**的对象的。每一种本质力量的独特性，恰好就是这种本质力量的**独特的本质**，因而也是它的对象化的独特方式，是它的**对象性的**、**现实的**、活生生的**存在**的独特方式。因此，人不仅通过思维，而且以**全部感觉**在对象世界中肯定自己。"[1]客观主体性（la subjectivité objective）的本质力量能够在它们的全部特殊性中借助感觉、观念和与之相应的思维而完全使自身对象化和获得确证。通

① Karl Marx, *Économie politique et philosophie*, *Œuvres philosophiques*, T. VI, p. 31-32. 中文版参见《马克思恩格斯文集》第1卷，第191页。

过借助技术征服自然界，使自然界由于人的劳动而成为客观的，人的本质便不再生活在私有财产和分工的枷锁之下——这是产生双重异化的原因，而是总体地、社会地实现自身。补充性的理想的世界（le monde complémentaire et idéal）丧失了一切存在的理由。正是凭借战胜一切的劳动的总体性实践（la praxis totale），人才能从狭隘的、实际的关涉（souci pratique et borné）中解放出来，从使人仅成为一个雇佣劳动者的劳动中解放出来，由此，他将完全"审美地"享受一切客观的、现实的丰富性（les richesses objectives et réelles）。他将不再在生产（la production）或实践生产的产品（les produits de la ποίησις pratique）中发生异化。当每个人都能拥有"审美的"感官、情感和观念时，艺术便将不再构成整个圈子的一个领域。观念将从具体的存在中产生出来。"只是由于人的本质客观地展开的丰富性，主体的、**人的感性的**丰富性，如有音乐感的耳朵、能感受形式美的眼睛，总之，那些能成为人的享受的**感觉**，即确证自己是**人的**本质力量的感觉，才一部分发展起来，一部分产生出来。因为，不仅五官感觉，而且连所谓精神感觉（les sens dits spirituels/*die sogenannten geistigen Sinne*）、实践感觉（意志、爱等等），一句话，**人的感觉**、感觉的人性，都是由于**它的**对象的存在（l'existence），由于**人化的**自然界（la nature *humanisée*），才产生出来的。五官感觉的**形成**（la *formation*）和培养（la *culture/Bildung*）是迄今为止全部世界历史的产物。"①但是，感觉与意义能够完全一致吗？除非所有涉及感觉的问题都消失了。

我们可以很合理地认为，在诗歌和艺术消亡之后，在艺术和诗歌作品消亡之后，诗和艺术维度将展现为这样一种活动：它既非直接生产性的"活动"，亦非技术上组织起来的"活动"。因此，认为这种诗意的和艺术的维度将会作为**大写的游戏**（*Jeu*）而展开，并非不合理的。

---

① Karl Marx, *Économie politique et philosophie*, *Œuvres philosophiques*, T. VI, p. 32 - 33. 中文版参见《马克思恩格斯文集》第 1 卷，第 191 页。译文略有改动。——译者注

第十一章　哲学(形而上学)与科学

　　哲学只不过是转化为思想并由思想发展而来的宗教——"人类理论斗争的纲领"(sommaire des luttes théoriques de l'humanité)。哲学，即形而上学，使一切意识形态异化得以延续、完满和系统化："而哲学精神不过是在它的自我异化内部通过思维方式即通过抽象方式来理解自身的、异化的世界精神。"①抽象的形而上学思想同具体的感性现实相对立。这种思想本身是由物质的对立(les oppositions matérielles)产生的，它反过来又产生了观念的对立(les oppositions idéales)、思想的材料(les matériaux de sa pensée)。由此便产生了**自在**(l'*en soi*)和**自为**(le *pour soi*)、**主体**和**客体**、**精神**和**物质**、**历史**(l'*histoire*)和**自然**(la *nature*)等各种虚幻的对立。尽管如此，思想的外化行为(l'acte de l'extériorisation)仍然表现了异化了的人的活动的现实外化，但没有意识到它。由于异化了的思想绝不是一种真正有效的工具，因此，它只会使人的实践进一步异化，因为它没有充分考虑它的真实现实性。哲学用来观察世界的"眼镜(lunettes)"使它看不到经验事实，这正是一切艰深的形而上学问题的根源。马克思直言不讳地指出："哲学和对现实世

---

　　①　Karl Marx, *Économie politique et philosophie*, *Œuvres philosophiques*, T. VI, p. 48. 中文版参见《马克思恩格斯文集》第 1 卷，第 202 页。

界的研究(l'étude du monde réel/*Studium der wirklichen Welt*)这两者的关系就像手淫和性爱的关系一样。"①

人的类存在(l'être générique de l'homme)远不是在思想世界中获得确认和证实,而是在充满思辨思想及其形式的、抽象的、逻辑的神秘感中变得无效和异化。思想世界是异化了的和异化着的,因为它只是现实世界——现实世界本身就是以实际的、物质的方式发生异化——的意识形态部分。无论是凭借直觉还是理性,哲学思想都会同现实之树(l'arbre de la réalité)相斗争:哲学思想在现实之树上发展起来,以便能够脱离现实之树。"有一种**神秘的**感觉(le sentiment *mystique*)驱使哲学家从抽象思维转向直观,那就是**厌烦**(l'*ennui*),就是对内容的渴望。同自身相异化的人,也是同自己的**本质**即同自己的自然的和人的本质相异化的思维者。因此,他的那些思想是居于自然界和人之外的僵化的精灵。"②因此,哲学思想就被指责具有神秘的和宗教的根源,因而是后物理学的(méta-physique)、非人性的(non humaine)和非人道的(inhumaine)。

整个抽象思想领域展现了那些占有生产资料的人们的统治力量。哲学很可能是一种抽象(abstraction),但它并没有被限制在具体(concret)上。生产意识形态的统治阶级把哲学作为一种武器。看起来披着哲学思想外衣的一般性(généralité)和普遍性(universalité)巧妙地服务于统治阶级的特定目的。随着技术的发展、统治阶级的实际数量的增长和世界关系的聚合与扩展——它产生出全体社会成员具有共同利益的幻觉——导致历史本身的日益普遍化,占统治地位的思想变得越来越抽象。思想越来越获得普遍性的形式。因为每一阶段的统治阶级比先前的统治阶级在更广泛的基础上使它的统治成为现实,它将

---

① 　Karl Marx, Friedrick Engels, *L'Idéologie allemande*, *Œuvres philosophiques*, T. VII, p. 254. 中文版参见《马克思恩格斯全集》第 1 版第 3 卷,第 262 页。

② 　Karl Marx, *Économie politique et philosophie*, *Œuvres philosophiques*, T. VI, p. 91. 中文版参见《马克思恩格斯文集》第 1 卷,第 220 页。

自身的利益表现为一种普遍的共同利益。由此,统治阶级就会大力推行那些能够激发统治阶级的发展和以普遍性的形式代表统治阶级的思想,并将它们看作唯一合理的和被普遍承认的思想。现在,思想不是某种以共同的、现实的存在(l'être commun et réel)和社会的存在(l'être social)作为能动的、活的、本质的东西的理论形式,相反,它"成为""普遍的"意识,即一种同现实的、具体的生活相敌对的普遍化了的抽象(abstraction généralisée)。一方面,个人不再作为人的存在(existence humaine en tant que telle)而生活,而是作为一种哲学的存在(existence philosophique)而生活。另一方面,与之相应地,个人只有在同抽象思维的完全矛盾中才能具体展现自己的生活。不仅如此,以哲学的形式存在的系统化了的思维(la pensée systématisée sous forme de philosophie)掩盖和遮蔽了整个这一矛盾。"**哲学家**——他本身是异化的人的抽象形象——把自己变成异化的世界的**尺度**。因此,**全部外化历史**(toute l'histoire de l'extériorisation aliénée)和外化的全部**消除**(la reprise),不过是抽象的、绝对的思维的**生产史**(l'histoire de la production),即逻辑的思辨的思维的生产史。"①

人,这种自然的"和"人的存在物,是在社会中生产和生活的。抽象意义上的自然(la nature prise au sens abstrait)、自然本身(la nature en soi)对人来说什么都不是。先在于人类史的自然对人来说是没有意义的。无论是**自然哲学**(la philosophie de la nature),关于外在于人的自然和独立于人的技巧活动(activité industrieuse)的自然的哲学,还是忽视了人们的自然的合乎人性的需要的**关于人的哲学和历史哲学**(la philosophie de l'histoire et de l'homme),乃至使思想彼此分离开来的**哲学逻辑或抽象辩证法**(la logique philosophique ou la dialectique abstraite),都没有考虑到这样一种根本场境(la situation fondamentale):

---

① Karl Marx, *Économie politique et philosophie*, *Œuvres philosophiques*, T. VI, p. 49. 中文版参见《马克思恩格斯文集》第 1 卷,第 203 页。

活生生的个体的感性活动是建构和改造感性世界的力量。人从一开始就处于一种历史的自然（nature historique）和一种自然的历史（histoire naturelle）之中，他拥有在他面前持续出现的一切事物。这种具有不可分割的自然的、历史的、社会的和人的性质的根本现实恰恰是被哲学思维（作为异化了的形而上学）所抛弃的东西。成就斐然的思想家们、哲学家们，无论是像黑格尔那样的唯心主义者，还是像费尔巴哈和某些新黑格尔主义者（néo-hégéliens）那样的唯物主义者，都"没有看到，他周围的感性世界（le monde sensible qui l'entoure [*die ihn umgebende sinnliche Welt*]）绝不是某种开天辟地以来就直接存在的、始终如一的东西，而是工业和社会状况的产物（le produit de l'industrie et de l'état social），是历史的产物，是世世代代活动的结果，其中每一代都立足于前一代所奠定的基础上，继续发展前一代的工业和交往（le commerce），并随着需要的改变而改变他们的社会组织（l'organisation sociale）。甚至连最简单的'感性确定性（la certitude sensible）'的对象也只是由于社会发展、由于工业和商业交往才提供给他的"①。那种先在于人的自然史的自然当然是存在的，但是，人从来没有同那种自然**发生任何关系**，因为人只遭遇在他的能动的历史过程中被发现的自然。无论是人的思想还是人的实践（la pratique de l'homme）都没有遭遇这种有别于人的自然。马克思承认，"当然，在这种情况下，外部自然界的优先地位（la priorité）仍然会保持着"②，但是**这种**自然与人无关。马克思、恩格斯在同一文本的随后几行文字中指出："先于人类历史（antérieure à l'histoire humaine）而存在的那个自然界，不是费尔巴哈生活于其中的自然界；这是除去在澳洲新出现的一些珊瑚岛以外今天

---

① Karl Marx, Friedrick Engels, *L'Idéologie allemande*, *Œuvres philosophiques*, T. VI, p. 161. 中文版参见《马克思恩格斯文集》第 1 卷，第 528 页。

② Karl Marx, Friedrick Engels, *L'Idéologie allemande*, *Œuvres philosophiques*, T. VI, p. 163. 中文版参见《马克思恩格斯文集》第 1 卷，第 529 页。

在任何地方都不再存在的、因而对于费尔巴哈来说也是不存在的自然界。"①产生这种论断的思想是否表明宇宙意义(sens cosmique)的极度缺乏？严格地说来，宇宙本身(le Cosmos lui-même)和包罗万象的大写的自然(la Nature)并不"存在"吗？星辰、矿物、植物和动物只是因为在人类事务中占有一席之地才会存在吗？马克思接着刚才引述的这段关于感性世界的论述继续说道："樱桃树和几乎所有的果树一样，只是在几个世纪以前由于**商业**才移植到我们这个地区。由此可见，樱桃树只是由于一定的社会在一定时期的这种活动才为费尔巴哈的'感性确定性'所感知。"②马克思抛开大写的自然(la Nature)本身，而只关注将自然改造为大写的历史(Histoire)的过程。他的人道主义的自然主义(naturalisme humaniste)只对自然的完全去自然化(la dénaturalisation complète de la nature)感兴趣，并通过旨在满足自然需要的实践(la praxis)来完成这种去自然化。自然只有在人和他的技术(technique)支配自然的意义上才会存在。"la φύσις"③不再向马克思呈现。人们的感性活动代替了掌管万物的赫拉克利特式的雷电(la foudre)。

结果，一切**自然哲学**(*philosophie de la nature*)，无论是抽象的或直观的，唯心主义的或唯物主义的，还是神话的、神学的或自然主义的，都仍然是同人的实践(la pratique)相异化的，因为事实上它赋予了"先于人类历史"的自然界一种特权地位。

另一方面，一切由哲学精神发展而来的**关于人的哲学和历史哲学**同样是异化的。它也无法认识人类历史发展的真正动力，而且同样遮蔽了人的存在的物质需要和现实异化。历史哲学不懂得历史的起点就

① Karl Marx, Friedrick Engels, *L'Idéologie allemande*, *Œuvres philosophiques*, T. VI, p. 163. 中文版参见《马克思恩格斯文集》第1卷，第530页。

② Karl Marx, Friedrick Engels, *L'Idéologie allemande*, *Œuvres philosophiques*, T. VI, p. 161. 中文版参见《马克思恩格斯文集》第1卷，第528页。

③ 在该书的英文版中，英译者在"la φύσις"之后插入一条解释内容：前苏格拉底学派意义上的"自然"（"nature" in the Pre-Socratic sense）。参见 Kostas Axelos, *Alienation, Praxis and Technē in the Thought of Karl Marx*, p. 198. ——译者注

是人类改造一切自然物的行为。因此，它并不是从现实的前提出发的："它的前提是人，但不是处在某种虚幻的离群索居和固定不变状态中的人，而是处在现实的、可以通过经验观察到的、在一定条件下进行的发展过程中的人。只要描绘出这个能动的生活过程，历史就不再像那些本身还是抽象的经验主义者所认为的那样，是一些僵死的事实的汇集，也不再像唯心主义者所认为的那样，是想象的主体的想象活动。"①由于历史性生成只是一种不断前进的异化发展，由于人们所关心的只是人在实践的社会的劳动（le travail pratique et social）中的自我外化，因此显而易见的是，对这一过程的理论把握——无论是经验主义的还是理性主义的、唯物主义的还是唯心主义的——过去是且现在依然是意识形态上、哲学上异化的。

想要把握思维本身和**逻辑学**结构（la construction de la *logique*）的思维活动同样是异化的。"**逻辑学**（la *logique*）是精神的**货币**（l'*argent*），是人和自然界的思辨的、**思想的价值**（la *valeur* spéculative *idéale*）——人和自然界的同一切现实的规定性毫不相干地生成的因而是非现实的本质，——是**外化的**因而是从自然界和现实的人抽象出来的**思维**，即**抽象**思维（la pensée *abstraite*）。"②无论是学究式的、形式的、超验的思维，还是以逻辑学的形式展现的、抽象辩证的哲学思维，都将思维运动固着或固定在一种框架（schéma）中，并使其同现实的具体的运动割裂开来。逻辑学妨碍了否定（la négation）和矛盾（la contradiction），因此，它几乎很难为否定性（la négativité）提供一种实际有效的基础，因为它将否定性置于观念、概念、精神、意识和思维的层面上。马克思指责黑格尔之前的哲学家们、批判黑格尔本人的思想家们以及追随黑格尔的意识形态的思想家们仍然被囚禁于"逻辑学"的世界，而没有拿起自己

---

① Karl Marx, Friedrick Engels, *L'Idéologie allemande*, *Œuvres philosophiques*, T. VI, p. 158 - 159. 中文版参见《马克思恩格斯文集》第 1 卷，第 525—526 页。

② Karl Marx, *Économie politique et philosophie*, *Œuvres philosophiques*, T. VI, p. 48. 中文版参见《马克思恩格斯文集》第 1 卷，第 202 页。

的武器同这个世界斗争。他批判意识形态批判家鲍威尔仅停留在理论的和意识形态的批判层面上,没有超越这一层面,进入物质的有效和实际层面:"鲍威尔在他的《自由的正义事业》一书中对格鲁培(Gruppe)先生提出的'那么逻辑学的情况如何呢?'这一唐突的问题避而不答,却让他去问未来的批判家。这表明,鲍威尔在进行批判活动时对于同黑格尔辩证法的关系是多么缺乏认识,而且在物质的批判活动之后也还缺乏这种认识。"①马克思是这样回答这一唐突问题的:终结哲学的逻辑学(la logique philosophique),通过将其投入实践(la praxis)中来废除哲学的逻辑学!对实践(la praxis)的理性理解必须代替一切抽象的理性主义逻辑。任何"深奥的"哲学问题只要能够归为一些经验事实或全部现实事实,那么,知识和逻辑思维就无法解决这个问题:"理论之谜的解答在何种程度上是实践(la pratique)的任务并以实践(la pratique)为中介,真正的实践(la pratique)在何种程度上是现实的和实证的理论的条件……"②

马克思没有过多地沉溺于第一哲学或一般哲学,即**形而上学**。形而上学及其本体论假设绝不会考察总体性存在的意义(**逻各斯**)(le sens [le *logos*] de l'être de la totalité)。无论是**唯心主义者**还是**唯物主义者**,形而上学——从柏拉图到黑格尔——都是抽象的,都满足于思辨的神秘主义。二元论的阴影笼罩着整个形而上学。形而上学思维混淆了抽象(l'abstrait)和现实(le réel):它把抽象看作现实,并抽象地解释现实。在人的感性实践活动视域之外不存在任何答案和本体论真理。关于存在的问题是没有意义的。超出感性具体经验的东西在变得抽象的过程中发生异化:"抽象**唯灵论**(le *spiritualisme* abstrait)是**抽象唯**

---

① Karl Marx, *Économie politique et philosophie*, *Œuvres philosophiques*, T. VI, p. 42-43. 中文版参见《马克思恩格斯文集》第 1 卷,第 198 页。

② Karl Marx, *Économie politique et philosophie*, *Œuvres philosophiques*, T. VI, p. 63. 中文版参见《马克思恩格斯文集》第 1 卷,第 231 页。

物主义（le *matérialisme abstrait*）；**抽象唯物主义**是物质的**抽象唯灵论**。"①任何事物的基础，即原初的**第一本原**（*l'arché première* et primordiale），不会使自身被把握为精神或物质。唯灵论和唯物主义都是抽象的，因为它们都只是理论的。根本不需要疑问是否存在某种先于或创立现实的物质的人的活动的东西。马克思的唯物主义是**实践的**，他以这种"唯物主义"的名义谴责一切思辨哲学。形而上学从来没有将大写的世界（le Monde）看作人类劳动的物质材料，看作自然的历史化（devenir-histoire de la nature），因此，形而上学背叛了自然、人和历史。

　　许多思想家、哲学家和理论家——作为研究一般观念（idées générales）和普遍事物（l'universal）的专家、形而上学家和观念学家——都是这种异化的"英雄"。他们把自己当作世界的标准，把自己想象为历史的真正创造者、监护委员会（le conseil des gardiens）和统治者。然而，他们的异化恰恰在于：他们只是表达了统治阶级的观念，并将其系统化，而他们的思辨结构（constructions spéculatives）则受到物质现实的制约，他们甚至无法正确地表达实践（la pratique）的发展变化。这些从事精神劳动（travail spirituel）的专家们都只是反映了劳动分工（la division du travail）和技术异化（l'aliénation de la technique）：生产力的不发达和欠发达以及生产关系对生产力发展的制约决定着全部崇高的和被升华了的思想财富和意识形态财富的生产。因此，不可能存在一种**哲学的历史**（*historie de la philosophie*），一种哲学思想的（自主）发展的历史，在这一历史中，脱离了它们的现实基础的各种哲学彼此联系在一起。由一种神秘的纽带、一种抽象的辩证法——掩盖了它们的社会规定（déterminations sociales）、社会联系（attaches sociales）和历史条件（conditionnement historique）——联系起来的一系列哲学体系是不存在的。各种哲学思想和全部沉思的系统化（les systématisations

---

　　① Karl Marx, *Critique de la philosophie de l'État de Hegel. Œuvres philosophiques*, T. IV, p. 183. 中文版参见《马克思恩格斯全集》第3卷，第111页。

contemplatives)都没有它们自己的历史发展,因为人们在物质生产的发展中通过改造客观现实也改变了他们的思维方式(façon de penser)和他们的思维方式的产物。凭借一种对结果的卓越辨识力(un sens extraordinaire de la conséquence),马克思彻底摧毁了整个形而上学、哲学和思辨思维的大厦,否认它是一种根本的包罗万象的结构,因而将它作为上层建筑加以抨击。基于对现代历史之"意义"的把握和对行星技术(la technique planétaire)之意义的研究,马克思不承认哲学是一种历史力量,而是将它提交给生产性的、改造性的物质活动的最高法庭(le tribunal souverain)。**哲学在技术的冲击下消亡了**(*la philosophie meurt sous les coups de la technique*)。哲学的任务变成历史实践(la praxis historique)的任务。哲学的最后任务就是揭露异化,为生产率(la productivité)的全面发展开辟道路,并通过实现自身来消灭自身。"因此,**真理的彼岸世界**(*l'au-delà de la verité*/*das Jenseits der Wahrheit*)消逝以后,**历史的任务**就是确立**此岸世界的真理**(la *vérité terresre*)。人的自我异化的**神圣形象**被揭穿以后,揭露具有非神圣形象的自我异化,就成了为历史服务的**哲学的迫切任务**。于是,对天国的批判变成对尘世的批判,对宗教的批判变成对法的批判,对神学的批判变成对政治的批判。"①

　　于是,马克思的哲学就承担起了无情地批判一切异化和最终废除哲学的任务。哲学的废除同时意味着哲学的实现。哲学正是通过实现自身而废除自身和超越自身。经验主义者呼吁否定哲学,而纯粹的理论家们则希望哲学实现自身。前者没有看到,不实现哲学就无法废除哲学;而后者不能理解,不废除哲学就不可能实现哲学。否定哲学意味着"**对迄今为止的哲学的否定、对作为哲学的哲学的否定**(*négution de la philosophie telle qu'elle fut jusqu'ici*,de la philosophie en tant que

　　① Karl Marx, *Contribution à la critique de la philosophie du droit de Hegel. Introduction. Œuvres philosophiques*,T. I,p. 85. 中文版参见《马克思恩格斯文集》第1卷,第4页。

[*als*] philosophie)"①。异化世界在观念上的补充(complément idéal)的**扬弃**(l'*Aufhebung*)将同它通过超越和废除了全部异化的普遍和解(la réconciliation universelle)而达到的实际实现(réalisation pratique/*Verwirklichung*)保持一致。然而,这种哲学的世界化运动(mouvement du devenir-monde de la philosophie)②也提出了一些问题,我们稍后将加以讨论。

目前,我们的重点是在一定程度上阐明马克思对哲学异化的批判,即哲学本身所要服从的审判。这一批判主要是针对在黑格尔哲学和黑格尔派的理论建构中达到顶点的德国哲学。③ 德国哲学能够获得发展,恰恰归功于德国历史的不发展。德国人在行动上是贫穷的,而在思想上是富裕的。"正像古代各民族是在想象中、在**神话**中经历了自己的史前时期一样,我们德国人在思想中、在**哲学**中经历了自己的未来的历史。我们是当代的**哲学**同时代人,而不是当代的**历史**同时代人。德国的哲学是德国历史在**观念上的延续**。"④

---

① Karl Marx, *Contribution à la critique de la philosophie du droit de Hegel. Introduction. Œuvres philosophiques*, T. I, p. 95. 中文版参见《马克思恩格斯文集》第1卷,第10页。

② 在该书的英文版中,英译者将此处的"devenir-monde de la philosophie"译作"philosophy becomes world-order reality(哲学变为世界秩序现实)",这在一定程度上存在过度阐释之嫌。法文原文的字面意思是"哲学生成为世界",其含义接近于马克思的"哲学的世界化",故取此译法。参见 Kostas Axelos, *Alienation, Praxis and Technē in the Thought of Karl Marx*, p. 201.——译者注

③ 马克思抨击了包括前黑格尔派、黑格尔派和后黑格尔派在内的整个哲学传统,批判了所有哲学家和思想家。无论他们是哲学著作家、哲学思想家还是哲学教授,对马克思来说都是无关紧要的。就后者而言,马克思毫不费力地表明,他们把引领"思想"当作一种行业、一种职业来从事。马克思指出:"哲学家们那样当作职业,也就是当作**行业**(*affaire*)来从事的那种与现存关系脱节了的意识的变化,其本身就是现存条件的产物,是和现存条件不可分离的。"参见 Karl Marx, Friedrick Engels, *L'Idéologie allemande, Œuvres philosophiques*, T. VIII, p. 248. 中文版参见《马克思恩格斯全集》第1版第3卷,第440页。

④ Karl Marx, *Contribution à la critique de la philosophie du droit de Hegel. Introduction. Œuvres philosophiques*, T. I, p. 92 - 93. 中文版参见《马克思恩格斯文集》第1卷,第9页。

　　黑格尔是试图通过哲学思想来把握历史现实总体的德国哲学家。他力图合乎逻辑地、"历史地"追溯一切哲学观念的观念起源,将它们归纳聚拢到他的作为普遍历史之灵魂(âme de l'histoire universelle)的哲学史中。由此,各种哲学思想被重新统一起来,构成一个整体(tout),而这个异化了的哲学世界现在亟待被批判。对作为哲学的哲学的否定性批判必然要遭遇黑格尔,因为正是在黑格尔那里,开始意识到自身、正在生成为思维着的世界精神的哲学思想的"生成"才达到自己的顶点。"因此,黑格尔把一般说来构成哲学的**本质**的那个东西,即**知道自身的人的外化**或者**思考**自身的、**外化的科学**,看成劳动的本质;因此,同以往的哲学相反,他能把哲学的各个环节加以总括,并称自己的哲学才是哲学。"① 在黑格尔那里,一切历史的哲学(la philosophie de l'histoire)同哲学的历史(l'histoire de la philosophie)都是一致的。于是,大写的世界(le Monde)便成为大写的思想(Pensée)。然而,这种世界的哲学化(devenir-philosophie du monde)和哲学的世界化(devenir-monde de la philosophie)却不是总体的(total)和统一的(unitaire):整个世界仍然被分解为一种在异化和抽象(l'abstraction)的内部运思的哲学和一种被撕裂的、异化了和异化着的、具体和矛盾的现实。哲学本身就是双重矛盾的。

　　对哲学异化的批判是一项去异化的事业。它的标靶与其说是某种确定的哲学抽象,毋宁说是"整个"哲学思想的历史的、系统的"生成"。因此,黑格尔,作为这一生成过程的结果,就要被彻底地批判。马克思站起来猛烈地反对他的"主人"。在他自己的哲学上的反哲学激情(passion philosophiquement anti-philosophique)的激发下,马克思发起这场斗争。这场殊死搏斗不是以爱智慧(la Sagesse/φιλοσοφτα)或理性真理(la vérité du Λόγος;Λόγος 即前苏格拉底学派意义上的"言说、理

① Karl Marx, *Économie politique et philosophie*, *Œuvres philosophiques*, T. VI, p. 71. 中文版参见《马克思恩格斯文集》第 1 卷,第 205—206 页。

性")的名义，而是以实现**大写的实践**的意志(la volonté de la réalisation
de la *Praxis*)的名义、以**征服性的实践**(la *pratique conquérante*)的名义
展开的。马克思谴责黑格尔犯了一系列趋同性的"谬误(erreurs)"，而
所有这些谬误都可归根于一种虚假的基础。马克思谴责黑格尔持有一
种形而上学思辨的幻想和部署一种神秘的、抽象的思想的幻想。黑格
尔被谴责只停留于一种表面的批判和虚假的实证主义，既没有彻底的
批判性，也没有彻底的否定性。总之，黑格尔被指责通过把现实的东西
宣告为合理的东西，把合理的东西宣告为现实的东西而为一切现存事
物进行辩护。马克思对黑格尔的批判**旨在**抨击黑格尔思想的核心，攻
击它的各个方面和结果以及它的种种前提。包括逻辑学、自然哲学、劳
动理论、政治哲学、精神现象学、宗教学与艺术哲学、哲学史与历史哲学
在内的所有东西都受到马克思的批判，而且我们已经看到了马克思的
这种批判在劳动、市民社会、国家和人的自我意识问题上的运用方式。
这种旨在颠倒黑格尔的努力的基础，这种否定性批判的意义在于：谴责
黑格尔没有揭示人类普遍历史运动的动力和谜底，即现实生产力的发
展、能动的技术的运动(le mouvement de la technique agissante)。"他
只是为历史的运动找到**抽象的**、**逻辑的**、**思辨的**表达，这种历史还不是
作为既定的主体的人的**现实**历史，而只是人的**产生的活动**(acte de
procréation)、人的**形成的历史**(histoire de l'origine)。"①相反，"因为对
社会主义的人来说，**整个所谓世界历史**(toute la soi-disant histoire
universelle/die ganze sogenannte Weltgeschichte)不外是人通过人的劳
动而诞生的过程，是自然界对人来说的生成过程，所以关于他通过自身
而诞生、关于他的**形成过程**，他有直观的、无可辩驳的证明。因为人和
自然界的**实在性**(l'essentialité/Wesenhaftigkeit)，即人对人来说作为
自然界的存在以及自然界对人来说作为人的存在，已经成为实际的、可

---

① Karl Marx, *Économie politique et philosophie*, *Œuvres philosophiques*, T.
VI, p. 46. 中文版参见《马克思恩格斯文集》第 1 卷，第 201 页。

以通过感觉直观的，所以关于某种**异己的**存在物（être *étranger*）、关于凌驾于自然界和人之上的存在物的问题，即包含着对自然界的和人的非实在性的承认的问题，实际上已经成为不可能的了"①。

潜藏在黑格尔思想中的上帝和黑格尔的宗教哲学遭到了马克思的猛烈抨击。宗教异化作为一切形而上学异化的核心在黑格尔那里得以延续，宗教的现实存在并没有被废除。在经历了一个漫长的辩证过程（和迂回）之后，超越了自然和人类历史的神圣存在物（l'être divin）和宗教人（l'homme religieux）在最后的哲学家那里再次发现最终的确证。在马克思看来，这个哲学家（黑格尔）只考虑了宗教的和精神的宗教本质，而没有考虑到它的异化了的现实和决定性因素。由于黑格尔将宗教的经验存在和宗教的思辨哲学混为一谈，将人的宗教存在和人关于这一"存在"的哲学-宗教观念混为一谈，因此他没有把握人的本质。即使黑格尔试图超越宗教，宗教也只是为了达到更深一层的哲学抽象即绝对知识而"被扬弃"的。

黑格尔始终坚持维护双重异化——实践的、现实的异化和理论的、意识形态的异化——的根源和一切形式，因为在他看来，现实异化的全部形式都只是自我意识的异化的形式。他的辩证法并不是一种现实的辩证法（dialectique de la réalité），而仍然是一种纯粹思想的辩证法（dialectique de la pensée pure）。这种辩证法保留了异化，因为它把人看作一种自我意识。因此，人就是一种抽象的存在物、完全理论的存在物。而整部《精神现象学》研究的只不过是现实的、能动的人的存在的异化的精神现象（phénomènes spirituels）。因此，感性现实和感性活动是被否定的，因为对象只是由自我意识和精神活动所构成的。全部现实——借助人类劳动而实现的自然的历史化（le devenir-histoire de la nature grâce au travail humain）——只有以知识（savoir）为根据才能存

---

① Karl Marx, *Économie politique et philosophie*, *Œuvres philosophiques*, T. VI, p. 40. 中文版参见《马克思恩格斯文集》第 1 卷，第 196—197 页。

在。精神、概念、观念、思想、意识、自我意识和知识取代了现实的物质的生活(la vie réelle et matérielle)，取代了对象性(l'objectivité)。"意识的存在方式，以及对意识来说某个东西的存在方式，就是**知识**。知识是意识的唯一的行动。因此，只要意识**知道某个东西**，那么这个东西对意识来说就生成了。知识是意识的唯一的对象性的关系。"①

黑格尔设定和维持异化的存在，并且只将辩证运动引入思维存在。**否定**(la *négation*)从未实现对异化的否定，因为它仍然是一种逻辑的运动，只面向思维的本质。自称是绝对实证的**否定之否定**实际上导向总体抽象和无限精神，因而最终保留了异化。"在黑格尔那里，否定的否定不是通过否定假本质来确证真本质，而是通过否定假本质来确证假本质或同自身相异化的本质，换句话说，否定的否定是否定作为在人之外的、不依赖于人的对象性本质的这种假本质，并使它转化为主体。因此，把否定和保存即肯定结合起来的**扬弃**(le *dépassement*/ *Aufheben*)起着一种独特的作用。"②虽然黑格尔的辩证法具有极其革命性的重要性，其中的否定性是主要的创造性的决定性原则，但由于它以精神的生成代替由一切物质存在物构成的现实的生成，因此，这种辩证法仍然是一种"逻辑的"和意识形态的辩证法。这种辩证法没有完全把生成的否定性(la négativité du devenir)理解为历史性的时间(temps historique)，而只是将时间看作与自身相关的否定性(négativité se rapportant à elle-même)。因此，它无法打破、超越和有效地否定人的本质力量的外化和异化。简言之，它仍然是一种形式上的空洞的辩证法，还尚未把握革命的改造的实践(la pratique révolutionnaire et transformatrice)、本质性的活动和内容的充实(pleine de contenu)。"因此，外化的扬弃也不外是对这种无内容的抽象进行抽象的、无内容

① Karl Marx, *Économie politique et philosophie*, *Œuvres philosophiques*, T. VI, p. 80. 中文版参见《马克思恩格斯文集》第1卷，第212页。

② Karl Marx, *Économie politique et philosophie*, *Œuvres philosophiques*, T. VI, p. 83. 中文版参见《马克思恩格斯文集》第1卷，第214页。

的扬弃,即**否定的否定**。因此,自我对象化的内容丰富的、活生生的、感性的、具体的活动,就成为这种活动的纯粹抽象,成为**绝对的否定性**(*négativité absolue*),而这种抽象又作为抽象固定下来,并且被想象为独立的活动,或者干脆被想象为活动。因为这种所谓否定性无非是上述现实的、活生生的行动的**抽象的无内容的**形式,所以它的内容也只能是**形式的**、抽去一切内容而产生的内容。"①

　　黑格尔的整个本体论的形而上学的哲学最终达至(神圣)精神和绝对的王位(la royauté de l'esprit〔divin〕et absolu)、达至理念的真理(la vérité de l'idée),它之所以如此是因为它就是从那里出发的。精神产生大写的思想(逻辑)(la Pensée〔logique〕)的概念和观念,精神在大写的自然(自然哲学)(la Nature〔philosophie de la nature〕)中变得同自身相疏离,使自身发生异化。大写的精神(l'Esprit)在人类的普遍历史进程中通过法、道德、艺术、宗教和哲学复归自身(精神现象学和历史哲学)。精神最终意识到自身及其过程,并要求哲学本身为了绝对知识而被超越。总体的生成性存在(l'être en devenir de la totalité)就是绝对精神借助绝对知识通向对总体真理的把握的生成过程。黑格尔宣称"思维着的东西……当且仅当它在思维的时候,它才作为思维着的东西而存在"②,并以一种类似于巴门尼德的方式将事物与思想、主观与客观、现实与理想统一起来。马克思引用了黑格尔的话加以概括道:"**绝对的东西是精神**(*L'absolu est l'esprit*),这是绝对的东西的最高定义。"③翻过几页之后,我们在《1844 年经济学哲学手稿》的结尾处会看到这样一段评述:"因此,精神在没有**自在地**、即没有作为世界精神**完成**以前,不能作为**具有自我意识的**精神实现自己的完成。因此,宗教的内

　　① Karl Marx, *Économie politique et philosophie*, *Œuvres philosophiques*, T. VI, p. 88 - 89. 中文版参见《马克思恩格斯文集》第 1 卷,第 218 页。

　　② G. W. F. Hegel, *Précis de l'encyclopédie des sciences philosophiques*, p. 384.

　　③ Karl Marx, *Économie politique et philosophie*, *Œuvres philosophiques*, T. VI, p. 95. 中文版参见《马克思恩格斯文集》第 1 卷,第 223 页。

容在时间上先于科学表述出精神**是什么**，但是唯有科学才是精神关于它自身的真正知识(le vrai savoir /*wahres Wissen*)……**运动，精神关于自身的知识的形式。**"①

马克思开始以人的实践(la praxis)的全面解放的名义，以一种仅希望指导行动的思想的名义同黑格尔作斗争。这不是一种对黑格尔的纯粹的、简单的否定。在这场斗争中，马克思是不遗余力的，且常常是忘乎所以的。譬如，他在某处写道："它是一个老太婆，而且将来仍然是一个老太婆；它是年老色衰、孀居无靠的黑格尔哲学。这个哲学搽胭抹粉，把她那干瘪得令人厌恶的抽象的身体打扮起来，在德国的各个角落如饥似渴地物色求婚者。"②马克思的目的是辩证地颠倒黑格尔。当马克思转向黑格尔和反对黑格尔时，当一个天才面对另一个天才时，马克思试图开辟一条从精神之光(la lumière de l'esprit)通向行动之现实(la réalité de l'action)的道路。没有哪个哲学家会被另一个哲学家**驳倒**，黑格尔和马克思之间的"对话"同样如此。但是，马克思发出了自己的声音，并想要开辟一条新的道路。

在《资本论》的德文第二版跋中，我们能够——也应该——读到下面一段话，这段话或许能够帮助我们更好地理解青年马克思和老年马克思所做的批判的意义："我的辩证方法，从根本上来说，不仅和黑格尔的辩证方法不同，而且和它截然相反。[值得注意的是，马克思从未在逻辑本体论的意义上区分**对立**(les *contraires*)和**矛盾**(les

---

① Karl Marx, *Économie politique et philosophie*, *Œuvres philosophiques*, T. VI, p. 135. 中文版参见《马克思恩格斯全集》第 3 卷，第 373—374 页。请注意，阿克塞洛斯此处引文出自马克思的《黑格尔〈精神现象学〉摘要〈绝对知识〉章》。阿克塞洛斯所使用的法文版《1844 年经济学哲学手稿》所依据的是收录于朗兹胡特和迈耶尔编辑的德文版《历史唯物主义：早期著作》中的《国民经济学和哲学(1844)》，该版本将《黑格尔〈精神现象学〉摘要〈绝对知识〉章》作为整个手稿的最后一部分。这段引文在黑格尔的《精神现象学》中的表述，可参见[德]黑格尔：《精神现象学》(下卷)，第 269 页。——译者注

② Karl Marx, Friedrick Engels, *La Sainte Famille. Œuvres philosophiques*, T. II, p. 31. 中文版参见《马克思恩格斯全集》第 1 版第 2 卷，第 22 页。

contradictoires)。〕在黑格尔看来,思维过程,即甚至被他在观念这一名称下转化为独立主体的思维过程,是现实事物的创造主,而现实事物只是思维过程的外部表现。我的看法则相反,观念的东西(l'idéel /*das Ideelle*)不外是移入人的头脑并在人的头脑中改造过的物质的东西(le matériel /*Materielle*)而已。将近 30 年以前,当黑格尔辩证法还很流行的时候,我就批判过黑格尔辩证法的神秘方面。但是,正当我写《资本论》第一卷时,今天在德国知识界发号施令的、愤懑的、自负的、平庸的模仿者们,却已高兴得像莱辛时代大胆的莫泽斯·门德尔松对待斯宾诺莎那样对待黑格尔,即把他当作一条'死狗(chien crevé)'了。因此,我公开承认我是这位大思想家的学生,并且在关于价值理论的一章中,有些地方我甚至卖弄起黑格尔特有的表达方式。辩证法在黑格尔手中神秘化了,但这绝没有妨碍他第一个全面地有意识地叙述了辩证法的一般运动形式。在他那里,辩证法是倒立着的。必须把它倒过来,以便发现神秘外壳中的合理内核。辩证法,在其神秘形式上,成了德国的时髦东西,因为它似乎使现存事物显得光彩。辩证法,在其合理形态上,引起资产阶级及其空论主义的代言人的恼怒和恐怖,因为辩证法在对现存事物的肯定的理解中同时包含对现存事物的否定的理解,即对现存事物的必然灭亡的理解;辩证法对每一种既成的形式都是从不断的运动中,因而也是从它的暂时性方面去理解;辩证法不崇拜任何东西,按其本质来说,它是批判的和革命的。"①

马克思的批判的、革命的辩证法旨在清算哲学。它聚焦于物质运动、人类历史的现实生成,只把思想(和哲学)的运动看作现实运动的一种反映、转化和展露。这里的"唯物主义"和"现实主义"意指历史的和人道主义的唯物主义和现实主义,而不是某种"本体论的"东西。同生产力的**物质**运动和技术的**现实**运动相"对应"的是意识形态的精神运动、哲

---

① Karl Marx, *Le Capital*, T. I, p. 29. 中文版参见《马克思恩格斯全集》第 44 卷,第 22 页。(方括号中插入的评论是由阿克塞洛斯所加。——译者注)

学的**唯心主义**思维和意识的异化。所以，这种辩证法既不是本体论的——因为它并不想知道任何关于一种根本的存在物或者物质的东西和精神的东西的事情，也不是逻辑学的和灵知论的（gnoséologique）——因为它没有在现实的东西或者观念的东西上停留很久。马克思的辩证法既不是唯灵主义的，也不是唯物主义的，既不是现实主义的，也不是理想主义的、精神和物质的或现实和理想的替代性选择，而是旨在成为一种关于人类活动的辩证法，一种关于现实的、物质的、感性的、实践的、强有力的、具体的活动的辩证法。它力图终结以抽象的方式占有存在、精神和物质的哲学的、本体论的和形而上学的异化，终结试图以同样抽象的方式考察知识、现实、观念和思想的灵知论的和逻辑学的异化（l'aliénation gnoséologique et logique）。马克思的辩证法所说的语言既不是"宇宙学的（cosmologique）"，也不是"概念的"，而是旨在表达人类历史的真正"**逻各斯（logos）**"，揭示人类活动的意义。关于**物质**或**精神**之第一性问题（本体论上的唯物主义和唯心主义）的长篇大论，**关于现实和观念**、**存在和思维**、**经验和理性**（现实主义和唯心主义、逻辑经验主义和逻辑理性主义）之间的对立的喋喋不休，并不是马克思所关心的，即使它们确实涉及某种名副其实的思想。

马克思在 1842 年 7 月 14 日发表于《莱茵报》（la *Gazette rhénane*）的文章中写道："正是那种用工人的双手建筑铁路的精神，在哲学家的头脑中建立哲学体系"①。马克思是在技术（la technique）中，而不是在哲学中看到生成的动力，他的辩证法想要去异化和革命化的首要条件就是物质技术（la technique matérielle）。为了实现这一点，他不得不打破异化世界中的各种矛盾。马克思的辩证法经常将黑格尔辩证法中统一起来的东西分开来，反对任何中介（la médiation）的干涉。因为总体性的生成性存在就是通过中介在作为普遍的绝对精神（Esprit universel et absolu）的自我认知（se connaît）中得以实现的。更确切地

---

① 参见《马克思恩格斯全集》第 1 卷，第 220 页。

说，马克思没有探究辩证法的本质，或探讨辩证思维的概念。他没有在**相互对立的**(*contraires*)和**彼此矛盾的**(*contradictoires*)的现实和观念之间的区别或者矛盾对立面的**统一性**(*l'unité*)或**同一性**(*l'identité*)问题上花费太多时间。他没有对(思想的)"主观"辩证法和(现实的)"客观"辩证法之间的联系问题感到困扰。马克思的简明扼要的辩证法对于解决现代社会的历史矛盾、把握使相互斗争的两大阶级"统一"起来的动态矛盾作出了重要贡献。马克思的辩证法所关注的对立就是作为否定性之承担者的**无产阶级**和作为生产力之拥有者和异化的"积极"支持者的**资产阶级**之间的对立。"真正的极端之所以不能互为中介，就因为它们是真正的极端。但是，它们也不需要任何中介，因为它们具有互相对立的本质。它们彼此之间没有共同之点，它们既不相互需要，也不相互补充。一个极端并不怀有对另一极端的渴望、需要或预期。"①因此，马克思在《黑格尔法哲学批判》中批判了黑格尔辩证法的**调和维度**(la dimension *conciliante*)。对马克思来说，相互对立的现实、真正的极端、真实存在的差别仍然是不可调和的。比如，人类的性爱和非人类的性爱是绝不能耦合的，它们之间存在根本性的差异。相反地，处于同一存在中的两种对立的决定性因素是能够在同一实体中相遇的。只有在一种共同的实体中出现的差别能够统一起来。比如，男性和女性在人类中表现为极端的差别，因此，他们能够相互吸引、相互结合②。于是，所有继续肯定世界——这个由于异化而一分为二的世界——的统一的哲学思想都保存了异化，并为异化进行辩护。"黑格尔的主要错误在于：他把**现象的矛盾**(la *contradiction du phénomène*)理解为**观念中、本质中的统一**(*unité dans l'être，dans l'idée*)，而这种矛盾当然有某种更深刻的东西，即**本质的矛盾**(*contradiction essentielle*)作为自己的本质。

---

　　① Karl Marx, *Critique de la philosophie de l'État de Hegel. Œuvres philosophiques*，T. IV，p. 182 - 183. 中文版参见《马克思恩格斯全集》第 3 卷，第 110 页。

　　② Karl Marx, *Critique de la philosophie de l'État de Hegel. Œuvres philosophiques*，T. IV，p. 183 - 185. 中文版参见《马克思恩格斯全集》第 3 卷，第 111 页。

例如，在这里立法权自身的矛盾只不过是政治国家的矛盾，因而也就是市民社会同自身的矛盾。"①

形而上学只会忽视本质的矛盾，因为它本身就依赖于异化。正如形而上学是在精神中调和一切事物，它在抽象中"调和"现实和观念。尽管如此，现实仍然被撕碎了，充斥着对抗。而总体的、统一的哲学只会掩盖世界中的这种混乱。哲学的谎言就在于它的原则本身。哲学已经通过思维表现了这个异化的世界，剩下的就是被世界的现实生成（le devenir réel du monde）所吸收。

无论哲学还是形而上学都是异化的。**科学**（la *science*）同样如此。科学活动并没有建构一种拥有自己的内在逻辑的自主过程。生产活动的现实生成决定着科学知识和科学活动的"历史"。独立于物质生产活动的科学的**历史**是不存在的。科学活动本身是作为社会产物提供给科学工作者的。他所做的事情——尽管他可以想象是完全由他自己完成的——，是他以社会的方式进行的，即借助技术（la technique）和社会来进行的。但是，由于迄今为止所有社会中的技术都是异化的，科学怎么可能不是呢？②

在同自然进行斗争以便从中获得他们迫切需要的生活资料的过程中，人们也建立起**自然科学**（les *sciences de la nature*）。在人们的历史过程中，人们建立起**历史科学**（la *science de l'histoire*）。人们的经济活动在**政治经济学**中表现出来。使人与自然、人与人相互对立和统一的的实践关系（lesrapports pratiques）构成了全部科学理论的物质基础。

---

① Karl Marx, *Critique de la philosophie de l'État de Hegel. Œuvres philosophiques*, T. IV, p. 188. 中文版参见《马克思恩格斯全集》第 3 卷，第 114 页。

② 马克思对这个中心思想的表达再清楚不过了："科学是工业的产物。甚至这个'纯粹的'自然科学也只是由于商业和工业，由于人们的感性活动才达到自己的目的和获得自己的材料的。"（Karl Marx, Friedrick Engels, *L'Idéologie allemande*, *Œuvres philosophiques*, T. VI, p. 163. 中文版参见《马克思恩格斯文集》第 1 卷，第 529 页。）这是非常重要的。因为即使**现代技术**（la *technique moderne*）表现为一种产品、一种科学的结果，但事实上，正是它构成了科学发展的原动力（le ressort）和秘密。

然而,这些关系是异化的,因此,它们的理论的、科学的表现也是异化的。关于一种异化现实(réalité aliénée)的非异化科学(science non aliénée)是不可能的。

在分工中获得发展的科学都是异化的。因为,正是异化着的社会劳动分工以一般的方式并根据特殊的形态(modalités particulières)决定着科学工作,而科学工作本身就是分化了的。我们可以看到脑力工作者、统治阶级成员只是一些从事科学工作的人,而科学活动本身的分化又阻碍了相互分离的科学工作者的有效沟通。由此,整个科学领域变为独立自主的,失去了同其他领域的联系,但也产生了更多通过特殊化而变得独立自主的、脱离普遍性的领域。对于全部异化领域来说都是真实的东西对于"整个"科学异化领域及其特殊领域都是真实的:由此,人的类存在成为异化的,大写的总体(la Totalité)成为原子化的。"每一个领域都用不同的和相反的尺度来衡量我:道德用一种尺度,而国民经济学又用另一种尺度。这是以异化的本质为根据的,因为每一个领域都是人的一种特定的异化,每一领域都把异化的本质活动的特殊范围固定下来,并且每一个领域都同另一种异化保持着异化的关系……"①由于脱离实践(la pratique),尽管科学知识和各种各样的科学技术是从实践中产生的,但它们认为,它们构成了一个拥有自己的规律的独立领域。然而,科学异化的领域是对普遍异化、分工和统治阶级利益的表达。而且,即使是科学之树的不同分支,彼此之间也仍然缺乏真正的沟通,同时也与真正的、自然的、合乎人性的、历史的普遍性——以个别的和整体的方式——相隔绝。

科学的百科全书、科学知识的总体系、绝对科学都没有成功建构起来。知识仍然是分裂的和分开的,每一个科学工作者都将自己的学科和方法看作他用来评判其他学科和方法的唯一真正的学科和方法,却

---

① Karl Marx, *Économie politique et philosophie*, *Œuvres philosophiques*, T. VI, p. 57. 中文版参见《马克思恩格斯文集》第1卷,第228页。

没有同时将他的特殊真理同与之相应的有限现实联系起来。孤立的各个人生活在"原子化的"社会中，无法完成科学大厦的建构。毫无疑问，科学进步已经在一般意义上实现了，因而部分地超越了科学家之间的严密隔绝。但是这种结果仍然是稀少的。"在天文学方面，阿拉戈、赫舍尔、恩克和贝塞耳都认为必须组织起来共同观测，并且也只是从组织起来之后才获得了一些较好的成绩。在历史编纂学方面，'唯一者(l' Unique)'①是绝对不可能做出什么成绩的，而在这方面，法国人也由于有了劳动组织，早就超过了其他国家。但是很明显，所有这些以现代分工为基础的劳动组织所获得的成果还是极其有限的，它们只是同迄今尚存的、狭隘的单干比较起来，才算是前进了一步。"②

科学仍然被划分为**自然科学**和**人类历史科学**(*sciences de l'histoire humaine*)。这是一种异化的划分，因为人从来没有同一种外在于历史的自然打交道，也从来没有同一种独立于自然之外的历史打交道。科学拥有一种基础，生活拥有另一种基础的情况是不存在的。这种分离是由异化造成的。由于异化，科学离开了应当构成其基础并使它获得发展的领域，即人的感性活动。"科学只有从**感性**意识(la conscience *sensible*)和**感性**需要(besoin *sensible*)这两种形式的感性出发，因而，科学只有从自然界出发，才是**现实的**科学(science *réelle*)。"③这个意义上的自然绝不是同人类历史相分离的，因为"在人类历史中即在人类社会的形成过程中生成的自然界，是人的**现实的**自然界；因此，通过工业——尽管以**异化的**形式——形成的自然界，是真正的、人本学的自然

---

①   具有讽刺意味的是，这里的"唯一者"指的是麦克斯·施蒂纳的《唯一者及其所有物》(*L'Unique et sa propriété*)。

②   Karl Marx, Friedrick Engels, *L'Idéologie allemande*, *Œuvres philosophiques*, T. IX, p. 15 - 16. 中文版参见《马克思恩格斯全集》第1版第3卷，第459页。

③   Karl Marx, *Économie politique et philosophie*, *Œuvres philosophiques*, T. VI, p. 36. 中文版参见《马克思恩格斯文集》第1卷，第194页。

界"。① 大写的自然（Nature）、大写的历史（Histoire）和大写的人（Homme）构成不可分离的实体，因此科学也是不可分割的。正是通过自己的生产劳动，人的人类学的、历史的本性才同自然联系起来，并将自然改造为历史。"**工业**是自然界对人，因而也是自然科学对人的**现实的历史关系**。"②无论是抽象的唯物主义的科学抽象，还是抽象的唯心主义的科学抽象，都不知道如何把握由生活在社会中的人的劳动和工业（l'industrie）所导致的自然的历史化（devenir-histoire de la nature）过程。因此，异化了的科学仍然是非自然的（non naturelle）、反历史的（antihistorique）和非人性的（inhumaine）。科学的异化促使我们认识到自然科学是一回事，人类历史科学是另一回事，实际的现实和知识的建构是不同的，存在着各种特殊的专门的真理。在对人的感性需要（自然的合乎人性的需要）的背离中，作为意识形态异化的组成部分的这种科学异化展现了人的现实异化。

由于彼此之间相互割裂，并且丧失了同具有不可分割的自然性、历史性和人性的总体（la totalité）的联系，科学也丧失了同哲学思想的任何实际联系。因此，可以说，哲学异化，即科学异化的思辨的、抽象的体系化扩展到科学异化之中，而科学异化反过来又成为一种自主的东西。"**自然科学**展开了大规模的活动并且占有了不断增多的材料。而哲学对自然科学始终是疏远的，正像自然科学对哲学也始终是疏远的一样。过去把它们暂时结合起来，不过是**离奇的幻想**（*illusion imaginaire*/ *phantasische Illusion*）。存在着结合的意志，但缺少结合的能力。甚至历史编纂学也只是顺便地考虑到自然科学，仅仅把它看作是启蒙、有用性和某些伟大发现的因素。然而，自然科学却通过工业日益**在实践上**进入人的生活，改造人的生活，并为人的解放做准备，尽管它不得不直

---

① Karl Marx, *Économie politique et philosophie*, *Œuvres philosophiques*, T. VI, p. 36. 中文版参见《马克思恩格斯文集》第 1 卷，第 193 页。

② Karl Marx, *Économie politique et philosophie*, *Œuvres philosophiques*, T. VI, p. 35. 中文版参见《马克思恩格斯文集》第 1 卷，第 193 页。

接地使非人化(la déshumanisation)充分发展。"①

　　在技术中——在实践的感性的活动中,马克思看到了人类历史发展和把自然改造为社会劳动材料的动力。马克思将技术的最高发展形式即**工业**看作为实现人的非异化(la désaliénation)、解放人的活动(尽管目前它使异化达到顶点)、满足人的全部自然的合乎人性的社会的需要做准备,因此,马克思毫无疑问地将**技术**与**科学**结合起来。**工业生产意义上的技术**(la *technique productive et industrielle*)甚至是同**科学意义上的技术**(la *technique scientifique*)不可分割的。然而,正如我们已经看到的,"政治、国家、科学等等没有历史,艺术、宗教等等也没有历史"②。

　　即使马克思将科学看作一种特殊的异化形式(一种基本的异化形式,一种作为意识形态的派生性的异化形式),马克思似乎并没有想要废除科学,就像他对政治、国家、宗教、艺术和哲学所做的那样。同技术相联系的、作为建立在一种**创造**(*faire*)之上的**知识**(*savoir*)的科学能够在超越一切形式的异化中幸存下来。我们应该试图发现那种在普遍和解的前景中能够成为科学的东西。然而,科学——虽然它至今已经被接受和实践着——仍然是异化的,它还不是**那种**在扬弃了包括科学异化在内的异化之后发展出来的科学。

　　我们不应该期望在马克思那里找到一种关于科学的理论(théorie de la science)或一种关于哲学与科学之关系问题的阐明。我们也不应该期望会看到马克思提供一种他自己的关于**科学**的思想。马克思的形而上学的历史的思想,他的科学的——和政治经济学的——分析和理论都是不可分解地联系在一起的,即使他的科学活动仍然是建立在他

---

　　①　Karl Marx, *Économie politique et philosophie*, *Œuvres philosophiques*, T. VI, p. 35. 中文版参见《马克思恩格斯文集》第 1 卷,第 193 页。

　　②　Karl Marx, Friedrick Engels, *L'Idéologie allemande*, *Œuvres philosophiques*, T. VI, p. 250. 中文版参见《马克思恩格斯文集》第 1 卷,第 525 页。作者对此处进行了修改——译者注

的哲学思考之上的。在马克思的笔下，"科学"一词对我们来说并没有多大意义，或许正如我们将会在接下来的文字中看到的那样。然而，似乎可以确定的是，由于科学已经获得发展，科学仅仅构成异化的极端系统化和技术化的顶点（l'extrême pointe systématisée et technicisée de l'aliénation）。

就像任何彻底的现实异化和其他一切意识形态异化形式一样，科学异化（l'aliénation scientifique）将理论与实践分离开来。此外，科学理论中的不同领域划分为各种严密的组成部分。异化了的科学活动也将自然与历史、科学与生活分离开来。科学异化根据不同的观点——每一种观点都将自己看作唯一的真正观点——将总体性分割为各个片段。因此，这是一种建立在劳动分工和异化了的技术之上的异化。

（黑格尔的）大写的精神（l'Esprit）借由在世界历史中显现自身和实现自身的一切东西——劳动、家庭、政治、法、道德、自我意识、艺术、宗教、哲学和科学，它们把总体的生成性存在置于**逻各斯**（logos）、概念和观念之光乃至**绝对知识**之光的普照之下——都被马克思看作人的存在的外化和异化的诸形式和力量。在精神把握的**现象**中，马克思发现了人的现实**异化**。

总体的异化必须被实际地超越，而不只是在思想中被超越。这种**双重**异化，即实践的异化和意识形态的异化必须被现实地超越，而不只是发生在意识中。总体的异化和**异化的双重方面**的核心必须被根除。私有财产必须被废除，因为经济的异化是全部异化的根源："而经济的异化是**现实生活**的异化，——因此对异化的扬弃包括两个方面。［实践的现实（la réalité pratique）**和**意识（la conscience）］。"①尽管意识在马克思的思想中扮演了重要角色，但并不是哲学思想或某个思想家就能够引领人类实现普遍和解。在黑格尔的《法哲学原理》（这是黑格尔生前

---

①　Karl Marx, *Économie politique et philosophie*, *Œuvres philosophiques*, T. VI, p. 25. 中文版参见《马克思恩格斯文集》第1卷，第186页。（方括号内的内容是由阿克塞洛斯所加。——译者注）

出版的最后一部著作)序言的最后几行文字中，我们可以看到："关于**教导**世界应该怎样，也必须略为谈一谈。在这方面，无论如何哲学总是来得太迟。哲学作为有关世界的**思想**，要直到现实结束其形成过程并完成其自身之后，才会出现。概念所教导的也必然就是历史所呈示的。就是说，直到现实成熟了，理想的东西才会对实在的东西显现出来，并在把握了这同一个实在世界的实体之后，才把它建成一个理智王国的形态。当哲学把它的灰色绘成灰色的时候，这一生活形态就变老了。对灰色绘成灰色，不能使生活形态变得年青，而只能作为认识的对象。密纳发的猫头鹰（la chouette de Minerve）要等到黄昏到来，才会起飞。"①

在对这段话的回应中，马克思批判了黑格尔的双重错误："哲学家只不过是创造历史的绝对精神在运动完成之后用来回顾既往以求**意识到自身**的一种工具。哲学家参与历史只限于他这种回顾既往的意识，因为真正的运动已被绝对精神无意地完成了。所以哲学家是 *post festum*（**事后**）才上场的。黑格尔的过错在于双重的不彻底性：(1) 他宣布哲学是绝对精神的定在（l'existence/*Dasein*），同时又不肯宣布现实的哲学家就是绝对精神；(2) 他仅仅在表面上把作为绝对精神的绝对精神变成历史的创造者。既然绝对精神只是 *post festum*（**事后**）才通过哲学家意识到自身这个具有创造力的世界精神（esprit du monde créateur/*schöpferischer Weltgeist*），所以它的捏造历史的行动也只是发生在哲学家的意识中、见解中、观念中，只是发生在思辨的想象中。"②

在这里，问题的关键就是要最终解决异化及其意识形态上的扩张，因而要废除哲学，以便生产力能够自由全面地发展，以便人的实践（la

---

① ［德］黑格尔：《法哲学原理》，范扬、张企泰译，商务印书馆 1961 年版，第 16 页。

② Karl Marx, Friedrick Engels, *La Sainte Famille. Œuvres philosophiques*, T. II, p. 151 - 152. 中文版参见《马克思恩格斯全集》第 1 版第 2 卷，第 108—109 页。

praxis humaine)不再遭遇更多的限制,正如马克思在《关于费尔巴哈的提纲》的第十一条中所总结的:"哲学家们只是用不同的方式**解释**(*interpréter*)世界,问题在于**改变**(*transformer*)世界。"[①]正是这种总体的、彻底的变革,这种对异化本身和各种异化的超越,将引导人重新获得人的存在,在对总体的生成(le devenir de la totalité)的征服中实现同总体的生成的和解——不过总体是在某种意义上被解释的总体。

---

① 参见《马克思恩格斯文集》第 1 卷,第 502 页。

第六部分

作为征服的和解前景

从基本的多维度**异化**角度来看待事物绝不是马克思思想的最终目的。马克思直面人的异化是为了能够引导人们超越物质力量、思想和意识的异化。马克思的哲学上的反哲学思想（la pensée philosophiquement anti-philosophique）导向对普遍的**总体的和解**（la *réconciliation* universelle et *totale*）的展望，甚至从头到尾都受到这种视域的激励。普遍的和解即意味着自然与历史、人与社会、个人与共同体、需要、行星技术（la technique planétaire）与全面满足的和解和承认。在这个意义上，哲学将在它的现实化中消灭自身，思想将变为现实，而哲学将变为世界。和解即意味着**对世界的征服**（*conquête du monde*），而世界正是通过人类活动而展现自身和创造自身的。

第十二章　超越异化的前提

　　为了谈论**外化**(*extériorisation*)和**异化**(*aliénation*)，难道不应该假设一种"先于"外化和异化的存在或现实吗？为了**超越异化**(*dépassement de l'aliénation*)、实现**总体的和解**(*réconciliation totale*)，难道不应该有一种已经通过异化而变成异己的并终将会与之达成**和解**(*réconciliation*)的"现实"吗？但是，这种自我外化和自我异化的东西——它的全部历史只不过是剥夺(*dessaisissement*)的历史——难道永远不会存在于其现实的全部真理之中吗？

　　整个人类史只不过是异化的历史，不存在先于异化的现实。异化意味着：人的活动的异化，人的存在正遭受掠夺(spoliation)和剥夺(dessaisissement)。迄今为止，人总是异化了的人，只不过有时多一些，有时少一些。因此，马克思所说的人向自己的合乎人性的存在的**复归**(*retour*)的意义就在于"对**私有财产**的积极的扬弃，作为对**人的**生命的占有(appropriation)，**是通过征服**(*par conséquent*)对一切异化的**积极的扬弃**(*la suppression positive*)，从而是人从宗教、家庭、国家等等向自己的合乎人性的存在即社会的存在的复归(le retour/*Rückkehr*)"①。

---

　　① Karl Marx，*Économie politique et philosophie*，*Œuvres philosophiques*，T. VI，p. 24. 中文版参见《马克思恩格斯文集》第 1 卷，第 186 页。

我们必须再次重复的是：人，这种具有不可分割的自然性和社会性的存在，天生具有激发他从事斗争和生产活动（activité productive）的客观本质力量（forces essentielles objectives），是一种渴望他的需要得到总体满足的存在——**这个意义上的人构成了马克思思想的中心**。人的存在本身就是一种在自然史（l'histoire naturelle）中从事生产和再生产的自然的产物（produit de la nature）。历史只不过是人的本性（la nature humaine）的一种持续改造。它没有"绝对的"出发点。向人展现自身的一切事物的起源、人的活动的表现的起源存在于一种（辩证的）运动之中。第一种（对话性的）类的自然的关系（rapport［dialogue］générique et naturel）是将人与自然统一起来的关系，这同时也是一种使作为社会存在物的人与人统一起来的关系。不存在"先于"这种关系的东西。这种关系是现实的真理的源泉。人的存在（l'être humain）是人的本性（la nature de l'homme），而自然（la nature）是人的合乎人性的存在（l'être humain de l'homme）。在生成中的总体的存在、大写的自然（la Nature）、大写的世界（le Monde）只是从自然在人的眼中显现出来的那一刻开始的，人通过自己的劳动来反抗自然，而人之所以这样做正是因为这就是他的人的本性（nature humaine）。

我们不禁要再说一遍：马克思在任何地方都没有明确提出有关"先于"人类活动的东西、自然的历史化（le devenir-histoire de la nature）的问题。整个本体论的运动和自然的全部进化以及促使人得以产生的一切东西，仍然在马克思的视域之外。对马克思而言，一切事物似乎都始于自然人（l'homme naturel）的社会活动。当人的自然存在开始在自然中运作以满足他的自然的人的需要时，一切事物开始为人而存在。自然是被展露出来的，准确地说，自然诞生于人类史（l'histoire humaine）。正是人的本性使人从一开始就成为一种社会存在（être social）。马克思写道："历史本身是**自然史**（l'histoire naturelle/Naturgeschichte）的一个现实部分,即自然界生成为人这一过程的一个现实部分。"①而这个"现实部分"就是大写的总体(la Totalité),因为正是通过这一现实部分,正是因为与它相关联,每一事物才得以显示自身、实现自身。当自然在人这里达到顶点时,人类史就开始了。而这个终点(aboutissement)就是起点(le commencement)。历史的确是"自然的",但是自然只作为历史化了的自然(nature historialisée)而存在。"自然界的**人的**本质只有对**社会的人**(l'homme *social*)来说才是存在的;因为只有在社会中,自然界对人来说才是**人与人联系的纽带**(*lien avec l'homme*)······"②人不是**被创造出来的**(*créés*),而是由于自发的生殖繁衍(la génération spontanée)而出现的。而关于谁在自然中创造出第一个人的问题是一个纯粹的抽象思辨产物。无论是自然还是人,都不是由一个创造者(créateur)或一个伟大工匠(grand ouvrier)创造或生产出来的。在马克思看来,自然界和人都是通过自身而存在的(*das Durschsichselbstsein der Natur und des Menschen*)③,"**自然发生说**(la *generatio aequivoca*)是对创世说(la théorie de la création/Schöpfungstheorie)的唯一实际的驳斥"④。

因此,如果不是人的劳动,即人的感性的、有意义的活动——自然和人通过它而表现自身和"产生"自身,那么就不存在一种**逻各斯**(*Logos*)或一种辩证法(dialectique)统治和渗透一切事物。于是,大写的世界(le Monde)就变为人类史,生成中的一切事物的人化自然史(histoire humainement naturelle)。比如,地球本身——人在地球上活

① Karl Marx, *Économie politique et philosophie*, *Œuvres philosophiques*, T. VI, p. 36. 中文版参见《马克思恩格斯文集》第1卷,第194页。

② Karl Marx, *Économie politique et philosophie*, *Œuvres philosophiques*, T. VI, p. 26. 中文版参见《马克思恩格斯文集》第1卷,第187页。

③ 马克思的原话是"自然界的和人的通过自身的存在(das Durschsichselbstsein der Natur und des Menschen)"。参见《马克思恩格斯文集》第1卷,第195页。——译者注

④ Karl Marx, *Économie politique et philosophie*, *Œuvres philosophiques*, T. VI, p. 38. 中文版参见《马克思恩格斯文集》第1卷,第195页。

动,又回归大地——只是通过人的天生的反自然性劳动(travail naturellement anti-naturel)而对人存在:"土地只有通过劳动、耕种才对人存在。"①人的生产活动构成了处于**历史**生成(le devenir *historique*)中的一切事物的起源行动(l'acte d'origine)。人开始在一种"社会化了的(socialisée)"自然中变为可见的,一旦人成为制造工具的动物(animal fabriquant des outils),这种自然就开始为人而存在。不存在一种凌驾于自然之上的、异己的、高级的东西在人类史中显示自身。不存在超越人的本质(l'essence de l'homme)的"存在",这种本质存在于它的自然史中,它的动力是召唤并寻求占有物质世界以满足自身的生活需要的人的社会活动。人的存在在根本上是自然的,并在他的自然驱力(pulsions naturelles)的驱动下施展自己的类力量,建构社会性的生成(le devenir social)。人的人类本性表现为自然的人化(le devenir-homme de la nature,即自然向人的生成),这种自然是那些推动人实现他的外化的客观的本质力量的源泉。人从一开始就是一种自然的社会的能动存在,他通过劳动来寻求满足他的全部需要。人的根源是自然的(nature),人的本性是属人的(humaine)。与人相关的大写的自然(la Nature)总是社会的,它的生成是历史的。因此,(宇宙的)大写的自然(Nature[cosmique])和(人的)自然(nature[humaine])、(社会的)技术和(历史的)生成是不可分割地联系在一起的,并且它们从一开始就同时显现出来。一切事物的可见的开端(le commencement visible)、大写的世界(Monde)的起源行动就是人类史,因为"历史是人的真正的自然史"②,"只有自然主义能够理解世界历史的行动"③。一切事物的起源行动、一切都可以被理解的地方(le lieu)就是"自然的人道主义

---

① Karl Marx, *Économie politique et philosophie*, *Œuvres philosophiques*, T. VI, p. 15. 中文版参见《马克思恩格斯文集》第 1 卷,第 180 页。

② Karl Marx, *Économie politique et philosophie*, *Œuvres philosophiques*, T. VI, p. 79. 中文版参见《马克思恩格斯文集》第 1 卷,第 211 页。

③ Karl Marx, *Économie politique et philosophie*, *Œuvres philosophiques*, T. VI, p. 76. 中文版参见《马克思恩格斯文集》第 1 卷,第 209 页。

(humanisme de la nature)"和人的自然主义(naturalisme de l'homme)的交汇点。

将人与自然、人与人统一起来的社会关系是现实的、根本的关系，正是这种关系脱离了历史发展的起源。人的存在和事物的本性从一开始就发生异化。对人来说，在人的自然史过程中，人的行为只表现为自我异化中的自我外化。通过自己的社会劳动，人创造出整个客体世界(monde d'objets)，但这个客体世界外在于他，与他的存在没有任何关系。自然驱力和本质的客观力量推动人类趋向他们的需要的对象。然而，这种客体的统治恰恰意味着一切事物的物化(la réification)。人的活动在本质上应该是自然的和合乎人性的，但事实上既不是**自然的**(ni *naturelle*)，也不是**合乎人性的**(ni *humaine*)，因为人的活动仍然是物化的(réifiante)和异化的(aliénée)。自然对象和被制造与生产出来的对象并没有成功地成为能够真正满足人类主体的对象。人的本质力量对象化这一过程中，展现出创造性力量，使自然从属于人。然而，充斥着"有用的"现实性(réalités «utiles»)的整个客观世界仍然是异己的和令人窒息的、外在的和异化的。人在劳动中显现和实现自身，但人又在实现自身和完成他的工作的过程中使自身发生异化。私有财产和分工使人同自身、人同事物的本性、人同世界以及人同他人相疏离。人在自身的外化中所创造出来的一切东西仍然外在于人。社会活动的历史从一开始就是一部异化的历史；从原始的生产不足(la sous-production primitive)到资本主义的过度生产(la sur-productioncapitaliste)，人都是在实现自身中使自身异化。人已经同自己的真正本性、同人的**本质**的真正现实性相异化，并会继续保持下去，因为非异化(la non-aliénation)还从未构成一种历史现实性(réalité historique)。使人成为一种合乎人性的存在的东西、造就历史性的自然(la nature historique)的东西，亦即大写的技术(la Technique)，始终是已经异化了的和正在异化着的。而且，人们还从未反思性地意识到这种事物状态、他们的自我意识，就像他们的理论思想和知识一样，都是虚假的和意识形态的。对异化的反思性把握是超越异化的前提之一，但是这一前提还几乎不存在。使人与人、人类与世界相敌对的对立和对抗、矛盾和冲突在一种现实异化的领域中发展起来，而且必然在这种现实领域中发生斗争。

由于异化，任何看起来被一分为二的东西实际上都是如此。"**异化**——它从而构成这种外化的以及这种外化之扬弃的真正意义——是**自在**(l'*en soi*)和**自为**(le *pour soi*)之间、**意识**(la *conscience*)和**自我意识**(la *conscience de soi*)之间、**客体**(l'*objet*)和**主体**(le *sujet*)之间的对立，就是说，是抽象的思维同感性的现实或现实的感性在思想、本身范围内的对立。"①普遍的和解意味着扬弃这些矛盾，实现思想与感性现实的统一(unification)；它也意味着建立在总体性的统一(l'unité de la totalité)之上的征服，而不是对一种失去了的状态(un état perdu)的再征服(re-conquête)。

普遍和解的前提是由人的真正本性、人的本质和迄今为止只作为一种自我异化而行动的东西所提供的。在历史过程中，人只达到一种不完满的自我实现，因为人的现实化就是他的物化(réifiaient)。然而，人同时创造着超越异化的条件。因此，人就能(重新)获得他的本质，"重新获得"是指通过揭示构成人的存在、人的生成、人的人性和人的自然本质与社会本质的隐藏意义的东西而获得。这不是要重新获得一种已失去的天堂般的状况，因为那种状况从未存在过。这既不是要回到一种原始的和欠发达的简单状态(simplicité)，回到一种所谓的原始统一，也不是要重新获得一种对人而言非自然的简单状态。问题的关键在于：为了人们的存在，为了能够使人们在人类历史上第一次实现去异化(désalièrent)，人们必须做什么。这就是"对**私有财产即人的自我异化**(aliénation de soi de l'homme)的**积极的扬弃**，因而是通过人并且为了人而对**人的本质**(l'être humain)的真正**占有**(l'*appropriation*)，因

---

① Karl Marx, *Économie politique et philosophie*, *Œuvres philosophiques*, T. VI, p. 59. 中文版参见《马克思恩格斯文集》第 1 卷，第 203 页。

此,它是人向自身、也就是向**社会的**即合乎人性的人的复归(le retour/
Rückkehr),这种复归是完全的复归,是自觉实现并在以往发展的全部
财富的范围内实现的复归"①,由此将实现"人向自身的还原
(réintégration/*Reintegration*)或复归,是人的自我异化的扬弃"②。对
根本异化的超越,对私有财产的积极扬弃将导致通过人并为了人而真
正占有人的本质和世界。扬弃人本身的异化将使人**还原**(la
réintégration)和**复归**自身以及实现普遍的**和解**成为可能。在这种还
原、复归与和解中,人与自然、人与人之间的敌对就会得到解决。人与
事物的起源的秘密,人和事物的本性,一切历史活动的隐性意义将会在
这种和解中显现出来。于是,人将还原他的存在、他的本性和他的本
质。人将复归自身,将**重新加入**(*rejoindra*)一个他还**从未居住过的**
(*jamais encore habité*)地方。人的自然的合乎人性的社会的本质,人的
类存在,构成了普遍和解的前提。人(l'homme)和人类(l'humanité)必
须还原到这种本质,而这并不意味着**复归到**一种已经现实存在的位置
(position)或情境(situation)。

人类的历史蕴含着一个谜:人类历史生成的意义是什么? 因为迄
今为止一切人的活动都是感性的和技巧性的(industrieuse),然而又是
异化的,而这个谜仍然没有得到解决。一切历史都只是生产力发展的
历史,为揭开这个谜而做好准备。人类的自然的、历史的生成已经为人
与自身、人与他的劳动、人与他的劳动产品以及人与世界的和解创造了
现实的物质条件。技术(la technique)的渐进的、进步的发展使得消除
劳动者和劳动的异化的革命成为可能的和必要的。私有财产、劳动分
工、资本和机械化(le machinisme)已经使人在物化、非自然化
(dénaturalisant)和非人化(déshumanisant)的同时得以自我外化和实

---

　　①　Karl Marx, *Économie politique et philosophie*, *Œuvres philosophiques*, T.
VI, p. 22 - 23. 中文版参见《马克思恩格斯文集》第 1 卷,第 185 页。

　　②　Karl Marx, *Économie politique et philosophie*, *Œuvres philosophiques*, T.
VI, p. 22. 中文版参见《马克思恩格斯文集》第 1 卷,第 185 页。

现自身。在一切已得到的东西的基础上仍需要做的是废除使人们发生异化的东西。"**分工**和**交换**是私有财产的形式，这一情况恰恰包含着双重证明：一方面，**人**的生命为了本身的实现曾经需要**私有财产**；另一方面，人的生命现在需要扬弃私有财产。"①

到目前为止，技术都是服务于为人的需要提供一种部分的、选择性的和碎片式的满足，而这正是在主客体相分离的私有财产的世界中所发生的事情。扬弃私有财产将允许人在以一种合乎人性的方式满足自身的总体需要中重新获得自己的合乎人性的存在，即社会的存在。"因此，对私有财产的扬弃，是人的一切感觉和特性的彻底解放，但这种扬弃之所以是这种解放，正是因为这些感觉和特性无论在主体上还是在客体上都成为人的。眼睛成为**人**的眼睛，正像眼睛的**对象**成为社会的、**人的**、由人并为了人创造出来的对象一样。因此，**感觉**在自己的实践（praxis）中直接成为理论家。感觉为了**物**而同物发生关系，但物本身是对自身和对人的一种**对象性的**、**人的**关系，反过来也是这样。当物按人的方式同人发生关系时，我才能在实践上按人的方式同物发生关系。因此，需要和享受失去了自己的**利己主义**性质，而自然界失去了自己的纯粹的**有用性**（*utilité*），因为效用成了**人的**效用。"②超越异化、使人复归自己的人性，复归人的社会本质与普遍和解，人的这种整体还原将第一次成为现实——这一切都意味着超越纯粹的**利己性**（*égoïté*）和**主体性**（*subjectivité*），超越**功利主义的**、**利己主义的**（*utilitaires* et *égoïstes*）需要和享乐的统治。但是，与之相关的是，它也意味着超越纯粹的**客体性**（*objectivité*）和**相异性**（*altérité*），超越**物化**（*la réification*）。人与物将以一种合乎人性的方式发挥作用。这一切的确能够实际发生，因为

————————

① Karl Marx, *Économie politique et philosophie*, *Œuvres philosophiques*, T. VI, p. 106. 中文版参见《马克思恩格斯文集》第 1 卷，第 241 页。译文改"消灭"为"扬弃"。——译者注

② Karl Marx, *Économie politique et philosophie*, *Œuvres philosophiques*, T. VI, p. 30. 中文版参见《马克思恩格斯文集》第 1 卷，第 190 页。

就其本质而言,人的本性允许甚至要求它这样,即使这一切还从未实现过。因此,人将重新恢复自己的总体人性,而后者还尚未充分显现出来。但是,人的这种人性是超越异化的前提,即实现普遍和解的前提。在期望超越个人主义(l'individualisme)、主体主义(le subjectivisme)和利己主义(l'égoïsme)(以及与之相应的客体主义[l'objectivisme]和功利主义[l'utilitarisme])的整个过程中,马克思的思想仍然锚定在人之上,后者远远高于上述那些东西。更重要的是,他想使一切变得人性化和社会化,拒绝承认任何超越人的存在的存在或建立在人的存在之上的存在。

对于世界历史之谜的解答,亦即对人类历史之谜的解答,人类历史生成的辩证法,人类历史意义的实现、感性活动的和解以及劳动的意义的和解,皆在于为了人且通过人对世界和人本身的征服和占有,这种占有将远远抛弃**私有**财产(la propriété *privée*)。到目前为止,人类历史生成的真理只是通过异化以否定的方式展现出来。相应地,扬弃异化将允许人通过人而占有人的存在和通过人而占有一切事物。对于主体异化和客体异化的双重扬弃将使同时占有人的存在和物的存在(主体存在和客体存在)成为可能。于是,人将只是占有在本质上属于他的东西,尽管后者还从未真正属于他。所以,这是一种"再"占有(«ré-» appropriation),一种人对尽管天然地属于他但迄今为止还没有实际地属于他的全部财产(la totalité des propriétés)的占有。这是对现实的、物质的人类生活的**诉求**(la *revendication*),也是对自然的、社会的世界的巨大财富的**诉求**,即要求强制性地扬弃作为一切异化之源泉的私有财产。人类社会能够且必须以一种自然的、社会的和合乎人性的方式占有整个世界,因为人的本质具有不可分割的自然性、社会性和人性。人类主体的本质客观力量能够且必须在和解的王国——在其中人们将不再知道自私自利的需要或物化的现实——中、在主体上和在客体上实现出来。这些都将会在历史性时间(le temps historique)中真实发生,因为人的主体本性和客体本性,一切事物的合乎人性的本质允许和要求它如此发生。

　　在马克思看来，大写的世界(le Monde)只是通过人类活动表现和产生的存在物的总体。因此，一切事物的合乎人性的本质和人的合乎人性的本质既是贯穿历史的异化了的东西，也是使超越异化成为可能的东西。然而，这种合乎人性的本质还从未完全表现出来，它甚至还从未在经验上完全地、总体地存在过。它是人的存在的本质和总体的生成性存在，并等待着自身的完成。它是一种等待付诸行动的力量，因为迄今为止人们的实践能量(l'énergie pratique)还没有实现它。全部历史是技术和异化的发展史，同时也是普遍和解的准备史。全部人的贫困的、勤劳的生活都包含异化，产生异化，同时也产生超越异化的条件。"在**通常的、物质的工业**(l'*industrie ordinaire*, *matérielle*)中（人们可以把这种工业理解为上述普遍运动的一部分，正像可以把这个运动本身理解为工业的一个**特殊**部分一样，因为全部人的活动迄今为止都是劳动，也就是工业，就是同自身相异化的活动），人的**对象化的本质力量**(les *forces essentielles* humaines *objectivées*)以**感性的、异己的、有用的对象**的(*objets sensibles*, *étrangers*〔*fremder*〕, *utiles*)形式，以异化的形式呈现在我们面前。"①一旦这些本质力量被物化，一个时代的非异化劳动(travail non aliéné)必须被创造出来使还从未真正**合乎人性的**东西再人性化(re-humaniser)，尽管它在本质上源自人的存在。"全部历史是为了使'**人**'成为**感性**意识的对象和使'人作为人'的需要成为需要而做准备的历史（**发展的历史**）。"②

　　马克思既没有说明人性的本体论前提，也没有说明总体(la totalité)分裂为主体世界(monde des sujets)和客体世界(monde des objets)的形而上学基础。他的兴趣只在于使自然由于技术的感性活动

―――――――――

　　① Karl Marx, *Économie politique et philosophie*, *Œuvres philosophiques*, T. VI, p. 34. 中文版参见《马克思恩格斯文集》第1卷，第192—193页。

　　② Karl Marx, *Économie politique et philosophie*, *Œuvres philosophiques*, T. VI, p. 36. 中文版参见《马克思恩格斯文集》第1卷，第194页。

而为人生成的历史性生成。他没有试图把握整个世界历史的真理:"**整个所谓世界历史**(*toute la soi-disant histoire du monde*)"①,正如他用斜体所标识的那样。让他满怀激情感兴趣的东西、驱动他的理论兴趣和实践兴趣的东西,就是生产运动(通过人的劳动进行人的生产和财富世界的生产)和完全满足人类需要的可能性。他想回到人的真正起源,掌握人的存在的本质真理,以便人能够完成复归运动,完成还原自身的运动,即复归一个构成人自己的家园(demeure)的地方,即使还从来没有这样一种家园。人的本质,人的真正自然的、社会的和合乎人性的本性构成了那个还从未栖居过的家园。现在,合乎人性的存在物,**背井离乡的、无根的**存在物(êtres *dépaysés* et *déracinés*),必须施展他们的存在和创造,以便实现这种复归,这种(重新)融合([re-]intégration)以及对构成超越异化之(形而上学的)前提的东西的(重新)征服([re-]conquête)。回归起源的运动正朝着未来的方向前进:这是一种升华(montée),一种征服(conquête),一种对人与人的全部本质和人与一切事物的融合与协调,一种没有先例且彻底革命的解决方案,一种对一个极具挑战的难题的完全崭新的答案,一种可能引起激烈挑战的事业。

迄今为止,人的类存在的本质力量在创造人类历史的过程中发生外化和异化。然而,这些力量构成了和解之可能性的前提,问题在于竭尽全力来创造一条通向真正的人类现实的道路。这种本质性的客观力量必须**成为**他们所是的东西,即成为促进社会的人类(l'humanité sociale)发展的动力、人类社会(la société humaine)成员的纽带。原子式的个人能够被超越,因为人的本性在本质上是社会的和全人类的(panhumaine)。"直观的唯物主义(le matérialisme intuitif),即不是把感性理解为实践活动的唯物主义,至多也只能达到对单个人和市民社会(la société bourgeoise)的直观。旧唯物主义的立脚点是市民社会,

---

① Karl Marx, *Économie politique et philosophie*, *Œuvres philosophiques*, T. VI, p. 40. 中文版参见《马克思恩格斯文集》第 1 卷,第 196 页。

新唯物主义的立脚点则是人类社会(la société humaine)或社会的人类
(l'humanité sociale)。"①马克思在《关于费尔巴哈的提纲》的第九条和
第十条中如是说。

超越异化、实现人的本质(某种在经验上还从未被确证的东西)的
根本前提在本质上是**形而上学的**。它是形而上学的，是就这一术语的
传统意义上而言的，因为它超出了经验的范围。马克思还没有能够建
立关于人的这种自然的、社会的、合乎人性的类本质的经验存在——这
种本质的全部历史同时就是异化的历史，它将在普遍和解的王国中首
次显现自身。马克思自己没有注意到其思想中的形而上学维度。他写
道："我们开始要谈的前提不是任意提出的，不是教条，而是一些只有在
臆想中才能撇开的现实前提。这是一些现实的个人(les individus
réels)，是他们的活动和他们的物质生活条件，包括他们已有的和由他
们自己的活动创造出来的物质生活条件。因此，这些前提可以用纯粹
经验的方法来确认。"②但是，作为自然的、社会的、合乎人性的存在的
人的类本质——这种类本质是人自身的基础，这种本质从未实现过，却
使超越异化成为可能的和必要的——这种根本的形而上学假设能以一
种纯粹经验的方式加以证明吗？这种对彻底去异化(la radicale
désaliénation)的展望、对全面超越一切异化的可能性的信仰以及对未
来的普遍和解的希望能够获得经验材料的支撑吗？所有这一切都隐含
在从一切障碍中解放出来的技术的令人惊奇的发展之中吗？这里不妨
听一听马克思的思想声音，他写道："任何深奥的哲学问题……都可以
十分简单地归结为某种经验的事实。"③然而，无论超越异化的本体论-
人类学的前提(la présupposition ontico-anthropologique)(人的辉煌的

① 参见《马克思恩格斯文集》第1卷，第502页。

② Karl Marx, Friedrick Engels, *L'Idéologie allemande*, *Œuvres philosophiques*, T.
VI, p. 154. 中文版参见《马克思恩格斯文集》第1卷，第516—519页。

③ Karl Marx, Friedrick Engels, *L'Idéologie allemande*, *Œuvres philosophiques*, T.
VI, p. 161. 中文版参见《马克思恩格斯文集》第1卷，第528页。

被极大丰富地赋予的本性），还是历史性生成的顶点，即和解王国（le royaume de la réconciliation），都不构成一种经验事实。马克思思想的前提和马克思视域的有限度的伟大（la grandeur limitée）都是形而上学的，它们甚至构成了西方形而上学的顶点。因为正是这种形而上学产生了准备以通过劳动满足自身需要的人的名义来征服整个行星的科学和技术。

马克思哲学思想的形而上学维度虽然想要超越主观主义和客观主义、唯心主义和唯灵主义、现实主义和唯物主义，但仍然是以人的主体性（尽管是一种社会化了的"主体性"）和一种特定的关于现实的"唯物主义的"观念为中心线索的。马克思思想的出发点是人的自然的、感性的、现实的、物质的冲动和需要，人被看作感性的、现实的、物质的活动，和解王国被看作人的**意义**的表现和总体生成性存在的**意义**的揭示之间的一种协调状态（état de concordance）。这种思想认为，任何建立、超出和超越人的改造性活动的东西都将是**毫无意义的**（non-sens）。"精神性（la spiritualité）"并不真正构成人的本质的一部分，因此在异化被超越之后，它将无法被恢复。在这种关于**人的本性**的形而上学视域中——人的本性的历史就是异化的历史，人在彻底扬弃一切使其异化的东西之后将复归人的本性——不存在任何"形而上学的"力量。马克思特别关注的是"人们之间一开始就有一种物质的联系（rapport matérialiste）。这种联系是由需要和生产方式（le mode de production）决定的，它和人本身有同样长久的历史；这种联系不断采取新的形式，因而就表现为'历史'，它不需要用任何政治的或宗教的呓语（un-non-sens/Nonsens）特意把人们维系在一起"①。

马克思的**否定**形而上学（la métaphysique *négative*）希望随着"历史"本身以某种方式被超越，人的本质能够在**社会物理学**（la *physique*

---

① Karl Marx, Friedrick Engels, *L'Idéologie allemande*, *Œuvres philosophiques*, T. VI, p. 163. 中文版参见《马克思恩格斯文集》第 1 卷，第 533 页。

sociale)中得到积极实现。人的存在的开端和形成过程当然是历史。"正像一切自然物必须形成一样，人也有自己的形成过程（acte d'origine）即历史，但历史对人来说是被认识到的历史，因而它作为形成过程是一种有意识地扬弃自身的形成过程。"①因为人已经同他的历史起源相疏离，即使他拥有一种完整的本质，因为全部历史都是异化的历史，所以"所谓的普遍历史"只是为整体地超越异化作准备的历史。现在的关键是为了人而实现人的存在，即在大写的自然的人化（le devenir-homme de la Nature）的过程中尚未实现的东西。世界历史（l'histoire du monde）已经是人和世界彻底异化的历史，"普遍的"历史从来不是普遍的。马克思决定拒绝任何关于简单轶事的历史编纂学，甚至拒斥关于历史事件的历史编纂学。对他而言，历史性生成绝不是一种抽象。他旨在将大写的世界（le Monde）把握为通过人的劳动而完成和展现出来的，因而使人在自己的改造性劳动中完整地实现自身的总体。在这个总体中，自然、历史、人类和技术遵循着一种节律，一种共同的节律（rythme commun），因为它们都统一于它们共同的本质中。

　　于是，问题的关键就在于人们（重新）获得一切事物实现统一的原初意义，这个意义还从未积极地表现出来。通过对否定进行否定（niant la négation），通过对任何否定人的存在的东西进行否定，人可以在全部意义上得到满足，通过否定之否定而将自己固定在总体和解（la réconciliation totale）时代的创造者和建造者的位置上。在揭示人和一切事物的（隐秘）意义和摆脱一切形而上学的无意义的过程中，人将实现构成其本质的东西，实现曾经被异化所遮蔽的东西。因此，一方面在扬弃作为异化的劳动之后，另一方面在扬弃私有财产之后，人将能够重新获得构成他的不可剥夺的特性即他的全人类的人性（humanité pan-humaine）的东西。

---

　　① Karl Marx, *Économie politique et philosophie*, *Œuvres philosophiques*, T. VI, p. 78 - 79. 中文版参见《马克思恩格斯文集》第 1 卷，第 211 页。

马克思从一种关于人的真正本性的形而上学理解中得出这种总体性的去异化(la désaliénation totale)展望。马克思对人与自身和人与世界的和解的可能性持一种狂热的乐观主义。马克思——一个有时会被自己的思想所超越的思想家——也写下这样一段话:"自我异化的扬弃同自我异化走的是同一条道路。"①或许我们还无法理解马克思主义创始人所提出的这一思想,无法理解这种对人的**还原**(la réintégration)和**复归**(la retour)自身、通过人**复归**(la retour)自己的本质在某种程度上构成了同一异化的一种"**恢复**(reprise)""**重复**(répétition)"和"**复归**"的承认。当然,上述引用的这句话是指去异化运动是沿着异化所走的同一道路进行的,只是朝着相反的方向前进。但是,它也说到**(自我)异化的扬弃与(自我)异化走的是同一条道路**(la suppression[Aufhebung] de l'ali énation [de soi][Selbsentfremdung] suit le même chemin que l'aliénation [de soi])。毫无疑问,为了让某一运动的隐蔽意义显示出来,为了使它的意义和方向变为可见的,这种运动必须被完成。在走上一条道路之前,很难说清楚它将走向何方。

---

① Karl Marx, *Économie politique et philosophie*, *Œuvres philosophiques*, T. VI, p. 18 - 19. 中文版参见《马克思恩格斯文集》第1卷,第182页。

第十三章 共产主义:自然主义、人道主义和社会主义

马克思没有想要停留于一种关于历史运动的理论知识层面。他也不再对为了批判而批判感兴趣。因为批判远不是一种"头脑的激情",相反,它是"激情的头脑"。"批判不是头脑的激情,它是激情的头脑。它不是解剖刀,它是武器。它的对象是自己的**敌人**,它不是要驳倒这个敌人,而是要**消灭**这个敌人。"①异化的总体的社会状况——长期以来它已经被部分地理解、批判和拒斥——引起马克思的否定批判(la critique négatrice)的关注,只是因为他想要为彻底地、总体地扬弃异化做好准备,只有这样才能引导人类走向一种开放的未来。在这个意义上,"批判的武器当然不能代替武器的批判,物质力量只能用物质力量来摧毁"②。全部理论性的理论(théorie théorétique)都是异化的,因为它没有把握现实的真理和人类活动的异化。尽管马克思的思想产生于一个思想家的头脑,但它的目的是成为一种实践的、革命的工具,成为

---

① Karl Marx, *Contribution à la critique de la philosophie du droit de Hegel. Introduction. Œuvres philosophiques*,T.I,p. 87. 中文版参见《马克思恩格斯文集》第 1 卷,第 6 页。

② Karl Marx, *Contribution à la critique de la philosophie du droit de Hegel. Introduction. Œuvres philosophiques*,T.I,p. 96. 中文版参见《马克思恩格斯文集》第 1 卷,第 11 页。

实现无产阶级和全人类的物质解放的手段。在上述引用的段落中，马克思继续写道："但是理论一经掌握群众，也会变成物质力量。理论只要说服人（*ad hominem*），就能掌握群众；而理论只要彻底，就能说服人（*ad hominem*）。"①"所谓彻底，就是抓住事物的根本。而人的根本就是人本身。"②在几行文字之后，马克思解释道，因为"人是人的最高本质"，因此，这种关于全面解放人的自然存在和社会存在的**绝对命令**（*l'impératif catégorique*）只能这样表达出来："必须**推翻**使人成为被侮辱、被奴役、被遗弃和被蔑视的东西的**一切关系**。"③

　　人作为苦难的异化英雄（héros de l'aliénation）必须成为快乐的和解英雄。在通过物质暴力推翻一切使人异化的关系之后，真正的**人道主义**的统治、完全实现了的人道主义的统治便能够且必须被建立起来。这种人道主义将意味着人的真正**本性**和人的**社会**本质的完成，因为人在本质上是一种**共同体的**存在（être *communautaire*）。当哲学思想认识到人的真正的社会本性，并揭露出人类历史中的异化——当它成为一种谴责过去全部哲学的意识形态性质的思想，那么，它就在人类解放的进程中发挥了积极的作用。但是，它不是作为（纯粹的）哲学思想而这样做的。这种思想正是通过将自身转化为一种革命的工具、转变为一种物质力量而积极促进了人道主义的自然主义的建立，它反过来又将会扬弃自身，因为它已经成为现实。"哲学把无产阶级当作自己的**物**

---

① Karl Marx, *Contribution à la critique de la philosophie du droit de Hegel. Introduction. Œuvres philosophiques*，T. I，p. 96. 中文版参见《马克思恩格斯文集》第 1 卷，第 11 页。

② Karl Marx, *Contribution à la critique de la philosophie du droit de Hegel. Introduction. Œuvres philosophiques*，T. I，p. 96 - 97. 中文版参见《马克思恩格斯文集》第 1 卷，第 11 页。

③ Karl Marx, *Contribution à la critique de la philosophie du droit de Hegel. Introduction. Œuvres philosophiques*，T. I，p. 97. 中文版参见《马克思恩格斯文集》第 1 卷，第 11 页。

质武器,同样,无产阶级也把哲学当作自己的**精神武器**"①,因为无产阶级,是最丧失人性的(déshumanisés)人的存在物,是人的解放的英雄,而不只是劳动者。"这个解放的**头脑**是**哲学**,它的**心脏**是**无产阶级**。哲学不消灭(suppression/Aufhebung)无产阶级,就不能成为现实;无产阶级不把哲学变成现实,就不可能消灭自身(se supprimer)。"②

通过把哲学变为现实来消灭(abolition/suppression)哲学③,通过人的解放来消灭无产阶级,通过共产主义运动来消灭私有财产,总之,对一切形式的异化的消灭都包含着解答历史之谜和悲剧结局的解决方案。这种彻底的、总体的解决方案能够松解一切**经济的、政治的、宗教的和意识形态的**束缚,只要这一方案是真正革命的。因为所有这些束缚都延续了人的异化。消除这些束缚中的某一项是不够的,它们必须同时被全部扬弃。"不言而喻,异化的扬弃总是从作为**统治**力量的异化

① Karl Marx, *Contribution à la critique de la philosophie du droit de Hegel. Introduction. Œuvres philosophiques*, T. I, p. 107. 中文版参见《马克思恩格斯文集》第 1 卷,第 17 页。

② Karl Marx, *Contribution à la critique de la philosophie du droit de Hegel. Introduction. Œuvres philosophiques*, T. I, p. 107 - 108. 中文版参见《马克思恩格斯文集》第 1 卷,第 18 页。

③ 阿克塞洛斯是用法文"suppression"来翻译德文"Aufhebung"的。本书的英译者认为,这一术语似乎更强调一种超越或实现行动的消极方面,而非积极方面。因此,阿克塞洛斯的"suppression"和奥马利(O'Malley)的"abolition"都不是一种综合的"dépassement"或"transcendance"。此外,"suppression"可能也具有一种非辩证的否定意义,因此并不必然意味着一种积极的黑格尔-马克思式的运动。鉴于此,当阿克塞洛斯(使用法文"suppression")似乎表达一种通过强制命令或强制行动来扬弃的意思时,英译者选择使用"suppression(扬弃)"一词来翻译。在他用来表达一种通过更加辩证的必要的综合的措施来消除的意思时,英译者选择使用"abolition(消灭)"一词来翻译。毋庸赘言,两者之间的边界可能并不总是那么容易界划的,强制可能也是辩证必要的。同时,有时使用中性词"elimination"来代替两种译法可能会更好。参见 Kostas Axelos, *Alienation, Praxis and Technē in the Thought of Karl Marx*, p. 363 - 364. Karl Marx, "A Contribution to the Critique of Hegel's 'Philosophy of Right': Introduction," in *Critique o f Hegel's "Philosophy of Right,"* ed. Joseph O'Malley, trans. Annette Jolin and Joseph O'Malley, Cambridge: At the University Press, 1970. ——译者注

形式出发。"①当然，异化会采取不同的形式。但无论如何，经济异化是一切异化及其可能采取的全部形式的根源。因此，这场斗争首先是反对私有财产的。

然而，对于历史之谜的解答并不存在一种粗陋的、机械的共产主义（*communisme grossier et mécanique*），这种共产主义主张通过使私有财产**普遍化**来"消灭"私有财产。去异化不能只停留在经济领域。粗陋的共产主义几乎不能消灭工人本身的状况，恰恰相反，它会使这种状况扩展到所有人。"在这种共产主义看来，物质的直接的**占有**（la *possession*）是生活和存在（l'existence/*Daseins*）的唯一目的；**工人**（l'*ouvrier*）这个规定并没有被取消，而是被推广到一切人身上；它想用**强制的**方法把才能等等抛弃②。"③粗陋的、毫无思想的共产主义（le communisme grossier et vide de pensée [*rohen und gedankenlosen Kommunismus*]）④不拒斥私有财产，而是私有财产的肯定的、普遍化的表现。因为作为私有财产的普遍的、完全成熟的形式，这种共产主义恰恰赋予了（私有）**财产**一种积极表现，只是消除了它的**私有性质**。于是，私有财产只是成为共同体的财产（propriété de la communauté），我们仍然处在同一个异化的世界中，共同体继续同物的世界保持着一种财产关系（rapport de

---

①　Karl Marx, *Économie politique et philosophie*, *Œuvres philosophiques*, T. VI, p. 63. 中文版参见《马克思恩格斯文集》第 1 卷，第 231 页。紧跟在这句话之后，马克思列举了作为异化形式的统治力量的具体例子："在德国是**自我意识**；在法国是**平等**，因为这是**政治**；在英国是**现实的、物质的、仅仅以自身来衡量自身的实际需要**。"中文版参见《马克思恩格斯文集》第 1 卷，第 231 页。

②　请注意，由于阿克塞洛斯使用的法文版《1844 年经济学哲学手稿》是根据 S. 朗兹胡特（S. Landshut）和 J. 迈耶尔（J. Mayer）于 1932 年编辑出版的德文版翻译而来，因此，此处引文与目前根据 MEGA² 德文版翻译的中文版略有不同。此处的"它想用强制的方法把才能等等抛弃"这句话在 MEGA² 版及其中文版中被置于"在这种共产主义看来……"这句话之前。——译者注

③　Karl Marx, *Économie politique et philosophie*, *Œuvres philosophiques*, T. VI, p. 19 - 20. 中文版参见《马克思恩格斯文集》第 1 卷，第 183 页。

④　Karl Marx, *Économie politique et philosophie*, *Œuvres philosophiques*, T. VI, p. 19 - 20. 中文版参见《马克思恩格斯文集》第 1 卷，第 183 页。

propriété)。"这种共产主义——由于它到处否定人的个性（la personnalité）——只不过是私有财产的彻底表现，私有财产就是这种否定。"①占有性的需要、妒忌心和贪财欲滋生出粗陋的共产主义，而它是不能认识人的真正本性的。这种共产主义既不是自然的，也不是合乎人性的，只是使自私自利的个人主义和物化现实（les réalités réifiées）变得集体化。② 在意识到机械共产主义（le communisme mécanique）可能被用于去异化运动的形式和内容的程度之后，马克思特别关注了这种共产主义的粗陋性和有限性，它希望废除那种不能被所有人都作为私有财产而拥有的东西。他可能也注意到了这种共产主义对他准备迎接的共产主义革命具有一定程度的风险，因此，马克思满怀激情地同这种共产主义作斗争，只把它看作一种对彻底的共产主义的模仿，在实质上只是一种普遍化了的资本主义（capitalisme généralisé）。马克思希望人的自然的、合乎人性的全部需要都能得到满足，人能够以一种合乎人性的、非剥夺的方式占有世界和展现出人的一切本质属性。马克思作为自然主义的、人道主义的预言家猛烈抨击了那种将存在和拥有（l'avoir）混为一谈的观点："粗陋的共产主义者不过是充分体现了这种忌妒和这种从**想象**（*représenté*）的最低限度出发的平均主义。他具有一个**特定的、有限制的**尺度（mesure *déterminée et limitée*）。对整个文化和文明的世界的抽象否定，向贫穷的、需求不高的人——他不仅没有超越私有财产的水平，甚至从来没有达到私有财产的水平——的**非自然**（*contraire à la nature*）的简单状态（la simplicité）的倒退，恰恰证明对私有财产的这种扬弃绝不是真正的占有。"③

---

① Karl Marx, *Économie politique et philosophie*, *Œuvres philosophiques*, T. VI, p. 20. 中文版参见《马克思恩格斯文集》第 1 卷，第 183—184 页。

② 在专门讨论两性关系的异化和爱的异化的章节中，我们将会讨论一下那种反对婚姻而赞成纯粹的女性共同体（la simple communauté des femmes）的共产主义。

③ Karl Marx, *Économie politique et philosophie*, *Œuvres philosophiques*, T. VI, p. 20 - 21. 中文版参见《马克思恩格斯文集》第 1 卷，第 184 页。

这种毫无思想的共产主义表面上看起来是反对私有财产的悲惨世界的背景——一种以积极的共同体的形式来建立私有财产的趋势，但实质上却是资本主义的普遍化。人的共同性（la communauté humaine）只是变成了普遍的资本家（le capitaliste général）。"共同性只是**劳动**的共同性以及由共同的资本——作为普遍的资本家的**共同体**（la communauté）——所支付的工资的平等的共同性"①。旧世界的阴影重重压在被宣告的新世界之上，马克思有一刻知道该如何抓住这片笼罩着普罗米修斯式的人类解放事业的阴影。但是，他的关于彻底地、总体地扬弃一切异化的必要性和可能性的科学信仰，妨碍了他仔细思考这一前景。

对于政治异化的简单扬弃不再是对历史之谜的令人满意的解决方案。无论是狭义的还是广义的，建立真正的共产主义不会是也必然不是一个经济问题或政治问题。政治的共产主义（le communisme politique）仍然是极其有限的。如果只是限制国家，要求一个共同体中的所有成员的公民平等，那么政治的共产主义，无论它在本质上是民主的还是专制的，都将无法成功扬弃私有财产和人的异化（注意，我们没有说"公民的异化"）。正如粗陋的经济的共产主义只是使私有财产普遍化和实行妇女奴隶制，政治的共产主义只是使公民平等（l'égalité civique）普遍化。马克思反复强调，无论是私有财产的简单限制与真正的共产主义（le vrai communisme），还是政治解放和人的解放，都不是等同的。在《论犹太人问题》中，马克思花费了几页笔墨真知灼见地指出了政治解放的不足之处："**政治**解放（l'émancipation *politique*）当然是一大进步，尽管它不是普遍的人的解放的最后形式，但在迄今为止的世界制度内，它是人的解放的最后形式。不言而喻，我们这里指的是现

---

① Karl Marx, *Économie politique et philosophie*, *Œuvres philosophiques*, T. VI, p. 21. 中文版参见《马克思恩格斯文集》第 1 卷，第 184 页。

实的、实际的解放。"①政治解放不是人类解放的绝对的总体的方式，因为在政治解放中人是通过一种特殊现实的中介而获得自由。国家不是一种普遍的现实。作为一种异化的机构，它只是人和人的解放之间的中介，异化了的人依靠国家来实现他的人性。"人通过**国家**这个**中介**得到解放，他**在政治上**从某种限制中解放出来，就是在与自身的矛盾中超越这种限制，就是以**抽象的、有限的**、局部的方式超越这种限制。其次，可以得出这样的结论：人在政治上得到解放，就是用**间接的方法**，通过一个**中介**，尽管是一个必不可少的中介而使自己得到解放。"②

只有以扬弃私有财产为目标的政治手段才能真正扬弃私有财产，才能以政治手段超越人与**公民**之间的区别。一种完全或主要具有政治性质的共产主义无法扬弃人的**双重存在**：在政治共同体中作为公人（homme public）的公民存在和过着特殊生活的私人存在，或者换句话说，在异化中的普遍存在和作为一种个人生活的同普遍存在相矛盾的特殊存在。政治生活可能试图将自己建构为真正的、非矛盾的类生活，但它无法实现这一点，因为它隐含着异化。政治生活无论如何都不能变为人的现实生活："它只有同自己的生活条件发生**暴力**矛盾（contradiction *violente*），只有宣布革命是**不间断的**（l'*état permanent*），才能做到这一点，因此，正像战争以和平告终一样，政治剧（le drame politique）必然要以宗教、私有财产和市民社会（la société civile）一切要素的恢复而告终。"③因此，马克思同样能够看到在一种**政治的**共产主义而非总体的共产主义中所隐含的一切危险，这种政治的共产主义只是以另一种政治形式恢复了一切异化力量。

政治平等的普遍化确实意味着公民权利的普及化，但没有完全承

① Karl Marx, *La question juive*, *Œuvres philosophiques*, T. I, p. 179. 中文版参见《马克思恩格斯文集》第 1 卷，第 32 页。

② Karl Marx, *La question juive*, *Œuvres philosophiques*, T. I, p. 174. 中文版参见《马克思恩格斯文集》第 1 卷，第 28—29 页。

③ Karl Marx, *La question juive*, *Œuvres philosophiques*, T. I, p. 181. 中文版参见《马克思恩格斯文集》第 1 卷，第 33 页。

认人的权利。经济的共产主义(le communisme économique)使所有人都变为**工人**,这种拥护女性共同体(la communauté des femmes)的共产主义使所有女人变为**娼妓**(*prostituées*)。政治的共产主义(民主的或专制的)使所有人都成为**公民**(*citoyens*)。而这些"共产主义"中没有一个注意到这样的事实,即工人、被男人奴役的女人和公民只不过是人的异化的表征。马克思呼吁我们要注意"所谓的**人权**(*droits de l'homme/die sogenannten Menschenrechte*),不同于**公民权**(*droits du citoyen*)①的人权,无非是市民社会(la société bourgeoise)的成员的权利,就是说,无非是利己的人的权利、同其他人并同共同体分离开来的人的权利"②。真正的共产主义革命不是政治的,正如资产阶级革命那样,而是合乎人性的和社会的:"只有当人认识到自身'固有的力量(forces propres)'③是**社会**力量(forces *sociales*),并把这种力量组织起来因而不再把社会力量以**政治**力量的形式同自身分离的时候,只有到了那个时候,人的解放才能完成。"④只有不再成为异化的工人和抽象的公民,人才能成为自身:类人(homme générique)。只有不再成为自私自利的个人,人才能重新获得他的共同体本质(essence communautaire)。人的所有属性的恢复(la reprise),为了现实的人而对工人和公民的扬弃,通过类存在而使一切活动的恢复,都构成了人的解放的意义。马克思如此思考,就是试图驱除政治的共产主义的幽灵。

对历史之谜——它既不主要是经济的,也不主要是政治的——的解答不能归结为对宗教异化的简单扬弃。宗教异化的扬弃和共产主义不是同一回事。不过,共产主义在本质上是同无神论(l'athéisme)联系在一起的。马克思说"共产主义是径直从无神论(l'athéisme)开始的

---

① 此处马克思使用的是法文。

② Karl Marx, *La question juive*, *Œuvres philosophiques*, T. I, p. 192. 中文版参见《马克思恩格斯文集》第1卷,第40页。

③ 此处马克思使用的是法文。

④ Karl Marx, *La question juive*, *Œuvres philosophiques*, T. I, p. 202. 中文版参见《马克思恩格斯文集》第1卷,第46页。

（欧文）"①，因此，人本主义根植于无神论。但是，他继续说道："而无神论最初还根本不是**共产主义**；那种无神论主要还是一个抽象。——因此，无神论的博爱最初还只是**哲学的**、抽象的博爱，而共产主义的博爱则径直是**现实的**和直接追求实效的。"②由于无神论在拒斥宗教异化方面并没有超出只是否定一种超越自然和人的存在的水平，因此，它还不足够彻底。在消灭上帝与宗教以及从神学领域转向人类学问题的过程中，理论上的无神论无疑建立了人本主义，但它仍然是抽象的。因为对上帝的简单否定或对作为否定现实的人的宗教的简单否定并不意味着人的真正的积极性（la vraie positivité）已经开始居于统治地位。"上帝之死"、上帝被人所谋杀对于作为建立在自己的基础上的"绝对"人道主义立场的共产主义来说是不够的。共产主义由此产生的作为否定之否定的立场将自然的人（l'homme naturel）把握为存在（l'être）。"**无神论，**作为对这种非实在性（l'inessentialité）［从宗教的角度来看是人的本性的非实在性］的否定，已不再有任何意义，因为无神论是**对神的否定**，并且正是通过这种否定而设定人的**存在**（l'existence de l'homme ［das Dasein des Menschen］）；但是，社会主义作为社会主义③已经不再需要这样的中介；它是从把人和自然界看作**本质**（l'être/des Wesens）这种**理论上和实践上的感性意识**开始（la conscience théoriquement et pratiquement sensible）的。"④

本质上的经济的共产主义所要扬弃的不是财产而是私有财产，是要通过（普遍化了的）财产的**中介**来解放人。那种粗暴地反对婚姻和一

---

① Karl Marx, *Économie politique et philosophie*, *Œuvres philosophiques*, T. VI, p. 25. 中文版参见《马克思恩格斯文集》第 1 卷，第 186 页。

② Karl Marx, *Économie politique et philosophie*, *Œuvres philosophiques*, T. VI，p. 25. 中文版参见《马克思恩格斯文集》第 1 卷，第 186—187 页。

③ 此处的术语"**社会主义**（*socialisme*）"完全等同于"**共产主义**（*communisme*）"。

④ Karl Marx, *Économie politique et philosophie*, *Œuvres philosophiques*, T. VI, p. 40. 中文版参见《马克思恩格斯文集》第 1 卷，第 197 页。（方括号中的文字为阿克塞洛斯所加。——译者注）

夫一妻式的爱而推崇统治女人的共产主义只能通过普遍卖淫（la prostitution universelle）的中介来实现它的白日梦。而本质上政治的共产主义试图压制某种国家，并希望通过国家的**中介**来解放人，即把所有人都变为平等的公民。这种消灭上帝，进而通过这种否定的**中介**来设定人的共产主义没有把握人之本性的根本本质。所有这些特殊的扬弃，所有这些否定人的类存在的否定之否定仍然需要中介和异化的扬弃，但它们从一开始就没有成功通过人来**设定**作为一切事物之基础的自然的人的存在（l'être de l'homme naturel）。然而，对私有财产的彻底扬弃仍然是整个总体解放的前提，并构成实践的、积极的人道主义得以实现的先决条件和那种积极地从自身出发继续前进的、超越构成其前提的东西的人道主义得以实现的先决条件。

那种想要首先消除宗教异化的共产主义似乎忽视了这样的事实，即对私有财产的积极扬弃就是对一切异化之根源的积极扬弃，因而也是对宗教异化的积极扬弃。然而，私有财产的积极扬弃本身还不能构成实现了的共产主义的完全存在。"正像无神论作为神的扬弃就是理论的人道主义的生成，而共产主义作为私有财产的扬弃就是理论的人道主义的生成，而共产主义作为私有财产的扬弃就是要求归还真正人的生命即人的财产，就是实践的人道主义的生成一样；或者说，无神论是以扬弃宗教作为自己的中介的人道主义，共产主义则是以扬弃私有财产作为自己的中介的人道主义。只有通过对这种中介的扬弃——但这种中介是一个必要的前提——积极地从自身开始的即**积极的**人道主义才能产生。"①私有财产的扬弃对于积极建立共产主义的人道主义是最必要的否定和最必要的条件，但又不是绝对充分的条件。紧随第一个否定之后的国家的扬弃、上帝的扬弃和宗教异化的扬弃都是以自己特有的方式来自我完成的，这些扬弃不能单个地构成人道主义的共产

① Karl Marx, *Économie politique et philosophie*, *Œuvres philosophiques*, T. VI, p. 86. 中文版参见《马克思恩格斯文集》第1卷，第216页。

主义的意义。但它没有说明的是，正如这一点并不是简单地使公民的政治生活（和国家权力）或经济生活（和私有财产）加以普遍化，因此，它也不是宗教生活（和神学）的普遍化。人在扬弃**上帝**（Dieu）之后不需要再变为上帝（dieu）。通过摆脱所有违背人的真正本性的东西，人只需要变为他自己，成为依赖于自身的真正的人，并自己成为自己的基础。人也不需要成为**超人**（surhomme），一旦如此，人就将不再在遍布诸神的天空下追求自己的发展。正是诸神曾经被看作超人。既不是神，也不是超人或下等人（sous-homme）要通过他的人性来实现自身。"一个人，如果曾在天国的幻想现实性中寻找超人（surhomme/*übermenschen*），而找到的只是他自身的**反映**，他就再也不想在他正在寻找和应当寻找自己的真正现实性（réalité vraie/*wahre Wirklichkeit*）的地方，只去寻找他自身的**假象**（*apparence*），只去寻找非人（le non-homme/*Unmenschen*）了。"①

　　对于历史之谜的解答在本质上既不是经济的，也不是政治的或反宗教的，更不是意识形态的。对于异化的积极的、彻底的扬弃不是发生在意识或思想中的改造的结果。以一种不同的方式来解释存在的事物而不实际地改变它，就意味着以另一种理论解释来认识和维持它。为了展望一个新的更美好的未来而创立新的理论，仍然是一种意识形态的、异化的、哲学的和抽象的工作。那些为了迎接新世界而进行的对现存世界的理论批判或一种思想的哲学建构从来不能代替现实的物质的实践（la pratique réelle et matérielle）。历史的动力不是理论（无论它是证明的、批判的，还是抽象革命的），而是实际的革命。然而，完成了的人道主义的实践（la pratique de l'humanisme achevé）也是以这样一种理论为前提的，这种理论无情地抨击了异化的双重面向即现实的异化和思想意识中的异化。这种将思想（意识和理论）束缚在行动（实践和

---

　　①　Karl Marx, *Contribution à la critique de la philosophie du droit de Hegel. Introduction. Œuvres philosophiques*，T. I, p. 83. 中文版参见《马克思恩格斯文集》第 1 卷，第 3 页。

现实)上的循环(le cercle)不只是辩证的，也可能是有缺陷的。尽管马克思认为理论是派生的，但他也从未停止承认其中具有一种创造性的力量。他从一开始就将思想归结于理论，从而使理论和实践(la pratique)之间存在一条巨大的鸿沟，但他不知道该如何应对它。思想始终受到意识形态的沾染，革命思想也是如此。然而，觉悟(la prise de conscience)、革命的理论和指导行动的思想是共产主义运动的必要前提，尽管它们绝不是充分的。事实上，它们建立了这样一种运动，即当这种运动达到顶点时就会逐渐摆脱这些条件。

　　或许马克思直接用法文写作的一本书中的一段话可以帮助我们理解什么是革命的理论和共产主义在实现过程中成为什么样子。我们在《哲学的贫困》中可以看到这些文字："正如**经济学家**是资产阶级的学术代表一样，**社会主义者**和**共产主义者**是无产者阶级的理论家。在无产阶级尚未发展到足以确立为一个阶级，因而无产阶级同资产阶级的斗争尚未带政治性以前，在生产力在资产阶级本身的怀抱里尚未发展到足以使人看到解放无产阶级和建立新社会必备的物质条件以前，这些理论家不过是一些空想主义者，他们为了满足被压迫阶级的需要，想出各种各样的体系并且力求探寻一种革新的科学。但是随着历史的演进以及无产阶级斗争的日益明显，他们就不再需要在自己头脑里找寻科学了。他们只要注意眼前发生的事情，并且把这些事情表达出来就行了。〔但是，在他们眼前发生的事情不也是在他们的思想的刺激下发生的吗？〕当他们还在探寻科学和只是创立体系的时候，当他们的斗争才开始的时候，他们认为贫困不过是贫困，他们看不出它能够推翻旧社会的革命的破坏的一面。但是一旦看到这一面，这个由历史运动〔它本身也是科学的产物〕产生并且充分自觉地参与历史运动的科学就不再是空论，而是革命的科学了。"①

---

　　① Karl Marx, *Misère de la philosophie*, p. 148-149. 中文版参见《马克思恩格斯文集》第 1 卷，第 616 页。（方括号中的插入文字为阿克塞洛斯所加。——译者注）

因此，总有某一时刻，理论将完全同行动联结起来，从而不再是教条主义的理论，而是将同社会实践的革命运动融合起来。对过去的意识形态的否定、对思想异化和意识异化的扬弃，尤其是建立在革命的现实基础上的革命的思想的建构都是必要的，而它们始终只是实践的、完美的人道主义的**前提**。因为它们仍然是**中介**（仍然是否定和扬弃），因此，它们本身将会被共产主义所确立的根本上人道主义的、实践的、积极的和现实的**方位**（*position*）所超越。真正的共产主义将不会使理论和哲学变得普遍化或使所有人都成为"**思想家**"。正如它不是一个使经济生活、政治生活或宗教生活普遍化的问题，它也不是一个使冥思的生活或理论的生活普遍化的问题。共产主义将对否定人的类存在的一切否定进行否定，将超越否定之否定，并将达到不再需要私有财产、国家、神学或思想的新方位。共产主义非但不想使哲学甚至革命的哲学普遍化，反而想要在实现它的过程中扬弃它。然而，我们接下来没有看到这种对哲学思想的扬弃所提出的严重问题。

对于历史之谜的解答，对于一切异化的超越，人与自然、人与自身、人与他人以及人与整个世界的和解在本质上**既不是经济的，也不是政治的或哲学的**。它是通过对整个现存世界的革命的否定而产生的一个总体。"实际上，而且对**实践的**唯物主义者［而非唯物主义的哲学家］即**共产主义者**来说，全部问题都在于使现存世界革命化，实际地反对并改变现存的事物。"①

使现存世界革命化就意味着扬弃现有的一切事物，因为一切事物都是异化了的和正在异化着的。首先，必须彻底扬弃异化的最现实的基础，即**经济生活**（*la vie économique*），亦即私有财产、异化劳动、雇佣工人的条件、劳动分工。为了实现和解，这种经济生活必须被扬弃。这种扬弃是去异化的前提，尽管它还不能完全充分地、积极地建立共产主

---

① Karl Marx, Friedrick Engels, *L'Idéologie allemande*, *Œuvres philosophiques*, T. VI, p. 160. 中文版参见《马克思恩格斯文集》第 1 卷，第 527 页。（方括号中的插入文字为阿克塞洛斯所加。——译者注）

义的人道主义。共产主义并不是一种经济上的耗竭运动。然而，尽管作为经济思想家的马克思试图将人从经济的束缚中解放出来，但他的目光却始终聚焦在令他着迷的东西上，并指出："建立共产主义[共产主义的组织]实质上具有经济的性质。"①马克思说，**他**的共产主义不是一种粗陋的、经济的共产主义，而是一种真正的共产主义（véritable communisme）。这个试图超越经济的首要地位的人又明确指出，**共产主义的组织在本质上是经济的**。这个旨在扬弃一切的革命者在这里遭遇一个无法回避的现实。经济的幽灵（le spectre de l'économie）并不会那么容易被避开，经济问题以及与之密切相关的现代技术（la technique moderne）问题是极其难以**解决**的。

尽管如此，马克思仍想要人通过扬弃一切异化的根源、扬弃作为人的异化的私有财产来重新发现、重新获得、重新还原和收复他的真正本性和他的具有不可分割的自然性、人性和社会性的存在。通过放弃人的一切异化了的家园——经济世界、政治世界、家庭生活、宗教生活和意识形态生活，人将会完成一种复归（和还原）他的在本性上合乎人性的存在（existence naturellement humaine）和以人的方式建构的社会存在（existence humainement sociale），即使这种存在和这种本质还是一种人从未栖居过的家园，因为一切历史都是异化的历史，是人的迷失（la perte de l'homme）的历史。对私有财产的积极扬弃将促使人非剥夺性地占有（l'appropriation non possessive）通过人的需要和活动而表现出来的本性，从而征服（la conquête）他的起源、存在和整个世界。由此，他将进入一个普遍和解的阶段，人与自然、人与人、主体性与客体性、自由与必然、现实与思想之间的一切矛盾都将被扬弃。在这种和解中，将人与自然、人与人联系起来的关系将是自然的和社会人的（socialement humain），而非"经济的"。"这种共产主义，作为完成了的

①　Karl Marx, Friedrick Engels, *L'Idéologie allemande*, *Œuvres philosophiques*, T. VI, p.231. 中文版参见《马克思恩格斯文集》第1卷，第574页。（方括号中的插入文字为阿克塞洛斯所加。——译者注）

自然主义(*naturalisme achevé/vollendeter Naturalismus*)，等于人道主义，而作为完成了的人道主义(*humanisme achevé/vollendeter Humanismus*)，等于自然主义，它是人和自然界之间、人和人之间的矛盾的**真正解决**，是存在(l'existence/*Existenz*)和**本质**(l'essence/*Wesen*)、对象化和自我确证、自由和必然、个体和类之间的斗争的真正解决。〔因此，它是总体的、普遍的和解。〕它是历史之谜的解答，而且知道自己就是这种解答。"①

由于异化是一种彻底的东西，影响了人的根基即人的自然的和社会的人性，因此对于作为处于矛盾中的不同力量的大写的自然(Nature)、大写的人(Homme)和大写的社会(Société)所表现出来的对立的解决只能是总体的。它允许人重新获得他的本质，使人在他的存在中展现自身，使现存事物的总体不再同具有不可分割的自然性、人性和社会性的世界分离开来。于是，人将同大写的世界和解，在马克思看来，这个世界就是通过人的总体性活动而被揭示的东西(正如他所说，成为可见的东西)和被创造的东西的总和——人在本质上是实践的和导向实现的存在。

(重新)发现一切事物之共同本质的共产主义将成为**完成了的人道主义**(l'humanisme achevé)。人将成为他所是但还从未实现的样子：通过这种存在，一切"事物"都将成为通过人的客观的、社会的主体性(subjectivité objective et sociale)而充满人性的、为人存在的对象。作为完成了的人道主义，这种共产主义也将是**自然主义的**。在承认人的总体自然需要并旨在完全实现这些需求的过程中，这种自然主义认识到自然离开人就是"无"。自然通过人的社会生活和历史性生成而表现为自然，成为人的自然(nature de l'homme)和为了人的自然(nature pour l'homme)。马克思并不关心伟大的大写的自然(la grande Nature)，即**弗西斯**(la *Physis*)，我们亦可称之为宇宙的自然(la nature

---

① Karl Marx, *Économie politique et philosophie*, *Œuvres philosophiques*, T. VI, p. 23. 中文版参见《马克思恩格斯文集》第 1 卷，第 185—186 页。(方括号中的插入文字为阿克塞洛斯所加。——译者注)

disons cosmique),他始终关注的是人的(社会)本性:"自然界的**人的本**质只有对**社会的**人来说才是存在的。因为只有在社会中,自然界对人来说才是**人与人联系的纽带**,才是他为别人的存在和别人为他的存在,只有在社会中,自然界才是人自己的**合乎人性的**存在的**基础**,才是人的现实(la réalité humaine/*menschlichen Wirklichkeit*)的生活要素。只有在社会中,人的**自然的**存在(existence *naturelle*/*natürliches Dasein*)对他来说才是人的**合乎人性的**存在(existence *humaine*/*menschliches Dasein*),并且自然界对他来说才成为人。因此,**社会**是人同自然界的完成了的本质的统一,是自然界的真正复活(la vraie résurrection/*Resurrektion*),是人的实现了的自然主义和自然界的实现了的人道主义。"①结果是,共产主义将使本质上是自然-人性-社会(nature-humanité-société)的东西的共同本质实现出来,在这一意义上,它将随即成为完成了的自然主义、完成了的人道主义和完成了的社会主义。而这一切恰恰都是**积极的**、实践的和现实的人道主义。

　　人的去异化同时就是一种自然的去异化,完成了的社会主义将是一种**自然的复活**(*résurrection de la nature*)。由于人的活动就其本质而言始终是异化着的和异化了的,自然一存在便开始消亡,所以马克思将这种自然的重获生命称为复活。然而,自然的**复活**就像人**还原**或**复归**自身一样,只是复归一种还尚未实现的生活。在复活的过程中,自然将还原到——或者重新获得——它的本性,这是一种迄今为止除了在异化中还从未存在过的本性。马克思使用的**复归**(*Rückkehr*)、**还原**(*Reintegration*)和**复活**(*Resurrektion*)(稍后我们将看到他谈到人的**收复**[*reconquête* de l'homme/*menschlichen Wiedergewinnung*]——将使人联想到,"末世论的"过程的终点(terme du processus«eschatologique»),意味着**失乐园**(le *paradis perdu*)或**黄金时代**(l'*âge d'or*)将会被重新

　　① Karl Marx, *Économie politique et philosophie*, *Œuvres philosophiques*, T. VI, p. 26. 中文版参见《马克思恩格斯文集》第 1 卷,第 187 页。

获得、还原和收复，而这个运动将带来人间天堂（paradis terrestre）。事实上，马克思的共产主义"预言"——旨在最终实现人的幸福，而社会主义社会则意味着一种已失去的异化了的本质的还原、复归、复活和收复——隐含着一种末世论的犹太教视域（vision eschatologique et juive）。对正义与普遍和平的诉求、由人的背井离乡（le déracinement de l'homme）所导致的痛苦、对天堂的否定都源自这一点。尽管如此，马克思既没有假设，也不相信存在一个失乐园或一个消逝的黄金时代，而只相信人类历史的终结。他也没有提到一种史前的、原始的共产主义，它构成与关于普遍的异化历史的**反题**（l'*antithèse*）相对立的**正题**（la *thèse*），即史前的、原始的共产主义将在发达的共产主义（**否定的否定和新的境况**）中在更高层面上被重新获得和重新创造。在马克思看来，全部人类历史已经是异化的历史，不存在历史上或本体论上先于异化的东西。异化了的东西正是人的社会本性（la nature sociale）。因此，问题的关键在于重新恢复从一开始就已失去的那种本性，但这种收复运动是某种绝对崭新的、史无前例的东西。和解的前提是"形而上学的"，因为我们所思考的本性是先于一切经验的，但是，它的完成却将是身体的、合乎人性的和历史的。

人的自然主义在自然的人道主义的轴心上的实现，只有通过社会、通过人们的生活与社会活动才能达到。既不能以牺牲人和社会为代价来赋予自然一种特权地位，也不能以牺牲自然和社会为代价来赋予人一种特权地位，同样不能以牺牲自然和人为代价来赋予社会一种特权地位。准确地说，我们甚至不能将这里的同一存在（même être）、共同存在（l'être commun）、总体的生成性**存在**（l'*être* en devenir de la totalité）三个方面区分开来。具有不可分割的自然主义、人道主义和社会主义性质的共产主义将使处于冲突中的事物得以和解。马克思提醒说："首先应当避免重新把'大写的社会（la Société）'当作抽象的东西同个体对立起来。个体是**社会存在物**(*l'être social*)。"①因为即使死亡也不能阻止个人在人类的历史性生成中成为类存在物。一定的个人(l'individu déterminé)是作为个体化了的类存在物(être générique individualisé)的常人(mortel)。那么,难道个人直到死后都不会**在地球上留下自己的足迹吗**?人们的历史记忆难道不是易逝的各个人的行为与活动(agissement)的尘世保管员(le dépositaire terrestre)吗?

马克思摒弃了神学和形而上的人类学中的三个基本命题:上帝、自由和灵魂不朽(l'immortalité de l'âme)。他通过把人类置于基础地位而罢黜了上帝,自由与必然在整体的共产主义王国中实现统一。而灵魂不朽之所以被拒斥,只是因为现实的人的(类的和个体的)存在(l'existence)是真实的,也就是说,一个人死后,他在历史生成中的存在只留下诸多踪迹(les traces),当然,这些踪迹所表现的是个人的类的维度,而不是他的一定的特殊性。马克思是以一种相当残酷的、不太深思熟虑的方式进行这些扬弃的,而且他是以**实践的**人道主义(l'humanisme *pratique*)的名义而展开的。

真正的共产主义,即自然主义的、人道主义的和社会主义的共产主义将会扬弃一切异化和全部扭曲的中介,以便建立人类解放的世界,使人能够施展他的全部力量和完全实现他的愿望。这是一种面向未来的共产主义。因此,我们一定不能将过去被超越了的异化体系所创造的需要、限度和意向强加在共产主义之上。当作为活生生的总体(totalité vivante)的人,在世界的生成性存在的统一中建立起自己的统一时,不是妒忌心(l'envie)、贪财欲(la cupidité)和直接的剥夺的和实用的享受的需要,而是拥有的意义(le sens de l'avoir)、思想道德(la morale idéologique)和对良心的要求(les exigences de la conscience)成为人类行为的动机。当人已经克服由于一切事物的感性的物质方面和有意义

---

① Karl Marx, *Économie politique et philosophie*, *Œuvres philosophiques*, T. VI, p. 27. 中文版参见《马克思恩格斯文集》第 1 卷,第 188 页。

的精神方面而产生的人的分裂（fractionnement）和二元性，并由此找到他的统一性即表现出他的本质的统一性的那种统一性的时候，人就将能够在占有一切事物的普遍本质的同时以一种普遍的方式占有他的存在。马克思既不过分担心使任何**原始的统一性**（*unité originelle*）与一**种统一的事业**（*entreprise d'unification*）分离开来的差别，也不为任何**将分开来的东西重新统一**起来的尝试所遭遇的巨大困难所困扰。马克思认为，积极的人道主义将产生出总体的人和总体的社会，人们的总体活动将有机地嵌入大写的总体（la Totalité）。"人以一种全面的方式，就是说，作为一个完整的人，占有自己的全面的本质（être universel/*allseitiges Wesen*）。人对世界的任何一种**人的**关系——视觉、听觉、嗅觉、味觉、触觉、思维、直观、情感、愿望、活动、爱，——总之，他的个体的一切器官，正像在形式上直接是社会的器官的那些器官一样，是通过自己的**对象性**关系，即通过自己同**对象的关系**而对对象的占有，对**人的**现实的占有，这些器官同对象的关系，是**人的现实的积极表现**（*la manifesation active de la réalité humaine*）"[①]。总体的人，在他的总体性存在中是光辉灿烂的，不再迷失在对象中，不再把对象从主体中分离出来，现在正在现实化的事业中积极表现他的人的现实，并将表现目前已向人展露的整个世界的开端，因为人是万物的根源，人创造了没有人的劳动就不会存在的东西。

对作为异化之根源的私有财产的积极、彻底扬弃，而不只是单纯废除私有财产或使之普遍化，将带来全部人类特性（les propriétés humaines）的完全解放，甚至使物以关涉人的合乎人性的方式发挥作用。由此，这种新人（l'homme nouveau）将展示他的全部自然的、人的和社会的需要，他的激情将变为行动，他的自由将与必然相统一。人类的苦难也将获得全新的意义，因为它们也将成为丰富人类生活的力量。

[①] Karl Marx, *Économie politique et philosophie*, *Œuvres philosophiques*, T. VI, p. 29. 中文版参见《马克思恩格斯文集》第 1 卷，第 189 页。译文略有改动。——译者注

苦难、激情和不可避免的否定性将会转变为享受和积极行动的动力。"我们看到,**富有的人**(l'*homme riche*)和**人**的丰富的需要(le besoin *humain* riche)代替了国民经济学上的**富有**和**贫困**。富有的人同时就是**需要**有人的生命表现的完整性的人,在这样的人的身上,他自己的实现作为内在的必然性(nécessité intérieure/*innere Notwendigkeit*)、作为需要而存在。不仅人的**富有**,而且人的**贫困**,——在社会主义的前提下——同样具有人的因而是社会的意义。"①

当然,总体的人将生活在一个总体的社会中,人和社会只是同一存在的两种不同的表现形式。这种自然的人的和社会的生活(之所以是自然的,是因为这种新社会将是自然的复活)将赋予人的全部工作和世界的一切现象以新的生命和新的意义。因为在普遍的和解中,事物本身将取代它们的异化和物化,开始全面积极地作为人的产物而存在。人的勤劳本性(la nature industrieuse de l'homme)、(作为单个人的)人的同质性(la consubstantialité)和(人们的)社会的同质性以及自然向历史的整体转变将成为新的社会境况(situation sociale)中的现实,在其中,感性和意义(la signification)、"物质性"和"精神性"、存在物(les êtres)和事物(les choses)、现实和思想以及实践和理论将成为**一致的**。(但如此一来,什么将成为它们的差别呢?)尽管如此,即使在克服了二元性的异化之后,**感觉**(les *sens*)、**物质且现实的实践**(la *pratique matérielle et réelle*)和**人的存在**(l'*être humain*)也将支配与精神相关的东西,即思想、沉思、理论和总体存在的意义。马克思说道:"我们在这里看到,彻底的自然主义或人道主义,既不同于唯心主义,也不同于唯物主义,同时又是把这二者结合起来的真理。"②然而,他继续将真正的人道主义者定义为**实践的唯物主义者**(*matérialiste pratique*),并将一

---

① Karl Marx, *Économie politique et philosophie*, *Œuvres philosophiques*, T. VI, p. 37. 中文版参见《马克思恩格斯文集》第1卷,第194页。

② Karl Marx, *Économie politique et philosophie*, *Œuvres philosophiques*, T. VI, p. 76. 中文版参见《马克思恩格斯文集》第1卷,第209页。

切活动都归结为**感性活动**(l'*activité sensible*)。尽管总体的统一性
(l'unité totale)应该在普遍的和解中被实现出来,但是在总体的诸多力
量中,总有一种力量持续地优先于其他力量。

马克思对于过去和现在的悲观主义(le pessimisme)是激进的和阴
郁的,同样,他对新世界的乐观主义是强烈的和乐观的。通过思考所谓
异化的对立面———只有在异化的世界中———他看到"异化正在完成因
而加速其扬弃的征兆"①。他对于人们的**实践能量**(l'*énergie
pratique*)———一种生产性的、创造性的、改造性的和实现性的
(réalisatrice)能量———的信心是无限的。于是,对于普遍历史的悲喜
剧的解决方案将会是一种完全**幸福的结局**(*happy end* total)。因为整
个哲学思想"史"没有解决任何问题,它将消解于实践(la pratique)和技
术中。"我们看到,主观主义和客观主义,唯灵主义和唯物主义②,活动
和受动,只是在社会状态中[应该说是在完全实现了的社会主义中]才
失去它们彼此间的对立,从而失去它们作为这样的对立面的存在;我们
看到,**理论的**对立本身的解决,只有通过**实践**方式,只有借助于人的实
践力量(l'énergie pratique de l'homme),才是可能的;因此,这种对立的
解决绝对不只是认识的任务,而是**现实**生活的任务,而哲学未能解决这

---

① Karl Marx, *Économie politique et philosophie*, *Œuvres philosophiques*, T.
VI, p. 69. 中文版参见《马克思恩格斯文集》第 1 卷,第 235 页。

② 马克思有时将**唯物主义**(*matérialisme*)与**唯心主义**(l'*idéalisme*)相对立,有时
将唯物主义与**唯灵主义**(le *spiritualisme*)相对立,而且他讨论得非常概括,没有涉及逻
辑学-本体论问题(problèmes logico-ontologiques)的复杂性。虽然马克思想要为了实
现一种更高的统一(它自身包含着它们的片面的真理性)而超越(理论上的)唯物主义
和唯心主义-唯灵主义(它们也是理论的和抽象的,甚至是更加理论的和抽象的),虽然
他不是一个本体论意义上的唯物主义者,因为对马克思来说,物质世界是人类劳动的
产物,但他仍然把自己和追求和解的人定义为**实践的唯物主义者**(*matérialiste
pratique*)、**共产主义的唯物主义者**(*matérialiste communiste*)、**能动的、现实的人道主
义者**(*humaniste actif* et *réel*)。实践的、共产主义的、能动的和现实的唯物主义即意味
着:一切现存的东西和将要生成的东西都只是作为人的社会的生产力的物质和材料
(matériel et matériau de la productivité humaine et sociale)而存在。

个任务,正是因为**哲学**把这**仅仅**看作理论的任务。"①因此,正是人类的实践能量构成了这样一种唯一的力量(la seule puissance),这种力量使人们能够征服他们的存在和征服世界,使人的主体性的本质客观力量与社会活动的客观现实的产物相一致。但是,这种实践不是也假设了一种真正的理论吗? 马克思一劳永逸地站在理论一边进行思考,只关心实践的真理性和活动,尽管他竭尽全力,但没有成功把**逻各斯**(le *logos*)和**实践**(la *praxis*)调和在一个单一的统一体(une unité une)中。

根据马克思的主张,尽管总体和解的统治超越了一切对立的矛盾的立场和主义(les *ismes*),但它没有终止以牺牲另外一套术语为代价赋予某一套术语以特权地位,甚至在所谓总体的、整体的和完整的统一水平上亦是如此。马克思将感觉和精神之间的敌对看作必然的,因为人对自然的感觉(le sens humain pour la nature)"和"马克思所谓的"人的自然感觉(le sens humain de la nature)"还不是被人自身的劳动创造出来的。因此,人的劳动的全面解放必须将一切事物都揭示为人们的社会活动的产物。因此,**全部事物**就被归结为**人的总体性活动**。而这种("总体性的")实践(praxis)是物质的、感性的、现实的和客观的。它是一种注定满足人的"总体"需要的生产。然而,即使是在人道主义的、社会主义的自然主义中,人对世界的占有也是通过一种感性的、真实的、客观的和物质的劳动和享受而实现的。支撑一种统一的另一方面是很难被超越的,它只是被消除了。不过,注定要消失的另一方面——尽管马克思从未确切地知道如何**处理**它——所涉及的不仅仅是建立和超越感官的东西,也就是观念的、主观的和精神的东西以及一切隐含着异化的二重性的形而上学的力量,它还涉及自然本身,而那种以完成和实现了的自然主义的名义出现的自然注定不再是自然,而是成为人的技术(la technique humaine)的产物。因此,"自然的复活"就意味着自

---

① Karl Marx, *Économie politique et philosophie*, *Œuvres philosophiques*, T. VI, p. 33 - 34. 中文版参见《马克思恩格斯文集》第 1 卷,第 192 页。(方括号中的插入文字为阿克塞洛斯所加。——译者注)

然的总体性扬弃和"**自然的**"东西的完全技术化（*technicisation complète de ce qui est «naturel»*）。

马克思既不想承认和解中可能存在的缺陷，也不想设想在全部活动的意义和感觉之间存在一种非同一性（non-identité）的可能性，更不用说它的必然性了。他继续表明，在克服异化之后，自然将通过人类主体——它同时亦是对象性的主体（sujets objectifs）——的生产率（la productivité）而再次崛起。因为总体的人将不再迷失于对象的世界，而将会使自己对象化在作为被生产出的事物的对象中。决定着总体的人的存在的东西现在同人的存在和一切事物是相一致的，将不再是一种陌生的和异己的力量，而是将会构成人自身的本质，并推动它趋向实现出来。因为"对于被异化的对象性本质的占有，或在**异化**这个规定内对于对象性的扬弃……必然从漠不关心的异己性（l'étrangeté indifférente）发展到现实的、敌对的异化"①。

从一切限制和逃避他的东西中完全解放出来的社会主义的人将成为一种活在"完全"感性的世界中的存在物，一种将成为一切事物的生产者的存在物。作为生产者，人同时也是一种自然的历史化（devenir-histoire de la nature）的产物，一种共产主义社会的产物。"已经生成的社会（la société devenue/*die gewordene Gesellschaft*）创造着具有人的本质的这种全部丰富性的人，创造着具有**丰富的、全面而深刻的感觉的**人（l'*homme riche*，*totalement et profondément sense*/*all-und tiefsinnigen*

---

① Karl Marx, *Économie politique et philosophie*, *Œuvres philosophiques*, T. VI, p. 79. 中文版参见《马克思恩格斯文集》第 1 卷，第 212 页。（请注意，这句话主要和直接讨论的是黑格尔的对象化概念，而非马克思自己的对象化概念，具体如下："我们已经看到，对于被异化的对象性本质的占有，或在异化——它必然从漠不关心的异己性发展到现实的、敌对的异化——这个规定内对于对象性的扬弃，在黑格尔看来，同时或甚至主要地具有扬弃对象性的意义，因为并不是对象的一定的性质，而是它的对象性的性质本身，对自我意识来说是一种障碍和异化。"——译者注）

Menschen)作为这个社会的恒久的现实。"①马克思拒斥那种粗陋的毫无思想的共产主义,而将自然主义的、人道主义的共产主义中的人看作一种完全深深根植于感性(le sensible)和能指(le signifiant)的存在。然而,人的生成的意义仍然归结为**感性**活动(l'activité *sensible*)和**实践**能量(l'énergie *pratique*)。新人类和新社会**应该处于**一种不断革新(actualisation)的状态,处于始终实现和革新一种感性的和整体的意义的永恒运动的状态,这种实现(réalisation)和革新朝着同一个方向不断超越自我,以便获得新的实现和革新。生产将胜过任何特殊的产品。

西方形而上学的伟大时代——在经历了希腊的形而上学、犹太-基督教的形而上学和现代形而上学之后——在马克思这里达到顶峰。对马克思来说,世界总体的生成性存在、一切事物的意义,不再存在于一**种神圣的、不朽的自然**(la *physis divine et indestructible*)的逻各斯(le logos)与真理(l'àλήθεια)中,不再存在于一种**参与感性**(*participant* au sensible)但又同感性相**分离的观念**(l'*idée*)中,或者也不存在于一种**神圣的努斯**(*Nous divin*)和**第一原动力**(*premier moteur*)的**隐德来希**(l'*entéléchie*)和行动(l'ένέργεια)中,正如我们分别在前苏格拉底学派、柏拉图和亚里士多德那里所看到的那样。它同样不存在于一个**绝对上帝**(*Dieu absolu*)——**使一切事物从无到有的**(*ex nihilo*)、**超验的**(*transcendant*)和**全能的**(*tout-puissant*)的创造者——的**现实性**(l'*actualitas*)中,正如犹太人和基督徒所信仰的那样。最后,它既不存在于**我思**(l'*ego cogito*)(**精神实体**[la *res cogitans*])和**广延之物**(la *res extensa*)在创立和把握**客观性**(l'*objectivité*)的**超验主体**(le *sujet transcendantal*)的相遇之中,也不存在于生成为**自我意识**和**绝对知识**的大写的**绝对精神**(l'*Esprit absolu*)的世界历史中,正如它们分别在笛

---

① Karl Marx, *Économie politique et philosophie*, *Œuvres philosophiques*, T. VI, p. 33. 中文版参见《马克思恩格斯文集》第 1 卷,第 192 页。它所依据的德文版参见 Siegfried Landshut, Jacob Peter Mayer(Hrsg.), Karl Marx, *Der historische Materialismus:Die Frühschriften*, Stuttgart:Alfred Kröner, 1968, S. 243. ——译者注

卡尔、康德和黑格尔那里所表现的那样。马克思延续了整个西方形而上学——主要是西方形而上学的第三个阶段，即作为思维者和能动者的主体性哲学(la philosophie de l'subjectivité)和欧洲现代思想(这种哲学也暗含着一种客体性哲学[philosophie de l'objectivité])。他恰恰是通过彻底超越探求真理的哲学，超越作为思想、理论、知识和科学的哲学实现这一点的。他使正在被对象化的**人的主体性**(la *subjectivité humaine*)变得一般化、社会化和普遍化，并从感性(la sensibilité/Sinnlichkeit)、对象性(l'objectivité/ *Objektivität*, *Gegensändlichkeit*)和现实性(la réalité/*Wirklichkeit*, *Realiteit*)的角度来把握一切事物。(感性)世界、对象性和现实性被转化为一种由人的实践的现实化的活动(l'activité pratique et réalisatrice[*Wirkung*, *Aktion*, *Praxis*, *Verwirklichung*])所实现出来的产品。因为正是人们的生产率(la productivité)创造着自然(la nature)和为人存在与生成的大写的总体(la Totalité)。总体的生成性存在就存在于将自然、人和社会联系起来的不可分割的原始本质的统一中。这正是人类社会中充满力量的劳动所创造和展现的东西。通过扬弃一切物质的和意识形态的异化，使社会结构自下而上发生革命化和扬弃各种上层建筑的权力，人将通过在所有是其技术实践(praxis technique)之标志(les signes)的事物上打上印记，通过借助他的力量和意志使没有他的劳动就**不会存在**的东西得以产生和生成出来，而(再次)表现了他的(自然的、人的和社会的)存在。准确地说，通过借助人类社会的活动、生产率、技术和实践能量而使整个宇宙(l'Univers)变为人类史，马克思想要创立世界历史的时代。于是，人类集体(la collectivité humaine)(也就是使自身对象化的人类主体)就成为**行星技术**(la *technique planétaire*)——全部事物的生产者(producteur)——的基础，我们还应该称其为形而上学吗？自然主义的、人道主义的和社会主义的共产主义就是旨在完成普遍和解的任务和允许人类的全部需要——这些需要在得到满足的同时会不断更新自身——得到全面满足的运动。

对于这一将要实际实现的"计划"而言，现实的前提是必要的，这些前提在本质上是实践的（马克思从来不知道理论前提是否如此重要和必要）。这些远非抽象推理的前提是通过技术的生产力运动、通过社会的整体发展、通过阶级斗争的激烈程度和扩大程度、通过历史活动的深度以及发动起来的群众的规模而产生的。①

彻底扬弃私有财产和一切异化的第一个现实前提和第一个实践条件就在于生产力的巨大增长和技术的高度发展。没有这种增长，财富的真正社会化和普遍化将是不可能的，普遍化的东西只能是贫苦（la misère）。缺少这种前提条件，"那就只会有**贫穷**（le manque）、极端贫困的普遍化；而在极端贫困的情况下，必须重新开始争取必需品的斗争，全部陈腐污浊的东西又要死灰复燃"②。因此，在马克思看来，共产主义构成了技术发达的国家、西欧国家的未来，因为共产主义在于财富的社会化，而非贫苦的社会化。共产主义应该在资本主义工业主义（l'industrialisme capitaliste）之后出现。马克思把希望寄托于德国的共产主义革命。"在德国，不摧毁一切奴役制，**任何一种奴役制都不可能被摧毁**。**彻底的德国不从根本上进行革命，就不可能完成革命。德国人的解放**就是人的解放。"③

然而，生产力的高度发展必然不会只是地方的和民族的，而是普遍的，或者几乎是普遍的。只有隶属于普遍历史的人们、"在经验上是普

----

① 在《1844年经济学哲学手稿》中，马克思为他的思想（始于彻底的异化，终于共产主义的总体和解）奠定了基础。由于他认为这一基础已经建立起来，因此便没有再回到它。同样作为手稿的《德意志意识形态》的第一部分试图以一种更加实际的方式阐明何为共产主义。直到1932年，这两部手稿才被发表出来。20世纪头30年的哲学马克思主义（le marxisme philosophique）（普列汉诺夫、列宁、卢卡奇、柯尔施等）都不知道这些在历史上和哲学上曾经且现在依然具有重要影响的基础文献。

② Karl Marx, Friedrick Engels, *L'Idéologie allemande*, *Œuvres philosophiques*, T. VI, p. 176. 中文版参见《马克思恩格斯文集》第1卷，第538页。

③ Karl Marx, *Contribution à la critique de la philosophie du droit de Hegel. Introduction. Œuvres philosophiques*, T. I, p. 107. 中文版参见《马克思恩格斯文集》第1卷，第18页。

遍的"人们,而不只是地方性的个人,只有直接同普遍历史相联系的无产阶级才能推动共产主义事业。一种地方的、民族的共产主义不会成为共产主义,也不会长久维持下去。"共产主义只有作为占统治地位的各民族'一下子'同时发生的行动,在经验上才是可能的,而这是以生产力的普遍发展和与此相联系的世界交往为前提的。"①因此,共产主义必然是一种产生于现代西欧社会、资产阶级的资本主义社会的普遍运动,它注定通过将历史转化为普遍历史(histoire universelle)而拥抱世界历史(l'histoire mondiale)。②

　　继第一个实践条件之后实现共产主义革命的第二个实践条件,就是被剥夺了所有财产的、彻底异化的以及同现存的财富世界和文化世界具有不可调和的矛盾的大多数人的存在。剥夺了大多数人的异化一旦成为一种令人难以忍受的力量,就会导致无产阶级大众的反抗,将他们引向这场革命。正如《共产党宣言》的最后一句话所言:"无产者在这

---

　　①　Karl Marx, Friedrick Engels, *L'Idéologie allemande*, *Œuvres philosophiques*, T. VI, p. 177. 中文版参见《马克思恩格斯文集》第 1 卷,第 538—539 页。

　　②　正如有人所说的,这是马克思"在他的时代"看待事物的方式。当然,正如马克思所预料到的,虽然革命**思想**起源于欧洲,但是它在欧洲并没有开始变为现实,尤其是在德国。它也不是在许多国家同时发生的。这在过去和现在都是一个具有深远影响的真实的历史事实。列宁把马克思之后的时代描述为帝国主义时代,帝国主义是建立在垄断的集中(la concentration des Monopoles)和意欲控制不发达国家的市场之上的。他认识到,由于资本主义发展的不平衡,革命可能会在帝国主义链条的最薄弱环节上爆发,即在那些经济落后和被过度剥削的国家爆发。因此,打击资本主义最脆弱的地方就变得更加容易。因为,在少数特别富裕、特别强大、通过剥削全世界来谋取超额利润的国家里,无产阶级中的一个阶层,即工人贵族(l'aristocratie ouvrière),就会被资产阶级腐蚀,脱离无产阶级,使社会主义革命难以推进。(参见[苏]列宁:《帝国主义是资本主义的最高阶段》,《列宁选集》第 3 版第 2 卷,人民出版社 2012 年版,第 575—688 页。)因此,作为帝国主义链条上最薄弱的环节,那些技术不发达、经济上被过度剥削因而在本质上是农业的和非西方的、拥有相对不发达的国家机构和军事机构的国家能够成为爆发革命的国家。这种革命将以一种资产阶级的民主革命为开端,其目的是清除那些幸存的仍然强大的封建主义因素,但是随后它将通过无产阶级(及其盟友)专政的道路而走一条社会主义和共产主义的道路。这些国家将通过这种革命而掌握现代技术(la technique moderne),实现工业化(industrialiseront)。而这正是在俄国和中国实际发生的事情。

个革命中失去的只是锁链。他们获得的将是整个世界。"①最终，总体上异化了的、几乎全部的人类大众只能走向"剥夺剥夺者（l'expropriation des expropriateurs）"，走向总体革命（la révolution totale）。

被剥夺了全部财产和全部满足的工人大众，即使促进了生产力的发展和财富的生产，也要考虑这样的事实：只有推翻那些掌握生产资料和指挥生产关系的人们，他们才能获得一种人的存在（existence humaine）。被贬低到一种非人道的状态，并被非人性的力量所压榨的大多数人，构成了趋向通过人并为了人而占有人的运动的驱动力。构成这一阶级的各个人不再是经验的、特殊的个人。他们什么都不是（ils ne sont rien），他们在现存世界中一无所有。作为"普遍"历史发展的产物，这些个人从属于普遍历史，他们的任务就是在生产中实现这种历史。"因此，无产阶级只有在世界历史意义上才能存在，就像共产主义——它的事业——只有作为'世界历史性的'存在才有可能实现一样。而各个人的世界历史性的存在，也就是与世界历史直接相联系的各个人的存在。"②

旧社会在产生它所包含的全部生产力和促使现代技术发展到它可能达到的极限的同时，也生产出这种压倒性的无产阶级工人大众。因此，它为客观的和主观的人的解放（l'émancipation humaine objective et subjective）创造出了双重的实践条件。被剥削阶级的完全解放（l'affranchissement complet）和人类解放（l'émancipation de l'humanité）的条件都来自历史的动力（生产力和激活生产力的人们）的发展。革命阶级本身拥有全部生产力中的最大生产力。

生产方式和分工决定着两个对立的阶级。无产阶级是生产力的真正催化剂。但是，当生产关系受到私有财产的阻碍时，无产阶级的共同劳动（le travail commun）——事实上受到生产力发展的束缚——就会

---

① 参见《马克思恩格斯文集》第 2 卷，第 66 页。

② Karl Marx, Friedrick Engels, *L'Idéologie allemande*, *Œuvres philosophiques*, T. VI, p. 177 - 178. 中文版参见《马克思恩格斯文集》第 1 卷，第 539 页。

同那些掌握生产资料的人们，即把自己的特殊利益宣称为普遍利益的资产阶级和资本家产生激烈冲突。被私有制紧紧扼住的生产力不是积极地服务于人，而是转化为破坏性的力量（forces destructives），产生出否定性（la négativité）。财产所有者代表着保守的一方，实际上是社会的破坏性方面，而无产阶级则是将要消灭这种情势的力量。无产阶级承受着一切社会重担而没有任何享受，因此它同一切其他阶级相对立。无产阶级构成了社会中的大多数，推动了生产力的发展，并通过出卖劳动力来生产财富。通过这种出卖，无产阶级被转化为一种纯粹的物化商品（marchandise réifiée）。虽然无产阶级希冀扬弃它本身所激活的生产力同被私有制所束缚的生产关系之间的矛盾，但无产阶级并不想成为一种占统治地位的牢固阶级：它既想扬弃私有财产（和财产所有者），又想扬弃异化的劳动方式（le mode de travail aliénant）。无产阶级将同时扬弃（作为无产阶级的）自身及其敌人。

工人大众需要阶级意识，一种对于总体性革命的根本必要性的意识。这种革命意识来自它的"外部"，即使它是在自身的情境中产生出来的。也就是说，它是一种既以实践（la pratique）为前提，同时又建构实践的理论，这种思想阐明了解放斗争。没有无产阶级的积极介入，旧的情势就无法被扬弃。内在于资产阶级社会中的消亡的**必然性**同无产阶级的**有目的的行动**相遇而产生这一行动。"的确，私有财产在自己的国民经济运动中自己使自己走向瓦解，但是私有财产只有通过不以它为转移的、不自觉的、同它的意志相违背的、为事物的本性所决定的发展，只有当私有财产造成**作为无产阶级的无产阶级**，造成意识到自己在精神上和肉体上贫困的那种贫困，造成意识到自己的非人化从而自己消灭自己的那种非人化时，才能做到这一点。无产阶级执行着雇佣劳动由于为别人生产财富、为自己生产贫困而给自己做出的判决，同样，它也执行着私有财产由于产生无产阶级而给自己做出的判决。"①在接下来的几行文字中，马克思强调的不是无产阶级的神圣角色，而是无产阶级的属人的角色，因为无产阶级恰恰站在神的对立面。他阐明了无产阶级的本质。"如果它不消灭集中表现在它本身处境中的现代社会的**一切**非人性的生活条件，它就不能消灭它本身的生活条件。无产阶级并不是白白地经受那种严酷的但能使人百炼成钢的劳动训练的。问题不在于某个无产者或者甚至整个无产阶级暂时**提出**什么样的目标，问题在于无产阶级究竟**是什么**，无产阶级由于其身为无产阶级而不得不在历史上有什么**作为**（être/diesem Sein）。它的目标和它的历史使命已经在它自己的生活状况和现代资产阶级社会的整个组织中明显地、无可更改地预示出来了。"②

发现其本质的无产阶级的任务就是通过对在经济、政治和意识形态上占统治地位的阶级进行经济的、政治的和意识形态的颠倒。无产阶级并不只是重复在历史（异化的历史）进程中出现的诸革命实验中的一种。许多革命动荡已经发生，但是"过去的一切革命的占有（les appropriations révolutionnaires）都是有限制的"③。只有生产力、技术和大工业的高度发展才使扬弃私有财产和阶级对抗成为可能的和必要的。以前的革命占有都是有限的，因为无论是全部需要还是全部能力都尚未得到全面发展。只有彻底被剥夺的、被侵占的现代无产阶级才会成为且必然成为实现去异化的社会活动的无限发展的动力。

"历史上周期性出现的革命动乱（l'ébranlement réolutionnaire）"还从未足够强大到推翻一切事物的基础，因此需要发起一场总体性的革命（révolution totale），彻底改变迄今为止已经发生的"生命的生产（la

① Karl Marx, Friedrick Engels, *La Sainte Famille. Œuvres philosophiques*, T. II, p. 61 - 62. 中文版参见《马克思恩格斯文集》第 1 卷，第 261 页。

② Karl Marx, Friedrick Engels, *La Sainte Famille. Œuvres philosophiques*, T. II, p. 62 - 63. 中文版参见《马克思恩格斯文集》第 1 卷，第 262 页。

③ Karl Marx, Friedrick Engels, *L'Idéologie allemande*, *Œuvres philosophiques*, T. VI, p. 242. 中文版参见《马克思恩格斯文集》第 1 卷，第 581 页。

production même de la vie)"，推翻这种生命的生产曾经和现在依然所建立其上的总体的异化的活动（l'activité totale et aliénée）。① 马克思指出，正如共产主义的历史所证明的，这种剧变（bouleversement）的**观点已经被反复强调**。共产主义**思想**敢于攻击私有财产，但是**在事实上和实际上**，生命的生产的物质基础和人类活动的物质基础几乎仍然是原封不动的。这种由私有财产、作为异化劳动的劳动和分工构成的纽结（nœud）恰恰是实践的唯物主义者（les matérialistes pratiques）、真正的共产主义者（les communistes réels）和革命的无产阶级（les prolétaires révolutionnaires）必须解开的纽结——通过割断它。

然而，历史上已经发生的周期性的革命动荡伴随着一种进化的运动，经历着一种**发展**。它每次扩大了社会活动的范围，就会发动越来越多的个人。"由此可见，每一个新阶级赖以实现自己统治的基础，总比它以前的统治阶级所依赖的基础要宽广一些。可是后来，非统治阶级和正在进行统治的阶级之间的对立也发展得更尖锐和更深刻。这两种情况使得非统治阶级反对新统治阶级的斗争在否定旧社会制度方面，又要比过去一切争得统治的阶级所作的斗争更加坚决、更加彻底。"② 历史**趋向于**成为普遍的，但只有无产阶级能够真正使一切普遍化。

马克思不仅是经济矛盾的科学分析者，而且是总体和解的"预言家"和通过无产阶级的解放实现人类解放的技术学家（technicien）。与此同时，他还是一个伟大的**警世者**（avertisseur），不断提醒人们警惕共产主义运动可能采取的一切虚假手段。他几乎**召唤起**（conjure）那场运动，那场以他的思想为基础的运动。马克思写道："迄今为止的一切革命始终没有触动活动的性质，始终不过是按另外的方式分配这种活动，不过是在另一些人中间重新分配劳动，而共产主义革命则针对活动

---

① Karl Marx, Friedrick Engels, *L'Idéologie allemande*, *Œuvres philosophiques*, T. VI, p. 186. 中文版参见《马克思恩格斯文集》第1卷，第261页。

② Karl Marx, Friedrick Engels, *L'Idéologie allemande*, *Œuvres philosophiques*, T. VI, p. 196. 中文版参见《马克思恩格斯文集》第1卷，第553页。

迄今具有的性质，消灭**劳动**（l'écart le *travail /die Arbeit beseitigt*），并消灭任何阶级的统治以及这些阶级本身，因为完成这个革命的是这样一个阶级，它在社会上已经不算是一个阶级，它已经不被承认是一个阶级，它已经成为现今社会的一切阶级、民族等等的解体的表现。"①因此，无产阶级革命被看作对资本主义社会和任何隐含着异化的社会之基础（l'infrastructure）和上层建筑（la superstructure）的颠覆，以便为人们的社会生活开启一种全新的、前所未有的基础。劳动、私有财产和分工必须被扬弃。但是马克思没有告诉我们，在扬弃私有财产和实现财富的社会化之后，**劳动**和**劳动分工**如何能够在一个基于技术和生产率之巨大发展的社会中被真正超越。

由于对这种彻底的、总体的变革的可能性和必然性充满信心，马克思认为，这种实践运动要想在这一变革中达到顶点，就只能采取一种**革命**的形式和内容（la forme et le contenu d'une *révolution*）。革命之所以是必要的，"不仅是因为没有任何其他办法能够推翻统治阶级，而且还因为推翻统治阶级的那个阶级，只有在革命中才能抛掉自己身上的一切陈旧的肮脏东西，才能胜任重建社会的工作"②。统治阶级掌握着生产资料和国家。为了收复社会和使社会去异化，资产阶级国家（l'État bourgeois）也必须被扬弃。而无产阶级本身在这种革命工作中成熟起来，并体验到新的共产主义社会的存在条件。

无产阶级的**革命意识**和**共产主义意识**（la *conscience révolutionnaire et communiste* du prolétariat）在这种趋向于总体和解的进步运动中获得自我表现。这种意识"当然也可以在其他阶级中形成"③。这种意识容易接近那些虽然属于统治阶级但又能从统治阶级中脱离出来融入革

---

① Karl Marx, Friedrick Engels, *L'Idéologie allemande*, *Œuvres philosophiques*, T. VI, p. 183. 中文版参见《马克思恩格斯文集》第 1 卷，第 542—543 页。

② Karl Marx, Friedrick Engels, *L'Idéologie allemande*, *Œuvres philosophiques*, T. VI, p. 184. 中文版参见《马克思恩格斯文集》第 1 卷，第 543 页。

③ Karl Marx, Friedrick Engels, *L'Idéologie allemande*, *Œuvres philosophiques*, T. VI, p. 183. 中文版参见《马克思恩格斯文集》第 1 卷，第 542 页。

命阶级中的个人。他们能够通过把"已经提高到能从理论上认识整个
历史运动的一部分资产阶级思想家，转到无产阶级方面"①而实现这一
点。只有革命观念(idées révolutionnaires)和共产主义思想(la pensée
communiste)同革命阶级(la classe révolutionnaire)和共产主义的现实
运动(le mouvement réel du communisme)之间的辩证结合才能保证给
予彻底扬弃私有财产、(异化)劳动和分工的任务以高度警惕。然而，正
如我们已经将其作为一个问题而有必要指出的那样，这种关系中两者
之间的联系仍然是含糊不清的：有时是革命阶级的物质现实境况(la
situation matérielle et réelle)、革命阶级的实践经验(expérience
pratique)催生了革命的观念、意识和思想；有时是对这种境况和现实
运动的理论(la théorie)、理解(la compréhension)即觉悟(la prise de
conscience)产生出革命行动。这种将现实的实践和行动(理论思维的
质料和创造者)同意识和观念(它们是派生出来的形式，但却是如此强
有力的和基础性的)联系起来的"恶性"循环(le cercle «vicieux»)可能
会"辩证地"发生转变，但它仍然是"恶的"，因为没有说清楚促使它产生
运动的力量到底是什么。

　　不管怎样，产生共产主义观念的共产主义行动，本身就是一种革命
意识的产物，将推动渗透进大众之中并指导他们的行动的共产主义意
识、革命思想的大量产生。为此，那些投身于同迄今为止进行的"生命
的生产"②相斗争的人们发生巨大改变是必要的，因为正是这些人将完
成人的基本活动的总体性改革。人们注定将会在这种改变社会生活之
根基的事业中成为一种新的存在物。正如这个黑格尔辩证法的坚决反
对者以辩证的方式所提出的这个观点，即"人创造环境(les
circonstances)，同样，环境也创造人"③，尽管这一观点有些含糊。如果

---

　　① 参见《马克思恩格斯文集》第 2 卷，第 41 页。
　　② 参见《马克思恩格斯文集》第 1 卷，第 532 页。
　　③ Karl Marx, Friedrick Engels, L'Idéologie allemande, Œuvres philosophiques, T.
VI, p. 185. 中文版参见《马克思恩格斯文集》第 1 卷，第 545 页。

革命群众不把这项任务坚持到底，不把共产主义思想和世界历史的真理实际地实现出来，社会就只能发生简单的、非本质的变化，那种关于一种再生性的剧变（bouleversement régénérateur）的无力**思想**就会继续存在。

正如马克思所反复强调的，革命阶级既是一个**阶级**，又不是一个**阶级**。它虽然从一开始是一个特定的阶级，却代表着整个社会；它的"特殊"利益是同真正的普遍利益相一致的。作为由一个占统治地位的、占有财富的阶级所掌控的全部社会大众组成的阶级，由于社会条件的压力，它还没有能够发展成一个具有特殊利益的特殊阶级。因此，它追求实现一种非统治的统治。它的胜利将确保全部社会成员的解放，它将促使人类走向新的社会形式，"只要不再有必要把特殊利益说成是普遍利益，或者把'普遍的东西'［抽象普遍的东西］说成是占统治地位的东西"①。阶级斗争的最后阶段将随着两个极端对立的阶级的同时扬弃而终结，并将产生一个没有阶级的社会、一个技术全面发展和**总体筹划**（*planifiée*）的社会。

在经济方面，无产阶级革命将同时扬弃**单个分开的经济生活**（la vie économique séparée）、一切形式的**私有财产**、作为人的外化的**劳动本身**、**分工**和一切旧的**生产条件**和**商业条件**。显而易见的是，这一切构成了一种仍然否定的任务，随之而来的是社会主义经济的积极建设，经济生活的公共的、共产主义的组织。虽然想要扬弃经济，但是**共产主义组织在本质上仍然是经济的**。② 社会化的经济生活将获得另一种意义，尽管它依然是**经济生活**。

任何东西都将从属于全体（tous），各个人都将使曾经限制他们的

---

① Karl Marx, Friedrick Engels, *L'Idéologie allemande*, *Œuvres philosophiques*, T. VI, p. 197. 中文版参见《马克思恩格斯文集》第 1 卷，第 553 页。（方括号中的插入文字是由阿克塞洛斯所加。——译者注）

② Karl Marx, Friedrick Engels, *L'Idéologie allemande*, *Œuvres philosophiques*, T. VI，p. 231. 中文版参见《马克思恩格斯文集》第 1 卷，第 574 页。

各种力量从属于他们。人类的力量将使事物臣服于他们自己。人类总体将能够占有一切事物。无产阶级——和整个人类——将通过极大发展生产力和解放一切技术力量来占有全部生产力。这种普遍占有（appropriation universelle）将采取一种总体的性质，彻底从异化中解放出来，无论是**劳动条件**还是**劳动分工**，抑或**劳动工具**（les *instruments de travail*）都将不会成为同社会主义社会（la société socialiste）的成员相敌对的异己力量。"在迄今为止的一切占有制下，许多个人始终屈从于某种唯一的生产工具，在无产者的占有制下，许多生产工具必定归属于每一个个人，而财产则归属于全体个人。现代的普遍交往，除了归属于全体个人，不可能归属于各个人。"①马克思没有费心解释所有这一切将如何在一个技术——这种技术使行星上的所有人变得如此活跃——高度发展的世界中成为可能，而是继续指出，对**私有财产**的扬弃（la *propriété privée*/Privateingentum）和共产主义的调节（la réglementation communiste）将**扬弃**（le *dépassement*/Aufhebung）一切异己的（étranger/Fremdheit）东西而达到人的社会本质，而**异化**的扬弃开辟了通过人来解放和总体**占有**（totale *appropriation*/Aneignung）世界的道路。"但随着基础即随着私有制的消灭，随着对生产实行共产主义的调节以及这种调节所带来的人们对于自己产品的**异己关系**的消灭，供求关系的威力也将消失，人们将使交换、生产及他们发生相互关系的方式重新受自己的支配。"②

　　对经济生活的共产主义的调节将使人们从经济力量的暴政中解放出来，因为他们将支配这些力量，即按照他们的应该同技术的发展保持同步的意识和意志来控制这些力量，将他们的**力量**运用于这些力量之上。"各个人的**全面的**依存关系、他们的这种自然形成的**世界历史性的**

---

　　① Karl Marx, Friedrick Engels, *L'Idéologie allemande*, *Œuvres philosophiques*, T. VI, p. 242 - 243. 中文版参见《马克思恩格斯文集》第 1 卷，第 581 页。

　　② Karl Marx, Friedrick Engels, *L'Idéologie allemande*, *Œuvres philosophiques*, T. VI, p. 178. 中文版参见《马克思恩格斯文集》第 1 卷，第 539 页。

共同活动(la collaboration *historiquement universelle*)的最初形式,由于这种共产主义革命而转化为对下述力量的控制和自觉的驾驭,这些力量本来是由人们的相互作用产生的,但是迄今为止对他们来说都作为完全异己的力量威慑和驾驭着他们。"①社会必然性和个体自由、按照主体的有意识的意志对客体的生产、人与人的交互活动中的共同活动都将采取一种为人所熟知的现实的外观。通过占有生产力和保证工业和技术的顺利发展,通过促进全部个人能力的发展——总体占有(l'appropriation totale)同总体能力的发展是齐头并进的,通过准备好满足人们的全部需要的各种条件,新社会的成员将变为总体性的个人,以一种世界历史的方式进行生活。

在现存社会的经济基础被推翻之后,**经济人**(l'*homo œconomicus*)就将会被超越。新社会中的人将不再拥有一种自私自利的、狭隘的、有限的和卑鄙的功利主义的经济视域。通过为普遍占有人的所是所为(ce que l'homme est et de ce qu'il fait)而斗争,无产阶级将剥离掉自己过去的社会地位的全部残余,重新学会过一种去异化了的生活(la vie désaliénée)。

我们能够理解马克思所说的**彻底扬弃私有财产**是什么意思,尽管他似乎不认为这种扬弃是一种足以完全取代一切异化的基础。生产资料的社会化(人类集体对全部财富的占有,因为一切创造物都变为人们的共有之物,简言之,对一切"生活资料"的共同占有[la possession commune])是清楚的,尽管其中隐含着**巨大困难**(*graves difficultés*)。我们或许不难理解马克思所说的**扬弃迄今为止的劳动**(la *suppression du travail tel qu'il s'est fait jusqu'ici*)是什么意思。一旦作为劳动者的条件被扬弃了,所有人都将高效地工作,一个新的劳动时代(nouvelle ere de travail)便将开启:劳动将变成人类生活的一种表现形式,而不再是维系生存——换言之即失去生存——的一种手段。正是当马克思说

---

① Karl Marx, Friedrick Engels, *L'Idéologie allemande*, *Œuvres philosophiques*, T. VI, p. 182. 中文版参见《马克思恩格斯文集》第 1 卷,第 542 页。

要**扬弃分工**的时候,他才真正变得难以理解。"个人力量(关系)由于分工而转化为物的力量这一现象,不能靠人们从头脑里抛开关于这一现象的一般观念的办法来消灭,而只能靠个人重新驾驭这些物的力量(puissances objectales/*sachliche*),靠消灭分工的办法来消灭。没有共同体,这是不可能实现的。"①分工及其包含的一切异化的特殊化能否被一种可以自由支配工业、机器和革命性技术的发展的共同体所克服呢? 这个研究行星技术(la technique planétaire)的思想家,这个对劳动分工的现实主义分析者,是否会因为提倡总体性劳动(le travail total)而变为田园诗人和幻想家? 他想象过共产主义社会成员以某种"自然的""原始的"或技艺性的(artisanales)职业的形式从事这种非分化的(non divisée)活动吗? 当他怀着一种温情来反思中世纪的工匠——其境况始终受社会的、封建的、经济的结构所决定——时,马克思写道:"正因为如此,中世纪的手工业者对于本行专业劳动和熟练技巧还是有兴趣的,这种兴趣可以升华为某种有限的艺术感。然而也是由于这个原因,中世纪的每一个手工业者对自己的工作都是兢兢业业,安于奴隶般的关系,因而他们对工作的屈从程度远远超过对本身工作漠不关心的现代工人。"②在共产主义时代的技术水平上回到中世纪的手工劳动是完全没有问题的。但是,马克思是如何构想这种全新的、史无前例的总体性活动的呢?

切勿忘记的是,为了充分利用自然力量来实现人的社会目的,共产主义政权(le régime communiste)将把一切自然的东西变成人的社会活动的产物。**完成了的自然主义**(le *naturalisme achevé*)就意味着**完成了的技术主义**(*technicisme achevé*),因为社会主义的、共产主义的人道主义将"把自然形成的性质一概消灭掉(le dépouillement de toute

---

① Karl Marx, Friedrick Engels, *L'Idéologie allemande*, *Œuvres philosophiques*, T. VI, p. 225 - 226. 中文版参见《马克思恩格斯文集》第 1 卷,第 570—571 页。

② Karl Marx, Friedrick Engels, *L'Idéologie allemande*, *Œuvres philosophiques*, T. VI, p. 206. 中文版参见《马克思恩格斯文集》第 1 卷,第 559 页。

naturalité/*Abstreifung aller Naturwüchsigkeit*)"①。由于上帝被消灭,自然屈从于和转变为一种合乎人性的、社会的现实,人们的实践活动将不再与一种独立于人的自然有任何关系。当共产主义政权扬弃私有财产和分工,它将同时"消灭城乡之间的对立",这种消灭是"共同体的首要条件之一"②。使一个人成为一种有限的"城市动物(animal citadin)"而使另一个人成为一种更加有限的"农村动物(animal campagnard)"的东西,促使两者相对立的东西,都将因为生产技术(la technique productive)的总体发展和自然的完全工业化与社会化而不复存在。因此,在这个意义上,物质劳动、体力劳动和精神劳动、脑力劳动之间的分工也将消失。

于是,我们再次面临这样一个问题:具体而言,非分化的劳动的力量的发展是怎样开始的? 对于这个问题,马克思首先坚持这样一个"事实",即人的活动将真正取决于他的意志,因此,没有社会活动的稳定(stabilisation)和固定(fixation)将会介入扰乱总体实践(la praxis totale)的幸福,然后他诉诸为自己的论点提供一种例证。正是马克思,现实存在的无情**否定者**,对我们将要提出的新的现实做出**积极**肯定。他告诉我们,首先,在**自然生成的社会**(la *société naturelle*/*naturwüchsigen Gesellschaft*)中,在其中的活动不是自由划分而是自然划分的、技术欠发达的社会中,人的行为本身变为一种征服他的、异己的、有害的力量。于是,这一阶段的仍然太接近自然的活动,不是人的自由意志的选择,而是自然而然地强加于人的:人是一个猎人、渔夫或牧羊人,他始终被迫从事这些活动。因此,重新假设这些在自然主义的层面上从事的自然的但非自愿的活动转变为人道主义的社会主义是没有问题的。这就是在**共产主义社会**中将会发生的事情,"而在共产主义社会里,任何人

---

① Karl Marx, Friedrick Engels, *L'Idéologie allemande*, *Œuvres philosophiques*, T. VI, p. 243. 中文版参见《马克思恩格斯文集》第1卷,第566页。

② Karl Marx, Friedrick Engels, *L'Idéologie allemande*, *Œuvres philosophiques*, T. VI, p. 202. 中文版参见《马克思恩格斯文集》第1卷,第557页。

都没有特殊的活动范围，而是都可以在任何部门内发展，社会调节着整个生产，因而使我有可能随自己的兴趣今天干这事，明天干那事，上午打猎，下午捕鱼，傍晚从事畜牧，晚饭后从事批判，这样就不会使我老是一个猎人、渔夫、牧人或批判者。"①在行星技术(la technique planétaire)的世界和总体生产力(la totalité des forces productives)最有力发展的世界里，在将自然完全转化为历史并剥离掉它的一切自然性质的世界中，在这个没有物质劳动和精神劳动的区别或城乡对立的世界中，共产主义的人们可以根据自己的意愿和喜好从事这些原始的、古代的和中世纪的活动：他将能够**打猎、捕鱼、从事畜牧和批判**。这种由一切意识形态和乌托邦的狂热反对者所阐述的、以其天真和质朴的田园诗般的色彩而触动人心的、关于总体性社会中的总体的人的活动的预期展望(vision anticipatrice)本身难道不是意识形态的吗？无论如何，它都将促使我们**思考**。它使我们反思如何通过一种本质上的经济组织和共产主义的生产调节来扬弃经济生活和全部经济异化，这是马克思没有预见到的问题。通过生产技术的巨大的、普遍的发展对现存的劳动和分工的超越，将导致一种远比那种人们可以随时随心所欲地打猎、捕鱼、畜牧或从事批判的现实更加**成问题的**(*problématique*)现实。即使是作为一种想象的投射，这种预见难道不仍然是非常肤浅的吗？在其田园诗般的色彩背后，它难道不是向我们展现了一个超越了"差异"的、普遍化了的、非差异的世界吗？或者，人的活动，人的综合技术性的活动(activité polytechnicienne)，会成为大写的游戏规则(l'ordre du Jeu)的一部分吗？一旦人的行为克服了对意义的追求，不再陷入荒谬和疯狂，那么，**游戏**(le *jeu*)就会构成人类行为的"意义(le *sens*)"吗？马克思允许我们把玩这一"假设"，而不用明确地阐述它。是否会出现一种整体的人类活动，在这种活动中，生产性的和创造性的劳动、诗意的活动和

① Karl Marx, Friedrick Engels, *L'Idéologie allemande*, *Œuvres philosophiques*, T. VI, p. 175. 中文版参见《马克思恩格斯文集》第 1 卷，第 537 页。

娱乐职业(les occupations de récréation)将融入它们的独特性(unicité)之中，而这种单一活动会成为大写的游戏(Jeu)？当谈到生产物化价值(valeurs réifiées)的劳动时，马克思抨击了这种劳动所固有的乏味与单调性质。他指出，工人没有享受到自己的活动是"他自己体力和智力的游戏(jeu/*Spiel*)"①。但是，他没有进一步谈论一种朝着游戏维度敞开的未来的可能性。

　　通过革命的无产阶级的解放而实现的人的总体解放将采取一种政治路径，并将注定以扬弃政治异化和政治生活本身而告终。首先，无产阶级将推翻现存的国家，后者是事物的现存状态的组织力量。"从这里还可以看出，每一个力图取得统治的阶级，即使它的统治要求消灭整个旧的社会形式和**一切统治**，就像无产阶级那样，都必须首先夺取政权，以便把自己的利益又说成是普遍的利益，而这是它在初期不得不如此做的。"②因为个人只追求自己的特殊利益，而代表其真正利益的普遍利益则最初看起来是"异己的"。但是，他们将通过自己的革命行动而受到教育。

　　通过革命来推翻和消灭现存国家正是无产阶级的首要任务。因为无产阶级不能纯粹简单地接管现成的国家机器(la machine d'État)，使它按照另一种方式运转。旧的国家机器(le vieil appareil étatique)必须被消灭，而已经掌握政权的无产阶级定然不能继续利用以前的官僚机器(machine bureaucratique)来管理事物。马克思在一封著名的致库格曼(Kugelmann)的信(1871 年 4 月 12 日)中写道："如果你查阅一下我的《雾月十八日》的最后一章，你就会看到，我认为法国革命的下一次尝试不应该再像以前那样把官僚军事机器从一些人的手里转到另一些人

---

　　① Karl Marx, *Le Capital*, T. I, p. 181. 中文版参见《马克思恩格斯全集》第 44 卷，第 208 页。(中文原文是："劳动者越是不能把劳动当作他自己体力和智力的活动来享受，就越需要这种意志。"——译者注)

　　② Karl Marx, Friedrick Engels, *L'Idéologie allemande*, *Œuvres philosophiques*, T. VI, p. 174. 中文版参见《马克思恩格斯文集》第 1 卷，第 536—537 页。

的手里，而应该把它打碎，这正是大陆上任何一次真正的人民革命的先决条件。"①从资本主义向社会主义的过渡是无法和平实现的。革命是必然的，它将建立**无产阶级的专政**（*la dictature du prolétariat*），促使无产阶级组织起来，开始社会主义建设，消灭它的敌人。"在资本主义社会和共产主义社会之间，有一个从前者变为后者的革命转变时期。同这个时期相适应的也有一个政治上的过渡时期，这个时期的国家只能是**无产阶级的革命专政**（*la dictature révolutionnaire du prolétariat*）。"②无产阶级专政以及与之相应的国家严格来说是临时的、暂时的，最终将会消失。无产阶级的政治斗争是从无产阶级的原始经济斗争中产生出来的，并同这种经济斗争紧密联系在一起，其目的就是夺取政权。社会是国家的基础。这对于资产阶级的资本主义的社会和通向社会主义与共产主义的社会来说都是正确的。在这一过渡阶段中建立的国家将完全从属于社会，将不再获得一种独立的现实性。而且，国家注定将会消失。这同样适用于作为"迄今为止的全部社会"的生成，特别是最近几个世纪的历史生成之主要动力的阶级斗争。这种阶级斗争导致无产阶级革命和无产阶级的革命专政，这些力量将人类引向无阶级的社会。无产阶级专政构成阶级斗争的最后注脚，并消灭了阶级对立。③

---

① Karl Marx, *Lettre du 12 avril 1871*, in *La Guerre civile en France*, 1871, p. 79-80. 中文版参见《马克思恩格斯文集》第 10 卷，第 352 页。

② Karl Marx, *Critique des programmes de Gotha et d'Erfurt*, Paris: Éd. Sociales, p. 34. 中文版参见《马克思恩格斯文集》第 3 卷，人民出版社 2009 年版，第 445 页。

③ 马克思在 1852 年 3 月 5 日于伦敦致约瑟夫·魏德迈（Joseph Weydemeyer）的一封信中详细阐述了他在社会阶级问题上所作出的贡献的性质："至于讲到我，无论是发现现代社会中有阶级存在或发现各阶级间的斗争，都不是我的功劳。在我以前很久，资产阶级历史编纂学家就已经叙述过阶级斗争的历史发展，资产阶级经济学家也已经对各个阶级做过经济上的分析。我所加上的新内容就是证明了下列几点：(1)**阶级的存在**（l'*existence des classes*）仅仅同**生产发展的一定历史阶段**相联系；(2)阶级斗争必然导致**无产阶级专政**；(3)这个专政不过是达到**消灭一切阶级**和进入**无阶级社会**（*société sans classes*）的过渡……"参见 Marx-Engels, *Études philosophiques*, p. 118. 中文版参见《马克思恩格斯文集》第 10 卷，第 106 页。

马克思是**国家、法和政治生活**的控诉者，是主张彻底扬弃国家、法和政治生活的激进理论家，是展望一种没有阶级和国家的社会的预言家，这个社会将不再使社会的和社会主义的活动领域分裂为经济和政治。但是，他知道国家、（强制性的）法和政治是无法被彻底扬弃的。马克思将这种臭名昭著的过渡阶段看作一种不可避免的现实，他写道："我们这里所说的是这样的共产主义社会，它不是在它自身基础上已经**发展了的**，恰好相反，是刚刚从资本主义社会中产生出来的，因此它在各方面，在经济、道德和精神方面都还带着它脱胎出来的那个旧社会的痕迹。"[1]新社会延续了旧社会的某些现实，尽管前者意欲否定后者。否定本身仍然受到它所否定的东西的影响和感染，尽管马克思从未严肃对待过这种影响（affectation）和感染（infection）。由于对完成了的共产主义社会的绝对积极的未来怀揣着一种不可动摇的信心，他没有让旧世界投射在新世界上的阴影蒙蔽了自己的眼睛。

马克思很乐意承认过渡性的社会所使用的法律"**像一切权利一样是一种不平等的权利**"[2]。而且，他从未被平等的观念所蒙蔽。他不希望看到社会主义社会的旗帜上题写着**大写的自由**（*Liberté*）、**大写的平等**（*Égalité*）和**大写的博爱**（*Fraternité*）这些形式的术语。他旨在消灭**阶级差别**（*différences de classe*），而不是建立**一种抽象平等**（*égalité abstraite*）的统治。这是一个消灭各个人的发展条件和物质条件之不平等的问题，一个消火阶级差别的问题：只想着建立一种无区别的统治（règne de l'indistinction）、一个不可能实现的"平等"王国（royaume de l'«égalité»）是不够的。即使是完成了的共产主义也不会且不应该被置于至高无上的"平等"帝国（l'empire de l'«égalité»）的统治之下。

这种临时的和过渡性的社会必须被看作一种以暴力的方式否定资

---

① Karl Marx, *Critique des programmes de Gotha et d'Erfurt*, p. 23. 中文版参见《马克思恩格斯文集》第 3 卷，第 434 页。

② Karl Marx, *Critique des programmes de Gotha et d'Erfurt*, p. 24. 中文版参见《马克思恩格斯文集》第 3 卷，第 435 页。

本主义的、无论如何都不是完全社会主义的和共产主义的社会。无产阶级将**占据统治地位**，但**不是**作为一个**阶级**进行统治。尽管拥有国家政治权力，但准确地说，它不会建立一种新的行政权（pouvoir gouvernemental）。在走向胜利的进程中，劳动阶级（la classe laborieuse）将建立一个共同联合体（association communautaire）来取代旧的市民社会（l'ancienne société civile）——政权（le pouvoir politique）在其中总括了剥削者和被剥削者之间的敌对的框架。马克思提出了关于新政权的问题，并通过消灭这一问题来回答它。

"这是不是说，旧社会崩溃以后就会出现一个表现为新政权的新的阶级统治呢？不是。劳动阶级解放的条件就是要消灭一切阶级；正如第三等级即市民等级解放的条件就是消灭一切等级一样。劳动阶级在发展进程中将创造一个消除阶级和阶级对抗的联合体来代替旧的市民社会，从此再不会有原来意义的政权了。因为政权正是市民社会内部阶级对抗的正式表现。"①

然而，在共产主义的第一个阶段中，政权问题不是那么容易就能解决的。阶级斗争毫无疑问构成了马克思政治思想的基石，**无产阶级专政**是**阶级斗争**的必然结果，**革命**的无产阶级专政构成了通过扬弃一切阶级而走向无阶级的、无国家的社会的**过渡阶段**。然而，这种重要的**政治**思想要素仍然具有很大问题。无产阶级构成一个阶级，成为一个政党。它在经济上和政治上推翻了资本主义的统治。无产阶级自立为统治阶级，执掌政权。我们可以在《共产党宣言》中读到："工人革命的第一步就是使无产阶级上升为统治阶级，争得民主。无产阶级将利用自己的政治统治，一步一步地夺取资产阶级的全部资本，把一切生产工具集中在国家即组织成为统治阶级的无产阶级手里，并且尽可能快地增

---

① Karl Marx, *Misère de la philosophie*, p. 210. 中文版参见《马克思恩格斯文集》第 1 卷，第 655 页。

加生产力的总量。"①马克思、恩格斯继续写道:"当阶级差别在发展进程中已经消失而全部生产集中在联合起来的个人的手里的时候,公共权力就失去政治性质。原来意义上的政治权力,是一个阶级用以压迫另一个阶级的有组织的暴力。如果说无产阶级在反对资产阶级的斗争中一定要联合为阶级,通过革命使自己成为统治阶级,并以统治阶级的资格用暴力消灭旧的生产关系,那么它在消灭这种生产关系的同时,也就消灭了阶级对立的存在条件,消灭了阶级本身的存在条件,从而消灭了它自己这个阶级的统治。代替那存在着阶级和阶级对立的资产阶级旧社会的,将是这样一个联合体,在那里,每个人的自由发展是一切人的自由发展的条件。"②

　　这是否意味着关于权力、大写的政治(la Politique)和国家的诸多问题由此都能够得到解决呢? 马克思已经拒绝预言"未来的国家(l'État futur)"在共产主义社会中将会采取的具体形式。但是,他的相关论述仍然是有问题的(problématique)。自由在这种联合体中并通过这种联合体而变为可能的和现实的,每个人的个性都能够在这种各个人共同同意的联合中自由地发展,这些仍然是过于田园诗般的。对于想要超越《社会契约论》(*Contrat Social*)的人为契约观念(les conceptions contractuelles et artificielles)的马克思来说,支配着生产力的总体发展和每个人的全部社会发展的各个人的**有意识的、自愿的**联合(l'union *consciente et volontaire*),只有在共产主义的高级阶段才会成为现实。不过,它将在过渡阶段中逐步实现。在过渡阶段中,非国家的国家(l'État non-État)本身将为自身的消亡做好准备。在马克思看来,官僚主义将不会潜入新的社会组织中,因为它是一切官僚主义的死敌。社会功能绝不能集中、固定和物化在某些僵化的公共服务和行政

---

　　① Karl Marx, Friedrick Engels, *Le Manifeste communiste*, p. 95. 中文版参见《马克思恩格斯文集》第 2 卷,第 52 页。

　　② Karl Marx, Friedrick Engels, *Le Manifeste communiste*, p. 96 - 97. 中文版参见《马克思恩格斯文集》第 2 卷,第 53 页。

机构的手中。

然而，处在这一征服进程中的国家命运仍然是不明朗的，马克思和恩格斯不知道如何驱除这个幽灵。恩格斯在 1875 年 3 月 18—25 日写给奥古斯特·倍倍尔（August Bebel）的有关《哥达纲领》的信中使问题变得更加具体。但是他做到了吗？他写道："自由的人民国家变成了自由国家。从字面上看，自由国家就是可以自由对待本国公民的国家，即具有专制政府的国家。应当抛弃这一切关于国家的废话，特别是出现了已经不是原来意义上的国家的巴黎公社（la Commune）以后。无政府主义者用'**人民国家**（l'État populaire）'这个名词把我们挖苦得很够了，虽然马克思驳斥蒲鲁东的著作和后来的《共产党宣言》都已经直接指出，随着社会主义社会制度的建立，国家就会自行解体和消失。既然国家只是在斗争中、在革命中用来对敌人实行暴力镇压的一种暂时的设施，那么，说自由的人民国家，就纯粹是无稽之谈：当无产阶级还**需要**国家的时候，它需要国家不是为了自由，而是为了镇压自己的敌人，一到有可能谈自由的时候，国家本身就不再存在了。因此，我们建议把'国家'一词全部改成'共同体'（Communauté/Gemeinwesen），这是一个很好的古德文词，相当于法文的'公社'。"①然而，导致国家消亡过程的问题和管理各种存在物和事物的诸形式的问题远远没有得到解决。②

---

①　Karl Marx, *Critique des programmes de Gotha et d'Erfurt*, p. 48. 中文版参见《马克思恩格斯文集》第 3 卷，第 414 页。

②　在《国家与革命：马克思主义关于国家的学说与无产阶级在革命中的任务》中，列宁想要"**恢复真正的马克思的国家学说**"（参见《列宁全集》第 31 卷，人民出版社1985 年版，第 5 页）。他对无产阶级革命在国家问题上的任务做了如下阐述：摧毁旧的官僚主义设施和军事设施，打碎现有国家的旧的官僚主义机器和军事机器。资产阶级国家的废除建立在"无产阶级中央集权（centralisme prolétarien）""社会主义的国家组织（réorganisation socialiste de l'État）"以及对国家不可缺少的过渡性革命形式的基础之上。新的国家将废除常备军，代之以武装起来的人民。它同样废除议会制度和官僚制，建立面向所有公职人员的一般资格，同时使他们所有人随时都有可能被解雇，毫无例外，并使他们的工资降低到工人工资的水平。所有公共职能都转变为行政职能，因此，恰当地说，它们不再是政治职能。这种新型国家正在走向衰亡："正在（转下页）

　　一定有人会问,这个问题在理论上而非实践上得到解决了吗? 几乎不想接受(抽象的)理论真理和(具体的)实践真理之间的区别的马克思难道沦为这种二元的异化力量的受害者了吗? 因为理论在继续宣扬共产主义真理的同时并没有过多谈论使之变为现实的实践手段。他告诉我们:"除了这些直接的器官以外,还以大写的社会的**形式**(la *forme de la Société*)形成**社会的器官**(organes *sociaux*)。例如,同他人直接交往的活动等等,成为我的**生命表现**(*manifestation de la vie*)的器官和对**人的生命**的一种占有方式。"[①]这些生命表现的**器官**会采取怎样的**组织形式**(*formes d'organisation*)呢? 整体占有人的生命的愿望将会通过怎样的行政**机构**(*organismes* administratifs)表现出来呢?

　　马克思没有回答这些问题,而是强调了这样一点,即这种占有受到三个方面的制约:生产力的发展程度、进行占有的个人和实现占有的方式。"这种占有首先受所要占有的对象的制约,即受发展成为一定总和并且只有在普遍交往的范围里才存在的生产力的制约……这种占有受进行占有的个人的制约……其次,占有还受实现占有所必须采取的方式的制约。"[②]因此,**进行占有的个人**(les *individus appropriants*)和自然主义的、人道主义的、社会主义的和共产主义的占有的**方式**和**方法**(la *façon* et la *manière*)发挥了重要作用,而这种占有在很大程度上依

─────────

(接上页)消亡的国家在它消亡的一定阶段,可以叫作非政治国家。"(参见 V. Lenin, *L'État et la Révolution*, *Œuvres choisies*, T. II, p. 212. 中文版参见同上,第 59—60 页。)制度本身将不再存在。"因为,要消灭国家就必须把国家机关的职能变为非常简单的监督和计算的手续,使大多数居民,而后再使全体居民,都能够办理,都能够胜利。"(*Ibid.*, p. 224. 中文版参见同上,第 74 页。)消亡的过程将是漫长而残酷的,而它实际上只会在完整的共产主义中发生。因此,马克思主义者和无政府主义者有一个共同的目标:无国家的、无阶级的社会。然而,他们主张达到这一目标的方式是截然不同的。列宁在 1917 年秋即革命前夕写下的所有这些著作,目的就在于实现俄国经济和社会的计划组织。在此之后,苏联沿着这条道路取得了一定成绩。应当强调的是,列宁没有说明无产阶级政党有一天会从革命党转变为执政党,即国家政党。

　　① Karl Marx, *Économie politique et philosophie*, *Œuvres philosophiques*, T. VI, p. 31. 中文版参见《马克思恩格斯文集》第 1 卷,第 190 页。

　　② Karl Marx, Friedrick Engels, *L'Idéologie allemande*, *Œuvres philosophiques*, T. VI, p. 241-243. 中文版参见《马克思恩格斯文集》第 1 卷,第 581 页。

赖于这些东西。被召唤来指导解放运动的**领导者**的作用也不容忽视。领导者可以积极地加速或消极地减缓社会主义-共产主义的进程。马克思再次对库格曼写道："如果斗争只是在机会绝对有利的条件下才着手进行，那么创造世界历史未免就太容易了。另一方面，如果'偶然性'不起任何作用的话，那么世界历史就会带有非常神秘的性质。这些偶然性本身自然纳入总的发展过程中，并且为其他偶然性所补偿。但是，发展的加速和延缓在很大程度上是取决于这些'偶然性'的，其中也包括一开始就站在运动最前面的那些人物的性格这样一种'偶然情况'。"[1]因此，马克思至少不缺乏对于政治发展的偶然因素（la lucidité）——无论好坏——的洞察尺度。马克思偶尔会意识到革命工人的辉煌的总体胜利是一件极其困难的事情。譬如，工人们在取得一个阶段的胜利之后又会在新的斗争中遭受失败；再如，一个阶级发起的革命可能导致另一个阶级受益。然而，尽管知道这一切，马克思仍然坚信全人类解放的到来。

为了实现这种解放，共产主义运动必须预先实现许多事情：暴力推翻一切旧的生产、贸易、经营管理和消费的条件的基础；消灭旧的国家官僚机构的政治形式和行政形式；消除一切冒充自然之物和同样对进步的无产阶级的创造力构成一种羁绊的东西中的任何潜在的自然特征。任何事物都必然从属于**意识**、**意志**、联合起来的各个人的**力量**。各个人的看似独立存在的东西都将趋向于消亡，因为一切存在之物都是人的活动的产物。共产主义开创了一个全新的时代："第一次自觉地把一切自发形成的前提看作是前人的创造，消除这些前提的自发性，使这些前提受联合起来的个人的支配。"[2]拆除掉旧的结构和上层建筑的新人类、实践的唯物主义者在他们的实践努力中把"迄今为止的生产和交

① Karl Marx, *Lettre de Marx à Kugelmann*, *du* 17 *avril* 1871, in *La Guerre civile*, p. 81. 中文版参见《马克思恩格斯文集》第 10 卷，第 354 页。

② Karl Marx, Friedrick Engels, *L'Idéologie allemande*, *Œuvres philosophiques*, T. VI, p. 231. 中文版参见《马克思恩格斯文集》第 1 卷，第 574 页。

往所产生的条件看作无机的条件。然而他们并不以为过去世世代代的意向和使命就是给他们提供资料,也不认为这些条件对于创造它们的个人来说是无机的"[①]。在去异化运动的进步过程中,组织(l'organisation)将不再把自身叠加于有机物(l'organique)之上,一切"有机的"和"自然的"东西将由于从任何飞地(enclave)中解放出来的技术(le technique)而存在。个人活动将不再局限于"劳动",而是同全部的物质生活相统一。历史将完全转变为普遍历史,一切事物都将被普遍化。摆脱了一切特殊性和一切经济的、政治的、民族的和意识形态之藩篱的特殊的个人将"同整个世界的生产(**也同精神的生产**)发生实际联系,才能获得利用全球的这种全面的生产(人们的创造)的能力"[②]。

　　进行去异化的和占有的整个战斗过程将引领人类走向社会主义的第二个阶段,确切来说就是由全面胜利的和解所支配的共产主义社会。所有对立都将被克服,共同体中的成员将不再按照**他们的劳动**而是按照**他们的需要**而参与享受。作为人类活动之动力的需要将在全面繁荣的共产主义社会得到全面满足。因为,在社会主义-共产主义的第一个阶段,在"还带着它脱胎出来的那个旧社会的痕迹"[③]的社会中,个人只能按照他所提供的社会劳动的比例,即按照个人的社会劳动的量进行消费。马克思曾经邀请我们为我们自己描绘这样一个自由人的共同体,在其中,自由人可以借助社会化的生产资料和消费资料、根据一种共同计划、运用作为相同的单一的集体力量的许多个人力量来进行工作。在这种共同体式的社会秩序中,这样,"劳动时间就会起双重作用。劳动时间的社会的有计划的分配,调节着各种劳动职能同各种需要的

---

①　Karl Marx, Friedrick Engels, *L'Idéologie allemande*, *Œuvres philosophiques*, T. VI, p. 231. 中文版参见《马克思恩格斯文集》第 1 卷,第 574 页。

②　Karl Marx, Friedrick Engels, *L'Idéologie allemande*, *Œuvres philosophiques*, T. VI, p. 181 - 182. 中文版参见《马克思恩格斯文集》第 1 卷,第 541—542 页。

③　参见《马克思恩格斯文集》第 3 卷,第 434 页。

适当的比例。另一方面,劳动时间又是计量生产者在共同劳动中个人所占份额的尺度,因而也是计量生产者在共同产品的个人可消费部分中所占份额的尺度。在那里,人们同他们的劳动和劳动产品的社会关系,无论在生产上还是在分配上,都是简单明了的"①。这种秩序虽然扬弃了私有财产,但无论是在经济上还是在政治上,都还不是共产主义的秩序。它只是开创了这种秩序。这里,我们再次遭遇那个著名的共产主义初级阶段。让我们暂时回顾一下通向总体和解和作为自然主义-人道主义的完成了的共产主义的进程中所经历的各个阶段。**资本主义社会**内部的最深处孕育出无产阶级的(和人的)**解放运动**(le mouvement émancipateur)。为了扬弃私有财产和粉碎旧的国家官僚机器和军事机器,无产阶级必须诉诸**革命**。在革命取得胜利之时,革命将建立**无产阶级的革命专政**(la *dictature révolutionnaire du prolétariat*),创立一种**新的**(非国家的)**国家**(*nouvel État* /non-État)。于是,工人阶级将赢得民主制,**使生产资料社会化**(*socialise les moyens de production*),建设社会主义-共产主义的初级阶段。在这一阶段,每个人都是根据自己的能力进行劳动,根据他的生产劳动参与产品的消费。这个初级阶段将通向整体的社会主义-共产主义(socialisme-communisme intégral)。"在共产主义社会高级阶段,在迫使个人奴隶般地服从分工的情形已经消失,从而脑力劳动和体力劳动的对立也随之消失之后;在劳动已经不仅仅是谋生的手段,而且本身成了生活的第一需要之后,在随着个人的全面发展,他们的生产力也增长起来,而集体财富的一切源泉都充分涌流之后,——只有在那个时候,才能完全超出资产阶级权利的狭隘眼界,社会才能在自己的旗帜上写上:各尽所能,按需分配!"②因此,生产力的全面发展——可能也是行星性的发展

---

① Karl Marx, *Le Capital*, T. 1, p. 90. 中文版参见《马克思恩格斯全集》第 44 卷,第 96—97 页。

② Karl Marx, *Critique des programmes de Gotha et d'Erfurt*, p. 25. 中文版参见《马克思恩格斯文集》第 3 卷,第 435—436 页。

(le développement planétaire)、每个人的能力的总和的协调发展、对劳动分工和城乡差异的扬弃、对私有财产和资产阶级法律的总体超越、国家(和民主制)的消亡——将促使人类走向共产主义，破解历史之谜，满足一切需要。由此，"经济"和"政治"将被超越，社会进步将不再是一个政治革命问题。

于是，这个循环就完成了。起点和终点重合了。为生存而劳动，在同自然的斗争中生产自己的生命，渴望满足自己的自然的、人的和社会的需要的人，仍然是被剥夺的、受挫的、尚未得到满足的和异化的，从人类的第一个"历史"活动到人类的真正历史开端的第一个活动都是如此。在作为自然主义、人道主义和社会主义的共产主义中，人同一切事物相协调。满足人的需要的手段即劳动，不再是劳动，准确地说，不再是分化了的劳动，而是变为他的最重要的生命需要(le besoin vital par excellence)。因此，可以说，劳动通过劳动的普遍化而被扬弃了。总体的生产是同全部需要的满足和共同财富的消费相一致的。因此，这个循环是封闭的：需要、劳动、生产，作为需要的劳动、需要的满足、基于需要的消费。个人变为社会有机体和社会主义有机体(corps social et socialiste)的有机的成员(membre organique)。人支配物，全部自然性(naturalité)通过人道主义的技术(la technique humaniste)而被扬弃。自文艺复兴以来，由于对**我思**(*cogito*)中的**自我**(l'*ego*)的把握诉诸**广延之物**(la *res extensa*)，因此，作为合乎人性的**个人**(*individu* humain)的**人**(l'*homme*)(不只是作为一个心理学意义上的主体性)，个人主义(l'individualisme)开始被设定为一个类绝对(quasi-absolu)。但是，个人主义通过自我扩展而完成，并在"绝对的"集体主义中，在使个人的需要、每个人的需要的满足成为可能的共同体中呈现出一种行星性的维度(dimension planétaire)。

在马克思看来，对异化的克服能够实际地实现出来。这是一个关于社会主义-共产主义的假设。但是，这个假设拥有现实的前提。"共产主义对我们来说不是应当确立的**状况**(*état* /*Zusand*)，不是现实应该与之相适应的**理想**。我们所谓的共产主义是那种消灭现存状况的**现实的**运动。这个运动的条件是由现有的前提产生的。"①马克思**意欲**同"宿命论（fatalisme）"和"唯意志论（volontarisme）"保持同样的距离；历史命运和人类活动如果失去彼此就不会存在和发挥作用。必然性本身召唤着行动。现实的运动本身产生出前进的形式和力量。必然的东西只有通过一种使现有的前提成为它本身的实践的运动（le mouvement pratique）才能实现出来。因为共产主义是一种在本质上的实践的运动，它的实践性质再怎么强调都不为过。马克思明确主张："共产主义是用实际手段（moyens pratiques）来追求实际目的（fins pratiques/*praktische Zwecke*）的最实际的运动，它只是在德国，为了反对德国哲学家，才会稍为研究一下'本质'问题。"②因此，共产主义既不是命运的产物，也不是某种自由意志的产物。它不是一种必须被建立的僵化状态或者一种理想的理论建构（la construction théorique）。它通过否定性（la négativité）的实际运动而存在，并运用实际的手段（调动全部生产力的总体性的行星性的技术）来追求实际的目的（作为人类行动之动力的人们的现实需要的全面满足）。也就是说，共产主义是通过这种对全部生产力的调动而生成出来的。共产主义处于运动之中，它在"本质"上是变动的。它将否定（la négation）设定为否定，以便否定现存世界，否定这个仍然为其提供前提的世界。它进一步把否定之否定设定为一种新的前所未有的位置，设定为朝着对全部**现实**存在物进行总体的实际占有的运动的出发点。追求能够驱动自身的现实运动的共产主义是"是人的解放和人的（本质的）复原（l'émancipation humaine et de la reconquête［de l'essence］de l'homme/*der menschlichen Emanzipation und Wiedergewinnung*）的一个**现实的**、对下一段历史发展来说是必然

---

① Karl Marx, Friedrick Engels, *L'Idéologie allemande*, *Œuvres philosophiques*, T. VI, p. 175. 中文版参见《马克思恩格斯文集》第 1 卷，第 539 页。

② Karl Marx, Friedrick Engels, *L'Idéologie allemande*, *Œuvres philosophiques*, T. VII, p. 217. 中文版参见《马克思恩格斯全集》第 1 版第 3 卷，第 236 页。

的环节。**共产主义**是最近将来的必然的形态和有效的原则,但是,这样的共产主义并不是人类发展的目标,并不是人类社会的形态(la forme de la société humaine)"①。

　　共产主义不但不是人类历史生成的最终目标、最后阶段和决定性结果,而且由此隐含了它自己的局限。尽管它是征服大写的总体(la Totalité)的运动和复原人类总体性的本质的运动,但它仍然几乎很难避免局限性(la limitation)。共产主义将反过来被超越,但这在共产主义完全实现之前不会发生。然而,没有人注意到此时马克思所说的那些话。我们是否已经准备好去倾听和理解它们,现在的历史形势仍然离它们很遥远吗? 因为马克思针对"**现实的**共产主义行动(l'action communiste *réelle*)"、共产主义的"运动"写道:"历史将会带来这种共产主义行动,而我们在**思想**中已经认识到的那正在进行自我扬弃的运动,在现实中将经历一个极其艰难而漫长的过程。但是,我们从一开始就意识到了这一历史运动的局限性和目的,并且有了超越历史运动的意识,我们应当把这一点看作是现实的进步。"②我们再次发现超越现实运动的思想和意识,这一现实运动的实际发展过程同时就是一个自我扬弃的过程。这种意识,既是对实践(la pratique)的反映,又是全部真正实践的条件,它从来不是完全真实的,而几乎总是虚幻的和异化的。虽然难以把握和获得它,但它又会重新出现。在这一点上,它至少超越了共产主义本身的现实运动,而共产主义本身既不能摆脱自身的限制,也不能避免自己在未来被替代。因此,共产主义的理论导师知道——或者他只是怀疑——**实际的现实**的运动(例如共产主义)是有限的,它的目标很难成为历史生成的终极目的。而且,这一运动从一开始

　　① Karl Marx, *Économie politique et philosophie*, *Œuvres philosophiques*, T. VI, p. 41. 中文版参见《马克思恩格斯文集》第1卷,第197页。译文略有改动。——译者注

　　② Karl Marx, *Économie politique et philosophie*, *Œuvres philosophiques*, T. VI, p. 64. 中文版参见《马克思恩格斯文集》第1卷,第232页。

就被**思想**和**意识**所超越。马克思竭尽全力赋予**现实的运动**
（*mouvement de la réalité*）而不是**意识的辩证法**（*la dialectique de la conscience*）以更多的现实性，但这一切都不能阻止后者从一开始就发挥作用，并最终飞越历史生成。

社会主义-共产主义，作为人道主义的自然主义，开始于意识，结束于超越它的另一种意识。难道我们没有看到马克思写过社会主义"是从把人和自然界看作本质这种**理论上和实践上的感性意识**（*la conscience théoriquement et pratiquement sensible*）开始的"①吗？因此，共产主义开始于理论的、实践的意识和人的自我意识，尽管这种意识在原则上可能是附带现象的（épiphénoménale）。当然，这种意识是在使人得以扩展和使自然得以"存在"的历史实践过程中发展起来的。尽管如此，马克思关于思想、认识和意识的观念——尽管希望它们是"唯物主义的"和"经验主义的"——没有消除"理智主义"（intellectualisme）。意识是且仍然是优先于现实情境的。因为"意识有时似乎可以超过同时代的经验关系，以致人们在以后某个时代的斗争中可以依靠先前时代理论家的威望"②。这一切似乎表明，思想不允许自身被完全吸纳进现实的共产主义之中。然而，思想应该在整体上同事物被实现出来的运动相一致。这是否意味着思想——当它是真正的思想时——会朝着未来的维度运动，并且在任何实际的时刻永远不会枯竭呢？马克思认为"光是思想力求成为现实是不够的，现实本身应当力求趋向思想"③。然而，这种"力求趋向"并不能消除思想本身的内在张力。

---

① Karl Marx, *Économie politique et philosophie*, *Œuvres philosophiques*, T. VI, p. 40. 中文版参见《马克思恩格斯文集》第 1 卷，第 197 页。

② Karl Marx, Friedrick Engels, *L'Idéologie allemande*, *Œuvres philosophiques*, T. VI, p. 235. 中文版参见《马克思恩格斯文集》第 1 卷，第 576 页。

③ 参见《马克思恩格斯文集》第 1 卷，第 13 页。

第十四章　通过哲学的实现来消灭哲学

扬弃异化的基本现象及其附属形式就必然导致在哲学的实现中并通过哲学的实现来超越和废除哲学。理论的和异化的东西将成为实践的和现实的。整个思想的天堂一旦落入人的尘世都将变得**毫无用处**。实践的能量将会解决一切问题。在总体和解的王国，只有当哲学思想得到实现的时候，它才会同样地被废除。因为哲学在完全实现出来之前，它是无法被实际超越的。

马克思在他的博士论文中写道："世界的哲学化（le devenir-philosophie du monde）同时也就是哲学的世界化（le devenir-monde de la philosophie），哲学的实现同时也就是它的丧失，哲学在外部所反对的东西就是它自己内在的缺点，正是在斗争中它本身陷入了它所反对的缺陷之中，而且只有当它陷入这些缺陷之中时，它才能消除这些缺陷。"①哲学的理论真理即实践生成的抽象真理，只有成为现实才能去异化。因此，废除哲学是为了使哲学实现出来。在同世界的罪恶的战斗中，哲学本身沦为这些罪恶的牺牲品和它自身的某些罪恶的牺牲品，因为哲学所对抗的敌人就寄居在哲学之中，并正在着手摧毁它。为了

---

① Karl Marx, *la différence de la philosophie de la nature chez Démocrite et Épicure*, *Œuvres philosophiques*, T. I, Paris: Costes, 1946, p. 76. 中文版参见《马克思恩格斯全集》第 1 卷，第 76 页。

消除世界的罪恶和世界本身，哲学唯一能做的事情就是在自我扬弃中实现自身。世界的现实运动被提升到哲学的序列中。世界变得越来越哲学化。相应地，抽象思想的运动越来越将自身融入具体现实的进程中。哲学生成为世界。理论的哲学的真理世界被异化了，正如实践的世俗的现实世界被异化了。因此，问题的关键在于要废除世界的现实异化和通过废除哲学思想本身来实现哲学思想的真理，因为哲学仍然是不真实的，也就是说，哲学仍然是非现实的，是同变革的意志（la volonté transformatrice）和实践的能量相分离的。一旦（现实的）世界在一种普遍异化中成为一种意识形态的世界，一旦这个意识形态世界通过违背现实世界来支配现实，一旦具体的东西成为抽象的东西而抽象的东西决定具体的东西，那么就只能废除异化的**双重**方面。于是，"在自身中变得自由的理论精神成为实践力量，作为**意志**（*volonté*）走出阿门塞斯冥国，面向那存在于理论精神之外的尘世的现实"[1]。然而，在将自身改造为**实践能量**和**意志**中，**理论精神**（l'*esprit théorique*）和**思想**在自身的丧失中实现了自身的超越。"本来是内在之光（lumière intérieure）的东西，变成转向外部的吞噬一切的火焰"[2]，这种火焰将照亮与它具有相同命运的即征服现实世界的实践（la praxis）。

然而，我们在这里必须谨慎。这一任务既不在于"**不消灭哲学，就能够使哲学成为现实**"，也不在于"**不使哲学成为现实，就不能够消灭哲学**"[3]，正如马克思在他的《〈黑格尔法哲学批判〉导言》中所警示的那样。仅仅解决这种双重诉求的一个方面仍是片面的，一方面是沦为对

---

① Karl Marx, *la différence de la philosophie de la nature chez Démocrite et Épicure*, *Œuvres philosophiques*, T. I, p. 75. 中文版参见《马克思恩格斯全集》第 1 卷，第 75 页。

② Karl Marx, *la différence de la philosophie de la nature chez Démocrite et Épicure*, *Œuvres philosophiques*, T. I, p. 76. 中文版参见《马克思恩格斯全集》第 1 卷，第 75—76 页。

③ Karl Marx, *Contribution à la critique de la philosophie du droit de Hegel. Introduction. Œuvres philosophiques*, T. I, p. 87. 中文版参见《马克思恩格斯文集》第 1 卷，第 10 页。

枯燥理论的崇拜，另一方面是沦为对愚昧实践的狂热。问题的关键在于克服世界的现实性与哲学的半真理性(la vérité semi-vraie)之间的异化矛盾。哲学不消灭无产阶级，就难以成为现实；无产阶级不把哲学变成现实，就不可能消灭自身。① 无产阶级在异化的世界中什么也不是，而实际上无产阶级本应该成为一切。在超越异化的世界中，把自己当作一切的理论思想将从实践能量中分离出来沦为虚无。此外，和解即意味着调和激情的真理(la vérité de la passion)和真理的激情(la passion de la vérité)。

接受大地的滋养却追求遁入天空之云的哲学既表现了它的本源，又背叛了它的本源，在追求遥远目标的过程中迷失了自我。通过回归大地，哲学将自己融入现实世界的运动之中，它不再同世界相对立，而是变成了世界。所谓的抽象思想、思辨、纯粹理论、意识和认识的秩序——黑格尔以绝对的总体的知识所囊括的一切东西——现在都将在去异化中被实践行动(l'action pratique)、生命能量(l'énergie vitale)、社会经验、生产劳动、强力意志、改造行动和总体实践(la praxis totale)所吸收。然而，马克思所提出的"哲学的哲学(philosophie de la philosophie)"是极其矛盾的、辩证的和意义含糊的。哲学既是一种异化的意识形态形式，也是一种真正抽象的理论。哲学既源自实践(la pratique)，又须离开实践来反思实践。哲学思想是以自然的历史的合乎人性的经验现实为前提条件的。**但是**，哲学也为现实行动提供了光明和武器。哲学在实现自身中消灭自身，**然而**，("哲学的")意识超越了历史运动，走到了具体情境的前面。这是否意味着"哲学"**思想**仍是以**不在场**的方式**在场**(*présente* dans son *absence*)呢？这是否意味着哲学改变方向而走上另一条道路呢？

马克思没有忘掉"现代哲学只是继承了赫拉克利特和亚里士多德

---

①　Karl Marx, *Contribution à la critique de la philosophie du droit de Hegel. Introduction. Œuvres philosophiques*, T. I, p. 107 - 108. 中文版参见《马克思恩格斯文集》第 1 卷，第 18 页。

所开始的工作"①。因此,他知道自己属于这样一种传统,一种他希望能给出一个最后总结的哲学传统——这本身就是一种最具有哲学意味的诱惑。哲学是在异化世界的内部发生异化的头脑,是智力的手淫(onanisme intellectuel),是一种异质于感性现实的奇异活动。然而,哲学可以通过真正的觉悟(la réelle prise de conscience)、通过把握历史运动而成为在废除哲学中实现哲学的实践的有效指南。正是为了照亮实践,革命性的哲学才试图毫不留情地**批判**全部现存之物,而既不畏惧这种批判所导致的激进后果,也不崇拜任何现有的权威。的确,批判不是目的,而是手段,是克服异化、实现整体共产主义(communisme intégral)(没有任何哲学)的手段。

为超越自身做好准备的哲学思考不需要构想未来。它的任务就是通过整体俯瞰历史的生成而为历史生成提供服务。长期以来,人类一直梦想着自身的解放。分析性的批判使它意识到实际解放的可能性,因此,批判远远不是将自身置于一种静止的抽象的现在,而是作为一个即将到来的新事件的参与者能动地将过去和未来联系起来。(已经被超越的)过去的确会不可挽回地被废除,**但是革命性的思想能够把源自过去的观念付诸实践**——通过使这些观念去异化,通过实现和废除这些观念。人类在自己的进程中总是延续着它的原初之物,并通过对旧世界的批判性复原(la reprise critique)而向新世界敞开大门。真正的哲学思想的行动是批判的和治疗的(thérapeutique)。在 1843 年 9 月写给卢格的一封信中,马克思几乎概述了一种关于人类历史的思想和行动的"精神分析":"世界早就在幻想一种只要它意识到便能真正掌握的东西了。那时就可以看出,问题不在于将过去和未来断然隔开,而在于**实现**过去的思想。最后还会看到,人类不是在开始一项**新的**工作,而

① Karl Marx, *L'article de fond du n°179 de la Gazette de Cologne*, *Œuvres philosophiques*, T. V, Paris: Costes, 1948, p. 106 - 107. 中文版参见《马克思恩格斯全集》第 1 卷,第 227 页。

是在自觉地完成自己原来的工作。"①在接下来的几行中他继续写道："问题在于**忏悔**(*confession*)，而不是别的。人类要使自己的罪过得到宽恕，就只有说明这些罪过的真相。"②通过将世界从它沉浸其中的睡梦中唤醒，通过向它阐明它的思想和行动，我们就使它卸下了其罪恶的重担。当然，前提是这种阐明和觉醒引导人类走向对异化的扬弃。

于是，革命性的思想使旧思想变得革命化，即摧毁旧思想，使形而上学成为（自然主义的、人道主义的和社会主义的）历史的物理学（physique historique）。因为"自然的人性(l'humanité de la nature)"和"由历史生成的自然(la nature engendrée par l'histoire)"将在共产主义社会中人的工作的光芒中熠熠生辉。革命性的思想意欲对现存世界进行彻底的经验**分析**，从事自然主义的、人道主义的和社会主义的批判，成为实证的思想，**为现实化的行动作出贡献**(*contribution à l'action réalisatrice*)。它的前提是物质的和现实的、感性的和实践的、经验的和普遍具体的。它的前提源自对现存事物的观察与确证。这至少是马克思的革命性思想解释自身的途径。但是，它的真正的、更深层的前提还没有展现在马克思眼前。马克思的思想还不足以敏锐地洞察到它是对希腊形而上学、犹太教-基督教神学和现代哲学的一种延伸。首先，马克思的思想遵循着**逻各斯**(*logos*)与**自然**(la *physis*)、**理念**(l'*idée*)与**现象**(*phénomène*)、**理论**(la *théorie*)与**实践**(la *praxis*)、**社会法**(la *loi sociale*)与**自然法**(la *loi naturelle*)的"分离"，而所有这些"分离"都不足以阐明关于**技术**(la *technē*)的难题。其次，马克思的思想产生于这样一种设定——绝对第一性的造物主的大写的法则(Acte absolument premier et créateur)、**人的创造者的神圣的大写的法则**(l'*Acte divin de la création humaine*)——和这样一种启示史(l'*histoire révélée*)，即上

① Karl Marx, *Lettres de Marx à Ruge* (*septembre* 1843). *Œuvres philosophiques*, T. V, p. 210. 中文版参见《马克思恩格斯文集》第 10 卷，第 10 页。

② Karl Marx, *Lettres de Marx à Ruge* (*septembre* 1843). *Œuvres philosophiques*, T. V, p. 211. 中文版参见《马克思恩格斯文集》第 10 卷，第 10 页。

帝创造了人(*Dieu fait homme*)，并以死亡引领人类走向对自身罪恶的最终救赎(*la Rédemption finale des péchés*)（这种救赎是一种创造的重现、意味着大写的精神对大写的自然的总体胜利[*la vicoire totale de l'Esprit sur la Nature*]）。最后，马克思的思想追随者对"我思(*l'ego cogito*)"即作用于广延之物(*la res extensa*)的思维之物(*la res cogitans*)的发现，为人的权力意志(*la volonté de puissance*)、理性(*la ratio*)和意识(*la conscience*)转变为科学(*science*)、技术(*technique*)和生产行动(*action productive*)的无限展开做好准备。正如我们已经指出的，马克思的思想首先是对西方思想的第三个时期即大写的主体的建构(l'instauration du Sujet)的延展。

绝对的生产主体(le sujet absolument productif)，投身于总体社会实践(la praxis sociale totale)的主体，构成了马克思主义和行星技术(la technique planétaire)的(形而上学)基础。在这一过程中，一切事物越来越表现为一种产物、一种生产的结果，世界本身只是通过人的活动展现出来的东西。马克思同时诉诸现实的运动（思想的基础）和实际的思想（现实的组织者[ordonnatrice de la réalité]）。他的思想没有追问所谓的现实到底是什么，而是有机延续了资产阶级思想（即使他否定它，就是说，即使他期望否定它）。他在同黑格尔主义和十九世纪的唯物主义搏斗。马克思没有深入了解意识所蕴含的东西，也没有很好地了解如何应对意识，而是在他的思想中发起了一场终结意识的运动，却依然受到他所激烈拒斥的东西的影响和熏染。马克思的整个思想和共产主义愿景难道不是仍然受到资产阶级社会的现实和原则的困扰吗？私有财产的阴影和对物质资料的占有难道不是仍然笼罩着共产主义，以至于最终难以分辨是否扬弃了私有财产吗？马克思设定的这场运动的基础经历了从个人到集体的转变，但是，这场运动仍然建立在与现代世界即摇摆不定的现代世界相同的基础上。

为了通过在物质生产行动实现哲学来废除哲学的不真实的真理，这种将要完成的对总体的新的实际把握(la nouvelle saisie pratique de la totalité)真的是对全部事物的总体把握吗？或者说，它只是把握了整个存在的金字塔(la pyramide totale de l'étant)的一个层级、全部事物的一个**方面**，而没有把握它的独特的、整体的面貌？马克思思想的真理性就像一根贯穿全部现实而没有完全拥抱总体生成性存在的线，尽管想要摆脱任何前提性假设，却将自己部署在二元论的世界中。这种唯一的独特的基础并不是某种统一的东西或自愿统一的东西，因而仍是严重稀缺的。马克思掏空了世界的全部意义，这些意义不能被简化为感性活动，从而出色地表现了这个毫无意义的世界，这个意义(全部意义)缺失、总体性破碎、统一性撕裂的世界。

人们通常认为在结构和上层建筑的诸形式、现实和思想、感性的物质运动和有意识的精神运动、改造性的实践和对这种实践的理解之间存在一种相互作用。马克思则主张超越唯灵主义、唯心主义和唯物主义、现实主义之间的对立。正如马克思在《黑格尔法哲学批判》中所说的："唯灵论是随着与其对立的唯物主义一起消逝的。"①然而，物质和现实、感性和能动、实践和经验，以牺牲辩证的相互作用(l'interaction dialectique)和对统一的要求(la prétention à l'unité)为代价，继续享有特权地位。结果就是，它们一旦被牺牲，超越经验运动的精神和观念、意义和思想、理论和意识就会**重新出现**，并被悬置在半空中。

物质生活需要和引导去异化了的技术(la technique désaliénée)完全满足各种需要的实际经济运动构成一个循环——马克思的思想、他的分析的最大限度以及他的愿望目标就是在这个循环中运动的。人与人之间的真实联系——以及人与一切事物之间的真实联系——都是**唯物主义的**②。因此，马克思主义冒险的主角(le héros de l'aventure marxiste)不是"总体的人(l'homme total)"，而是"**实践的唯物主义者即**

① Karl Marx, *Critique de la philosophie de l'État de Hegel. Œuvres philosophiques*, T. IV, p. 99. 中文版参见《马克思恩格斯全集》第 3 卷，第 58 页。

② Karl Marx, Friedrick Engels, *L'Idéologie allemande*, *Œuvres philosophiques*, T. VI，p. 168. 中文版参见《马克思恩格斯文集》第 1 卷，第 533 页。

共产主义者"①。因此，难道唯物主义不会随着它的对立面唯灵主义一同消失吗？

一切超验的意义都将被废除，因为它构成了荒谬和废话。它的超验是一种反对感性现实的罪过，是对感性现实的一种背叛。因此，扬弃哲学是必然的，哲学的**扬弃**(*Aufhebung*)将同时伴随着真正的、真实的现实的真正的、真实的实现。什么是真理？ 什么是现实？ 难道马克思没有在反抗异化着的拜物教(le fétichisme)、物化(la réification)和事物化(la chosification)的过程中屈从于他所反对的东西吗？ 作为(注定与主体相联系的)客体的生产者的(客观)主体对他来说难道不是历史生成的真正的现实的主角吗？ 然而，如果这个由主体-客体构成的世界发现自身被一种思想和意识——一种共产主义的意识——所取代了，那么，它是否会对被贬低的或被赞美的意识是没有基础就被建立起来而感到惊讶呢？ 难道现实存在(l'être réel/*Sein*)和意识存在(l'être conscient/*Bewusstsein*)之间的二元论不会同主体与客体的对立继续保持下去吗？

人类史，作为自然史的扩展，作为自然生成历史的结果，**使**自然为人而**存在**。因为先在于人类史的自然是令人毫无兴趣的，即使是自然存在物，譬如"羊或狗的目前形象**无疑**是历史过程的产物"②。因此，马克思思想的基础和共产主义的基础不在于对大写的自然(la Nature)之本质的把握。这种**自然主义**在于关于物质上的自然需要(besoins matériellement naturels)——借助人的劳动使自然生成为历史的动力——的自然主义视域。因此，我们在何处一定能够寻找到正在生成着的一切事物的总体生成性存在的基础呢？ 它是在人之中吗？ 人无疑是**人道主义的**自然主义的中心。但是，这个人，这个既部署一种感性的

---

① Karl Marx, Friedrick Engels, *L'Idéologie allemande*, *Œuvres philosophiques*, T. VI, p. 160. 中文版参见《马克思恩格斯文集》第1卷，第527页。

② Karl Marx, Friedrick Engels, *L'Idéologie allemande*, *Œuvres philosophiques*, T. VI, p. 232-233. 中文版参见《马克思恩格斯文集》第1卷，第575页。

现实的活动,又被赋予意识的自然的社会的存在物到底是谁呢?马克思的人道主义被完全建构起来了吗?马克思告诉我们,人是"对象性的本质力量的主体性,因此这些本质力量的活动也必定是对象性的活动"①。被用一种人类学的、人道主义的方式来把握的人的主-客体存在(l'être subjectif-objectif),被当作一切事物都向其聚拢、一切事物都归结于它的"现实",难道真的没有任何基础就发生了吗?马克思的确写道:"人的**感觉**(les *sensations*)、激情等等不仅是[本来]意义上的人本学规定,而且是对本质(自然)的真正**本体论的**肯定,如果感觉、激情等等仅仅因为它们的**对象**对它们是**感性地**存在的而真正地得到肯定……"②然而,为了彰显历史的人的过程,本体论的运动、存在的生成的**逻各斯**(le *Logos*)始终被忽视了,而且这里所说的存在只是(自然的)存在,这种存在仅归功于人的行动(l'action des hommes)。人的经济的、历史的活动——拥有本质对象性力量的主体性的活动——仅同对象,即生产的对象和注定为主体所消费的对象相关联。尽管他想要立即克服这种孤立的主体和异化的客体以及它们的二元对立,但是马克思很难克服人的观念,这种观念使人成为大写的主体(le Sujet),它作为一个客体世界(monde-objet)同人相对立,由此,人成为自己的(主体性的)客体。

　　无论它们是被创造、制造、生产或制作的,还是被消费、毁灭或废除的,客体都将继续占据统治地位。因为,"如果感性的肯定是对采取独立形式的对象的直接扬弃(吃、喝、对象的加工,等等),那么这就是对对象的肯定"③。激情的本体论本质,即人的活动的本体论本质本身是由人的自然的需要所推动的,并不比对象的制造(la fabrication d'objets)

　　① Karl Marx, *Économie politique et philosophie*, *Œuvres philosophiques*, T. VI, p. 75. 中文版参见《马克思恩格斯文集》第 1 卷,第 209 页。

　　② Karl Marx, *Économie politique et philosophie*, *Œuvres philosophiques*, T. VI, p. 107. 中文版参见《马克思恩格斯文集》第 1 卷,第 242 页。

　　③ Karl Marx, *Économie politique et philosophie*, *Œuvres philosophiques*, T. VI, p. 107. 中文版参见《马克思恩格斯文集》第 1 卷,第 242 页。

和感性享受(la jouissance sensible)更进一步。总体的所有部分(tous les fragments de la totalité)都将成为劳动的材料。

于是，为了实现自身而要废除自身的哲学将在人道主义的自然主义世界中，在共产主义社会中实现出来，共产主义社会的最高发展(apothéose)将带来生产和消费对象的客观主体(sujet objectif)的统治，一切事物都成为实践的和物质的。资本主义工业已经创造了这样的物质技术条件，即一旦私有财产被扬弃，人类就能够占有总体存在。"只有通过发达的工业，也就是以私有财产为中介，人的激情的本体论本质(l'être ontologique de la passion humaine)才既在其总体上、又在其人性中存在。"①对这一中介的超越将使全面占有"本体论本质"成为可能。然而，由此产生的问题是：社会主义社会和共产主义社会是否仍然贴着(资产阶级的)技术和财产的标签？关于通过使用扬弃私有财产这种去异化的根本手段来积极地彻底地废除作为异化之根源的私有财产的问题仍然是极其尴尬的。我们无须质疑这样的表述，即一切异化都可归结为私有财产的经验存在(因此，一切异化都可通过扬弃私有财产而被废除)，我们更愿意追问的是，财产的物化力量(la puissance réifiantede la propriété)——即使它的资产阶级的资本主义的形式已经被废除了——是否不会影响已经实现了的哲学世界，即已经完成了的共产主义世界？马克思不是说过"私有财产的意义——撇开私有财产的异化——就在于**本质的对象**——既作为享受的对象，又作为活动的对象——对人的**存在**(l'*existence des objets essentiels*)"②吗？尽管他极力反对任何使普遍化的私有财产成为统治的共产主义观念，当一切尘埃落定，马克思不是仍然停留在财产维度上吗？马克思力图对剥夺者进行剥夺(l'expropriation des expropriateurs)的目标是否超越占有

①　Karl Marx, *Économie politique et philosophie*, *Œuvres philosophiques*, T. VI, p. 107 - 108. 中文版参见《马克思恩格斯文集》第1卷，第242页。

②　Karl Marx, *Économie politique et philosophie*, *Œuvres philosophiques*, T. VI, p. 108. 中文版参见《马克思恩格斯文集》第1卷，第242页。

(l'appropriation)的视域了呢？

　　尽管马克思视自己的思想为一种已经超越了哲学的哲学思想，但是他没有特别关注其思想中所隐含的诸多问题以及他在某些关键问题上的动摇。他不怀疑自己，而只是提出问题，向所谓的现实的东西提出问题，然后给出尖锐的回答。由于很少关注思想自身的进程，因此，他没有过多停留于更深层的前提和他的最终结果的问题式（la problématique）。这是一种力图迅速推进的想法，但这对于那些只能保持开放的问题来说没有多大意义。

　　马克思天真地只希望从**感性活动**（*activité sensible*）出发，就好像存在一种感性活动和一种物质性（matérialité）**本身**先于全部思想一样。在马克思的思想视域中，自然的、社会的、人的感性（la sensibilité）和物质性（la matérialité）构成了任何真正科学理解（saisie scientifique）（物理学、生物学和历史学）的基础。哲学在探寻超越自身的过程中会成为科学知识（savoir scientifique）吗？这种哲学的科学化（devenir-science de la philosophie）同在共产主义中的人道主义的自然主义（le naturalisme humaniste du communisme）并通过这种人道主义的自然主义来消灭哲学是相一致的吗？我们暂且不回答这个问题，而是尝试探究马克思所说的真正去异化了的科学的本质。

　　人与自然的实践的、技术的和历史的关系构成科学的基础。由于自然只有通过人并且为了人而存在，因此对自然或物质（la matière）来说，不存在"自主"的、辩证的或其他的运动。人是一种自然存在物，而自然通过唯一"辩证的"历史生成（le devenir historique）成为"人的（humaine）"。因此，使人和自然相统一和相对立的**关系**是辩证的。科学分裂为**自然的科学**（*sciences de la nature*）和**人的科学以及人的历史的科学**（*sciences de l'homme et de son histoire*），这种分裂失去了它的意义。自然科学（la sciences de la nature）构成了人的科学（la science humaine）得以发展的场域，而后者又包含前者。技术是且仍然是科学的最高基础。"**工业**是自然界对人，因而也是自然科学对人的**现实的**历史关系。因此，如果把工业看成人的**本质力量**(*forces de l'être* humain)的**公开的**展示(dévoilement *exotérique/exoterische Enthüllung*)，那么自然界的**人的本质**(l'être *humain* de la nature)，或者人的**自然**的本质，也就可以理解了；因此，自然科学将抛弃它的抽象物质的方向，或者更确切地说，是抛弃唯心主义方向，从而成为**人的**科学(la science *humaine*)的基础，正像它现在已经——尽管以异化的形式——成了真正人的生活的基础一样。"①既然并不存在一种面向科学的基础和一种面向生活的基础，科学本身就是人们的生产活动的产物，既然自然是在人类史中形成的，历史本身就是自然史的一个现实部分，既然大写的自然的本质(la nature de la Nature)就在于感性活动，而感性活动同时构成了人的真正本体论本质(la vraie nature ontologique)——人的人类学的和历史学的本质，那么是否必然只有**一门**大写的科学(*une* Science)呢？实际上，科学起源于自然，而从自然开始就意味着从人类史开始，因为"人是自然科学的直接对象；因为直接的**感性**自然界，对人来说直接是人的感性"②。与之相应的，"自然界是关于**人的科学**的直接对象。人的第一个对象——人——就是自然界、感性，而那些特殊的、人的、感性的本质力量，正如它们只有在**自然**对象中才能得到客观的实现一样，只有在关于自然本质的科学中才能获得它们的自我认识"③。人可以获得的科学知识包含对人与自然的密切关系的反思意识，这是一门科学——自然通过人并为了人而生成历史的科学——和人自己的自我意识。因此，在异化被超越(通过**技术**和**意识**的全面发展)之后，就只存在一种建立在实践(la pratique)基础上的大写的知识(Savoir)。"自然科学往后将包括关于人的科学，正像关于人的科学包括自然科学一样：这将是一

---

① Karl Marx, *Économie politique et philosophie*, *Œuvres philosophiques*, T. VI, p. 35–36. 中文版参见《马克思恩格斯文集》第1卷，第193页。

② Karl Marx, *Économie politique et philosophie*, *Œuvres philosophiques*, T. VI, p. 36. 中文版参见《马克思恩格斯文集》第1卷，第194页。

③ Karl Marx, *Économie politique et philosophie*, *Œuvres philosophiques*, T. VI, p. 37. 中文版参见《马克思恩格斯文集》第1卷，第194页。

门科学。"①这可能在和解的王国中发生,因为只有异化把过去和现在是同一的东西分离开来。"**自然界的社会的**现实和**人的**自然科学(la science *humaine* de la nature)或**关于人的自然科学**(la *science naturelle de l'homme*),是同一个说法。"②自然的历史运动(le mouvement de l'histoire naturelle),自然的-历史的生成过程(le processus du devenir naturel-et-historique)对于社会的人(l'homme social)并为了社会的人而变得可见和透明。至于社会主义的人(l'homme socialiste),当他克服了全部异化,并同他的不可分割的自然的、人的和历史的本性相和解,简言之,同自然相和解的时候,他便获得了对整个运动的觉悟,便会拥有一门如同生成本身一样强有力的和流动的科学。

在事实上和科学上,共产主义的和解一方面超越了自然和历史的对立,另一方面超越了个人和社会的对立。自然存在和自然科学的视域、历史存在和历史科学的视域、人的存在和人的科学的视域融合为一个普遍的、唯一的和共同的生成。作为结果的生成性存在(亦即已经生成的存在),这种生成性的自然的-历史的-人的存在(将要生成的存在)只能被一种统一的、整体的、历史的科学所把握。自然维度、人类学维度和历史-社会维度不再彼此相互对立,这不是为了某种妥协的利益,而是为了形成一种真正的不可分割的统一,这是可以做到的事情,因为自然、人和共同体**是**彼此不可分离的。有且只有一种普遍的统一,而不存在主体性的戏剧(drame de la subjectivité)和不合时宜地介入历史过程的心理秩序(ordre psychologique)问题。马克思无意考察和辨识存在主义戏剧(les drames existentiels)及其全部辉煌的和悲惨的细节中的人类学问题。他想要把人类总体(la totalité humaine)与一切生成着的事物的总体聚合在一起。无论在现实中,还是在思想中,人类总体都

---

① Karl Marx, *Économie politique et philosophie*, *Œuvres philosophiques*, T. VI, p. 36. 中文版参见《马克思恩格斯文集》第 1 卷,第 194 页。

② Karl Marx, *Économie politique et philosophie*, *Œuvres philosophiques*, T. VI, p. 37. 中文版参见《马克思恩格斯文集》第 1 卷,第 194 页。

不应同大写的总体(la Totalité)分离开来。因此,马克思宣布:"人是特殊的个体,并且正是人的**特殊性**使人成为个体,成为现实的、**单个的**社会存在物,同样,人也是**总体**(la *totalité*),是观念的总体,是被思考和被感知的社会的自为的主体存在,正如人在现实中既作为对社会存在的直观和现实享受而存在,又作为人的生命表现的总体而存在一样。"[①]人的社会总体(la totalité humainement sociale)将与社会的自然总体(la totalité socialement naturelle)相一致。

　　马克思所主张的统一的去异化的科学没有被认为是特定的自然主义的、特定的人类学的或特定的社会学至上主义的(le sociologisme),尽管(自然需要的)生物主义(le biologisme)、历史主义(l'historisme)和社会学主义似乎没有真正被超越。我们始终认为,马克思主义创始人从未停止表明自然的完全现实性是社会的,历史的人的真正现实性是自然的,自然科学必须成为人的,而人的科学必须成为自然的,所有这些知识都是在一种基于实践(la pratique)和技术(la technique)的唯一科学中获得发展的。

　　但是,一旦自然与历史、历史与人、存在与思维、现实存在与意识存在发生分离,它们将如何实现重新统一呢? 整个科学得以发展的唯一基础是什么呢? 这种统一的基础能否被建立起来克服全部二元性、分裂和替代吗?"**感性**(见费尔巴哈)必须是一切科学的基础。科学只有从**感性**意识和**感性**需要这两种形式的感性出发,因而,科学只有从自然界出发,才是**现实的科学**。"[②]这种**双重形式**难道不会破坏这一基础而发展成为一种单一的、统一的、普遍的基础吗? 伴随感性需要的自然运动而产生的是意识,这是一种**不同于**物质的、感性的、现实的东西,尽管它本身也具有感性的特征。意识是很成问题的,它很难被感性的、物质

　　① Karl Marx, *Économie politique et philosophie*, *Œuvres philosophiques*, T. VI, p. 28. 中文版参见《马克思恩格斯文集》第 1 卷,第 188 页。

　　② Karl Marx, *Économie politique et philosophie*, *Œuvres philosophiques*, T. VI, p. 36. 中文版参见《马克思恩格斯文集》第 1 卷,第 194 页。

的、实际的和实践的现实所总体吸纳。它是且仍然是不同的,甚至超越于和凌驾于经验运动之上。马克思总是不断地返回作为(客观)主体的人的意识(la conscience de l'homme-sujet [objectif]);它构成了戏剧的场域(le lieu du drame),一种几乎比释放人的活动的物质空间更加真实的场域。他一次次遭遇意识,因为意识从一开始就存在,意识从一开始就同非意识的东西分离开来。战胜一切的共产主义的科学似乎也无法吸收意识。

这种把握了异化之异化特性的意识将阐明这样一种视域,即对意识的根本的、革命性的改造将发挥为解放斗争指明道路的功能,将始终伴随共产主义运动,并最终超越共产主义运动。意识不会完全融入现实历史、物质实践或历史-自然的科学。人类的生成史或许在本质上不是一个意识的发展过程。但是,如果人类的生成史没有被意识照亮,那么它也不会成为历史性存在。在共产主义思想的视域中,"历史的全部运动,既是这种共产主义的**现实的**产生活动,即它的经验存在的诞生活动,同时,对它的思维着的意识来说,又是它的**被理解**和**被认识到的生成运动**"①。事实上,能思维的意识(la conscience pensante)和理论性的思想(la pensée théorique)并没有为了被认为构成其基础的东西而丧失它们的力量。马克思以讽刺的口吻所评判的每一个深刻的理论问题可能都会被归结为某种实践活动,但是理论照亮和指导实践(la pratique)仍然是正确的。

在历史生成过程中,思想(哲学思想)、认识(理论认识)和意识(能思维的意识)**必须**成为科学。它们都不得不成为科学,因为它们将成为历史的。历史将作为人类的普遍历史性生成和对这种生成的科学把握而获得胜利。这种同时是自然科学和人的科学的唯一科学在本质上终究是**历史的**。现实的历史同时包含着自然的人化的历史(l'histoire du

———

① Karl Marx, *Économie politique et philosophie*, *Œuvres philosophiques*, T. VI, p. 23. 中文版参见《马克思恩格斯文集》第1卷,第186页。

devenir-homme de la nature)和人的社会的历史(l'histoire de la société humaine)(这"两种"历史相互制约)。因此,这种唯一的、全面的、总体的科学只能是一种关于全部现存事物的历史生成的科学,它本身从未停滞,几乎不会固定自身,但拥有同实际生成的节奏相一致和相适合的节奏。"我们仅仅知道一门唯一的科学,即历史科学。历史可以从两方面来考察,可以把它划分为自然史和人类史。但这两方面是不可分割的,只要有人存在,自然史和人类史就彼此相互制约。"①从未离开过大地和现实领域的历史科学将真正阐明通过人类的历史性活动而显现出来的一切自然现象和人类现象的真正起源。这种新科学的空间和时间都是历史的,因为空间和时间构成了历史生成的场域(le lieu)和节奏(le rythme),空间和时间本身也是因为这种生成而存在。因此,这种去异化的科学用物质的现实化的实践(la praxis matérielle et réalisatrice)来阐明人的全部实践活动和理论活动的发展。它将成为一种拥有实践(la praxis)的科学,而科学和实践将轮流充当主人和仆人。

因此,哲学通过消灭自身而实现自身的道路同时也是趋向科学的道路。为了不成为抽象的真理即**迷误**(errance),哲学就要实现世界化,这就意味着哲学要成为关于建立在技术之上的世界的科学。那么,在成为关于行星世界(monde planétaire)的行星科学(science planétaire)的过程中,哲学就不再误入歧途了吗? 马克思似乎是这样认为的。因此,现实的、积极的、统一的、根本的和本质上是历史的科学将会取代哲学,构成对人类通过吞并来努力吸纳自然的实践发展的历史进程的真实把握。哲学思想和知识、理论、思辨将通过转变为现实的科学的知识来消灭自身和实现自身。一切事物将最终被科学所把握,被技术所改进,因为科学本身只不过是一种理论性的技术(technique théorique)。一切事物都可以最终归结于"人的实践以及对这种实践的

---

① Karl Marx, Friedrick Engels, *L'Idéologie allemande*, *Œuvres philosophiques*, T. VI, p. 153. 中文版参见《马克思恩格斯文集》第 1 卷,第 516 页。

理解"①,正如《关于费尔巴哈的提纲》第八条中所说的那样。因为这不是一个通过超越(抽象)思想而使它更加直观一点的问题,而是一个通过在实践的感性的人类活动中使思想实现出来以便废除思想的问题。马克思称赞费尔巴哈想把科学置于感性之上和把科学置于感性之中,但是马克思又批评他没有将感性物质性(la matérialité sensible)看作一种实践的感性的活动(activité pratique et sensible)。《关于费尔巴哈的提纲》第五条清楚阐明了这一点:"费尔巴哈不满意**抽象的思维**而诉诸感性的直观;但是他把感性不是看作实践的、人的感性的活动。"②

超越了哲学的科学难道只是无目的地对实践的忠实反映吗?人的实践(la praxis)以及对这种实践的理解是完全一致的吗?马克思的哲学命题是如此简洁,如此概要,以至于它们既没有提出问题,也没有给出回答的视域。即便如此,他除了竭尽全力从物质实践(la pratique matérielle)中推导出理论科学(la science théorique),从感性现实来思考意识,从而将一切事实都归结为人的技巧/勤劳活动(l'activité industrieuse des hommes),关于这些第二层级的力量的重要性与影响力、作用与命运的问题仍然是晦暗不明的。而这种晦涩首先是由于这样一个事实,即这些派生的力量有时似乎比最先出现的东西更具有决定性和根本性。然而,似乎在共产主义世界的内部,实践的、现实的、物质的、感性的、积极的、强有力的、实际的和现实化的东西仍然居于首要地位。因为它的计划使"高级的东西"降低到(而不是还原到)"低级的东西",并使"低级的东西"成为"高级的东西",而这并不能阻止被罢黜的力量再次复归或者以不在场的方式出场。没有人确切知道原因与效果、感性基础与光明的意义(les significations lumineuses)或者至少是启蒙的意义(les significations éclairantes)之间的因果链条是如何被精确建构起来的。这种唯一的因果关系是单向度的因果关系吗?如果不

---

① 参见《马克思恩格斯文集》第 1 卷,第 501 页。译文略有改动。——译者注
② 参见《马克思恩格斯文集》第 1 卷,第 505 页。

是，那么，相互的因果关系是从哪里获得自身的动力呢？马克思对自己
不清楚的地方就会诉诸意识，但是，意识本身在很大程度上也是不清楚
的。不管他喜欢与否，马克思都将整个现代欧洲思想时代看作这个生
成阶段的忠实而叛逆的孩子。在这个意义上，马克思仍然是一个囚徒
（prisonnier），而且是**双重的**囚徒（*doublement* prisonnier）：他既是实践
和意识的囚徒，又是它们的**二元性**（*dualité*）的囚徒。

既然这种将会导致同时发生的、密切相关的自我扬弃（suppression）
与自我实现（réalisation）的过程已经开始，（哲学）思想就不会影响到对
人的实践的理解——它同样需要可能会超越科学的觉悟——了吗？能
思维的哲学将会总体消失吗？旧哲学，自主的哲学（la philosophie
indépendante），作为哲学的哲学，将会走向终结；它将会被追寻自身的
目标的技术科学（la science technique）和科学技术（la technique
scientifique）所代替。但是，被超越了的哲学会消失得无影无踪吗？哲
学会被科学整体地吸收而实际地变为大写的科学（Science）吗？或者，
哲学是否会通过将自身转变为一种与历史科学略显不同的，但又独一
无二的和整体的科学而继续存在呢？（哲学）思想是否会以某种方式成
为科学的科学（la science des sciences）、科学的意识（la conscience des
sciences）呢？或者，它是否会构成一种科学程序的普遍方法呢？在去
异化的主体世界和客体世界中，哲学思想是否还会面对主客体相斗争
的情况呢？虽然马克思对此并不十分清楚，但他仍然试图解决问题。
"在思辨终止的地方，在现实生活面前，正是描述人们实践活动和实际
发展过程的真正的实证科学（la science réelle, positive）开始的地方。
关于意识的空话将终止，它们一定会被真正的知识所代替。"①

在哲学被消灭之后将会发生什么呢？马克思的答案既残酷又不确
定，仍然是成问题的。因为紧接着我们刚引用过的文本之后是这样一

---

① Karl Marx, Friedrick Engels, *L'Idéologie allemande*, *Œuvres philosophiques*, T.
VI, p. 159. 中文版参见《马克思恩格斯文集》第1卷，第526页。

段文字:"对现实的描述会使独立的哲学失去生存环境,能够取而代之的充其量不过是从对人类历史发展的考察中抽象出来的最一般的结果的概括。这些抽象本身离开了现实的历史就没有任何价值。它们只能对整理历史资料提供某些方便,指出历史资料的各个层次的顺序。但是这些抽象与哲学不同,它们绝不提供可以适用于各个历史时代的药方或公式。"[①]过去的思辨哲学、作为哲学的哲学、自主的哲学、抽象思维的哲学运动将不再是中介。它们将会为了在实践和技术中实现自身而废除自身,从而失去它的生存环境。这些实践和这些技术只需要真正的知识、实证科学以及对人们的感性活动的发展的具体描述。哲学绝不能将自身定位于科学之上。马克思补充道,它"**充其量**不过是从对人类历史发展的考察中抽象出来的最一般的结果的概括",这将取代过去的哲学综合(les synthèses philosophique)。当然,以对人类历史发展的考察加以抽象的形式所实现的对最一般结果的理论概括,仍然是相当抽象的。如果它脱离了现实的历史,脱离了实践活动,它就没有价值了。

坦白地说,哲学是在实现的过程中被**扬弃**的;它达到了它的目的,也就是它的目标和最终的成就。它不再存在。它将被真正的实证科学知识所取代,而这在最好的情况下也仍然包含着一种对最一般结果的概括。因此,谈论一种共产主义的哲学是毫无意义的。能思维的意识将永远发挥作用,而不会在人们的实践行动中完全消耗殆尽。因为有意识的思想似乎会不可抑制地俯视着现实运动,它也让自己完全被科学所吸纳。

生活在超越了异化的时代中的人们将摆脱任何超验的在场。那么,这是否意味着不在场的力量将不再显现出来?马克思没有思考这点。他看到人们太异化了。这些人们将从事生产和再生产,将创造对象和非思辨的理论,并且充分享受他们的产品。人们将在总体的历

---

① Karl Marx, Friedrick Engels, *L'Idéologie allemande*, *Œuvres philosophiques*, T. VI, p. 159. 中文版参见《马克思恩格斯文集》第 1 卷,第 526 页。

史的科学中全面把握他们的实践和发展。随着一切异化的消除，人们将会发现他们的存在是他们的历史的基础，"它不需要用任何政治的或宗教的呓语(non-sens/Nonsens)特意把人们维系在一起"①。没有任何形而上学的意义和问题式扰乱他们的生活，质疑他们的生活。因为在本质上，"人类始终只提出自己能够解决的任务，因为只要仔细考察就可以发现，任务本身，只有在解决它的物质条件已经存在或者至少是在生成过程中的时候，才会产生"②。那些人们在伟大而重要的时刻提出的伟大问题，那些即使人们还没有答案也出现在人们面前的伟大问题，都将变得哑口无言，更重要的是，将不再要求人们进行清算。每一个"为什么"都对应着一个"因为"，所有问题和答案都变为实践的，不再拥有任何形而上学的性质。这将不再是(在哲学上)解释世界的问题，而是不断(在实践上)改造世界的问题。

　　诚然，正如马克思所认真指出的那样，现代哲学在以自己的方式去追寻由赫拉克利特和亚里士多德已经开启的任务。在经历了一个发展过程之后，它最终将通过成为现实和通过蜕变为大写的技术(Technique)而在扬弃自身中实现自身。赫拉克利特试图探寻世界总体的生成性存在的**逻各斯**(le *Logos*)，探究"大写的全一(l'Un-Tout)"的规律和意义。作为一个具有诗人气质的思想家，他认识到和谐(l'harmonie)和斗争(la guerre)结合于总体统一的核心本身。一切都存在于时间(le temps)之中，而时间就是"一个玩跳棋的儿童，王权掌握在儿童手中(un enfant qui joue aux pions；la royauté d'un enfant)"(残篇52)③。赫拉克利特用神秘莫测的语言表达了至高无上的大写的游戏(le Jeu)，这使人联想起女预言家希贝尔(la Sibylle)的格言和德尔斐

---

①　Karl Marx, Friedrick Engels, *L'Idéologie allemande*, *Œuvres philosophiques*, T. VI, p. 168. 中文版参见《马克思恩格斯文集》第 1 卷，第 533 页。

②　参见《马克思恩格斯全集》第 31 卷，第 413 页。

③　Kathleen Freeman, *Ancilla to the Pre-Socratic Philosophers*, Fragment 52, p. 28. 中文版参见苗力田：《古希腊哲学》，中国人民大学出版社 1989 年版，第 51—52 页。

神的神谕："既不说明，也不掩盖，而是显示象征（ne parle ni ne dissimule，mais indique）。"（残篇 93）①正如马克思所指出的，作为希腊哲学中的马其顿的亚历山大（l'Alexandre macédonien），亚里士多德再次提出一个最高的问题。如果我们不怕麻烦的话，可以在他的《形而上学》（la Métaphysique）中读到这些话："从古到今，大家所常质疑问难的主题，就在'何谓实是（l'étant／τίτòὄν）'亦即'何谓本体（l'étantité／ἡ oὐσία）'。（Z 1，1028b）"②在哲学思想被消灭和实现之后，这种形而上学思维、形而上学问题和形而上学语言便不再有任何意义。这些问题将不再出现。人将成为人的存在的生产者和一切事物的生产者。世界总体的生成性存在将不再是一个问题。生产活动、实证行动（l'action positive）和劳动将成为它们所是的东西，即存在者之存在的基础（fondement de l'être de l'étant）。因为"这种活动、这种连续不断的感性劳动和创造、这种生产，正是整个现存的感性世界的基础"③。世界将不再分裂为一个感性的（物理的）世界和一个超感性的（形而上学的）世界，意义（les sens）将不再同感觉（sens）分离开来。感性活动将构成感性世界的**存在理由**（la raison d'être），而不是它的形而上学意义（le sens métaphysique），这就解决了把意义（la signification）看作某种精神上构想出来的东西的问题。世界上将不会有（超验的）感觉，也不会成为毫无意义的（荒谬的）。问题的关键是"把感性世界理解为构成这一

---

①　Kathleen Freeman，*Ancilla to the Pre-Socratic Philosophers*，Fragment 93，p. 31.

②　此处将"oὐσία"译为"étantité"（英译为：beingness），而非"essence"（英译为：essence），或者更糟糕地译为"substance"（英译为：substance）是保留了它的特殊形式。参见阿克塞洛斯和让·波弗勒翻译的海德格尔的《什么是哲学?》的译者注释（les *Notes des traducteurs*）。Martin Heidegger，"Qu'est-ce que la philosophie?"，trans. Kostas Axelos and Jean Beaufret，in Heidegger，*Questions II*，Paris：Gallimard，1968，p. 39 - 40. 中文版参见［古希腊］亚里士多德：《形而上学》，第 126 页。

③　Karl Marx，Friedrick Engels，*L'Idéologie allemande*，*Œuvres philosophiques*，T. VI，p. 163. 中文版参见《马克思恩格斯文集》第 1 卷，第 529 页。

世界的个人的全部活生生的**感性**活动"①。那么,哲学在这个唯一的世界里能起到什么作用呢? 借助技术而征服**自然的**、**历史的**和**人的**世界的人还需要哲学思想吗?②

因此,宗教、艺术、诗歌和哲学在总体和解的世界中将不再拥有一席之地。物质生产——没有物化的物质——将成为创造性力量,为解开一切事物的"秘密"提供一把钥匙。这一切似乎是高度一致的。然而,我们已经听到马克思告诉我们,随着民族的和地方的历史逐渐被完全转化为世界历史,共产主义世界中的人们将"同整个世界的生产(也同精神的生产)发生实际联系,能获得利用全球的这种全面的生产(人们的创造)的能力"③。那么,在消除(或支持)物质和精神之间的对立存在之后,哪种精神生产将会被添加到物质生产之上或同物质生产结合起来呢? 这是一个仍被看作彻底超越过去时代的精神生产的问题,还是一个关于一种新的**精神生产**的问题? 在激烈批判了精神之后——通过真正的意识的武器,在宣告了世界在感性维度的统一之后,在哲学通过消灭自身而实现自身之后,在思想被真正的科学所吸收之后,还会有**更多的**事情发生吗? 这种超越一切现实事物的力量还会继续显现自身吗? 这种形而上学的力量还会把精神的现实性(réalités spirituelles)强加于感性世界吗? 将要被消灭的东西还会发起不在场的申诉(l'appel de l'absence)吗? 马克思并没有心安理得地走完一圈。有时

---

① Karl Marx, Friedrick Engels, *L'Idéologie allemande*, *Œuvres philosophiques*, T. VI, p. 164. 中文版参见《马克思恩格斯文集》第1卷,第530页。

② 在马克思的思想中,正是思想和语言问题,即逻各斯问题而非逻辑问题被悬置起来了。对于哲学的超越开辟出通往一种新思想的道路了吗? 马克思没有谈及这种思想。关于语言,他告诉我们,它将被置于共产主义社会中各个人的绝对控制之下。这是否意味着它将完全从属于计划和降到到一个层次? 这是否意味着它将成为一种技术工具? "不言而喻,在将来,个人完全会把类的这种产物(语言)置于自己的控制之下"。Karl Marx, Friedrick Engels, *L'Idéologie allemande*, *Œuvres philosophiques*, T. IX, p. 76. 中文版参见《马克思恩格斯全集》第1版第3卷,第500页。

③ Karl Marx, Friedrick Engels, *L'Idéologie allemande*, *Œuvres philosophiques*, T. VI, p. 181-182. 中文版参见《马克思恩格斯文集》第1卷,第541—542页。译文略有改动。——译者注

候,一切都犹如他所怀疑的那样发生了,生命的生产与再生产、对象的制造与使用、感性财富的无限生产与享受、实践生活的普遍化和对一切事物的技术获得(saisie technique),无论如何都不足以建构世界。在一个完成了的共产主义世界中,精神应该不会存在。**一切**(*tout*)都将变为**一**(*un*),各种差异(les différences)将通过统一(l'unité)并在统一中获得解决。但是,对一切事物的不断超越总是会发挥作用,而人类无法回答的问题正等待着芸芸众生(les mortels),无论他们是否愿意。

结　论

开放性问题

　　我们必须理解马克思思想发展的整体,把握马克思的框架(schéma)的核心,并同这一进程的节奏和意义进行对话。这一进程产生了(通过思想)来领悟(实在的辩证法[la dialectique effective]的)现实运动即大写的技术(la Technique)发展的现实运动的需要,以便促使历史发展的动力获得全面发展。

　　马克思不是以一种世界总体的生成性存在——第一性的和最后的存在——为开端的,也从不追问原初的**本原**(l'*arché* originelle)应该被看作物质的秩序还是精神的秩序(ordre matériel ou spirituel),自然的秩序还是神圣的秩序。他也不是以运动着的原始物质(originelle matière)为开端的,这些物质的时空生成(le devenir spatio-temporel)引导人们思考这一过程并付诸行动。他也不是从大写的自然(la Nature)及其演进或者说从物质到生命、从生命到人的意识的辩证运动开始的。在马克思那里,没有本体论,没有第一哲学(philosophie première),无论是唯心主义的还是唯物主义的。马克思恰恰拒斥一切本体论和一切形而上学,尽管他没能摆脱一种隐秘的"本体论",而只是成功地通过在技术(la technique)中(可能以形而上学的方式)实现形而上学来拒斥形而上学。想必一定也会有人说,马克思没有自然哲学,没有宇宙学(cosmologie),他也没有讨论自然的演化或宇宙(l'Univers)的秩序或生成的演化吧?

马克思是以人（hommes）即自然的、人的、社会的存在物（êtres naturels, humains et sociaux）为开端的，这种存在物通过劳动来满足自身的生活需要，并为此将一种技术（une technique）调动起来。人类是由他们的欲望（pulsions）所驱动的。为了满足这些欲望，人类便同自然作斗争，从中获取注定被用来满足人类需要的物品。而根据人类的需要得到满足的程度，这一过程又会循环往复、不断增长。这些（自然的和合乎人性的）欲望和需要是人的（社会）活动的动力。欲望为了满足自身而前进的运动是同人似乎生来就有的生产本能（l'instinct de production）相符合的——这种欲望的运动与人的生产本能并不是偶然相遇。人生产自己的生活，而且人本身也是生产的结果。因此，由于通过生产活动、劳动、技术来生产自己的生活，人就总是要同他人联系在一起。生产率（la productivité）的经济性发展（le développement économique）、生产力（forces productives）和技术手段（instruments de la technique）的技术性发展（le développement technologique）为人类（l'humanité）的发展和人类历史的结构（la structure de son histoire）建立现实的基础，使社会生活变得活跃起来。在通过社会劳动而将自然改造为历史的过程中，作为人的弱点（la faiblesse）之表征和技术发展不充分之标志的其他力量也发展起来。这些力量包括法律关系和政治关系、国家、宗教、艺术和哲学。这些唯心主义的上层建筑形式是对现实发展的虚幻反映，并成为通过限制现实发展来组织现实发展、通过掩盖现实发展来使之升华的力量。

生命的生产本身在根本上是异化的。人同自己的劳动处于一种陌生的关系，人的劳动产品对人来说仍然是异己的。人与物都被物化了，丧失了自身的本质。人推动生产力的发展，但这些力量并不属于共同体的全体成员。私有财产的统治使人同劳动相疏远；人的存在同人的创造彼此相分离，都遭受所有物（l'avoir）的非人性的力量的破坏。人已经变成劳动者和工人，但是他们并没有集体拥有生产资料，这些生产资料被一个允许对社会上的劳动进行剥削的阶级中的个人所占有。于是，人就在谋生中丧失了自己的存在。政治异化和意识形态异化，作为对现实存在状况和现实异化的歪曲表现，完成了人的去现实化（la déréalisation）和物化（la réification）。他们在政治、宗教、艺术和思辨思想中所产生的居于次要地位的存在物，阻碍了他们正确发挥自己的努力，以便在一个现实的、统一的、总体的层面上真正实现他们的需要的总和与他们的开放的总体性。在资产阶级的资本主义的社会层面上，相互冲突的两大阶级——生产者和生产资料的占有者——之间的敌对达到了顶点。只有无产阶级革命最终推翻过去的事物状况，并成功建立无产阶级的临时革命专政，才能引导人类走向社会主义-共产主义。在彻底消灭私有财产和异化的上层建筑力量之后，处在发展顶峰的社会主义-共产主义将使没有阶级和没有国家的社会中的每个人根据自己的需要来获得享受，直到共产主义也被超越。因此，既然一切都已完全向人的活动开放，人就能够并应该同自然及其本质、同人类及其人性相协调。共产主义有责任实现这种征服。但是，马克思很谨慎地提到共产主义同样不是人类史的最终目标。它是关于不久的将来的图景，是为实现必要的变革而提出的有力原则。

让马克思的思想更具有总体性是非常有诱惑力的。因此，它的出发点将是运动中的物质（la matière en mouvement）、世界总体的生成中的存在（être en devenir de la totalité du monde），即世界经历一个统一的总体的辩证过程，从无生命的自然到有生命的自然，最后诞生出有思想的人。这种社会的历史的人发展出生产力和上层建筑诸形式，直到在共产主义王国中（重新）认识和掌握整个运动。于是，这个循环最终将通过运动的辩证法逼近原始的物质的存在，它经历了从自然到历史的过程，以便在人的辩证思想中表现出来。然而，这一框架（schéma）不是马克思的，尽管它带有模糊的马克思主义性质。这很大程度上可归功于恩格斯。今天没有哪个马克思主义者会费力反思这种唯物主义的"本体论"，即以辩证唯物主义（matérialisme dialectique）或唯物主义辩证法（dialectique matérialiste）的名义，主张运动中的物质是第一性的,却完全不知道这种包含着其生成的**逻各斯**(le *Logos* de son devenir)的物质辩证法(dialectique de la matière)(或能量辩证法[dialectique de la l'énergie])到底是什么东西①。

　　然而,马克思同这个问题毫无关系。他是以人的劳动、建构社会生活所需要的材料以及作为这个世界的生产者的物质活动为出发点和落脚点的。通过付出巨大的还原(réduction)努力,他将一切既有的东西和被制造出来的东西都归结(和限定)于生产(la production)。因此,他确实触及现存的东西和被制造的东西。因为任何事物都可以被实际地归结于不间断的和万能的生产:物质产品的生产、文化产品的生产、使用价值的生产和交换价值的生产、有价值的观点的生产或没有价值的观念的生产。马克思阐明了现当代世界的真理,宣告了在未来的行星世界(le monde planétaire)中将会发生的事情,即通过扬弃和超越马克思主义来实现马克思主义。

　　那么,我们对马克思的理解会因此比他对自己的理解更深刻吗?这个问题关系到任何试图理解一种依然鲜活的并且必须保持开放的思

---

　　① 青年卢卡奇在写作《历史与阶级意识》(1923)时就开始反对自然辩证法(la dialectique de la nature)。在他看来,唯物主义在本质上是历史的,唯物主义辩证法旨在将**总体性**(la *totalité*)把握为经验的总体,把握为由历史的社会的主体(les sujets historiques et sociaux)、客观的主体(sujets objectifs)、对象主体(sujets objets)所产生和认识的所有事实的连贯体系。因为事实就是**事实**(*faits*)。卢卡奇认为,"辩证方法的总体性"就在于"认识历史生成的现实性"。卢卡奇写道:"只有当存在的核心表露出是社会的过程时,存在才能看作是人类活动的产物,虽然是至今未意识到的产物,而这种活动本身又会被看作是对改变存在具有决定意义的因素。纯粹的自然关系或被神秘化为自然关系的社会形式在人面前表现为固定的、完整的、不可改变的实体,人最多只能利用它们的规律,最多只能了解它们的结构,但不能推翻它们。但是这种对存在的看法也在个人的意识中创造了实践(la praxis)的可能。"然而,卢卡奇没有进一步深入他所谓的现实性之中。这里我们还需要回顾一下这部著作曾受到共产国际(l'Internationale communiste)(1924)和社会民主党的正统派即格里戈里·季诺维也夫(Grigori Zinoviev)和考茨基的批判以及作者自己也否定它? 我们还需要提醒一下所有关于这部著作的**唯心主义**倾向(la tendance *idéaliste*)的意见都无法解释这种唯心主义是什么或不是什么吗? (参见, G. Lukàcs, *Histoire et conscience de classe*, trad. de K. Axelos et J. Bois, Paris: Editions de Minuit, 1960, p. 39. 中文版参见[匈]卢卡奇:《历史与阶级意识》,杜章智等译,商务印书馆 2009 年版,第 69—70 页。)

想的尝试。**理解**马克思仍然是一项极其困难的任务，因为没有人知道如何把握这样一种思想，即它想要看到思想被实践（la praxis）所吸收，而且知道思想超越了全部现实运动。

在马克思那里有一种没人敢看到的东西，那就是一种对虚无（néant）的独特激情和一种对无限超越（dépassement déchainée）的愿望。马克思的所有目的都集中于这一点：废除（supprimer）、消灭（anéantir）和超越（dépasser）。他的目标是废除一切事物，无论是在现实秩序（l'ordre de la réalité）中的事物，还是在思想秩序（l'ordre de la pensée）中的事物；消灭一切存在之物，因为它是作为异化着的和异化了的东西而存在的；超越任何一种障碍，以便为即将到来的实践（la praxis）和技术（la technique）开辟道路。在物化世界（le monde de la réification）中，过去支配着现在，现在是肮脏的（sordide），未来是闭塞的（bouché）。通过共产主义运动，未来必须要言说，而共产主义本身也将在它的实现过程中被废除、消灭和超越。所有存在物被归结于虚无（le néant），因为自此以后它就是一种总体的虚无（néant total），所以就只能确立一种新的开放的总体，而后者又将确定无疑地沉入虚无。马克思拒斥这一切。任何事物都是异化了的和异化着的，阻碍了通向只能通过消灭自身才能建立的未来的道路。作为一种宏大的虚无主义（grandiose nihilisme）和**行星的虚无主义**（*nihilisme planétaire*）的高级形式，马克思的愿景仍然（并因此）将**行星技术**（la *technique planétaire*）看作能够通过消灭这个腐坏的世界和"迷误（l'errance）"来撬动这个世界、这个**流浪星球**（*astre errant*）的唯一杠杆（le seul levier）。

没有什么可以抵抗马克思的否定批判：既有的生产、生产关系、政治生活和公共生活、家庭生活和私人生活、宗教、诗歌和艺术、哲学和科学以及共产主义运动本身都逃不过马克思的否定批判。人的经济存在（existence économique）和公民存在（existence civile），人的家庭存在、宗教存在、艺术存在和理论存在都是异化的，而这恰恰阻碍了他真正作为人而存在。存在（l'existence）之所以是异化的，既是因为物质的重担压在存在之上，也是因为为了逃避物质，存在不得不躲进观念世界和意识形态世界中。但是，观念世界无法为世界的不在场（l'absence de monde）提供一剂良方。

马克思的思想抓住它所反对的东西的真理了吗？他的思考容易让自己被所是的东西（cequi est）所束缚。事物的真理只是**迷误**（l'*errance*）的一种形式，然而，马克思想要揭露这种迷误（errance），却不敢竭尽全力抓住迷误本身（l'errance comme telle）。马克思想要通过终止异化来阻止迷途的生成（le devenir errant）。

将马克思的思想放置在多个层面上能让我们把握它的多价性（la polyvalence），但这又会带来遮蔽其统一性（l'unité）的风险。尽管如此，经济的问题式（problématique économique）、政治的问题式、人类学的问题式、意识形态的问题式以及"未来主义的（futuriste）"问题式不能被分裂开来，每一种问题式又会产生特殊的困难。

一、经济的问题式

　　马克思的经济学著作远没有被完全充分理解。马克思事业的经济学视域是不容易被参透的。马克思主义者的粗陋的经济学常常阻碍我们理解这位马克思主义创始人的经济思想。

　　将生产和消费联系起来的恶性循环以及这种循环的不断旋转(l'incessante rotation)必须被理解为受到技术(la technique)发展及其旋转运动(mouvement rotatif)的支配。在马克思之后,许多人都在谈论生产力(forces productives)及其发展决定着所有其他事物。然而,我们必须深入理解这些力量,将技术(la technique)看作生产力发展的动力(moteur)。我们甚至可以说,技术的发展(le développement disons technologique)比生产力的发展更为重要。劳动组织(organisation du travail)和劳动分工(division du travail)都是由技术过程(le processus technologique)所决定的。"劳动的组织和划分视其所拥有的工具(les instruments)而各有不同。手推磨(le moulin à bras)所决定的分工不同于蒸汽磨(le moulin à vapeur)所决定的分工。"①手推磨预先设定了封建社会(la société féodale),也就是说决定了封建社会,蒸汽磨则决定

---

　　① Karl Marx, *Misère de la philosophie*, p. 158. 中文版参见《马克思恩格斯文集》第1卷,第622页。

了资本主义社会(la société capitaliste)。"手推磨产生的是封建主的社会(la société avec le suzerain)，蒸汽磨产生的是工业资本家的社会(la société avec le capitaliste industriel)"①。那么，自动机器(les machines automatiques)难道不会与社会主义社会(la société socialiste)同步发展吗？确切地说，机器(les machines)、工业(l'industrie)、实在的技术装备(les instruments vraiment techniques)和技术(la technique)都起源于某一历史时刻，然后对整个社会历史发展产生作用。只存在现代技术(Il-n'y a de technique que moderne)，即"真正的**机器**(les *machines*)只是在18世纪末才出现"②。在随后的几行文字中，马克思阐明了他所说的机器的内涵："简单的工具(outils simples)，工具的积累，合成的工具；仅仅由人作为动力，即由人推动合成的工具，由自然力推动这些工具；机器；有一个发动机的机器体系(système des machines)；有自动发动机的机器体系——这就是机器发展的进程。"③唯有"自动机(l'automation)"能够为了生产性的、普遍化的、去异化的劳动(travail productif, universalisé mais désaliéné)而超越专门化(la spécialisation)。马克思坚定地认为这就是机器的发展趋势。正如他激烈抨击现在的生产性技术(les techniques productives)一样，他也热烈赞扬未来的生产性技术。现在的生产性技术隐含着恶的**自动主义**(le mauvais *automatisme*)、碎片式的**原子化**的活动(l'activité parcellaire et *atomisée*)。在一种物化的**自动的**体系(système réifié et *automatique*)中，各个人只能成为"**原子式的**(*atomistiques*)"。相反地，未来的技术将通过它的整体发展来克服自动化(l'automatisation)和原子主义(l'atomisme)，从而使人们的本质力量(forces essentielles)和能量

① Karl Marx, *Misère de la philosophie*, p. 127. 中文版参见《马克思恩格斯文集》第1卷，第602页。

② Karl Marx, *Misère de la philosophie*, p. 164. 中文版参见《马克思恩格斯文集》第1卷，第626页。

③ Karl Marx, *Misère de la philosophie*, p. 165. 中文版参见《马克思恩格斯文集》第1卷，第626页。

(énergie)获得全面发展。未来的伟大技术(la grande technique)将成为我们借以治疗不发达的,因而异化的技术之弊病的良方(le contrepoison)。马克思对技术的期望是坚定不移的,将其描述为幼稚的做法也是幼稚的。"自动工厂(l'atelier automatique)中分工的特点,是劳动在这里已完全丧失专业的性质。但是,当一切专门发展一旦停止,个人对普遍性的要求以及全面发展的趋势就开始显露出来。自动工厂消除着专业(les espèces)和职业的痴呆(l'idiotisme du métier)。"①在马克思看来,蒲鲁东并没有那么天赋异禀,而且非常多疑,他代表了小资产阶级的心态,即在任何地方都能看到"好的方面"和"坏的方面"②。蒲鲁东在他手头的《哲学的贫困》中紧挨着刚引用的几行字的页边上写下这样一句评语:"不错! 那你所说的这个全面发展是什么意思呢?"他的问题一直没有得到答案。无论如何,这个问题是无法在纸上找到答案的。

如果历史动力的秘密在于技术发展(le développement technologique),我们就不能将生产性技术看作某种派生物。正是技术决定着交换

①　Karl Marx, *Misère de la philosophie*, p. 173. 中文版参见《马克思恩格斯文集》第1卷,第630页。

②　《哲学的贫困》是马克思对蒲鲁东的《贫困的哲学》的回应。通过拒斥蒲鲁东的立场,他开始反对将某事物不断划分为两个方面的观点,即好的方面和坏的方面、有价值的充满长处的方面和无价值的充满短处的方面。他批判蒲鲁东认为矛盾是通过把好的方面和坏的方面结合起来、通过保存好的方面和消除坏的方面而形成的。(参见 Karl Marx, *Misère de la philosophie*, p. 130. 中文版参见《马克思恩格斯文集》第1卷,第604页。)这样做就无法真正做出决定。发展动力的全面解放和阻碍发展的障碍的消除就变得不可能。马克思不怕片面的东西。他难道不是为生产力全面繁荣发展和技术从任何限制中解放出来而工作吗? 在他看来,蒲鲁东是一个懦夫。"小资产阶级是由一方面和另一方面组成的。这在他的经济利益中如此,因而在他的政治中、在他的科学的宗教的和艺术的观点中亦是如此。这在他的道德中是如此,在他的一切中都是如此。他是一个活生生的矛盾。如果他像蒲鲁东一样也是个天才,他将会很快学会玩弄他自己的矛盾,并根据情况将它们发展为显著的、夸张的、可耻的或辉煌的矛盾。"(参见 *Ibid.*, p. 223.)由于马克思坚信否定性(la négativité)是历史的动力,因此他认为"结果总是坏的方面压倒好的方面。正是坏的方面引起斗争,产生形成历史的运动"(参见 *Ibid.*, p. 144. 中文版参见同上,第613页)。这个对技术进行反思的人会将这一观点贯彻到底吗? 坏的方面,历史运动的创造者,总是在他的头脑里吗? 因为他似乎无法摆脱想要中和它的诱惑。

(l'échange)、贸易(le commerce)和消费(la consommation)。工业为了满足需要**甚至产生需要**(*produit même des besoins*)。存在一种永恒的更新、一种不间断的循环往复。它是无限的吗？需要寻求得到满足，生产服务于需要，但也产生需要，而消费反过来又创造出新的需要。把生产与消费、需要与需要的满足联系起来的，与其说是"自然"需要(besoins «naturels»)的强制问题，不如说是技术问题。"需要往往直接来自生产或以生产为基础的情况。世界贸易几乎完全不是由个人消费的需要所决定，而是由生产的需要所决定。"①**现代**技术(la technique *moderne*)的本质就在于，生产成为一种准绝对的创造性力量(quasi absolument créatrice)。"生产走在消费(la consommation)前面，供给(l'offre)强制需求(la demande)。"②马克思特别强调这种动力因素，它的能量将引导现在走向未来。这种未来的出现不仅以共产主义为标志，而且伴随着行星技术(la technique planétaire)的节奏。所有产品的生产，无论是"物质"产品还是"精神"产品，都将总体地调节着所有交换和商业、分配和消费的形态(les modalités)。"总的说来，产品的交换形式(la forme de l'échange)是和生产的形式相适应的。生产形式一有变化，交换形式也就随之变化。因此在社会的历史中，我们就看到产品交换方式(le mode d'échanger)常常是由它的生产方式(le mode de les produire)来调节。"③

　　生产、分配、交换和消费形成了一个由生产所激活的循环。然而，生产，特别是物质生产——这是马克思最感兴趣的——尽管决定和囊括分配、交换和消费，它本身也处于消费的永恒运动之中。生产消费生产资料，生产利用和消耗生产资料，正如生产对产品一样。生产和消费

---

① 　Karl Marx, *Misère de la philosophie*, p. 42 – 43. 中文版参见《马克思恩格斯全集》第 1 版第 4 卷，第 87 页。

② 　Karl Marx, *Misère de la philosophie*, p. 75. 中文版参见《马克思恩格斯全集》第 1 版第 4 卷，第 100 页。

③ 　Karl Marx, *Misère de la philosophie*, p. 88. 中文版参见《马克思恩格斯全集》第 1 版第 4 卷，第 117 页。

都受到技术过程（le processus technologique）的调节，而技术过程是任何一种生产的缔造者（créateur）和毁灭者（destructeur）。"生产和消费的这种同一性，归结为斯宾诺莎的命题：'规定即否定（*Determinatio est negatio*）'。"[①]在技术过程（les processus technologique）中，主体在自我对象化（s'objectivant）和摆脱固定主体（sujet fixe）的过程中超越自身，客体（l'objet）则不断被消费（la consommation）和被新的对象的生产（la production de nouveaux objets）所超越。当物化（la réification）被克服时，技术发展的这一真理就会变得更加显著。为了促进创造性的生产活动（l'activité créatrice et productrice），主观主义（subjectivisme）和客观主义（objectivisme）将同时被废除。

　　为了满足人的总体需要，技术作为世界历史的动力，也参与创造将被满足的新的需要和注定被主体（不是孤立的主体，而是作为共同体成员的主体，因而作为超越了他们的主体性的主体）所消费（和废除）的对象。马克思思想的伟大之处就在于他对**技术周转**（*la rotation de la technique*）的把握，对绝对生产率（la productivité absolue）的设想，这种设想废除了一切经济的、法律的、政治的、道德的、心理的和意识形态的飞地（les enclaves），远远超出了满足生活需要的简单要求。由于把握了**人的自我异化**（*l'aliénation de soi de l'homme*），马克思认为消除这种异化的经济根源和技术根源将导致**通过人并为了人对世界的征服**（*la conquête du monde par et pour l'homme*）。当然，人是受他的自然驱力（pulsions naturelles）所推动的。然而，技术不仅仅是满足需要的工具，更是历史的推动力，拥有一种更强大的力量。技术控制着驱力的节奏，让世界运动起来。废除事物的现存状态——资产阶级的资本主义的制度、异化和物化、私有财产和劳动分工、后部世界（arrière mondes）和天上的伪世界（pseudo-mondes célestes）——的要求可被归结为这样一

---

　　① Karl Marx, *Appendice à la Contribution à la critique de l'économie politique*，p. 273. 中文版参见《马克思恩格斯全集》第 30 卷，第 31 页。

点：在总体上解放人的社会的生产率，以便完全"释放"了的生产性技术能够实际地解决在其生成中出现的一切问题和谜语。

马克思的绝对生产率观念尚未获得全面而深入的理解。马克思没有把**自然**(la *physis*)和**宇宙**(le *cosmos*)想象为一种不能被打破的秩序(ordre)，一种支配我们必须想什么和做什么的节奏(rythme)。他没有将大写的世界(le Monde)看作一种**神创论**(*Création divine*)。他拒斥任何创世观念(idée de Création)，而将**自然发生**(*generatio aequivoca*)假说看作对这一问题的唯一的合理回答。马克思没有从**现代的大写的主体**(*Sujet moderne*)的视角来看待世界总体，而这种**现代的大写的主体**是同作为它的代表和意志的**客体**相关联的。他揭示出另一个时代，一个不再以宇宙为中心的希腊时代，一个不再以神为中心的基督教时代，一个不再以自我为中心的现时代，而是一个超越所有构成性主体(sujet constituant)和所有固定客体(objet fixe)并且几乎不受任何限制(自然的限制或神的限制)的生产率和技术的行星时代(l'ère planétaire de la technique et de la productivité)。

马克思指出："可见，生产直接是消费，消费直接是生产。每一方直接是它的对方。可是同时在两者之间存在着一种中介运动。生产中介着消费，它创造出消费的材料，没有生产，消费就没有对象。但是消费也中介着生产，因为正是消费替产品创造了主体，产品对这个主体才是产品。产品在消费中才得到最后完成。"①生产的产品只有在它停止存在、在消费中并被消费所消灭的时候，才真正存在。产品的存在要求它的泯灭。产品由于这样的事实而同每一种自然的或观念的客体区分开来，即它是真正**被生产出来的**，它只能**生成**为一种实际的产品，只能自我设定为一种被消费的产品。马克思认为，为了**成为现实的**(en réalité)而非潜在的，产品必须被消费所吸收，从而不再存在。"消费是

---

① Karl Marx, *Appendice à la Contribution à la critique de l'économie politique*, p. 274. 中文版参见《马克思恩格斯全集》第 30 卷，第 32 页。

在把产品消灭的时候才使产品最后完成,因为产品之所以是产品,不在于它是物化了的活动,而只是在于它是活动着的主体的对象。"①这种非主体主义的能动主体(sujet actif et non subjectiviste)是一种被赋予了客观本质力量、不停地生产供人的主体使用的非物化的客体(objets non réifiés)的主体。

马克思试图揭示生产的本质。这种本质作为一种变动不居的现象在资本主义统治下无法完全展现自身,尽管资产阶级的资本主义的制度在世界历史上第一次为技术的巨大发展创造了条件。资产阶级在某种程度上促进了生产力的发展,尽管始终将生产力的发展限定在私有财产和资本的范围内。现代技术仍然受到束缚。资产阶级从一开始就要征服世界,之后却停止了。"它第一个证明了,人的活动能够取得什么样的成就。它创造了完全不同于埃及金字塔、罗马水道和哥特式教堂的奇迹;它完成了完全不同于民族大迁徙和十字军征讨的远征。"②资产阶级已经做了许多事情,它甚至带来了制造的统治(le règne du faire),但它的发展只发生在物化和异化的世界里,它把这些非人的力量推到了极限。建立在生产资料私有制的基础上的资产阶级的统治,只能遏制生产率的无限力量,如果没有特殊占有(appropriation particulière),生产率的无限力量就其本质而言能够满足人的全部需要。

现在,只有无产阶级能够促使整个社会走向社会的和社会主义社会(la société sociale et socialiste),在那里,阶级和私有制都将不复存在。只有全世界的劳动者能够在历史上第一次——此前还从未成为普遍的——使普遍的和普遍化的技术的真实能量和现实可能性实现出来。只有对生产不加以任何限制的人类才能在不断的革命中不断前

---

① Karl Marx, *Appendice à la Contribution à la critique de l'économie politique*, p. 275. 中文版参见《马克思恩格斯全集》第 30 卷,第 32 页。

② Karl Marx, Friedrick Engels, *Le Manifeste communiste*, p. 61. 中文版参见《马克思恩格斯文集》第 2 卷,第 34 页。

进,不断更新生产、需要、客观主体的活动和人类社会活动的对象。

马克思是从被自身的自然驱力和物质需要(虚假的形而上学的需要通过升华加以补充)所推动的人出发的。这种"生物主义(biologisme)"、这种"自然主义(naturalisme)"在现实中依赖一种技术主义(technicisme)。人类不仅是被他的自然的人的驱力、肉体的和社会的需要所推动,更多是被促使他们生产自己的生命的东西所推动,被构成超越一切自然性、旨在通过技术彻底改造自然的真正**生产本能**(*instinct producteur*)的东西所推动。一切使人异化的东西在过去和现在都是生产力不发达的结果,正如古代那样,或者是技术欠发达的结果,这无论如何都意味着技术的发展受到了通向普遍性(l'universalité)的特殊来源(provenance particulière)的限制(正如在资产阶级的资本主义的制度中那样)。神话、宗教、政治和形而上学都属于上层建筑,因为它们是对人的无能为力的一种升华和观念化,是对某些高于他人的人的力量在意识形态层面的反思。它们构成了展现人类总体力量和人类总体性的一种障碍。

马克思甚至谈到一种驱力(pulsion),一种大写的**生产的动力**(*instinct de la Production/Trieb der Produktion*)。要从字面上来理解他所说的这种生产动力,因为这是与他的事业精神相一致的。在对循环运动的讨论中,马克思把驱使人通过消费从事生产而加以满足的需要、新的需要的再生产和在消费中并通过消费而进行的需要的增殖(从而使生产创造出消费、消费通过创造对新的生产的需要而创造出生产)结合为一个单一的整体。正是在这一讨论语境下,马克思指出:"消费创造出生产的动力(l'instinct de production);它也创造出在生产中作为决定目的的东西而发生作用的对象。"①如果将这些术语分开来,然后问马克思所说的人是从需要出发还是从生产出发,这是徒劳的。如

① Karl Marx, *Appendice à la Contribution à la critique de l'économie politique*, p. 275. 中文版参见《马克思恩格斯全集》第30卷,第32页。

果有人坚持要将这些术语分开来,那么人是因为生产本能而运动起来,生产—消费—生产的过程创造出需要,使之增殖,并旨在满足需要,同时又不断产生新的对象。将生产与消费绑在一起的这种循环包围着整个地球。它不可能成为别的东西,唯一需要的是主体和客体都不能在这种制造活动中被物化。生产,作为主体(人)和客体的创造者,必须摆脱一切禁锢它、使之变得僵化死板的东西,一切阻碍它、使之停滞不前的东西,一切以过去的重担将其压垮或使之在局促的当下发生窒息的东西。于是,每一"就本身而言(en soi)"都将变为一种"为了我们(pour-nous)"。任何既定的东西(donnée)都将成为一种被生产出来的东西,一种在无限制的活动中通过我们并为了我们而被生产出来的东西。

马克思非常清楚"出发点当然是自然规定性;主观地和客观地。部落、种族等"①。他知道生产行为的出发点是先在于它的自然材料(les données naturelles /natural givens)。然而,他没有将这些自然材料看作最本质的要素。在他看来,技术对自然材料的改造是更加重要的。因为即使是这些自然材料也只是在历史活动中并通过历史活动而开始存在。在《德意志意识形态》中,这个主题在如下这段话中便有所涉及:"当然,我们在这里既不能深入研究人们自身的生理特性,也不能深入研究人们所处的各种自然条件——地质条件、山岳水文地理条件、气候条件以及其他条件。任何历史记载都应当从这些自然基础以及它们在历史进程中由于人们的活动而发生的变更出发。"②创造历史的东西,亦即创造人的自然的人的社会的生活的东西,是产品的生产和需要的生产。生产"生产出消费的对象,消费的方式,消费的动力(l'instinct de

---

① Karl Marx, *Appendice à la Contribution à la critique de l'économie politique*, p. 302. 中文版参见《马克思恩格斯全集》第 30 卷,第 51 页。

② Karl Marx, Friedrick Engels, *L'Idéologie allemande*, *Œuvres philosophiques*, T. VI,p. 154. 中文版参见《马克思恩格斯文集》第 1 卷,第 519 页。

la consommation)"①。生产与消费、"消费性生产"和"生产性消费"之间的同一性不只是形式的。它们在生产运动中捆绑在一起。生产性主体在生产中使自身客体化，并超越自身，而客体则在生产性消费中被主体化。同样地，为了使生产和消费的同一性（l'identité）完全显现出来，为了使它们的相互联系和相互依赖变得可见（因为这些关系就是使两者不只是相互补充而是相互实现和相互创造的东西），就必须具有一种过程总体性的视域，不能将这种同一性看作一种形式的同一性。无论在经济上，还是在逻辑上，同一性都不是无差别的和空洞的。它包含着其构成要素之间产生的相互作用。无论是庸俗的政治经济学还是学术的政治经济学，抑或抽象的学究式的黑格尔主义，都夷平了这种有机的动态的统一。为了使它变得显而易见，我们必须明白正是这种关系构架及其表现将各个人联系起来。根本的社会关系是一种剥削关系，如果整个生产和产品、分配与交换、消费和需要的再生产以及物质资料的再生产被置于整个人类社会的管理之下，并通过整个人类社会而运动起来，那么这种根本的社会关系就能变成一种共同体关系。由此，马克思的关于这种同一性的思想变得清晰起来："我们得到的结论并不是说，生产、分配、交换、消费是同一的东西，而是说，它们构成一个总体（totalité）的各个环节，一个统一体内部的差别。生产既支配着与其他要素相对而言的生产自身，也支配着其他要素。过程总是从生产重新开始。"②在每一种有机的整体和每一种相互作用的活动中，难道不总是存在一种主导的决定性力量吗？"因此，一定的生产决定一定的消费、分配、交换和**这些不同要素相互间的一定关系**。"③因此，从它的总体性上来看，而不是从它的片面的、特殊的因而决定性的形式来看，社

---

① Karl Marx, *Appendice à la Contribution à la critique de l'économie politique*, p. 276. 中文版参见《马克思恩格斯全集》第 30 卷，第 33—34 页。

② Karl Marx, *Appendice à la Contribution à la critique de l'économie politique*, p. 286. 中文版参见《马克思恩格斯全集》第 30 卷，第 40 页。

③ Karl Marx, *Appendice à la Contribution à la critique de l'économie politique*, p. 287. 中文版参见《马克思恩格斯全集》第 30 卷，第 40 页。

会主义生产将成为社会主义社会前进的决定性力量，并将构成社会主义社会的最坚实的基础。

因此，正是引导历史走向其普遍化（universalisation）、引导社会走向其社会化（socialisation）的**现代生产**（la production moderne）在本质上占据了马克思的全部注意力和科学激情。所有关于马克思思想的普遍意义或非普遍意义的讨论都应该建立在对现代技术（la technique moderne）的历史维度的深刻理解之上。世界历史并非始终都存在（即使考虑到所有历史时期），世界还从未成为一个世界，也就是说，还没有由于人的活动而**生成为**世界。马克思在此意义上指出："世界史不是过去一直存在的；作为世界史的历史是结果。"[①]技术恰恰是导致这一结果的那股力量。正是技术被赋予了使作为生成之结果的历史彻底普遍化的重任。资产阶级已经建立起世界市场。通过废除世界市场的资本主义法则，废除那种将存在物和事物变为商品的机制，人类历史就能完全转变为世界历史，世界就将被改造为人的世界。资产阶级锻造了那些将要处死它的人们的武器，造就了那些将要成为它的掘墓人的人们，资产阶级在现代工人阶级中发现了它的否定和它的完成。资产阶级拉开了现时代的序幕，而工人阶级将完成现时代。

马克思认为阶级斗争是过去几个世纪的历史的主要特征，但这一点并没有得到足够重视。《共产党宣言》非常明确地指出，阶级斗争（la lutte des classes）是最近几个世纪的**首要**特征，它构成了我们时代的最近几个世纪、现代技术出现以来的几个世纪——这也是马克思主要批判的阶段——的**主要**特征。阶级冲突的程度和强度是同现代技术、资产阶级的资本主义的时代相一致的。马克思在《共产党宣言》的如下这句话中指出："但是，不管（阶级斗争导致的）阶级对立具有什么样的形式，社会上一部分人对另一部分人的剥削却是过去各个世纪所共有的

---

① Karl Marx, *Appendice à la Contribution à la critique de l'économie politique*, p. 302. 中文版参见《马克思恩格斯全集》第 30 卷，第 51 页。

事实。"①既然我们读到的是"各个世纪(siècles)"，那么我们不就应该将其理解为"各个世纪(*siècles*)"而不是"各个千年(*millénaires*)"吗？

马克思的框架在本质上适用于趋向变为普遍的和世界的历史阶段。他正是要为这个人类生成的世纪(époque du devenir de l'humanité)发声。那么，这是否意味着他并不关心或不想同时揭示东方帝国(les empires orientaux)和亚细亚人民的历险(les aventures des peuples asiatiques)，希腊城邦、罗马共和国和罗马帝国以及中世纪的和封建的发展命运呢？毫无疑问，马克思想要将全部历史都囊括进来。在《政治经济学批判。第一分册》出版之后，出现了大量反对他的异议。根据他在《序言》中提出的睿智观点，特定的生产方式——物质生活的生产方式和由此产生的社会关系——作为根本的经济结构(structure économique et fondamentale)，决定了法和政治的上层建筑以及与这种特定条件相适应的社会意识形式(les formes de conscience sociale)。一位批评者承认这个论点在现代世界或物质利益占主导地位的世界的真理性，但不承认它对天主教占主导地位的中世纪或者政治占统治地位的雅典和罗马的有效性。为了回应这种异议，马克思在《资本论》中写道："首先，居然有人以为这些关于中世纪和古代世界的人所共知的老生常谈还会有人不知道，这真是令人惊奇。但有一点很清楚，中世纪不能靠天主教**生活**。古代世界不能靠政治**生活**。相反，这两个时代谋生的方式和方法表明，为什么在古代世界政治起着主要作用，而在中世纪天主教起着主要作用。此外，例如只要对罗马共和国的历史稍微有点了解，就会知道，地产(la propriété foncière)的历史构成罗马共和国的秘史。而从另一方面说，唐·吉诃德误认为游侠生活可以同任何社会经济形式(les formes économiques de la société)并存，结果遭到了惩罚。"②

---

① Karl Marx, Friedrick Engels, *Le Manifeste communiste*, p. 94. 中文版参见《马克思恩格斯文集》第 2 卷，第 51 页。译文略有改动。——译者注
② Karl Marx, *Le Capital*, T. I, p. 93. 中文版参见《马克思恩格斯全集》第 44 卷，第 100 页。

马克思绝不会放弃他的框架的总体有效性或历史唯物主义方法的普遍性。但尽管如此，马克思并不是一个正统的马克思主义者（marxiste orthodoxe）。有时他并不缺乏某种意识和某种讽刺。他意识到他的视角、框架、方法和范畴首先只是对于它们赖以生存和发展的历史条件来说才是完全有效的。马克思指出："劳动这个例子令人信服地表明，哪怕是最抽象的范畴，虽然正是由于它们的抽象而适用于一切时代，但是就这个抽象的规定性本身来说，同样是历史条件的产物，而且只有对于这些条件并在这些条件之内才具有充分的适用性。"①虽然历史唯物主义和唯物主义辩证法的框架适用于东方帝国和亚细亚帝国、希腊和罗马的城邦和共和国以及中世纪的国家，但是，它只有在产生它的经济的、社会的和历史的条件中并对这些条件来说才是**完全有效的**（*pleinement valable*）。起源于西方但又生成为普遍的资产阶级的资本主义制度的现代世界构成了技术生产力发展的最有利领域。资产阶级不仅创造出现代世界，而且创造出它的否定者（négateurs）。资产阶级已经为那些拒斥它的人们铺平了道路。它的否定者将成为社会主义世界的主人，成为摆脱了一切特殊占有（appropriation）的、使技术普遍化了的世界的主人，成为废除全部人对人的剥削的人类共同体的世界的主人。实际上，资产阶级已经为未来世界做好准备。"资产阶级使农村屈服于城市的统治。它创立了巨大的城市，使城市人口比农村人口大大增加起来，因而使很大一部分居民脱离了农村生活的愚昧状态。正像它使农村从属于城市一样，它使未开化和半开化的国家从属于文明的国家，使农民的民族从属于资产阶级的民族，使东方从属于西方。"②

难道不是在资产阶级的资本主义的技术的鼓动下，由于技术消灭

---

① Karl Marx, *Appendice à la Contribution à la critique de l'économie politique*, p. 295. 中文版参见《马克思恩格斯全集》第30卷，第46页。

② Karl Marx, Friedrick Engels, *Le Manifeste communiste*, p. 64. 中文版参见《马克思恩格斯文集》第2卷，第36页。

了差别(les différences)和特殊性(les particularités)，世界才开始普遍化的吗？"资产阶级社会是最发达的和最多样性的历史的生产组织，因此，那些表现它的各种关系的范畴以及对于它的结构的理解，同时也能使我们透视一切已经覆灭的社会形式的结构和生产关系。资产阶级社会借这些社会形式的残片和因素建立起来，其中一部分是还未克服的遗物，继续在这里存留着，一部分原来只是征兆的东西，发展到具有充分意义，等等。人体解剖对于猴体解剖是一把钥匙。"①马克思坚信"资产阶级经济为古代经济等等提供了钥匙"②。然而，他不承认人们可以消除所有差别，他要求人们对宽泛的经济理解持保留态度。因此，他呼吁抵制那些"抹杀一切历史差别、把一切社会形式都看成资产阶级社会形式"③的经济学家的"洞见"。马克思写道："因此，如果说资产阶级经济的范畴适用于一切其他社会形式这种说法是对的，那么，这也只能**在一定意义上来理解**……"④这种怀疑(ce grain de sel)在所有马克思之后的马克思主义者的理解中消失了。

对怀疑(grain de sel)的要求离不开对自我批评的要求。因为一种社会形态(formation sociale)只有通过自我怀疑、自我意识才能理解在它之前的社会形态。为此，它必须通过它的现实生活而不是它自己的意识形态来判断自身。同样地，对于过去的社会形态的历史性理解一定不能沉浸于各个时代关于自身的幻想之中。那些时代的人们关于他

---

① Karl Marx, *Appendice à la Contribution à la critique de l'économie politique*, p. 295. 中文版参见《马克思恩格斯全集》第30卷，第46—47页。

② Karl Marx, *Appendice à la Contribution à la critique de l'économie politique*, p. 295. 中文版参见《马克思恩格斯全集》第30卷，第47页。

③ Karl Marx, *Appendice à la Contribution à la critique de l'économie politique*, p. 295. 中文版参见《马克思恩格斯全集》第30卷，第47页。在《资本论》中，马克思再次强调资产阶级经济学范畴的这种有限的适用性："对于这个**历史上一定的社会生产方式即商品生产的生产关系**来说，这些范畴是有社会效力的、因而是客观的思维形式。"参见 Karl Marx, *Le Capital*, T. I, p. 88. 中文版参见《马克思恩格斯全集》第44卷，第93页。

④ Karl Marx, *Appendice à la Contribution à la critique de l'économie politique*, p. 296. 中文版参见《马克思恩格斯全集》第30卷，第47页。

们的现实实践的**想象**(*s'imaginaient*)必然无法被转化为决定性的力量,正如从历史性理解的层面所看到的那样。如果人们相信任何时代关于自身的所说的东西或所想的东西,就会被它的意识形态幻想所欺骗。① 人们一定不要认为"后期历史(l'histoire ultérieure)"是"前期历史(l'histoire antérieure)"的目的,"其实,前期历史的'使命''目的''萌芽''观念'等词所表示的东西,终究不过是从后期历史中得出的抽象,不过是从前期历史对后期历史发生的积极影响中得出的抽象"②。因此,历史生成并不像它在天真的或神秘的眼中所看到的那么片面,回溯性预测(projections rétroactives)和双重影响的作用实际上是更加复杂的。并不存在"世界精神(esprit mondial/*Weltgeist*)"构序(ordonne)历史的材料。统治着当前的社会失序(le désordre social)、支配着从属地位的个人从而在他们面前表现为某种异己的更高的力量的那种力量是历史的普遍化和"世界市场"的必然结果。③ 世界市场,这种世界历史上的最高力量——它"就像古典古代的命运之神(le Destin antique)一样,遨游于寰球之上,用看不见的手(main invisible)把幸福和灾难分配给人们,把一些王国创造出来,又把它们毁掉,使一些民族产生,又使它们衰亡"④——必须被废除,以使历史成为真正的世界历史。马克思认为,这样一来,经济力量便将不再遨游于寰球之上。但是,马克思所设想的世界是一个具有开放的世界性(mondialité ouverte)的世界吗?这个新世界是否意味着一个新的彻底的**进步**(*progrès*)呢?

　　马克思指出:"所说的历史发展总是建立在这样的基础上的:最后

---

① Marx, Friedrick Engels, *L'Idéologie allemande*, *Œuvres philosophiques*, T. VI, p. 187, 189. 中文版参见《马克思恩格斯文集》第1卷,第552—553页。

② Marx, Friedrick Engels, *L'Idéologie allemande*, *Œuvres philosophiques*, T. VI, p. 180. 中文版参见《马克思恩格斯文集》第1卷,第540页。

③ Marx, Friedrick Engels, *L'Idéologie allemande*, *Œuvres philosophiques*, T. VI, p. 181. 中文版参见《马克思恩格斯文集》第1卷,第541页。

④ Marx, Friedrick Engels, *L'Idéologie allemande*, *Œuvres philosophiques*, T. VI, p. 178. 中文版参见《马克思恩格斯文集》第1卷,第539页。

的形式总是把过去的形式看成是向着自己发展的各个阶段，并且因为它很少而且只是在特定条件下才能够进行自我批判，——这里当然不是指作为崩溃时期出现的那样的历史时期，——所以总是对过去的形式作片面的理解。"①当资产阶级社会开始自我批判的时候，它就表现出自己能够理解东方社会、亚细亚社会和中世纪社会，即使是以一种片面的方式。经济并不只是当有人谈论它的时候才开始存在。但是要想谈论它的现在和过去，人们必须能够在当前社会经济的层面上进行最少的自我批判。完成资产阶级的自我批判的任务就落在无产阶级的肩膀上，后者推动对资产阶级的资本主义的社会的批判达到其最后的结果。自我批判只是否定性批判的前奏。无产阶级的否定性批判旨在废除私有财产，实现生产资料的社会化，将历史的动力即技术解放出来。同时，无产阶级的自我解放，将使人和社会作为一个整体获得解放。因此，批判的完成将意味着废除一切物化了的人与物，废除一切使人的生活非人化的东西，废除一切阻碍全部生产力全面发展的东西。马克思绝对相信一切异化将随着生产资料私有制的废除而终止。经济异化、政治异化、生存异化和意识形态异化将趋于消失，因为它们都将被归结为根本的经济异化，但又不能通过消灭经济异化而被废除。

马克思同庸俗政治经济学的全部非历史的观点进行了激烈的辩论。他强烈谴责这种粗陋的经济主义。他拒斥任何关于经济范畴的在它们从中产生的世界之外的全部价值的主张。但这一切并没有使他摆脱经济的支配。此外，他能否不用牺牲自己就能对经济世界进行思考呢？因此，马克思的通过废除根本的经济异化来实现总体性去异化的理论承载着它希望从人类身上卸掉的重担。马克思天真地认为，整个异化谱系（l'éventail des aliénations）——更准确地说是整个异化金字塔（la pyramide des aliénations）——将随着其唯一基础的废除而被**实**

---

① Karl Marx, *Appendice à la Contribution à la critique de l'économie politique*, p. 296. 中文版参见《马克思恩格斯全集》第 30 卷，第 47 页。

际地(*ipso facto*)消灭。马克思在其生命的不同时期不断探索着在废除私有财产之后应该被开启的"完全"开放的前景。1843 年 9 月，马克思在给卢格的信中写道："**共产主义**就尤其是一种教条的抽象概念，不过我指的不是某种想象的和可能存在的共产主义，而是如卡贝、德萨米和魏特林等人所讲授的那种实际存在的共产主义。这种共产主义本身只不过是受自己的对立面即私有制度影响的人道主义原则的特殊表现。所以，私有制的消灭和共产主义绝不是一回事。"①自此之后，马克思再也没有在这个意义上主张废除私有财产与共产主义的非同一性(la non-identité)。相反，他总是提出关于它们的同一性的观点，即 "随着现存社会制度被共产主义革命所推翻以及与这一革命具有同等意义的私有制的消灭，这种对德国理论家们来说是如此神秘的力量也将被消灭"②。或者"**共产主义**是对**私有财产**即人的自我异化的**积极的扬弃**(suppression *positive*)，因而是通过人并且为了人而对**人的**本质(l'être humain)的真正**占有**(*appropriation* réelle)"③。然而，马克思没有逃避这样的问题：一个人能否拒斥一种力量而仍然在这种拒斥中不受它的影响。他看到，共产主义作为一种否定私有财产的运动将继续受到它所否定之物的影响。马克思从未完全而彻底地将庸俗的、粗陋的共产主义同作为总体的去异化的共产主义区别开来。他甚至没有看到和预见到对资本家的剥削不会必然终结人对人的剥削，对生产资料私有制的简单克服并不等同于真正终结一切剥削。马克思没有意识到权力意志(la volonté de puissance)。他没有预见到权力意志和占有意志(la volonté d'appropriation)在废除私有财产之后能够巩固自身和重构自身。他的还原激情(passion réductive)妨碍他认识到私有财产并非一

① Karl Marx, *Lettres de Marx à Ruge*（mai 1843），*Œuvres philosophiques*, T. Ⅴ，p. 207. 中文版参见《马克思恩格斯全集》第 47 卷，第 64 页。

② Karl Marx, Friedrick Engels, *L'Idéologie allemande*, *Œuvres philosophiques*, T. Ⅵ，p. 181. 中文版参见《马克思恩格斯文集》第 1 卷，第 541 页。

③ Karl Marx, *Économie politique et philosophie*, *Œuvres philosophiques*, T. Ⅵ，p. 22. 中文版参见《马克思恩格斯文集》第 1 卷，第 185 页。

切剥削的首要源泉和唯一基础,更不用说一切异化了。他坚信,建立在从私有财产中解放出来的技术之上的**人对自然的剥削**(*exploitation de la nature par les hommes*)不会造成**人对人的剥削**(*exploitation des hommes par les hommes*)。

然而,天才的思想家们有时会在一瞬间开始领悟到某些不支持其论点的东西。马克思意识到,共产主义不能**根据**希望被废除的私有财产来加以定义。因此,它自身的真理性是由它反对的东西所规定的。然而,人们或许应该想到,作为异化而存在于其中的东西将是一种更强烈的异化,因为体验过这种异化的人将会意识到它。共产主义是对人的否定(私有财产)的否定。它是否定之否定,这标志着它的肯定性。尽管马克思努力从人的**立场**出发,即人是最卓越的存在,把人看作人的世界的总体,把人看作仅依赖于自己的基础的客观的生产性的主体,尽管他付出了所有这些努力,但马克思的视域仍然强烈地受到在他看来否定人的东西和使人物化的东西的影响。在《1844 年经济学哲学手稿》的一个残缺部分中,我们仍然能够读到如下这段文字:"如果我们把共产主义本身——因为它是否定的否定——称为对人的本质的占有,而这种占有以否定私有财产作为自己的中介,因而还不是真正的、从自身开始的肯定,[……]而只是从私有财产开始的肯定,可见,既然人的生命的现实的异化仍在发生,而且人们越意识到它是异化,它就越成为更大的异化;所以,对异化的扬弃只有通过付诸实行的共产主义才能完成。"①正是在这段精彩的文字之后,马克思说了某些我们已经听过的东西:历史将完成这个运动,尽管它将是一个漫长而严酷的过程。我们必须从一开始就认识到这个历史运动的有限性和目标,认识到必须超越这种现实运动,将其看作一种真正的进步。

因此,共产主义尽管被看作克服了一切异化,但仍然受到它的对立

---

① Karl Marx, *Économie politique et philosophie*, *Œuvres philosophiques*, T. VI, p. 63-64. 中文版参见《马克思恩格斯文集》第 1 卷,第 231 卷。

面的影响和侵染。它所包含的否定性将导致它自身的存在也被超越。马克思凭借卓越的洞察力成功考察了共产主义的问题式（la problématique du communisme），并直接对它提出问题。他想从根本上把社会主义-共产主义和资本主义界划开来，而没有更加细致地考察从资本主义过渡到社会主义-共产主义的诸多因素。从社会主义和共产主义的经济和社会角度出发，马克思无法看到也不会看到其中使资本主义得以普遍化和集体化的东西，也就是说，使资产阶级社会得以社会化的东西。马克思没有看到社会主义、共产主义和实践唯物主义（le matérialisme pratique）是如何成为资产阶级、资本主义和实证主义的**继承者**（les héritiers）的。马克思并不认为所谓的资产阶级生活方式比资产阶级本身更适合生存。所以，他不想看到在新社会中存在一种完全的民主化和一种"资产阶级形式"的普遍化，以及一种异己的、僵化的和陷入迷途的（errante）"资产阶级"的延续——无论有没有资产者本身。

　　尽管共产主义决心废除一种分裂的经济生活和迄今为止一直存在的生活的经济生产方式（le mode économique de la production de la vie），想要将人们从经济力量中解放出来，但是共产主义仍然是由其本质上的经济组织来定义的。如果共产主义确实是一种以实践手段来追求实践结果的实践运动，那么怎么可能出现其他情况呢？既然共产主义旨在实现技术的总体解放，既然技术是经济的核心源泉，那么，这种情况难道就不是不可避免的吗？

　　马克思对经济的理解是且仍然是模棱两可的和多功能的（polyvalente）。马克思着急看到历史的进步，却没有仔细考察仍然成问题的东西。他还没有认真考虑到生产资料社会化的前景可能无法终结人的剥削。对剥夺者的剥夺、对私有财产和传统分工（l'habituelle division du travail）的废除，应该引导人实现对存在总体的人的社会的占有。当然，在新社会中也会存在占有（appropriation），甚至会有财产（la propriété），但是这种占有将不再是一种侵占性的（possessive）、物化的占有，财产也不再是个人的。因为全部生产都是一个借助技术占有(appropriation)自然的过程,因为全部消费都是一种对生产性技术的产品的占有,没有哪个社会形态能够离开占有财产(私有财产只是财产的一种形式)而做到这一点。因为"如果说在任何财产形式都不存在的地方,就谈不到任何生产,因此也就谈不到任何社会,那么,这是同义反复。什么也不占有的占有,是**自相矛盾**(*contradictio in subjecto*)"①。《共产党宣言》也给出了人们希望从中看到的全面阐释:"共产主义的特征并不是要废除一般的所有制,而是要废除资产阶级的所有制……从这个意义上说,共产党人可以把自己的理论概括为一句话:消灭私有制。"②尽管社会主义社会通过将经济社会化使经济超出了国家经济的范围,社会主义社会难道就不存在成为一种普遍的资本主义社会的风险吗? 公有制(la propriété commune et communautaire)和集体占有(l'appropriation collective)是同所谓普遍的资本主义制度完全不相容的吗? 马克思没有如此提问,因此他以不同的方式指出了答案。"因此,把资本变为公共的、属于社会全体成员的财产,这并不是把个人财产变为社会财产。这里所改变的只是财产的社会性质。它将失掉它的阶级性质。"③自我表现为一种"物(chose)"、一种**实体**(*res*),通过一种拜物教式的力量(puissance fétichisée)进行统治的资本产生于一种仍被掩盖的人与人之间的社会关系。资本使一切它所触及的东西——它能够触及任何东西——都发生"事物化(chosifie)"和物化(réifie)。因为它能将任何东西都变为商品。它所依赖的人与人的非人性的纽带在资本主义框架下无论如何都不会变得透明。另一方面,对于受其压迫的人们来说,资本似乎源自某种神秘的社会力量,全部社会成员都可以通过压制个别资本家来获得这种力量。在废除资本主义

---

① Karl Marx, *Appendice à la Contribution à la critique de l'économie politique*, p. 270. 中文版参见《马克思恩格斯全集》第 30 卷,第 29 页。

② Karl Marx, Friedrick Engels, *Le Manifeste communiste*, p. 83. 中文版参见《马克思恩格斯文集》第 2 卷,第 45 页。

③ Karl Marx, Friedrick Engels, *Le Manifeste communiste*, p. 84. 中文版参见《马克思恩格斯文集》第 2 卷,第 46 页。

之后，当(资本主义的)资本**被改造为**(社会主义的)**集体财产**的时候，社会主义社会就应该不会变为一种普遍的资本主义社会，因为这种社会所有制将不再剥削雇佣劳动(travail salarié)。实行集体所有制的社会主义社会将彻底打碎雇佣劳动与资本之间的锁链。雇佣劳动本身、资本本身以及可能也被剥削的雇佣劳动的附属物都将不再存在。

　　人们必须认识到马克思从来没有将社会主义和共产主义当作人间天堂的实现。他拒绝过多地展望未来。他偶尔会给出一些暗示，但仅此而已。这里就是其中之一："最后，让我们换一个方面，设想有一个自由人联合体，他们用公共的生产资料进行劳动，并且自觉地把他们许多个人劳动力当作**一个**社会劳动力来使用。在那里，鲁滨逊的劳动的一切规定又重演了，不过不是在**个人**身上，而是在**社会范围**内重演。鲁滨逊的一切产品只是他个人的产品，因而直接是他的使用物品。这个联合体的总产品是一个社会产品。这个产品的一部分重新用作生产资料。这一部分依旧是**社会的**。而另一部分则作为生活资料由联合体成员消费。因此，这一部分要在他们之间进行分配。这种分配的方式会随着社会生产有机体本身的特殊方式和随着生产者的相应的历史发展程度而改变。"①

　　无论如何，在所有社会成员都将占有社会产品的框架下——共产主义初级阶段是根据他们的劳动，完全实现了的共产主义是根据他们的需要，集体所有制将使想通过剥削方式来占有和支配他人劳动的情况无法发生。生产工具将共同使用，所有人将占有所有人的劳动。人们一定不能忘记的是废除私有财产也就意味着废除(传统意义上的)劳动分工。劳动分工和私有财产是同一的，②因此，如果只是废除其中一方而不废除另　方，那是没用的。但是，我们已经试图看到这种废除及

---

　　① Karl Marx, *Le Capital*, T. I, p. 90. 中文版参见《马克思恩格斯全集》第44卷，第96页。

　　② Karl Marx, Friedrick Engels, *L'Idéologie allemande*, *Œuvres philosophiques*, T. VI, p. 172. 中文版参见《马克思恩格斯文集》第1卷，第521页。

其前景无论如何都会导致某些困难。

实现社会主义-共产主义不会将人抛回已经长久被超越的水平。当人"尚未脱掉同原始部落共同体中的其他人的自然血缘联系的脐带"①时，这绝不是一个恢复人的尚未成熟的世界的问题。直接性（immédiateté）和近乎自然的透明性（transparence quasi naturelle）的条件既不会恢复，也不能重建。它们取决于技术的不发达。生产力自此开始征服工作，并在漫长而痛苦的发展过程中成功创造出超越物化（la réification）的技术条件。尽管技术的发展仍然让更多人变得异化，但它为人的解放创造了物质可能性。世界和历史将会成为自由联合起来的社会化的人们的产物，成为"处于人的有意识有计划的控制之下"②的产物。虽然没有倒退到资本主义物化（la réification capitaliste）和商品生产的抽象统治建立之前的状态，但社会主义社会必须时刻警惕人们生活中的虚假面具，防止人与人的关系被伪装成物与物的关系（rapports entre choses）。在资产阶级时代之前曾有这样一个时期，尽管人们在社会生活中戴着面具，但是，"人们在劳动中的社会关系始终表现为他们本身之间的个人的关系，而没有披上物之间即劳动产品之间的社会关系的外衣"③。这是在一种技术尚未得到充分发展的基本条件下发生的。资本主义通过创造出现代工业而终结了这种关系。反过来，共产主义将通过有意识地、有计划地控制一种不断发展的技术来废除资本主义物化。

人类能够由此从必然王国过渡到自由王国吗？当技术的异化（连同无产阶级的异化和资本家的异化，因为剥削阶级和被剥削阶级都表现为人的自我异化）已经被废除，人类史会克服必然性的力量吗？马克

---

① Karl Marx, *Le Capital*, T. I, p. 91. 中文版参见《马克思恩格斯全集》第 44 卷，第 97 页。译文略有改动。——译者注

② Karl Marx, *Le Capital*, T. I, p. 91. 中文版参见《马克思恩格斯全集》第 44 卷，第 97 页。

③ Karl Marx, *Le Capital*, T. I, p. 89. 中文版参见《马克思恩格斯全集》第 44 卷，第 95 页。

思并不急于离开必然王国。在《资本论》第三卷中,他写道:"事实上,自由王国只是在必要性和外在目的规定要做的劳动终止的地方才开始;因而按照事物的本性来说,它存在于真正物质生产领域的彼岸。像野蛮人为了满足自己的需要,为了维持和再生产自己的生命,必须与自然搏斗一样,文明人也必须这样做;而且在一切社会形式中,在一切可能的生产方式中,他都必须这样做。这个自然必然性的王国会随着人的发展而扩大,因为需要会扩大;但是,满足这种需要的生产力同时也会扩大。这个领域内的自由只能是:社会化的人,联合起来的生产者,将合理地调节他们和自然之间的物质变换,把它置于他们的共同控制之下,而不让它作为一种盲目的力量来统治自己;靠消耗最小的力量,在最无愧于和最适合于他们的人类本性的条件下来进行这种物质变换。但是,这个领域始终是一个必然王国。在这个必然王国的彼岸,作为目的本身的人类能力的发挥,真正的自由王国,就开始了。但是,这个自由王国只有建立在必然王国的基础上,才能繁荣起来。工作日的缩短是根本条件。"①

那么,社会主义-共产主义能够克服必然性,并将这种必然性作为自己的基础吗? 它能够实现"自由"王国吗? 马克思的回答是肯定的。因此,当他完全阐明了存在于物质生产中的**现实**、**存在**、**世界**、**总体性**和**人类史**的本质之后,他又谈论了某种"超越现实的物质生产领域"的东西,这种"超越"虽然内在于人类史之中,但不会因此而妨碍它**超越物质生产**。一旦物质生产建立起它的全能性(toute-puissance),并通过逐步征服世界而完成,一旦技术在同自然的斗争中取得胜利,"现实"之谜——世界总体的生成性存在之谜、人和社会的历史之谜,是否会在物质生产之外的视域——超越物质生产的视域——中被揭示出来呢?

---

① Karl Marx, *Le Capital*, T. III, Livre III, Paris: Éd. Sociales, p. 873-874. 中文版参见《马克思恩格斯全集》第 46 卷,人民出版社 2003 年版,第 928—929 页。

二、政治的问题式

同经济问题一样模棱两可的和多功能的是政治问题；事实上，后者更是如此。马克思旨在消灭政治。在他看来，政治从来都不是一种真实的力量。他有时似乎将一种近乎本质性的现实让渡给国家和政治，从而使它们表现为某种并不只是一种经济的现实内容的一种简单形式——这既是赋形的（formatrice）也是脱形的（déformante）。譬如，他将国家看作建立在一种基础之上的东西。当他指出这样一种情况之后，即在个人利益与公共利益的矛盾中，"公共"利益取得一种如同国家一样的独立形式，将特殊利益和现实利益区别开来，甚至相对于真正的共同利益也是自主的，并构成一种虚幻的共同体，马克思认识到"这始终是在每一个家庭集团或部落集团中现有的骨肉联系、语言联系、较大规模的分工联系以及其他利益的联系的现实基础上，特别是在我们以后将要阐明的已经由分工决定的阶级的基础上产生的，这些阶级是通过每一个这样的人群分离开来的，其中一个阶级统治着其他一切阶级"①。马克思也看到在中世纪的流动人口中，"**马和剑**（*le cheval et l'épée*）（在它们是**真正的生存手段**的地方）也都被承认为真正的政治的

---

① Karl Marx, Friedrick Engels, *L'Idéologie allemande*, *Œuvres philosophiques*, T. VI, p. 173. 中文版参见《马克思恩格斯文集》第 1 卷，第 536 页。

生命力"①。

"然而",马克思始终批评全部历史编纂学只能"看到历史上伟大的政治事件",而无视国家和政治形态得以建立的"真实的历史基础"。全部历史编纂学,无论是伪客观的(pseudo-objective)还是主观的,无论是法国的、英国的还是德国的,"在每次描述某一历史时代的时候,它都不得不**赞同这一时代的幻想**"②。政治还没有被看作赋予现实的动机以形式的行动(la mise),被看作一种由于实际的实践无法在人和社会的层面上实现自身所唤起的力量。作为真正的实际的社会趋势的概括,作为它们的斗争的目录(sommaire),建立在经济基础之上的政治作为上层建筑的一种形式,永远无法逃脱异化,它只有通过废除自身才能实现自身。"正如**宗教**是人类的理论斗争的目录(le sommaire)一样,**政治国家**(l'*État politique*)是人类的实际斗争的目录。可见政治国家在自己的形式范围内从**共和制国家**的角度反映了一切社会斗争、社会需求、社会真理。"③然而,这一目录必须加以分析,因为在公民(l'homme citoyen)的主权的外表下,私有财产的主权得以展开。既然马克思想要废除分裂的经济生活和私有财产、分工和商品王国(le règne de la marchandise),那么他同样希望废除政治生活和国家、官僚化的公务员制度(le fonctionnariat bureaucratisé)和行政机构王国(le règne de l'appareil administratif)。但是,国家和政治能够允许为了人的类存在而被废除吗? 人自身的力量按其本质来说是社会力量,如果没有政治形式的中介,它们能否被组织、协调和规划呢? 马克思毫不犹豫地对这个重要问题作出了肯定的回答。

在《论犹太人问题》中,马克思积极主张建立人自身的力量(les

---

① Karl Marx, *Économie politique et philosophie*, *Œuvres philosophiques*, T. VI, p. 65. 中文版参见《马克思恩格斯文集》第 1 卷,第 232 页。

② Karl Marx, Friedrick Engels, *L'Idéologie allemande*, *Œuvres philosophiques*, T. VI,p. 187. 中文版参见《马克思恩格斯文集》第 1 卷,第 545 页。

③ Karl Marx, *Lettres de Marx à Ruge* (*mai 1843*), *Œuvres philosophiques*, T. V, p. 209. 中文版参见《马克思恩格斯全集》第 47 卷,第 65 页。

forces propres de l'homme)和社会形式（les formes sociales）之间的同一性（l'identité）。"只有当现实的个人把抽象的公民复归于自身，并且作为个人，在自己的经验生活、自己的个体劳动、自己的个体关系中间，成为**类存在物**的时候，只有当人认识到自身'固有的力量'是**社会**力量（forces sociales），并把这种力量组织起来因而不再把社会力量以**政治**力量（la force *politique*）的形式同自身分离的时候，只有到了那个时候，人的解放才能完成。"①难道这种堂而皇之的诉求不是抽象的吗？难道单个人在他的经验生活中不能与作为总体的人类社会相一致吗？难道人的类存在无法克服中介、超越分裂而获得同一性吗？如果没有国家和政治行政机构，没有任何凌驾于事物与存在之上的权力组织，由所有个人构成的总体社会能否凭借完全**有计划的行星**技术（technique *planifiée* et *planétaire*）而运转起来呢？②介于需要组织、生产组织、分配组织和满足组织之间的器官（les organes）和有机体（les organismes）是否会成为多余的（rendus superflus）呢？

　　谈论一种诉诸废除政治和国家、行政机构和官僚主义的马克思主义的乌托邦，并不会有助于我们更好地看清问题。人们已经多次注意到马克思视域中的这种无政府主义论调（l'accent anarchiste）。然而，仅从这一点出发，我们还不能确定全部技术的整体发展（甚至超过所有人的整体发展）如何使政治本身变得无用。技术并非不能吸纳政治。我们并不排除人们的私人生活和公共生活之间的关系确实会进入一个新阶段。或许这些制度（les institutions）是如此缺乏有生命力的东西，以至于它们将被证明是无法存续的，因为它们要么维持原样，要么被加以改造。当我们继续使用 19 世纪的政治理论的各种概念时，我们不应该再以粗略的方式来把握特殊的政治问题式。技术正在越来越多地动

　　① Karl Marx, *La question juive*, *Œuvres philosophiques*, T. I, p. 202. 中文版参见《马克思恩格斯文集》第 1 卷，第 46 页。
　　② 关于这些话题，请参见作者的文章：Kostas Axelos, "La politique planétaire," in *Vers la pensée planétaire*, p. 297 - 318.

摇全部政治惯例，并且可能正在准备废除作为政治的政治（la politique en tant que politique）。在这种情况下，技术将接过政治的任务，但不一定通向马克思所设想的有些过于田园诗般的和谐的世界。

毫无疑问，马克思完全忽视了权力意志及其隐含的一切矛盾和冲突根源。他认为，废除一般的经济异化和特殊的资本主义异化也将会废除任何国家和政治上层建筑，废除任何专门化的行政机构和官僚体制。他也看到，民族国家是通过普遍的人类史而被吸纳进普遍的人类史之中的，这一愿景无疑是远比前者更为现实的。他坚信，在没有阶级和国家的、没有任何特殊权力形式的、世界性的社会主义社会中将不再有暴力革命和战争。马克思从这一愿景中汲取了力量。我们更倾向于将其视为缺点。然而，力量（force）和缺点（faiblesse）是不能被人为区分的。

我们有理由认为，正如马克思所倡导的那样，经济生活和政治生活的废除将为人的活动即游戏（jeu）打开一种新视域。如果通常意义上的"劳动"作为劳动被废除，那么人的连续的、多样的生产活动难道没有遵循游戏的秩序（l'ordre du jeu）吗？如果政治本身不再是必要的，权力不再自我设定为一种特殊的自主的力量，那么维持人类事业凝聚力（la cohésion des entreprises humaines）的全部东西难道无法在游戏中得到保障吗？这种力量和形式的游戏（ce jeu des forces et des formes）将不同于已知的游戏模式。它将会部署自己的"规则"，而不必遵循任何超验的意义或外在的目的。人类的全部经济史和政治史或多或少遵循着悲剧的秩序（l'ordre de la tragédie）。当社会形式和社会力量变得枯竭——这同样是我们现在正在目睹的场景，一切又将在喜剧中经历第二次死亡。我们看到马克思将喜剧看作历史形式（forme historique）的最后阶段，看作一部真正的主角早已死去的戏剧的怪诞重演。马克思认为历史正是遵循了这一进程，因此人类才能愉快地告别过去，他为"现代旧制度"的政治权力宣告了这个美好的历史命运、这个滑稽的结局。马克思在《〈黑格尔法哲学批判〉导言》中指出："**现代的旧制度**

(*l'ancien régime* moderne)不过是**真正主角**(les *héros réels*)已经死去的那种世界制度的丑角。"①通过指出人的社会活动将自身表现为游戏(jeu)这一新视域的可能性，我们正在考虑一种不再具有悲剧性和戏剧性的游戏，因为这类游戏的主角已经死去，因此不再变得滑稽，因为滑稽的拙劣模仿中——在完全的嘲笑(la dérision totale)中——一切都会遭遇第二次死亡。这种游戏知道如何超越悲剧和戏剧，从而可以部署自身的形式和能量。

这场打着马克思的旗号的政治游戏(le jeu politique)，这场肇始于马克思的旨在建立自诩为社会主义的社会和国家的政治运动，似乎远离了创始人的目标。② 不过，这场运动，这些社会和国家的确**在某种程度上**使作为其源泉的思想得以实现出来。无论如何，它们实现了这一思想的**某个维度**——它的最大的维度，同时也"背叛"了其原初意向的一种重要而本质的轴心。思想家马克思反复强调，无论是哲学体系还是政治制度，它们的真理的实现——这始终是一个迷误——意味着它们的废除和消亡，每一次伟大的胜利都是一次失败的前奏。所以，尽管以不同的方式，他所说的资产阶级民主也同样不适用于社会主义社会的运动吗？于是，马克思竭尽全力进行社会主义批判来推动代表制度(le système représentatif)走向其最终的、致命的胜利，以便使代表制度在这种胜利中并通过这种胜利而垮台。因此，他在致卢格的信中写道："批评家把代议制度从政治形式提升为普遍形式，并指出这种制度的真

---

① Karl Marx, *Contribution à la critique de la philosophie du droit de Hegel. Introduction. Œuvres philosophiques*, T. I, p. 90. 中文版参见《马克思恩格斯文集》第 1 卷，第 7 页。

② 在马克思的思想中，他从来没有把过去的革命——他已经学会分析过去革命的命运——教给他的经验教训在未来的维度上贯彻到底。他没有看到每一次革命转变成一种事物的现存状态(即便仍然是流动的)时都会遇到的那种命运(甚至是永久的命运)；他并没有停下来思考这些问题：一方面是运动同动力(l'élan)之间的区别，另一方面是运动和已建立的制度(le régime institué)之间的区别。在他看来，创造性动力(la poussée novatrice)的真理和技术组织(l'organisation technique)的行动在世界历史上第一次成为一回事。

正的基本意义,也就迫使这些人越出自身的范围,因为他们的胜利同时就是他们的失败。"①目前,我们只能提出这样一个问题:通过把这种社会主义制度从它的政治形式提升到普遍形式,通过阐明其归结于自身的真正意义,我们难道不能迫使它通过这种方式——任何完成的胜利都将导致失败,这反过来又为一种新的征服做好准备——来超越自身吗?

---

① Karl Marx, *Lettres de Marx à Ruge*（mai 1843）, *Œuvres philosophiques*, T. V, p. 209. 中文版参见《马克思恩格斯全集》第 47 卷,第 66 页。

三、人类学的问题式

共产主义希望在世界历史上第一次**塑造**(*instaurer*)的人就是类人(l'homme générique /*Gattungswesen*)，总体的人，作为自身基础的人，既能把自己作为人生产出来又能创造世界的人。尽管这种人还从未存在过，但这种人能够且必然会存在，这不是根据某些关于人的想象或理想，而是通过连续不断的变革性的人类活动实现的。不过，在马克思看来，实现全面发展的**个人**也将是完全**社会化**(totalement *socialisé*)的人，因为总体的社会和总体的人将是同一的。作为总体主义者(totaliste)而非极权主义者(totalitaire)，马克思将人理解为人类的一个有机组成部分，每个人的个体存在都将融入世世代代的生成(le devenir des générations)中。

一方面，过去时代的人**还尚未**达到成熟。技术(la technique)还尚未切断将其同自然和原始社会联系起来的脐带(le cordon ombilical)。另一方面，处于不同的极其简单的完全明显的生产时代的人们陷入了建立在直接的专制统治和奴隶制之上的关系之网中。而且，原始人或古代人没有将其本质的客观的力量投入适于自我发展的生产力中——这既是关于这些生产力的自我发展，也是人本身的自我发展(当然，人的这种自我发展同时是人的异化)。随着人通过发展他的生产而逐渐获得发展，随着人通过发展劳动生产力而生产人自身，人也进一步使自身发生异化和物化，从而生活在一个充斥着仍然外在于他的产品对象的拜物教世界（monde fétichisé）中。资产阶级的资本主义社会完成了这个把人转变为物（choses）并错误地赋予物以"人的"特性的过程。人们戴上了社会的面具（masques sociaux），人与人的社会关系借助物与物的关系形式表现出来——人们甚至远远超出了"借用"这种形式，使自身实际地发生物化。商品生产的统治将一切都变成了商品，在世界性的讨价还价（marchandage mondial）中人（la *persona*）与物（la *res*）被混淆了。尽管如此，这个社会的发达的技术将通过废除资本，从而解放技术力量及其自身的人的力量与社会力量，使人能够以一种实践的、技术的方式展望他的全面发展和整体解放。生产力在资产阶级制度范围内的高度发展、异化和物化的完成，构成了允许人意识到自己的力量、开始征服和占有人的存在以及占有一切现有之物和被制造之物的条件。

在马克思看来，正是人生产出人。人通过生产人的生活而生产出人自身。人将他的（人的）存在（être［humain］）、他的本质和他的生存（existence）都只归功于他的生产劳动（travail productif）。人既不是被上帝创造的，也不是被大写的自然（la Nature）创造的。作为人，他创造了自身。马克思的人道主义是完全彻底的。他认为没有什么东西高于人的生产率（la productivité humaine）。生产是一种绝对**正题的**（absolument *thétique*）力量：初始设置（la position initiale）就存在于其中。生产也是否定性的动力，它发展了**反题的**（*antithétiques*）力量。最后，正是在生产中并通过生产才能实现最高的**合题**（la *synthèse*）。

工人创造了人，发达的技术为人的人性的全面发展创造了诸条件。人总是异化的。私有财产和商品生产的统治使人完全物化，但同时且首先在自然生成为历史的过程中，这种统治又生产出能够完全自我解放的人。对马克思来说，人的解放、物化的扬弃、实际的去异化（la désaliénation effective）即意味着通过人而对人的存在的一种**恢复**、一种**复归**和一种**重新获得**，尽管这种存在还从未施展他的力量。经济异化的废除以及其他全部异化的相继废除将允许人再次占有他的存在，人的这种存在还从未存在过，人的生成导致现有的事物状况。然而，正是这种事物状况促使人在人的社会的生成中实现其充满活力的可能性——在扬弃它之后。

马克思似乎无法逃避任何大写的历史观(vision de l'Histoire)都必然遭遇的命运，尽管他想极力不屈从于它。在马克思的视域中，难道没有一种和谐的总体性(la totalité harmonieuse)的**出发点**、一种整体的统一性(l'unité intègre)的**出发点**吗？尽管它还尚未在经验上存在过，但它将在和解的未来、在废除异化之后更高层面上重新获得。难道我们没有从中看到一个**漫长而痛苦的**渐进的**异化过程**现在达到了它的顶点并孕育着未来吗？难道我们没有看到一种将会解放受生成过程所束缚的一切事物、塑造将完成恢复、复归和重新获得的人的**未来**吗？不将马克思的思想置于一种框架中，不将马克思的思想置于同其相异在的模式中，不希望将马克思的思想局限于一个圆圈或一个框架式的循环运动中，我们不禁认为在马克思那里存在这样一条道路，它引导被设定的人的存在通过否定人的人性的过程通向人与人的存在、人与世界的生成的和解。作为否定之否定的合题(未来的共产主义，异化的废除，人与自身、人与世界的和解)否定了反题(私有财产和物化的统治，资产阶级的资本主义的当下在场[le présent])，重新融入正题(人的存在本身首先被设定为总体的类人[homme générique total]，但这种总体的类人在过去任何时候都从未存在过)。如果不以某种方式阐明这种观点，或许任何整体性的历史思想都无法得到明确主张。不过，马克思的视域是动态的：对他而言，最重要的是通过人并为了人而征服世界，人将在这种永远的征服中(重新)获得人自身。

我们并没有从马克思那里看到许多关于总体的类人(l'homme générique et total)的东西，总体的类人只是通过发展这种生产性技术(technique productive)而使自己异化，这种生产性技术使总体的类人的重新获得成为可能的和必要的，并允许全面发展了的人宣告自己是总体的人。人的总体性存在于未来。总体的人将不再是异化的，而且必须克服自身的分裂。尽管不能以一种天真和粗略的方式把握总体的类人，尽管应将它看作面向一切事物的总体开放性和在各个时代的历史生成中通过人并为了人而产生的东西，但马克思的类人却让人会心一笑。我们甚至有权怀疑马克思对人的要求——人应该克服人自身的全部异化和一切异化、能够完全征服自身和世界——本身是否是意识形态的。我们也有权认为这种要求将自身建构为一种"异化"，一种更加抽象和虚幻的"异化"，因为它妄想终结一切异化。

人能够不再被"完全"打碎和撕裂，不再永远得不到满足和遭受深重痛苦吗？人能够不再被否定性所推动吗？除了废除人本身，一切人类学的、人的和与人的生存相关的"异化"能够被完全废除吗？

马克思对总体的人的诉求是非常乐观的。这个要求是广泛而丰富的，它呼吁人们心甘情愿地投身于一项无限开放的任务。尽管如此，马克思所说的类人也具有悲观的一面，我们必须承认的是：这种类人的语言是贫乏的，他的思想依赖于他的实践（praxis），他的爱与死亡对他来说不是一个问题，而是再生产过程和人类世代延续的一部分。"一方面……另一方面……"是被马克思批判为折中的、平庸的、犹豫不决的小资产阶级的那种类型的思想的公式。但是，马克思所勾勒的人的概念就不是"小资产阶级的"吗？一方面是美好的悲剧性个人和伟大人物的统治的终结，另一方面是劳动者的解放，这难道不会将一切事物都降低到处于世界性的暗淡灰色（la grisaille mondiale）中的普遍平均水平吗？

只是说人将成为——因为他在本质上是——类的和总体的人，因而这种人能够照亮开放性总体的生成性存在，还是不够的。马克思对统一（l'unité）和总体（la totalité）的狂热无法掩盖或者说没有掩盖他在何种意义上理解总体的统一性（l'unité de la totalité）。所谓总体的人实际上是"实践的唯物主义者（le matérialiste pratique/*der praktische Materialist*）"[①]，

---

　　① Karl Marx, Friedrick Engels, *L'Idéologie allemande*, *Œuvres philosophiques*, T. VI, p. 160. 中文版参见《马克思恩格斯文集》第 1 卷，第 527 页。

是"共 产 主 义 的 唯 物 主 义 者（le matérialiste communiste/*der kommunistische Materialist*）"①，是部署一种综合技术活动（activité polytechnicienne）和漠不关心地从事各种不同的劳动的人。"总体的"人的存在是在技术和实践（la pratique）、感性活动和物质活动、现实活动和实际活动中整体涌现出来的。那么，另一方面将会发生什么呢？是否只是作为属于上层建筑和升华的领域、属于意识形态的浮云——构成一种虚假的神秘结果或神话结果——而必须被废除的"另一方面"呢？或者我们能否在马克思那里目睹关于一种新型的人即技术的人（l'homme de la technique）的初步把握（仍然非常接近的把握）呢？这种能够打破一切惯常的形而上学的和心理学的天花板（les plafonds métaphysiques et psychologiques）的新型的人是否不可能被创造出来呢？这是否排除了形而上学不再是人的本性的一部分？

我们尝试认真考察总体的个人（l'individu total）的个体性（l'individualité）和主体性（la subjectivité）没有成功，总体的个人的基础完全躲开了我们，如果它存在过的话。这意味着什么？这种"个人"，一种原子技术社会（société à technique atomique）的非原子论的原子（l'atome non atomistique）将会克服主体性和个体性吗？主体性的深奥（les profondeurs）——它 们 不 只 是 或 者 不 主 要 是 主 体 主 义（subjectivisme）、心理主义（psychologisme）、个人主义（l'individualisme）和利己主义（l'égotisme）的问题——如果不能在**扬弃**（la *Aufhebung*）中同时被"保存"的话，能否允许它们自身被克服呢？试图努力成为世界意识（conscience du monde）的自我意识能否被彻底超越呢？这有可能实现。但也有可能以这种形式提出的所有问题仍是令人绝望的哲学问题，因而是某种马克思想要废除的东西。个人的历史一旦融入世界历史，是否将会因此而不再涉及它自身的谜语、自身的变迁和自身的特

① Karl Marx, Friedrick Engels, *L'Idéologie allemande*, *Œuvres philosophiques*, T. VI, p. 164. 中文版参见《马克思恩格斯文集》第 1 卷，第 530 页。

殊魔力(démons spécifiques)了呢？它是否将会不再遭受质疑和苦恼
呢？曾向俄狄浦斯提出谜题的斯芬克斯(le Sphinx)是否会不再——以
问题的形式(forme de questions)——提出从而不必予以回答的决定性
问题呢？马克思没有回答这些问题。不仅如此，他甚至没有提出这些
问题，至少没有明确提出它们。

四、意识形态的问题式

    在马克思主义的思想运动中产生的诸多问题,没有哪一个能够被轻易阐释清楚,更不用说由它引出的各种问题了。而且,我们缺乏使我们有可能设身处地弄清这些问题的视域。在经历了思辨思想的狂欢(la débauche)和浪漫主义的陶醉(l'ivresse romantique)之后,马克思希望保持清醒,成为实践(la pratique)的拥护者,为此唯一需要增加的就是对于实践的理解。在他的思想历程中,马克思的思想不断告别黑格尔和浪漫主义,有时会指名它们,有时则不会。他的信仰是不可动摇的:无论是卓越的思想,还是崇高的情感,都不能有效地解决真正重要的问题,即实践的问题。思辨思想的力量恰恰反映了其实际的无能为力,技术力量的发展将使哲学精神的意识形态建构变得无力而多余。"这种在观念上的超出世界而奋起的情形就是哲学家们面对世界的无能为力在思想上的表现。他们的思想上的吹牛(vantardises idéologiques)每天都被实践(la praxis)所揭穿。"①因此,通过实现哲学来废除哲学是否会导致唯一的生产活动(la *seule* activité productrice)的

---

    ① Karl Marx, Friedrick Engels, *L'Idéologie allemande*, *Œuvres philosophiques*, T. VIII, p. 248. 中文版参见《马克思恩格斯全集》第 1 版第 3 卷,第 440 页。

统治呢？它将会是人的唯一的或主要的能动激情（*passion active*）吗？①

只要它仍然囿于不可解决的二律背反（康德）或思辨的矛盾（黑格尔），只要它仍然混淆现实存在（la présence réelle）和观念再现（la représentation），思辨思想就难以成功解决唯一的二律背反、真正的矛盾。现实世界和抽象思想仍然彼此相互分裂。只要认识和意识背离现实生活，翱翔于现实生活之上，超越它或将其溶于思想中，只要唯心主义的意识形态建构、逻辑本体论的体系化和批判事业仍然在天上的云雾中不断形成，地上的现实生活就会继续按自己的方式存在下去。这种根本的不一致尽管表现了现实异化和意识形态异化的互补性（la complémentarité），但并没有提出问题。马克思力图自上而下地动摇一个并非统一的、一致的、合乎人性的世界的统一的自我夸耀（la prétention），并试图揭露这个世界的诸多矛盾。

一切被宣称为统一的东西现在仍然是支离破碎的。意识（être conscient）与存在（être），简言之，思维与存在、理论与实践可以被看作同一的，但是它们的统一或同一始终是一种神秘的统一或同一。我们无法理解"竟然有这样一个世界，在那里意识（être conscient/*Bewusstsein*）和存在（être/*Sein*）是不同的，而当我只是扬弃了这个世界的思想存在，即这个世界作为范畴、作为观点的存在的时候，也就是说，当我改变了我自己的主观意识（conscience subjective）而并没有用真正对象性的方式改变对象性现实（la réalité objective），即并没有改变我自己的**对象性**现实和其他人的**对象性**现实的时候，这个世界仍然还像往昔一样继续存在。因此，存在和思维（la pensée/*Denken*）的思辨的**神秘的**同一（l'identité *mystique* spéculative），在（意识形态的）批判那里作

---

① 该书的英文版中遗漏了最后两句。参见 Kostas Axelos, *Alienation, Praxis and Technē in the Thought of Karl Marx*, p. 319. ——译者注

为**实践**和**理论**的同样神秘的同一重复着"①。掩盖真实矛盾的这种神秘的同一必须被揭露、废除和超越，以便建立真正的统一。

世界总体的生成着的存在，正如它通过人类活动而自我存在和自我展现的那样，无疑被马克思视为一个整体。**尽管如此**，对他而言，总体(la totalité)也存在两个方面：一方面是物质的和现实的，另一方面是精神的和理想的。为了实现统一性，必须废除这种二元性。然而，尽管非神秘的统一——意识与存在、思想与存在、理论与实践(la pratique)、**逻各斯**(*Logos*)与实践(la praxis)的统一——可能被宣告是综合的、总体的、辩证的和一致的，尽管这个统一一包含着这些相互对立的力量的片面的特殊的真理(其中任何一种真理都错误地把自身当作全部的真理)，但是它将以物质的现实的存在的名义，在实际生产(la production effective)和物质实践(la pratique matérielle)的推动下实现出来。马克思对于决定性问题的回答往往与问题本身处在不同的层面上。在对思辨思想的戏仿(la parodie)中，马克思认为自己达到了思辨思想本身的高度。他仍认为自己超越了思辨思想，将康德和黑格尔远远甩在身后。然而，他是否只是超出了他宣称要超越的东西？他不是也没有达到某些康德和黑格尔的立场吗？

马克思对于**反思**他所宣称的统一并没有表现出太多的关注。这种统一只不过是一方面得到充分发展，另一方面又遭到废除的统一。他试图同时废除现实的差别和所谓的神秘的或思辨的同一。无论何时出现同一与差别、存在与思维的问题，他都会提到曼彻斯特和里昂的工人们和(同样去异化的)人的(去异化了的)群众的存在(existence de masse [désaliénée] de l'homme [également désaliéné])，正如他在《神圣家族》中所说的那样："但是，这些**群众**(*masses*)的共产主义的工人，例如在曼彻斯特和里昂的工场中做工的人，并不认为用'**纯粹的思维**(la

---

① Karl Marx, Friedrick Engels, *La Sainte Famille. Œuvres philosophiques*, T. III, p. 92. 中文版参见《马克思恩格斯文集》第 1 卷，第 358 页。译文略有修改。——译者注

pensée pure）'就能够摆脱自己的企业主和他们自己实际的屈辱地位。他们非常痛苦地感觉到存在和**思维**之间、**意识**和**生活**（la *vie*）之间的**差别**（la *différence*）。他们知道，财产、资本、金钱、雇佣劳动以及诸如此类的东西绝不是想象中的幻影，而是工人自我异化（aliénation de soi）的十分实际、十分具体的产物，因此，也必须用实际的和具体的方式来消灭它们，以便使人不仅能在**思维**中、在**意识**中，而且也能在群众的**存在**（*être* de masse/*im massenhaften Sein*）中、在生活中真正成其为人。"①

马克思所呼唤和预见的统一世界就像一个巨大的工厂，其中工厂主和工人之间的差别将会被废除，每个人既是雇主又是工人。思维将会服务于实践（la pratique）——**通过技术的辅助**（*ancilla technae*），头脑（la tête）不会转向双脚无法抵达的世界。哲学将被生产所吸收：首先是被物质生产的技术（les techniques de la production matérielle）所吸收，其次是被精神生产的技术（les techniques de la production intellectuelle）所吸收，因为马克思没有设法解决后者的命运。

马克思指出："**思维**（*penser/Denken*）和**存在**（*être/Sein*）虽有**区别**（*différents*），但同时彼此又处于**统一**（*un*）中。"②虽然古代人把"νοεῖν（思维）"和"εἶναι（存在）"在"αὐτό（同一）"中统一（l'unité）起来，但仍然能够继续提出问题。③ 马克思是否也知道，用脚走路可能会带来丧失

---

① Karl Marx, Friedrick Engels, *La Sainte Famille. Œuvres philosophiques*, T. II, p. 92. 中文版参见《马克思恩格斯文集》第 1 卷，第 273 页。个人与群众之间的对立注定会在各个人的群众存在和群众成员的个体化（l'individualisation）中被超越。历史活动的深度与广度是不可分割的。"随着历史活动的深入，必将是群众队伍的扩大。"（参见 *Ibid*., p. 145. 中文版参见同上，第 287 页。）将不再存在这样一些人，即作为精神的承载者、作为创造的能动精神的"选民"站在其他人——他们被视为愚昧的群众，仅被视为物质，提供简单物质——的对立面。

② Karl Marx, *Économie politique et philosophie*, *Œuvres philosophiques*, T. VI, p. 28. 中文版参见《马克思恩格斯文集》第 1 卷，第 189 页。

③ 参见 M. Heidegger, *Le Principe d'identité*, tr. G. Kahn, Arguments, n°7, 1958. 中文版参见［德］海德格尔：《海德格尔文集：同一与差异》，孙周兴、陈小文、余明锋译，商务印书馆 2014 年版，第 35—36 页。

头脑的风险？至于这个"头脑"，至于作为超越现实运动的思辨精神和"唯心主义的"辩证法、"抽象"思维和意识，马克思还不确定如何处理。我们在马克思的心路历程的几个方面上看到了他的尴尬。这是无法逃避的——思维着的头脑就在那里，一直困扰着他。人类能否停止用"头脑"来思考呢？因为超越理智主义(l'intellectualisme)的诉求并不一定能够解决思维的存在和生成问题。在废除了现有的劳动之后，在废除了劳动分工之后，因而在扬弃了体力劳动与物质劳动(le travail manuel et matériel)和脑力劳动与精神劳动(le travail intellectuel et spirituel)之间的差别之后，人类群众(la masse humaine)被要求从事的现实的、生产性的、实践性的和技术性的工作(les œuvres réelles, productives, pratiques et techniques)，前进中的人类(l'humanité en marche)被要求大规模地集体建造的无止境的工作，还只是用脚走路(marche à pied)的问题吗？人类会根据用脚站立的辩证法，利用技术工具(instruments de la technique)来改进和完善其步伐吗？我们已经多次指出马克思在关于思想和意识、理论和观念的问题上，简言之，关于"头脑"的问题上所遇到的种种困难。他尽可能地将这些"力量"归结为现实和实践(la pratique)，归结为活动和效能(l'efficacité)。然而，这些问题始终存在和发挥作用，并继续提出令人尴尬的问题。有时候，马克思甚至赋予它们一种特权角色，这种特权是相对于必然战胜它们的对手而言的。以下这段引自《资本论》的文字能让我们反思一下由这个充满能动性的头脑提出的问题，黑格尔的辩证法正是借助这个头脑来走路的，因而必须将黑格尔的辩证法颠倒过来以便让它能用脚走路——如果它不想头足倒立的话。"我们要考察的是专属于人的那种形式的劳动。蜘蛛的活动与织工的活动相似，蜜蜂建筑蜂房的本领使人间的许多建筑师感到惭愧。但是，最蹩脚的建筑师从一开始就比最灵巧的蜜蜂高明的地方，是他在用蜂蜡建筑蜂房以前，已经在自己的头脑中把它建成了。劳动过程结束时得到的结果，在这个过程开始时就已经在**劳动者的表象**中(la *représentation du travailleur*)存在着，即已经观念地存在着。他不仅使自然物发生形式变化,同时他还在自然物中实现**自己的目的**,这个目的是他所**知道的**,是作为规律决定着他的活动的方式和方法的,他必须使他的意志服从这个目的。"①因此,头脑的运作——可操作性的观念(les idées opérantes)、对将要做的事情的表象(la représentation)、从一开始就蕴含着实践活动将会产生的结果的知识(la connaissance)——发挥着决定性的作用。**有时**这种作用被马克思以一种"唯心主义的"方式所把握,而这又几乎是必然的,因为他**常常**质疑头脑的建构以及观念、表象、知识和意识的运作,将它们看作一种关于物质实践和现实技术(la technique réelle)的异化反映。整个问题式(problématique)仍然是模棱两可、含糊不清的,而不是辩证的。这里,没有辩证法能够帮助我们解决这样一个问题,即把所谓现实的辩证法(la dialectique dite réelle)与思维的辩证法(dialectique de la pensée)统一起来的辩证纽带(liens dialectiques)问题。马克思自己主要阐明了辩证法不是什么,或者一定不是什么,而没有阐明它是什么以及它是如何部署它的游戏规则的。

马克思的"真正的人道主义(l'humanisme réel)",他的**历史-辩证的**唯物主义(matérialisme *hisorico-dialectique*),主要是**实践的**唯物主义(matérialisme *pratique*)及其开放的共产主义(communisme ouvert),只是拒斥了传统形而上学及其相应的经济力量、社会力量和政治力量。然而,意志希望废除的东西并没有立即消失。超越的运动(le mouvement du dépassement)带走了许多它想要超越的东西,这是不可避免的,因为它们是超越运动的基础。马克思仍然从属于一种继续发挥作用的"形而上学",即使它是用脚站立的——而这远非他所考虑和希望的。而这也使他无法看清楚在扬弃了意识形态异化之后意识形态的命运和意识形态生产与精神生产(la production idéologique et

---

① Karl Marx, *Le Capital*, T. I, p. 180 - 181. 中文版参见《马克思恩格斯全集》第 44 卷,第 208 页。

spirituelle)的命运。我们不要草率地得出这样的结论，即马克思没有成功开辟一种全新的现实领域、一种新型的活动领域。它可能就是这种无法解决由思维产生的各种问题的活动和现实的"本质"。马克思希望实现哲学的迷误真理(la vérité errante)，即思辨的形而上学的思想的迷误真理。他想要完成它，并清算它。他在谈到这场反对**思辨形而上学**(la *métaphysique spéculative*)和**全部形而上学**(*toute métaphysique*)的斗争时指出："这种形而上学将永远屈服于现在为**思辨**(la *spéculation*)本身的活动所完善化并和**人道主义**(*l'humanisme*)相吻合的**唯物主义**(le *matérialisme*)。"①因此，一切意识形态的、唯心主义的和异化的思辨**活动**(le *travail* de la spéculation)将通向实践的唯物主义和真正的人道主义，由于新的总体的但实践的劳动制度的建立，将注定终结劳动异化(l'aliénation du travail)和意识形态异化。哲学通过实现自身来废除自身。也就是说，哲学实现自己的真理，消除自己的迷误(errance)。

哲学将自身**实现**出来。哲学将自身嵌入**现实**。哲学与现实的东西(le réel)合为一体。哲学**真正地**变为真正的现实(réalité vraie)、**真实的现实**(*réel véritable*)。在马克思看来，哲学通过不再是自赫拉克利特以来的样子，通过不再是哲学，以便成为世界。现实运动和实践活动的任务旨在促使(去物化的[déréifiée])"事物本身的逻辑(la logique de la chose)"的持续现实化(actualiser)，而非迷失在(异化的)"逻辑本身的事物(la chose de la logique)"。② 为了大写的存在(l'Être)、大写的一

① Karl Marx, Friedrick Engels, *La Sainte Famille. Œuvres philosophiques*, T. II, p. 224. 中文版参见《马克思恩格斯文集》第1卷，第327页。
② 马克思在《黑格尔法哲学批判》中指出："哲学的工作不是使思维体现在政治规定中，而是使现存的政治规定消散于抽象的思想。哲学的因素不是事物本身的逻辑(la logique de la chose)，而是逻辑本身的事物(la chose de la logique)。不是用逻辑来论证国家，而是用国家来论证逻辑。"参见 Karl Marx, *Critique de la philosophie de l'État de Hegel. Œuvres philosophiques*, T. IV, p. 42. 中文版参见《马克思恩格斯全集》第3卷，第22页。

(l'Un)和大写的总体(la Totalité),哲学思想消除了一切事物的具体规定。通过在世界中实现哲学来消灭哲学本身的时候到来了。哲学家们已经将谓词(les prédicats)变为主词(sujets),并使两者都变为抽象的。我们现在必须打破思辨命题及其逻辑的-辩证的演绎(enchaînements logico-dialectiques),将这一系动词(la copule)驱逐出观念的天国。存在本身(l'être même/Being itself),"是(le *est*/the *is*)"必须不再"存在(être/be)",以便在历史时间的生成中实现出来。

然而,对马克思而言,现实(le réel)仍然是多么成问题(a-problématique)！这是一个他没有加以证明却由此开始和最终抵达的现实。对他而言,现实的、真正的、积极的和实在的东西就是常识中的现实的、真正的、积极的和实在的东西,就是在马克思之后整个世界将会实际成为的样子。他看到了人已经做的和将会做的事情。通过拒斥哲学的视域(la vision philosophique)和宣告超越这种哲学视域,马克思通过否定哲学设定了这一现实,同时又以现实的名义否定了哲学。这样一来,他是没有跟上哲学思想的步伐呢？还是在另一方向上超越了哲学呢？然而,对于这个最严肃的、最重要的问题,在"解决"它之前,提出它的时机似乎还尚未到来。我们还几乎看不到马克思的目光所关注的东西。提出这个问题就变得更加困难,因为无论如何马克思还是谈到了存在于"真正物质生产领域的彼岸"的东西,但在彼岸世界中,哲学应当在废除自身中实现自身。技术的统治继承了思想的王国(royaume des idées)。技术本身构成物质生产的秘密和现实生成(devenir réel)的动力。它必须首先在深度和程度上实现自身。它会反过来被超越吗？会出现某种超越技术的,准确地说,超越整体的、普遍的技术(la technique globale et universelle)的东西吗？我们暂且让这个问题保持开放。除此之外,我们做不了任何事情,至少现在不能。

五、"未来主义的"问题式

在共产主义和解(la réconciliation communiste)的领域,自然主义、人道主义和社会主义将实现它们的本质,达到它们的完成。"**自然主义**(*naturalisme*)"是出发点,因此,它必须在最终结果中被完全实现出来。作为一种由自然驱力(pulsions naturelles)和物质需要所激活的存在,人必须通过不断更新自己的需要以及满足这些需要的方式来真正满足自己的驱力和需要。马克思的自然主义隐含着一种"生物主义(biologisme)"。而这种自然主义和生物主义是由**生产的动力**(l'*instinct de production*)推动的,这种生产动力以技术的方式创造出人和人类世界。**人道主义**(l'*humanisme*)是从人出发,从作为自身的根源和基础的人出发。它设定人的存在具有不可分割的自然性、人性和社会性。在完成了的人道主义的世界中,一切都将变为人的存在物和事物,一切都将在把他的存在对象化于他的工作中的人的实践活动中鲜明地显露出来。允许部署每个人的客观主体性(la subjectivité objective)的力量的人道主义,只有在社会主义中才能获得真正实现。社会主义在这里隐含着某种"社会学至上主义(sociologisme)"。"社会主义"这一术语当然是不确切的。对马克思来说,它有时是指一种简单的社会组织,这种社会组织并没有建立真正的新的结构,而只是翻修了旧的大厦。① 然而,严格来说,社会主义就是共产主义:社会主义使一切现存的东西和被制造的东西都社会化和集体化,从而建立起人类社会。因此,社会主义在共产主义中完成。后者是以技术的高度发展和私有财产的废除为前提,使所有事物都变为人们的共有之物(le bien commun),人们将不再是孤立的个人,不再是某个阶级的成员或某个国家的公民,而是一个属于全人类的共同体中的生产者和消费者,始终在生成中的历史的主角。只有在共产主义中,自然向历史的转化和历史向世界历史的转化才得以完成,与此同时才真正开始。共产主义的本质在于通过人并为了人——人开启了一种总体的技术(technique totale)——来征服地球和宇宙。

自然主义、人道主义和社会主义-共产主义是建立在绝对生产率(la productivité absolue)、实践活动(l'activité pratique)和改造性的实践(la praxis transformatrice)之上的——简言之,它们是建立在大写的技术(la Technique)之上的。技术不能被简单地还原为机器和有限的工业生产。它是历史的动力,是将自然转化为历史的力量,是普遍历史运动的发动机。因此,它既是起点,又是终点(终点亦即再次出发的起点)。正是大写的技术构成了自然主义、人道主义、社会主义和共产主义的基础。正是大写的技术最初是欠发达的,然后成为异化的,它自身也带来异化,并将最终获得完全解放。人与自身、人与世界的(征服式的)和解的统治将是完美的技术主义(technicisme achevé)的统治。当"这种复归是完全的复归,是自觉实现并在以往发展的全部财富的范围内实现的复归"②时,当它自由地即按照自己的意愿来支配其面前所发现的一切有用材料时,这种技术主义就"第一次自觉地把一切自发形成的前提看作是前人的创造,消除这些前提的自发性,使这些前提受联合

---

① Friedrich Engels, *Projet d'une profession de foi communiste*, in *Manifeste communiste*, p. 127.

② Karl Marx, *Économie politique et philosophie*, *Œuvres philosophiques*, T. VI,p. 22 - 23. 中文版参见《马克思恩格斯文集》第 1 卷,第 185 页。

起来的个人的支配"①。"自然的"东西和"人造的"东西之间的区别似乎注定会消失。通过恢复（reprenant）和收复（reconquérant）一切过去的俘获物，完美的技术主义对它们进行了如此深刻的改造，以至于剥夺了它们的全部古老性质，并在持续的现实化（actualisation）过程中维持着它们。一方面，一切被视为自然存在物的东西都是人造的。另一方面，最糟糕的人造物被当作自然的。因此，被解放的技术将同时废除"自然性（la naturalité/naturalness）"和"人造主义/人造性（l'artificialisme/artificiality）"，使一切事物向人们和人类大众的感性活动完全敞开。

自然主义-人道主义-共产主义不仅要废除已经实现了的劳动，而且要废除已经分裂了的经济生活，废除（根据物化标准的）人的生产本身。同样要被废除的还有国家、政治、官僚主义、道德和家庭、宗教和各种各样的意识形态形式。此外，全部异化和人的生存（l'existence des hommes）所沉湎其中的全部异己性（étrangeté）都必须被超越，正如"自然性"和除了感性活动之外的整个"世界"都必须被超越一样。这一系列的消灭、废除和超越——更确切地说是它们的总和——是共产主义的特有行为，反之，共产主义也将会在某一天被超越。我们正是在这个意义上谈到马克思主义创始人对于超越（dépassement）的强烈渴望和对于虚无化（néantisation）的激情。一切都被宣告为非存在的，都注定沉沦为虚无（le néant）。

因此，一切被视为超感性的东西（suprasensible）都将回到它们的原点，即感性（le sensible）。异化生产（la production aliénée）的异化产物，在被消除之后必须被"总体的"实践（la praxis «totale»）重新占有。但是，这些"超感性的"力量如何在被废除之后被重新占有呢？这种重新占有将会包含什么呢？整个形而上学都建立在肉体和高于肉体的东

---

① Karl Marx, Friedrick Engels, *L'Idéologie allemande*, *Œuvres philosophiques*, T. VI, p. 231. 中文版参见《马克思恩格斯文集》第1卷，第574页。

西、感觉和感觉的基础、物质和精神、事物和观念之间的区别（la distinction）和差异（la différence）之上。这种区别的废除即意味着形而上学及其力量的崩溃（l'effondrement）。因此，显而易见的是形而上学的视域是有限的，并将我们束缚在这种局限之中。

马克思真的废除形而上学了吗？我们已经多次尝试从各种角度来解答这一问题，以便界定它的中心。最重要的是不要忽视它。马克思首先颠倒了由希腊人（les Grecs）、基督徒（les Chrétiens）和现代人（les Modernes）所建构的西方传统形而上学。他否定了**超感性**（*suprasensible*）、形而上学和精神的优先性，将它们带回它们的诞生地。然而，他赋予了感性、历史性的身体（l'historiquement physique）和物质以特权地位。他由此**颠倒**了形而上学。马克思颠倒了这个作为"现实世界（le monde réel）"的"颠倒的世界（le monde renversé）"，因此，真正的现实才有可能在用脚走路的、去异化的世界中以实践的方式建立起来。① 与此同时，马克思**完成了**现代形而上学，在将其颠倒过来之后使它普遍化。他似乎并没有成功地废除和消灭现代形而上学。实践（la pratique）和关于实践的理解、现实运动和超越现实运动的意识运动进一步构成两种秩序，尽管它们断言一切都是统一的。而且，现实的实践（la pratique réelle）重新占有意识形态的世界这一事实表明，意识形态的世界实际上并没有被摧毁。谈到去异化的人，同自身与总体和解的人，马克思解释道："只有这样，单个人才能摆脱种种民族局限和地域局限而同整个世界的生产（也同精神的生产）发生实际联系，才能获得利用全球的这种全面的生产（人们的创造）的能力。"②于是，在废除精神的世界之后，似乎会出现一种"精神"秩序的生产性技术（technique

---

　　①　因为直到异化被克服，"这个颠倒了的世界是现实的世界"。参见 Karl Marx, *Lettres de Marx à Ruge*（mai 1843），*Œuvres philosophiques*，T. Ⅴ，p. 199. 中文版参见《马克思恩格斯全集》第 47 卷，第 59 页。

　　②　Karl Marx, Friedrick Engels, *L'Idéologie allemande*，*Œuvres philosophiques*，T. Ⅵ，p. 181‑182. 中文版参见《马克思恩格斯文集》第 1 卷，第 541—542 页。

productive d'ordre «spirituel»)。然而，这种新的精神维度无法成为所谓唯一的整体的物质实践的秩序(l'ordre de la pratique matérielle)——即使在共产主义世界中也无法实现这一点，但它将会有所**不同**。我们已经多次试图指出马克思在"上层建筑"的力量的最终命运这一问题上所遇到的巨大困难。这些问题总是在它们不应该出现的地方不断出现。在谈到**精神本身的**生产(la production *même spirituelle*)时，马克思将它放进了括号里。但尽管如此，它并没有不再是能动的。这个问题绝不会通过说一句这些新的精神力量将不再像旧的精神力量一样就能够被解决。它们的"精神"性质恰恰是个问题。作为不同于技术和物质实践的精神、思想和意识的力量，它们通过它们的存在本身——尽管它们是次要的力量——证明了统一(l'unité)不是总体的和牢不可破的。那么，以征服世界为目标的人类事业是否有统一的基础呢？尽管全部的技术努力都是为了吞并它，但超越技术的东西会继续存在吗？这个世界是否会不再拥有**两面性**呢？

马克思始终是二元论的坚决反对者。无论是柏拉图式的二元论(le dualisme platonicien)(它在其起源中还没有离开**自然**[la *physis*])，还是基督教的二元论(马克思称之为"现实的二元论")，抑或现代的"抽象的"二元论，都没有能够真正克服人的人性和全部**否定**人性的东西之间的对立。这种对立在现代达到其发展的顶峰，并将一切事物都囊括进它自身的抽象中。马克思指出："抽象的反思的对立性只是现代世界才有。中世纪是**现实的**二元论，现代是**抽象的**二元论。"①他继续说道，现时代(l'époque moderne)、**文明**时代(l'époque de la *civilisation*)"使人的对象性本质(l'essence objective)作为某种仅仅是外在的、物质的东

① Karl Marx, *Critique de la philosophie de l'État de Hegel. Œuvres philosophiques*, T. IV, p. 72. 中文版参见《马克思恩格斯全集》第 3 卷，第 43 页。

西同人分离,它不认为人的内容是人的真正现实"①。共产主义时代将完成现代(les temps modernes),同时开创一个新纪元。希望并力图以人的名义来征服世界的共产主义实践能够消除二元论本身和所有二元论吗? 拥有去异化的技术的人们,注定肩负起实现旧约箴言的使命的人们,摆脱了一切罪恶和诅咒的人们,统治着地球的人们,难道会忽视二元论的裂缝吗? 当客观主体开始着手征服地球土地(la terre)——"人类劳动的**一般对象**(*objet général*)"②,如果不是宇宙(l'univers),摆脱了一切限制的客观主体(les sujets objectifs)是否也会摆脱任何压在其感性活动之上的重担呢? 在通过将土地、水和空气变为人的土地、水和空气而占有它们的斗争中,这个行星的征服者(les conquérants de la planète)**会忽略**任何损害,或者对这些损害**无动于衷**吗? 他们确实会技术地生产他们的生活,并将(以这种或那种方式)进行再生产。但这对他们来说就足够了吗? 马克思为"整个世界的生产(以及精神的生产)"③保留了一定空间。但对于精神生产的本质和表现方式,马克思是保持沉默的。

希腊世界是在**自然**领域(l'horizon de la *Physis*)中按照支配着混沌的宇宙秩序(l'ordre du Cosmos)进行生活和思考的。**自然**的时代(l'ère de la *physis*)被创世的时代(l'ère de la Création)所取代。基督教世界依赖于造物主(le Créateur),后者从虚无中创造出世界,并预先注定了它将走向世界末日(l'Apocalypse)。然后从某一时刻开始,新的任务出现了:进入生产的时代、通过人来创造人的时代、塑造世界(la

---

① Karl Marx, *Kritik des hegelschen Staatsrechts* (1842—1843), in S. Landshut (Hrsg.), *Karl Marx: Die Frühschriften*, p. 99. 中文版参见《马克思恩格斯全集》第 3 卷,第 102 页。

② Karl Marx, *Le Capital*, T. I, p. 181. 中文版参见《马克思恩格斯全集》第 44 卷,第 209 页。

③ 在该书的英文版中,此处为"整个世界的物质生产(和精神生产)(the material [as well as intellectual] production of the whole world)"。参见 Kostas Axelos, *Alienation, Praxis and Technē in the Thought of Karl Marx*, p. 328.——译者注

fabrication du monde)的时代、所有人普遍占有(人的)全部创造物。人意识到人是自己的根源，更准确地说，人正在成为他自己的根源，于是，人开始通过激进的革命并运用一种整体的技术(technique intégrale)来完全满足他的根本需要。根据马克思的人道主义的激进主义(le radicalisme humaniste)，**根本需要**(les *besoins radicaux*)就是对**食物**(*nourriture*)、**居所**(*habitation*)和**衣物**(*vêtements*)**的需要**。马克思非常谨慎地增加了"以及许多其他东西"，从而为其他需要的表现形式敞开大门。他指出："但是为了生活，首先就需要吃喝住穿以及其他一些东西。"①关于**这些其他东西**，马克思并没有加以阐明。由于对总体性的渴望，马克思总是想从人类需要的总体出发，要求通过感性的、实践的、综合技术的(polytechnicienne)和普遍的活动来完全满足这些需要。由于一切需要和一切感觉——"肉体的和精神的感觉"②——已经且仍然是异化的，人们必须通过废除"两个方面"③的异化而使**基本需要**(*besoins élémentaires*)的必要满足成为可能，这些基本需要对生活(吃喝穿住)来说是必不可少的。而**其他需要**并不那么重要，因为它们在某种程度上取决于上层建筑和精神力量的依旧晦暗不明的命运。

　　马克思想要恢复人从未有过的尊严。毫无疑问，他怀疑生命的简单的和复杂的生产及其再生产还不足以使人的生活变得宜居。但是，他所做的不就只是怀疑吗？他强烈抨击资产阶级的庸俗的生命观念，即把生命贬低为动物为了免于灭亡和使自己的物种永存而必须采取的行动。马克思在写给卢格的信中指出："庸人(小资产阶级)希求的生存

　　① Karl Marx, Friedrick Engels, *L'Idéologie allemande*, *Œuvres philosophiques*, T. VI, p. 165. 中文版参见《马克思恩格斯文集》第 1 卷，第 531 页。

　　② Karl Marx, *Économie politique et philosophie*, *Œuvres philosophiques*, T. VI, p. 30. 中文版参见《马克思恩格斯文集》第 1 卷，第 190 页。

　　③ Karl Marx, *Économie politique et philosophie*, *Œuvres philosophiques*, T. VI, p. 25. 中文版参见《马克思恩格斯文集》第 1 卷，第 186 页。

和繁殖(歌德说,谁也超不出这些),也是动物所希求的。"①但是,他恰恰想要废除如此这般的世界。"首先必须重新唤醒这些人心中的人的自信心(le sentiment),即自由。这种自信心已经和希腊人一同离开了世界,并同基督教一起消失在天国的苍茫云雾之中。只有这种自信心才能使社会重新成为一个人们为了达到自己的崇高目的而结成的共同体,成为一个民主的国家。"②这些将会克服自我异化和社会拜物教(les fétichismes sociaux)的人类共同体的**崇高目的**(*fins les plus élevées*),我们还无法清楚地看到它们。马克思在这方面没有提供多少帮助。当物化(la réification)被废除、人类拥有人与人和人与物的合乎人性的关系之后,新情境下的**崇高目的**会是什么呢? 这一目的的**更高层面**会是什么呢? 马克思**希望**人重新获得人的世界(le monde de l'homme)、人的人性、人的自我感觉(sentiment de soi/*Selbstgefühl*),因为人"还没有获得自身或已经再度丧失自身"③,正如我们在其《〈黑格尔法哲学批判〉导言》中读到的那样。马克思试图同时超越主体和客体。无论主体还是客体都将同时被消灭和超越。于是,主客体之间的联系将继续存在,但这种联系本身既非主观的也非客观的,它们将在这种联系面前并通过这种联系消逝,并丧失它们的个别特殊性(particularité)。主体将被超越是我们几乎准备承认的。但与此同时,客体也将被超越。技术如此深刻地改造了客体,以至于客体将不再是客体。**自然**(la *physis*)的**存在物**(lesőντα/beings)和**现象**(les φαινόμενα/manifestings)将让位于基督徒的**被创造的统一体**(*entia creata*),而这些在现代思想家看来现代的东西又反过来被作为主体的客体所追随着。为了不断生产的持

---

① Karl Marx, *Lettres de Marx à Ruge* (*mai 1843*), *Œuvres philosophiques*, T. V, p. 196. 中文版参见《马克思恩格斯全集》第 47 卷,第 57 页。

② Karl Marx, *Lettres de Marx à Ruge* (*mai 1843*), *Œuvres philosophiques*, T. V, p. 196. 中文版参见《马克思恩格斯全集》第 47 卷,第 57 页。

③ Karl Marx, *Contribution à la critique de la philosophie du droit de Hegel. Introduction. Œuvres philosophiques*, T. I, p. 84. 中文版参见《马克思恩格斯文集》第 1 卷,第 3 页。

续过程，有计划的行星技术(la technique planifiée et planétaire)旨在超越主体和客体。**生产**过程——生产的节奏和类型——远比易腐坏的**产品**要重要得多。

客观性的"主体"(le «sujet» objectif)，特别是**生产性的**"主体"(le «sujet» *productif*)，在其活动中超越了（个人主义的）主体性和（物化的）客体性，构成技术的"形而上学的"和"本体论的"基础。由此实现的技术的解放将带来征服性的生产率(la productivité conquérante)的极大发展。因此，人的自然的、人的和社会的存在是同技术的生成性存在相一致的，技术的进步将促使人类社会通向自然主义、人道主义和社会主义，即通向真正的现实的和积极的人道主义，通向实践的共产主义。于是，人将恢复人的存在，复归人本身，人将重新出现并重新获得自身，即使由于技术的完全不发达，人还从未成为其未来的样子。一切现存事物和能够被创造的事物的世界是建立在行动、实践(la praxis)、生产和劳动之上的。因此，人们将不知疲倦地生产——没有超越技术的目的性(finalité)——旨在被消费的因而被消灭的产品。存在的总体(la totalité de l'être)将以这种方式同人的生产率的总体(la totalité de la productivité humaine)相一致，后者本身将成为其自身的基础和目的。由技术所掌控的东西不仅构成可把握的总体(la totalité du saisissable)，而且构成大写的总体(la Totalité)。马克思思想所关注的是"感性的"存在总体(la totalité «sensible» de l'être)，因为它本身是由技术所支配和塑造的。将世界**还原为技术的生产**(la *production* de la technique)意味着将技术设定为存在的基础和生成的动力。但是，大写的世界(le Monde)作为开放的总体是否允许被技术学(la technologie)支配呢？它将如何应对这种巨大的挑衅呢？

或许是时候将马克思的思想理解为**一种技术学**(*Technologie*)了，倘若我们能够充分把握这一术语的全面丰富性和真正深刻性的话。技术学(la technologie)甚至构成了马克思思想的中心，构成了它的意向(intention)和核心(nerf)。技术学(la technologie)掌握着世界的钥匙

(les clés)。正是通过技术学的生成(le devenir technologique)，人将自身作为人来生产，自然成为历史，历史被改造为普遍的世界历史。正是技术学(la technologie)搭建起沟通过去、现在和未来的桥梁，建构起历史时间的节奏(le rythme du temps historique)和人的征服性生成(devenir des conquêtes de l'homme)的节奏。世界的两面性和异化的双重性的秘密就——主要地——存在于技术学(la technologie)之中，精神世界反映和升华了物质世界的贫乏(les insuffisances)。最后，正是技术学(la technologie)掌握了将**理论**(la *théorie*)与**实践**(la *pratique*)、**思维**(la *pensée*)与**行动**(l'*action*)、**逻各斯**(le *logos*)与**技术**(la *techné*)统一起来的纽带的秘密。因为正是某种技术观念(conception de la technique)引发了(理论性的)思维和(实践性的)活动、由不同的实践(praxis)标准所衡量的**逻各斯**(le *Logos*)和从一开始就被贬低为**理论**活动(activité *théorique*)从而失去全部决定性的重要的思想之间的差别。这意味着在未来，全部思想在本质上都将是技术的(technique)。技术(la technique)的全面发展和**技术学的**充分发展(l'épanouissement *technologique*)将吸收各种思想和观念，促进**意识形态的**发展(le développement *idéologique*)。意识形态学家们将不再具有话语权。他们将变得无关紧要和无效。①

　　马克思作为"最后的哲学家"和技术思想家(penseur de la

---

① 正是马克思本人在这里给我们指明了方向。整整一个世纪的马克思主义者和反马克思主义者都没有理解马克思思想的这一强大动力。然而，马克思自己将其称之为：技术(la technique)。"达尔文注意到自然工艺史(l'histoire de la technologie naturelle)，即注意到在动植物的生活中作为生产工具的动植物器官是怎样形成的。社会人的生产器官的形成史，即每一个特殊社会组织的物质基础的形成史，难道不值得同样注意吗？而且，这样一部历史不是更容易写出来吗？因为，如维科所说的那样，人类史同自然史的区别在于，人类史是我们自己创造的，而自然史不是我们自己创造的。工艺学(la technologie/die *Technologie*)揭示出人对自然的能动关系，人的生活的直接生产过程，从而人的社会生活关系和由此产生的精神观念的直接生产过程。"Karl Marx, *Le Capital*, Livre I, T. II, p. 59. 中文版参见《马克思恩格斯全集》第44卷，第429页脚注(89)。

technique)，为我们展现了其思想的全部丰富性和贫困性。正是他让我们开始思索一切展露为难题和问题的东西。马克思思想的丰富性隐含了那些他尚未思考过的问题，那些向我们开显和强加进我们的思想中的问题。正是通过马克思的思想，那些他未及思索的东西才显露出它的丰富性（和贫困性）。正是借助一个思想家已经看到的东西，我们自己才能觉察到其思想中的缺陷和断裂，认识到仍需我们加以考察的东西。一个人的思想越是丰富和深刻，它所蕴含的尚未得到回答的和仍然开放的问题就越多，它所包含的此前尚不存在的问题就越多。马克思已经开始思考技术（la technique）。现在由我们来思考和体验征服性的行星性的技术（la technique conquérante et planétaire）。

后　记

　　在着手批判马克思和试图超越马克思之前，我们首先必须理解他在说什么。同他的思想进行对话以及他的思想同世界历史现实的对抗是以长期的沉思和对所有现存的事物和已经发生的事物的极度关注为前提的。因为现实并不是那么容易同观念相分离的，或者说理论并不是那么容易同实践(la pratique)相分离的。

　　马克思将我们引向一种贯穿普遍历史、动摇其根基且并不会在马克思自己的工作中驻留的否定性运动(mouvement de la négativité)。马克思希望人能够借助一种完全解放的技术通过对世界的征服来彻底克服人的异化。自赫拉克利特(Héraclite)以来，哲学在思想中所追求的东西就是在实践(la pratique)中并通过实践被实现出来。然而，一切实现同时意味着一种丧失，思想之谜仍没有得到解答。完全向人的活动敞开并以无限的方式被还原为人的生产力和技术的总体(la totalité de la productivité et de la technique humaines)的世界将会是怎样的呢？这个在本质上更多的是实践的(pratique)而非总体的(totale)总体(totalité)将会是怎样的呢？一旦**物质的东西**和**精神的东西**之间的二元性被废除了——为了根本的实践活动，自由将会成为什么呢？马克思写道："自由王国只是在必要性和外在目的规定要做的劳动终止的地方才开始；因而按照事物的本性来说，它存在于真正物质生产领域的彼岸。"①在为了"物质"的历史的世界而废除形而上学的世界之后，在为了一种统一的整体的生产力（productivité unitaire et globale）而废除异化的双重性之后，马克思所说的精神生产的意义会是什么呢？因为他告诉我们，完全实现了的普遍历史中的人们应该"同整个世界的生产（也同精神的生产）发生实际联系，才能获得利用全球的这种全面的生产（production universelle de toute le terre）（人们的创造）的能力"②。

最伟大的问题始终是开放的，无法得到一种明确的解决方案。马克思时常知道质疑自己的观点。他倡导一种有计划的行星性的技术世界（le monde de la technique planifiée et planétaire）——没有任何剥削、异化和官僚主义。作为意识形态和乌托邦的狂热敌人，他始终倡导一个通过人并为了人而建立的统一的整体的世界。但是，这个世界仍然隐含着使其受到质疑的东西。那些难以解决的问题，似乎并不仅仅属于社会主义和共产主义得到实现的早期阶段。

社会主义和共产主义，作为它们予以拒斥的资产阶级和资本主义的**继承者**（*héritiers*），作为否定的否定，仍然受到它们所拒斥的私有财产的世界的影响。社会主义-共产主义，作为占有的运动（mouvement d'appropriation），不可能完全远离它的起源，也不意味着超越一切异化。正是马克思自己引导我们对他的观点产生疑问，从而使作为"历史之谜的解答"③的共产主义本身成为一个谜。他为我们的沉思和经验提供了我们应该加以思考和生活的东西。

我们在《1844年经济学哲学手稿》中就能找到这些仍然等待我们

---

① Karl Marx, *Le Capital*，T. III，p. 873. 中文版参见《马克思恩格斯全集》第46卷，第928页。

② Karl Marx, Friedrick Engels, *L'Idéologie allemande*，*Œuvres philosophiques*，T. VI，p. 181 - 182. 中文版参见《马克思恩格斯文集》第1卷，第541—542页。

③ Karl Marx, *Économie politique et philosophie*，*Œuvres philosophiques*，T. VI，p. 23. 中文版参见《马克思恩格斯文集》第1卷，第185页。

去理解的东西："自我异化的扬弃同自我异化走的是同一条道路。"①
"共产主义是作为否定的否定的肯定,因此,它是人的解放和复原的一
个**现实的**、对下一段历史发展来说是必然的环节。**共产主义**是最近将
来的必然的形态和有效的原则,但是,这样的共产主义并不是人类发展
的目标,并不是人类社会的形态。"②"而要扬弃现实的私有财产,则必
须有**现实的**共产主义行动。历史将会带来这种共产主义行动,而我们
在思想中已经认识到的那正在进行自我扬弃的运动,在现实中将经历
一个极其艰难而漫长的过程。但是,我们从一开始就意识到了这一历
史运动的局限性和目的,并且有了超越历史运动的意识,我们应当把这
一点看作是现实的进步。"③

　　在《德意志意识形态》中,马克思揭示了前进运动的强大的但在本
质上是经济的(économique)、实际的(pratique)和技术的(technique)因
而不是总体的(total)动力源泉。"共产主义和所有过去的运动不同的
地方在于:它推翻一切旧的生产关系和交往关系的基础,并且第一次自
觉地把一切自发形成的前提看作是前人的创造,消除这些前提的自发
性,使这些前提受联合起来的个人的支配。因此,建立共产主义实质上
具有经济的性质,这就是为这种联合创造各种物质条件,把现存的条件
变成联合的条件。"④"共产主义是用实际手段(moyens pratiques)来追
求实际目的(fins practique)的最实际的(extrêmement pratique)运
动……"⑤

---

　　① Karl Marx, *Économie politique et philosophie*, *Œuvres philosophiques*, T.
VI, p. 18 - 19. 中文版参见《马克思恩格斯文集》第 1 卷,第 182 页。

　　② Karl Marx, *Économie politique et philosophie*, *Œuvres philosophiques*, T.
VI, p. 41. 中文版参见《马克思恩格斯文集》第 1 卷,第 197 页。

　　③ Karl Marx, *Économie politique et philosophie*, *Œuvres philosophiques*, T.
VI, p. 64. 中文版参见《马克思恩格斯文集》第 1 卷,第 232 页。

　　④ Karl Marx, Friedrick Engels, *L'Idéologie allemande*, *Œuvres philosophiques*, T.
VI, p. 231. 中文版参见《马克思恩格斯文集》第 1 卷,第 574 页。

　　⑤ Karl Marx, Friedrick Engels, *L'Idéologie allemande*, *Œuvres philosophiques*, T.
VII, p. 217. 中文版参见《马克思恩格斯全集》第 1 版第 3 卷,第 236 页。

因此，马克思向切近的未来（l'avenir proche）敞开大门，而切近的未来的否定性（la négativité）又将产生遥远的未来（l'avenir lointain）。

参考文献①

"……'进步'这个范畴完全是没有内容的和抽象的……"②

——马克思:《神圣家族》

黑格尔

马克思的思想必须借助黑格尔的思想才能得以理解。没有实现对黑格尔哲学的**哲学**理解(compréhension *philosophique*)——不只是历史理解或体系理解,就无法深刻理解马克思和马克思主义。列宁以格言的形式写道:"不钻研和不理解黑格尔的全部逻辑学,就不能完全理解马克思的《资本论》,特别是它的第 1 章(《商品》)。因此,半个世纪以来,没有一个马克思主义者是理解马克思的!"③

我们切勿忘记的是黑格尔是由康德以及自赫拉克利特、巴门尼德、柏拉图和亚里士多德以来的整个西方哲学传统所推动的。列宁对赫拉

---

① 我们尽可能遵循历史的顺序,尤其是在每一部分内部,以便指明它们的谱系和承继关系。

② Marx, *Sainte Famille*, T. Ⅱ, p. 148. 中文版参见《马克思恩格斯文集》第 1 卷,第 290 页。

③ Lénine, *Cahiers philosophiques*, Paris: Éd. Sociales, 1955, p. 149. [苏]列宁:《哲学笔记》,中央编译局译,人民出版社 1993 年版,第 151 页。

克利特及其辩证法、亚里士多德及其形而上学、黑格尔的三卷本《逻辑学》(存在、本质、概念和理念)以及《哲学史讲演录》(*Cours sur l'histoire de la philosophie*)和《历史哲学》(*la philosophie de l'histoire*)进行了快速的批判性评论,这是非常重要的。

Phänomenologie des Geistes（1807）. *Phénoménologie de l'Esprit*. Trad. J. Hyppolite, Paris, Aubier, T. I, 1939, T. II, 1941.

Wissenschaft der Logik（1812 et 1816）. *La Science de la Logique*. Trad. S. Jankélévitch, Paris, Aubier, 1949.

Enzyklopädie der philosophischen Wissenschaften im Grundrisse（1817）. *Précis de l'encyclopédie des sciences philosophiques*. Trad. J. Gibelin, Paris, Vrin, 1977.

Grundlinien der Philosophie des Rechts（1821）. *Principes de la philosophie du droit*. Trad. A. Kahn, Paris, Gallimard, 1940.

Vorlesungen über die Philosophie der Geschichte. *Leçons sur la philosophie de l'histoire*. Trad. J. Gibelin, Paris, Vrin, 1967.

Vorlesungen über die Geschichte der Philosophie. *Leçons sur l'histoire de la philosophie*. Trad. J. Gibelin, Paris, Gallimard, 1954. （Seule l'*Introduction*, *Système et histoire de la philosophie*, y est traduite. ）

Vorlesungen über die Philosophie der Religion. *Leçons sur la philosophie de la religion*. Trad. J. Gibelin, Paris, Vrin, 1954 et 1959.

Vorlesungen über die Aesthetik. *Esthétique*. Trad. S. Jankélévitch, 4 vol. , Paris, Aubier, 1944.

黑格尔研究著作

J. Wahl, *Le malheur de la conscience dans la philosophie de Hegel* （1930）. Paris, Puf, 2ᵉ éd. , 1951.

A. Kojève, *Introduction à la lecture de Hegel*. Paris, Gallimard, 1947, réédition, 1962.

J. Hyppolite, *Genèse et structure de la Phénoménologie de Hegel*. Paris, Aubier, 1947.

J. Hyppolite, *Introduction à la philosophie de l'histoire de Hegel*. Paris, Rivière, 1948.

J. Hyppolite, *Logique et existence*. Paris, Puf, 1953.

J. Hyppolite, *Études sur Marx et Hegel*. Paris, Rivière, 1955.

É. Weil, *Hegel et l'État*. Paris, Vrin, 1950.

G. Lukacs, *Der junge Hegel. Ueber die Beziehungen von Dialektik und Oekonomie*. Zürich-Wien, 1948.

E. Bloch, *Subjekt-Objekt. Erläuterungen zu Hegel*. Berlin, 1951.

M. Heidegger, *Hegels Begriff der Erfahrung*; in *Holzwege* (1950). Frankfurt, Klostermann, 3e éd., 1957. *Chemins qui ne mènent nulle part*. Trad. W. Brockmeier et Fr. Fédier, Paris, Gallimard, 1962.

M. Heidegger, *Einführung in die Metaphysik* (1953). *Introduction à la métaphysique*. Trad. G. Kahn, Paris, Puf, 1958.

M. Heidegger, *Identität und Differenz*. Pfullingen, Neske, 1957.

Th. -W. Adorno, *Hegel et le contenu de l'expérience*. « Arguments », n° 14, 1959.

R. Garaudy, *Dieu est mort. Étude sur Hegel*, Paris, Puf, 1962.

黑格尔左派

以宗教批判和(所谓彻底的)人道主义的、自然主义的和实证主义的批判的名义,同黑格尔关于总体生成性存在的形而上学作斗争的青年黑格尔派(les jeunes-hégéliens)发现自己远低于他们的批判对象。他们将黑格尔的总体性(la totalité hégélienne)消解于一系列的特殊性

（particularités）之中。他们的尝试仍然**"低于德国的理论发展已经达到的水平"**①，这是马克思在批判的批判的《序言》（l'*Avantpropos*）中对他们所做的判断。马克思总结道："他们和黑格尔的论战以及他们相互之间的论战，只局限于他们当中的每一个人都抓住黑格尔体系的某一方面，用它来反对整个体系，也反对别人所抓住的那些方面。"②只有同他们展开激烈斗争的马克思才将这些"自以为自己是狼的绵羊"拯救出来——因为几乎没有人直接谈及他们的著作。即使是费尔巴哈也不得不屈从于马克思的批判。③

D. F. Strauss, *Das Leben Jesu*（1836）. *Vie de Jésus*. Trad. É. Littré, 2 vol. , Paris, Ladrange, 1839-1840.

D. F. Strauss, *Die christliche Glaubenslehre*（1840）.

Br. Bauer, *Das entdeckte Christentum. Eine Erinnerung an das achtzehnte Jahrhundert und ein Beitrag zur Krisis des neunzehnten*（1843）.

Br. Bauer, *Die Judenfrage*（1843）.

M. Stirner, *Der Einzige und sein Eigentum*（1845）. *L'Unique et sa propriété*. Trad. H. Lasvignes, Cahiers Spartacus, Paris, mai 1949. Nouvelle édition chez Pauvert en 1960.

L. Feuerbach, *Das Wesen des Christentums*（1841）. *L'Essence du christianisme*. Trad. J.-P. Osier, Paris, Maspéro, 1968.

L. Feuerbach, *Vorläufige Thesen zur Reformation der Philosophie*（1842）. Trad. fr. , voir *infra*.

L. Feuerbach, *Grundsätze der Philosophie der Zukunft*（1843）.

---

① 参见《马克思恩格斯文集》第1卷，第253页。

② Karl Marx, Friedrick Engels, *L'Idéologie allemande*, *Œuvres philosophiques*, T. VI, p. 150. 中文版参见《马克思恩格斯文集》第1卷，第514页。

③ Cf. H. Arvon, *Aux sources de l'existentialisme：Max Stirner*, Paris. Puf, 1954. -*Ludwig Feuerbach ou la transformation du sacré. Ibid. , 1957.

Trad. fr. , voir *infra*.

L. Feuerbach, *Manifestes philosophiques. Textes choisis* (1839 –
1845). Trad. L. Althusser, Paris, Puf, 1960.

英国政治经济学

"以劳动为原则的国民经济学表面上承认人,其实是彻底实现对人
的否定。"①

——马克思:《1844 年经济学哲学手稿》

Ad. Smith, *An inquiry into the nature and causes of the wealth of*
nations (1776). *Recherches sur la nature et les causes de la*
richesse des nations. Publié par Edw. Cannan, T. I, Paris,
Costes, 1950.

Th. R. Malthus, *An essay on the principle of population* (1798).
Essai sur le principe de la population. Trad. P. Theil, Paris,
Gonthier, 1963.

Th. R. Malthus, *Definitions in political economy* (1853).

D. Ricardo, *On the principles of political economy and taxation*
(1817). *Des principes de l'économie politique et de l'impôt*.
Trad. F. S. Constantio, Paris, Aillaud, 1819.

J. St. Mill, *Essays on some unsettled questions of political economy*
(1844).

J. St. Mill, *Principles of political economy with some of their*
applications to social philosophy (1848). *Principes d'économie*
politique , avec quelquesunes de leurs applications à la philosophie
sociale. Trad. H. Dussard et Courcelle-Seneuil, Paris,

---

① Karl Marx, *Économie politique et philosophie , Œuvres philosophiques* , T.
VI, p. 13. 中文版参见《马克思恩格斯文集》第 1 卷,第 179 页。

Guillaumin, 1861.

法国社会主义

有了马克思和马克思主义,社会主义就不再是"空想的",就会变为革命的和"科学的"了吗?无论如何,正是马克思强烈批判了法国社会主义的"改良主义"性质。然而,在这个问题上,要想准确区分"进化(l'évolution)"和"革命(la révolution)"、乌托邦和科学是非常困难的。同马克思主义之前的社会主义者(socialistes pré-marxistes)相比,历史与马克思的联系更为紧密。尽管如此,马克思还是使他们的一些思想进一步强化,将他们的有些混乱的直觉(intuitions)置于更加哲学的和实践的层面上。我们必须为圣西门(Henri-Claude de Saint-Simon)保留一个特殊的位置,他的思想超越了社会主义者的思想。

H. de Saint-Simon, *L'Industrie, ou discussions politiques, morales et philosophiques* (1818).

H. de Saint-Simon, *L'Organisateur* (1820).

H. de Saint-Simon, *Catéchisme politique des industriels* (1824).

H. de Saint-Simon, *Nouveau Christianisme, dialogue entre un conservateur et un novateur* (1825).

Ch. Fourier, *La théorie des quatre mouvements et des destinées générales* (1808).

Ch. Fourier, *La fausse industrie morcelée, répugnante, mensongère et l'antidote, l'industrie naturelle, combinée, attrayante, véridique, donnant quadruple produit* (1836).

Ét. Cabet, *Ma ligne droite ou le vrai chemin du salut pour le peuple* (1841).

Ét. Cabet, *Voyage en Icarie* (1842).

P.-J. Proudhon, *Qu'est-ce que la propriété? ou recherches sur le principe du droit et du gouvernement* (1840).

P.-J. Proudhon，*De la création de l'ordre dans l'humanité ou principes d'organisation politique*（1843）.

P.-J. Proudhon，*Système des contradictions économiques ou Philosophie de la misère*（1846）.

P.-J. Proudhon，*De la Justice dans la Révolution et dans l'Église*（1858）.

实证主义、进化论和唯物主义

马克思——恩格斯和马克思主义——对于这两种基本哲学思潮的态度，无论可能存在多大的争议，并不总是十分清楚的。马克思和马克思主义者将"唯心主义"和"唯灵论"——从柏拉图到笛卡尔、莱布尼茨、贝克莱、康德的形而上学，直到黑格尔——同"唯物主义"对立起来。F. 培根、笛卡尔（仅限于他的物理学）、霍布斯和洛克被认为是现代科学唯物主义（matérialisme scientifique moderne）的创始人。现代科学唯物主义在本质上开始于 17 世纪，拓展了德谟克利特和伊壁鸠鲁的古代唯物主义。以狄德罗（Diderot）、达朗贝尔（d'Alembert）、霍尔巴赫（d'Holbach）、爱尔维修（Helvétius）、拉美特里（Lamettrie）和孔狄亚克（Condillac）为代表的《百科全书》（l'*Encyclopédie*）的作者们和卡巴尼斯（Cabanis）等理论家在 18 世纪使唯物主义得到宣传、加强和具体化。他们反对笛卡尔、莱布尼茨和斯宾诺莎的形而上学，以朴素的**自然化的**哲学（la philosophie sobre et *naturaliste*）反对任何沉迷于思辨的形而上学。在 19 世纪，进化论和实证主义获得不平衡发展：它们实现了重要的科学征服（conquêtes scientifiques）（如马克思和恩格斯非常推崇的达尔文），但也发生扁平化而变得过于庸俗和粗陋（如马克思和恩格斯非常鄙视的孔德）。

历史-辩证唯物主义（Le matérialisme *historico*-dialectique）试图将唯物主义——没有具体说明是哪一种唯物主义——和辩证法（在它看来，它一直是唯心主义的）统一起来。马克思和恩格斯既赞美又批判前马克思的(pré-marxien)和准马克思的(para-marxien)唯物主义(和实证主义)。他们批判它是机械的、庸俗的唯物主义，既不足以成为辩证的和历史的，也不足以成为共同体的(communautaire)和人道主义的。它的真理性是片面的，因为它忽视了生产活动、人的社会的实践(la pratique humaine et sociale)和改造性的技术(la technique transformatrice)。然而，这种唯物主义强烈影响了恩格斯。

A. Comte, *Cours de philosophie positive* (6 vol., 1830 – 1842).

A. Comte, *Discours sur l'esprit positif* (1844).

J. Moleschott, *Der Kreislauf des Lebens* (1852). *La Circulation de la vie.* trad. É. Gazelles, Paris, Baillière, 1866.

K. Vogt, *Köhlerglaube und Wissenschaft* (1854).

L. Büchner, *Kraft und Stoff* (1855). *Force et matière.* Trad. A. Gros-Claude, 17ᵉéd., Paris, Reinwald, 1894.

Ch. Darwin, *On the origin of species by means of natural selection, or the preservation of favoured races in the struggle for life* (1859). *De l'origine des espèces au moyen de la sélection naturelle, ou la lutte pour l'existence dans la nature.* Trad. Éd. Barbier, Paris, Schleicher, 1907.

E. Haeckel, *Nalürliche Schöpfungsgeschichte* (1868).

卡尔·马克思

理解马克思主义的前提就是要对其创始人的著作进行深入阅读和持续思考。马克思著作的哲学核心、马克思思想的运动及其实践仍不断提出问题。尽管我们已经非常努力，但我们似乎还没有真正理解马克思的耀眼的思想，以及产生于它和宣称源自它的理论运动，特别是实践运动。若要实现这一点是否仍为时过早呢？

传记书目提要

我们并不打算在此提供马克思著作的详尽参考书目，也不打算进一步提供关于马克思和马克思主义的著作的庞大目录索引。我们将仅指出马克思的思想及其既有的各种解读的重要环节。目前关于马克思的传记书目索引仍有待完善，我们仅罗列其中一部分：

F. Mehring, *Karl Marx*, *Geschichte seines Lebens*. Leipzig, 1918; 5e éd., 1933.

Marx-Engels-Lenin-Stalin-Institut beim Z. K. der S. E. D., *Die Erstdrucke der Werke von Marx und Engels. Bibliographie der Einzelausgaben*. Berlin, Dietz Verlag, 1955.

A. Cornu, *Karl Marx et Friedrich Engels*. Paris, Puf, T. I, 1955, T. II, 1958, T. III, 1962.

J.-Y. Calvez, *La pensée de Karl Marx*. Paris, Seuil, 1956, 7e éd., 1966. [①]

Max. Rubel, *Bibliographie des œuvres de Karl Marx. En appendice*: *Répertoire des œuvres de Friedrich Engels*. Paris, Rivière, 1956. [②]

Max. Rubel, *Karl Marx*, *Essai de biographie intellectuelle*. Paris, Rivière, 1957.

《马克思、恩格斯著作全集》编辑版本

Karl Marx et Friedrich Engels, *Historisch-kritische Gesamtausgabe* (Werke, Schriften, Briefe)(MEGA). MEGA¹ 是受莫斯科马克思、恩格斯研究院(Marx-Engels Institut Moskau)委托，由 D. 梁赞诺夫(D. Riazanov)和 V. 阿多拉茨基(V. Adoratsky)主持编辑

---

① 我们关于 J. Y. 卡尔维兹(Jean-Yves Calvez)的《卡尔·马克思的思想》和 M. 吕贝尔的《卡尔·马克思：思想传记》的批判性评论，参见 Kostas Axelos, *Arguments d'une recherche*. Paris, Éd. de Minuit, collection «*Arguments*», n° 39, 1969.

② 参见 H. Mayer, *À propos d'une bibliographie de Karl Marx*, in *Les Temps modernes*, n°141, 1957, et Max. Rubel, *Supplément à la bibliographie des œuvres de Karl Marx*. Paris, Rivière, 1960.

的未完成版(Édition inachevée)。包括三个部分：(1) 除《资本论》之外的马克思和恩格斯著作；(2)《资本论》及其准备著作；(3) 通信。

Karl Marx, *Die Frühschriften*. Édité par S. Landshut, Stuttgart, Kröner, 1953. 该版本辑录了青年马克思的包括《共产党宣言》在内的各个文本。

Karl Marx et Friedrich Engels, *Ausgewählte Schriften*. 2 vol., Berlin, Dietz Verlag, 1953.

柏林迪茨出版社已经开始以分册形式重新出版马克思和恩格斯的大部分著作，并且已经开始准备推出一个关于他们著作的宏大完整版本。

还有必要提醒我们仍然缺乏一个真正完整的关于马克思著作的高质量考证版吗[①]?

法文译版

Œuvres complètes de Karl Marx. Traduction de J. Molitor, Édition Costes, Paris. 其中《哲学著作集》(*Œuvres philosophiques*)丛书共 9 卷。科斯特(l'Édition Costes)出版社的版本亟待修订。社会出版社(les Éditions Sociales)出版了相当多的马克思著作的法文版，却忽略了马克思青年时期的著作。社会出版社的译文质量要好一些。

汇编文集

Karl Marx-Friedrich Engels, *Études philosophiques*. Éditions Sociales, 1947.

Karl Marx-Friedrich Engels, *Sur la littérature et l'art*. *Textes choisis*. Éditions Sociales, 1954.

---

① En 1969 (N. d. É.).

Karl Marx, *Pages choisies pour une éthique socialiste*. Textes réunis, traduits et annotés par Max. Rubel. Rivière, 1948.

著作

Lettre de Marx à son père (10 novembre 1837). Texte allemand, in *Frühschriften*. Trad. J. Molitor, in *Œuvres ph.*, T. IV, Costes, 1948.

Differenz der demokritischen und epikureischen Naturphilosophie. (Thèse de doctorat, 1841, restée inédite par Marx). MEGA I, 1/1. *Différence de la philosophie de la nature chez Démocrite et Épicure. Œuvres ph.*, T. I, Costes, 1946. (不完整译本)

Der leitende Artikel in n° 179 der Kölnischen Zeitung. Publié dans la *Rheinische Zeitung*, 10, 12 et 14 juillet 1842 (Cologne). MEGA I, 1/1. *L'article de fond du n° 179 de la Gazette de Cologne. Œuvres ph.*, T. V, Costes, 1948. (不完整译本)

Das philosophische Manifest der historischen Rechtsschule (1842). MEGA I, 1/1. *Le manifeste philosophique de l'école du droit historique. Œuvres ph.*, T. I, Costes, 1946.

Kritik des hegelschen Staatsrechts (1842 - 1843). Resté inédit par Marx. MEGA I, 1/1. Texte incomplet dans *Frühschriften. Critique de la philosophie de l'État de Hegel. Œuvres ph.*, T. IV, Costes, 1948.

Lettres de Marx à Ruge (l'une de mai 1843, l'autre de septembre 1843). *Frühschriften. Œuvres ph.*, T. V, Costes, 1948.

Zur Judenfrage (1844). MEGA I, 1/1. *Frühschriften. La question juive. Œuvres ph.*, T. I, Costes, 1946.

Zur Kritik der hegelschen Rechtsphilosophie. Einleitung (1844). MEGA I, 1/1. *Frühschriften. Contribution à la critique de la philosophie du droit de Hegel. Introduction.* Œuvres ph., T. I, Costes.

Nationalökonomie und Philosophie (*Oekonomisch-philosophische Manuskripte*)(1844). MEGA I, 3. S. 朗兹胡特编辑的《早期著作集》(*Frühschriften*)所给出的文本经常受到批评,的确需要接受批评,但即使不是最好的,也仍然相当有价值。其他版本可参见 E. Thier, *Nationalökonomie und Philosophie*, Köln, 1950. *Économie politique et philosophie.* Œuvres ph., T. VI, Costes, 1937.（不完整译本）Éditions Sociales, 1962; in Œuvres, *Économie* II, Gallimard, Pléiade, 1968.

Die heilige Familie, *oder Kritik der kritischen Kritik*, *gegen Bruno Bauer und Konsorten* (1845). En collaboration avec Engels. MEGA I, 3 et Dietz Verlag, Berlin, 1953. *La Sainte Famille ou Critique de la critique critique. Contre Bruno Bauer et consorts.* Œuvres ph., T. II et III, Costes, 1947, 1948.

Thesen über Feuerbach (1845). Resté inédit. MEGA I, 5. *Frühschriften. Thèses sur Feuerbach.* Œuvres ph., T. VI, Costes, 1937.

Die deutsche Ideologie, *Kritik der neuesten deutschen Philosophie in ihren Repräsentanten*, *Feuerbach*, *B. Bauer und Stirner*, *und des deutschen Sozialismus in seinen verschiedenen Propheten* (1846). En collaboration avec Engels. Resté inédit. MEGA I, 5. 关于它的最重要的第一章,另参见 *Frühschriften*。作为单行本在柏林迪茨出版社出版(1953)。*L'Idéologie allemande. Critique de la plus récente philosophie allemande dans ses représentants Feuerbach*, *B. Bauer et Stirner*, *et du socialisme allemand dans ses divers prophètes.* Œuvres ph., T. VI, VII, VIII, IX, Costes, 1937 - 1948. 社会出版社(Éditions Sociales)也出版了它

的第一部分《费尔巴哈章》的法文版(1953)。

Misère de la philosophie. Réponse à la philosophie de la misère de M. Proudhon. Écrit directement en français et publié à Paris, en 1847. Costes, 1950, Éditions sociales, 1961.

Manifest der kommunistischen Partei (1848). En collaboration avec Engels. MEGA I, 6. *Frühschriften. Le Manifeste communiste.* Costes, 1953; Éd. Sociales, 1946.

Lohnarbeit und Kapital (1849). MEGA I, 6. Dietz Verlag, 1953. *Travail salarié et capital*, suivi de *Salaire, prix et profit.* Éd. Sociales, 1960.

Die Klassenkämpfe in Frankreich (1850). Dietz Verlag, 1951. *Les Luttes de classes en France.* Éd. Sociales, 1948.

Der achtzehnte Brumaire des Louis Bonaparte (1852). Dietz Verlag, 1953. *Le 18 Brumaire de Louis Bonaparte.* Éd. Sociales, 1945.

The Eastern Question. A reprint of letters written 1853－1856 dealing with the events of the Crimean War. Londres, 1897. *La Question d'Orient.* Costes, 1929.

Zur Kritik der politischen Oekonomie (1859). Dietz Verlag, 1951. *Contribution à la critique de l'économie politique*, Costes, 1954.

Adress of the General Council of the International Working Men's Association on the Civil War in France, 1871(1871). Éd. allem. , Dietz Verlag, 1952. *La guerre civile en France*, 1871. *La Commune de Paris.* Éd. Sociales, 1953.

Randglossen zum Programm der deutschen Arbeiterpartei (1875). Publié en 1895 par Engels. Dietz Verlag, 1955. K. Marx-Fr. Engels, *Critique des programmes de Gotha et d'Erfurt.* Éd. Sociales, 1950.

Das Kapilal. Kritik der politiscben Oekonomie. T. I, 1867; T. II,

publié par Engels en 1885；T. III，publié par Engels en 1894.
Trois volumes，Dietz Verlag，1955. *Le Capital. Critique de
l'économie politique.* Éd. Sociales，8 volumes，1948－1960.

*Theorien über den Mehrwert. Aus dem nachgelassenen Manuskript
«Zur Kritik der politischen Oekonomie» von Karl Marx.* Édité
par K. Kautsky，Stuttgart，J. H. W. Dietz，3 vol.，1905－
1910. Traduit en français sous le titre *Histoire des doctrines
économiques.* Costes，8 vol.，1924－1925.

Grundrisse der Kritik der politischen Oekonomie (1857－1858). Resté
inédit jusqu'à 1939 － 1941. Dietz Verlag，1953. Trad. R.
Dangeville，Paris，Éd. Anthropos，T. I，1967，T. II，1968.

通信

Karl Marx-Friedrich Engels，*Briefwechsel.* MEGA III，1. Dietz
Verlag，4 vol.，1950. *Correspondance K. Marx-Fr. Engels*，
Costes，9 vol.，1931－1934.

Briefe an Kugelmann. Dietz Verlag，1952. *Lettres à Kugelmann.*
Éditions Sociales internationales，Paris，1930.

Briefe an Weydemeyer und Frau. Aus der WaVenkammer des
Sozialismus，Frankfurt am Main，1907. 在 1852 年 3 月 5 日的信
中的一段重要内容被译为法文发表于 K. Marx-F. Engels，
Études philosophiques，Éd. Sociales，1947.

弗里德里希·恩格斯

正是恩格斯在马克思主义中发展了马克思的思想，即历史唯物主义和辩证唯物主义哲学，从而为巩固后来成为马克思主义官方学说(doctrine officielle du marxisme)的东西作出贡献。只有恩格斯且正是

从他开始才使马克思的思想成为马克思主义[①]。这在马克思生前就已经发生了，但在他（1883 年）逝世后尤为如此。自此之后，马克思主义便被定义为——并非没有混淆——一种方法和学说；虽然是统一的，但它是"由三个部分组成"，因为它包含三个相互独立的领域。方法是指辩证法，**思维**辩证法（la dialectique de la *pensée*）将**现实**辩证法（la dialectique de la *réalité*）带入语言中；由此，（人的）主体辩证法（la dialectique de la *sujets*）表达了（自然的和历史的）客体辩证法（la dialectique de la *objets*）。然而，这种联系问题仍然被遮蔽着。

马克思主义学说的三个维度如下：

A. **辩证唯物主义**哲学，一种第一哲学（philosophie première），面向**宇宙本质**和**物质**的（辩证的）运动，试图把握总体的生成性存在。在这里，"本体论的"唯物主义与形而上学的唯灵论相对立。**唯物辩证法**想要包含**思维辩证法**，思维辩证法反映**现实辩证法**。在这里，现实主义的辩证的逻辑同唯心主义的形式的逻辑相对立。

B. **历史唯物主义**哲学，历史哲学，关于社会物质生产力的哲学和关于意识形态上层建筑的哲学。历史唯物主义建立在政治经济学的基础上，因为社会历史发展的秘密就在于经济和技术的发展。

C. **革命的社会主义的和共产主义的政治学**（la *politique révolutionnaire*，*socialiste et communiste*），面向阶级斗争和致力于带领无产阶级和人类走向　个无阶级无国家的社会。

恩格斯也试图建构一种三重辩证法：**思维辩证法、自然辩证法**和**历史辩证法**。黑格尔看到**逻各斯**（le *Logos*）将自身异化进**大写的自然**（la *Nature*）以便在**大写的历史**（l'*Histoire*）中重新发现自身。他的这种观念不仅看起来不容易被超越，而且会继续统治着那些试图超越它却经常低于他们的对手的水平的人们。因此，恩格斯回避了辩证法的起源、

[①]　恩格斯曾写信给马克思说："我最终成为一个德国庸人，并将庸俗（le philistinisme）带入共产主义。"参见 Lénine, *Marx*, *Engels*, *Marxisme*, éd. en langues étrangères, Moscou, 1947, p. 56.

来源和意义问题。因为一旦等同于上帝的逻各斯被否定掉，原本内居于运动中的物质——并且独立于人的思想——的辩证法是什么呢？

主要著作

Umrisse zu einer Kritik der Nationalökonomie（1844）. MEGA I. 2. *Esquisse d'une critique de l'économie politique. Mouvement socialiste*, aoûtseptembre 1905.

Die Lage der arbeitenden Klasse in England（1845）. MEGA 1, 4. *La situation des classes laborieuses en Angleterre*. 2 vol., Costes, 1933, Éd. Sociales, 1960.

Der deutsche Bauernkrieg（1850）. Dietz Verlag, 1951. *La Guerre des paysans en Allemagne*. Costes, 1936.

Herrn Eugen Dührings Umwälzung der Wissenschaft. Philosophie. Politische Oekonomie. Sozialismus（1878）. Dietz Verlag, 1954. *M. E. Dühring bouleverse la science*. 3 vol., Costes, 1931 - 1933; Éd. Sociales, 1950. 这部通常被引用的著作是：*Anti-Dühring. -Socialisme utopique et socialisme scientifique* constitue une brochure composée de trois chapitres de *l'Anti-Dühring*（remaniés）. Éd. Sociales, 1933.

Der Ursprung der Familie, des Privateigentums und des Staats（1884）. Dietz Verlag, 1952. *L'Origine de la famille, de la propriété privée et de l'État*. Costes, 1931. Éd. Sociales, 1954.

Ludwig Feuerbach und der Ausgang der klassischen deutschen Philosophie（1886）. Dietz Verlag, 1957. *Ludwig Feuerbach et la fin de la philosophie classique allemande*. Costes, 1952 et dans Marx-Engels, *Études philosophiques*, Éd. Sociales, 1947.

Dialektik der Natur（œuvre inachevée et fragmentaire）. MEGA, Sonderausgabe, 1935; Dietz Verlag, 1955. *Dialectique de la nature*. Rivière，1950 et Éd. Sociales，1952.

俄国马克思主义和苏联马克思主义

　　早在列宁和1917年布尔什维克革命之前,沙皇俄国就开始受到欧洲技术和思想的侵袭。19世纪中叶,通过斯拉夫主义者(les slavophiles)和西方主义者(occidentalistes)之间的争论,俄国的欧洲化(l'européanisation)和现代化(la modernisation)问题已经被提出来。黑格尔主义思想、唯物主义思想和实证主义思想都各行其道,推动这个国家运转。A.赫尔岑(A. Herzen)和N.车尔尼雪夫斯基(N. Tchernychewski)(马克思学习俄语是为了能够阅读它)、虚无主义者、民粹主义者和无政府主义者,例如克鲁泡特金(Kropotkine)和巴枯宁(Bakounine)——他们在第一国际中发挥了重要作用——对这项破坏性的、否定一切的、无神论的和"个人主义的"工作作出了巨大贡献——从中将产生出新的集体主义的现实。普列汉诺夫(Plekhanov)是俄国马克思主义(marxisme russe)的奠基者。俄国马克思主义和随后的苏联马克思主义产生出一种百科全书式的体系,其中包括**逻辑学**(形式逻辑、辩证逻辑和公理逻辑[la logique axiomatique])、**宇宙学**和**自然科学**、**心理学**和**教育学**、**社会学**、**政治经济学**和**历史学**、**伦理学**和美学。这种充满战斗性的马克思主义正在三条战线上作战:**哲学战线**(le *front philosophique*)(或意识形态战线)、**经济战线**(le *front économique*)和**政治战线**(le *front politique*)。

F. Dostoïevski, *La Russie face à l'Occident*. Textes et articles écrits entre 1861 et 1876 et groupés dans ce recueil. Lausanne，éd. La Concorde，1945.

N. Berdiaev, *Les Sources et le sens du communisme russe*. Trad. A. Nerville, Paris, Gallimard，1938.

G. Plékhanov, *Les Questions fondamentales du marxisme* (1908). Éditions Sociales，1947. 该版本还包含普列汉诺夫的其他著作,

例如《黑格尔哲学》(*La Philosophie de Hegel*，1891)、《辩证法和逻辑学》(*Dialectique et Logique*)、《历史哲学》(la *Philosophie de l'Histoire*)等。

G. Plékhanov，*L'art et la vie sociale*. Éd. Sociales，1949.

V. I. Lénine，Que faire? *Les questions brûlantes de notre mouvement* (1902). In T. I des *Œuvres choisies* de Lénine，éd. en langues étrangères，Moscou，1946.

V. I. Lénine，*Matérialisme et empiriocriticisme. Notes critiques sur une philosophie réacionnaire* (1908). Éd. Sociales，1948.

V. I. Lénine，*Les trois sources et les trois parties constitutives du marxisme* (1913). In Lénine，*Marx，Engels，Marxisme*，éd. en langues étrangères，Moscou，1947.

V. I. Lénine，*Karl Marx* (1914). *Ibid.*

V. I. Lénine，*L'impérialisme，stade suprême du capitalisme. Essai de vulgarization* (1916-1917). *Œuvres choisies*，T. I.

V. I. Lénine，*L'État et la révolution. La doctrine du marxisme sur l'État et les tâches du prolétariat dans la révolution* (1917). *Œuvres choisies*，T. II.

V. I. Lénine，*La révolution prolétarienne et le renégat Kautsky* (1918). *Ibid.*

V. I. Lénine，*La maladie infantile du communisme：le « gauchisme»* (1920). *Ibid.*

V. I. Lénine，*Du rôle du matérialisme militant* (1922). In *Marx，Engels，Marxisme.*

V. I. Lénine. *Cahiers philosophiques*. (Carnets de notes，inachevés et fragmentaires). Trad. L. Vernant et E. Bottigelli，Éd. Sociales，1955.

N. Boukharine，*La théorie du matérialisme historique* (1921). Paris，

Éd. Anthropos，1967.

L. Trotsky，*La révolution défigurée*，*La révolution permanente*，*La revolution trahie*. In Trotsky，*De la révolution*，Paris，Éd. de Minuit，collection « Arguments»，n° 15，1963.

L. Trotsky，*Leur morale et la nôtre*. Trad. V. Serge，Paris，Sagittaire，7ᵉ éd. ，1939.

L. Trotsky，*Le marxisme à notre époque*. Paris，Éd. Pionniers，1946.

J. Staline，*L'homme*，*le capital le plus précieux*. Suivi de *Pour une formation bolchevique*. Éd. Sociales，1952.

J. Staline，*Questions du Léninisme*. 2 vol. ，Éd. Sociales，1946–1947.

J. Staline，*Matérialisme dialectique et matérialisme historique* (1938). Éd. Sociales，1950.

J. Staline，*À propos du marxisme en linguistique* (1950). Les Éditions de la Nouvelle Critique，Paris，1951.

J. Staline，*Les problèmes économiques du socialisme en URSS* (1952). Éd. Sociales，1952.

关于苏联马克思主义的著作

M. Bochenski，*Der sowjetrussische dialektische Materialismus* (*Diamat*). Bern，1950. （一位多明我会神父[Père dominicain]想要在他的扼要而学术性的阐释中做到相对客观的著作。）

G. A. Wetter，*Der dialektische Materialismus*，*seine Geschichte und sein System in der Sowjetunion*. Fribourg-en-Brisgau 1956. （一位耶稣会神父撰写的批判辩证唯物主义的著作。）G. Klaus，*Jesuiten. Gott. Materie. Des Jesuitenpaters Wetter Revolte wider Vernunft und Wissenschaft*. Berlin (Est)，1957. （一位斯大林主义的哲学教授[professeur de philosophie stalinien]对上述著作的回应。）

H. Chambre, *Le marxisme en Union soviétique. Idéologie et institutions.* Paris, Seuil, 1955.

H. Marcuse, *Soviet Marxism.* New York, 1958. Tr. Gallimard, 1963.

"西方马克思主义"

G. Lukacs, *Histoire et conscience de classe. Essais de dialectique marxiste* (1923). Trad. K. Axelos et J. Bois, Paris, Éd. de Minuit, collection «Arguments», n° 1, 1960.

K. Korsch, *Marxismus und Philosophie* (1923). 2ᵉ éd. , Leipzig, 1930. *Marxisme et philosophie*, trad. C. Orsoni, Paris, Éd. de Minuit, collection «Arguments», n° 24, 1964.

K. Korsch, *Dix thèses sur le marxisme aujourd'hui. Ibid.*

E. Bloch, *Das Prinzip Hoffnung.* 3 vol. , Berlin, 1954, 1955, 1958.

H. Lefebvre, *Pour connaître la pensée de Karl Marx.* Paris, Bordas, 3ᵉ éd. , 1956.

H. Lefebvre, *Pour connaître la pensée de Lénine.* Paris, Bordas 1957.

H. Lefebvre, *Le matérialisme dialectique.* Paris, Puf, 3ᵉ éd. , 1949.

H. Lefebvre, *Logique formelle. Logique dialectique.* Paris, Éd. Sociales, 1947.

H. Lefebvre, *Critique de la vie quotidienne. I. Introduction.* Paris, L'Arche, 1958 (réédition); II, L'Arche, 1961.

H. Lefebvre, *Contribution à l'esthétique.* Paris, Éd. Sociales 1953.

H. Lefebvre, *La somme et le reste.* 2 vol. , Paris, La Nef de Paris, 1959.

H. Lefebvre, *Introduction à la modernité.* Paris, Éd. de Minuit, collection «*Arguments*», n° 9, 1962.

关于马克思和马克思主义的著作

关于学派、批判和讨论的研究和著作[①]

Ed. Bernstein, *Die Voraussetzungen des Sozialismus und die Aufgaben der Sozialdemokratie*. Stuttgart, 1899.

B. Croce, *Materialismo storico ed economia marxistica*. Palermo, 1899.

Marianne Weber, *Fichtes Sozialismus und sein Verhältnis zur Marxschen Doktrin*. Tübingen, 1900.

M. Adler, *Marx als Denker*. Berlin, 1908.

G. Sorel, *La décomposition du marxisme* (1908). 3ᵉ éd., Paris, Rivière, 1926.

P. Lafargue, *Le déterminisme économique de Marx*. Paris, Giard, éd. de1909.

K. Vorländer, *Kant und Marx* (1911). 2ᵉ éd., Tübingen, 1926.

R. Stammler, *Die materialistische Geschichtsauffassung*. Gütersloh, 1921.

M. Weber, *Stammlers Ueberwindung der malerialisischen Geschichtsauffassung*. In *Gesammelte Aufsätze zur Wissenschaftslehre*, Tübingen, 1922.

H. de Man, *Zur Psychologie des Sozialismus* (1926). Trad. fr. *Au-*

---

① 人们可以在一些期刊杂志上——特别是自 1945 年以来——发现许多有趣的研究和讨论,这些研究和讨论有时是非常生动和充满洞见的。参见 *Revue socialiste* (principalement depuis 1946), *Esprit* (depuis 1932), *La Pensée*, *revue du rationalism moderne* (depuis 1939), *Les Temps modernes* (depuis 1945), *Cahiers internationaux de sociologie* (depuis 1946), *La revue internationale* (1945—1951), *La nouvelle critique*, *revue du marxisme militant* (depuis 1948), *Les Lettres nouvelles* (depuis 1953), *Arguments* (1956—1962), *Études de marxologie* (depuis 1959). *Socialisme ou Barbarie* (1949—1965), *Praxis* (Zagreb, depuis 1965).

delà du marxisme. Paris, Alcan, 2ᵉ éd. , 1929.

K. Kautsky, Die materialistische Geschichtsauffassung. 2 vol. , Berlin, 1927.

H. Marcuse, Beiträge zur Phänomenologie des historischen Materialismus. Philosophische Hefte, Berlin, 1, 1928.

S. Hook, Towards the understanding of Karl Marx. New York, 1933. Pour comprendre Karl Marx. Trad. M. Rietti, Paris, Gallimard, 1936.

M. Ollivier, Karl Marx poète. In Mercure de France, 15 avril 1933.

M. Raphaël, Proudhon, Marx, Picasso. Paris, 1933.

A. Gramsci, OEuvres choisies. Trad. G. Moget et A. Monzo. Paris, Éd. Sociales, 1959.

M. Prenant, Biologie et marxisme. Paris, Éd. Sociales internationales, 1936; nouv. éd. , Éd. Hier et Aujourd'hui, 1947.

P. Laberenne, L'origine des mondes. 1ʳᵉ édition, Paris, 1936; nouv. éd. augmentée, Les éditeurs français réunis, 1953.

H. Marcuse, Reason and revolution. Londres, 1941. Tr. Minuit, 1968.

J. Robinson, An essay in marxian economics. Londres, 1942.

C.-F. Hubert, L'Idée de planification chez Marx et Engels. In Économie et Humanisme, n° 26, 1946.

A. del Noce, «La non filosofia» di Marx e il communismo come realtà politica. Atti del Congresso Internazionale di Filosofia, Roma, 1946.

J.-T. Desanti, Le jeune Marx et la métaphysique. Revue de Métaphysique et de Morale, 1947, p. 372 et sq.

Marxisme ouvert contre marxisme scolastique. Esprit, numéro spécial, mai-juin 1948. Articles de A. Fiole-Decourt, R. Cantoni, W.

Dirks, J. Coffinet, J. Domarchi, A. Patri, Chr. Hill, Fr. Jeanson, Ph. Spratt, H.-C. Desroches, M. Collinet et J. Lacroix.

Cahiers internationaux de sociologie, n° IV, 1948. Numéro consacré à Marx. Articles de G. Gurvitch (*La sociologie du jeune Marx*), H. Lefebvre, A. Cuvillier, M. Dufrenne, Ch. Bettelheim et P. Haubtmann.

R. Aron, Dandieu et H. Holstein, *De Marx au marxisme*. Paris, éditions de Flore, 1948.

H.-C. Desroches, *Signification du marxisme*. Paris, éditions ouvrières, 1949.

H. Rosenberg, *La tragédie et la comédie de l'Histoire* (1949). Sous le titre *Les Romains ressuscités*, in *La tradition du nouveau*, Paris, Éd. de Minuit, collection «Arguments», n°10, 1962.

G. Gurvitch, *La vocation actuelle de la sociologie*. Paris, Puf, 1950.

K. Löwith, *Von Hegel bis Nietzsche. Der revolutionäre Bruch im Denken des neunzehnten Jahrhunderts. Marx und Kierkegaard*. Stuttgart, 1950.

H. Bartoli, *La doctrine économique et sociale de Karl Marx*. Paris, Seuil, 1950.

P. Bigo, *Marxisme et humanisme. Introduction à l'oeuvre économique de Karl Marx*. Paris, Puf, 1953.

H. Popitz, *Der entfremdete Mensch. Zeitkritik und Geschichtsphilosophie des jungen Marx*. Basel, 1953.

D. Mascolo, *Le communisme; dialectique des besoins et des valeurs*. Paris, Gallimard, 1953.

Marxismusstudien. Schriften der Studiengemeinschaft der Evangelischen Akademien. Tübingen, 1954. Articles de H. Bollnow, F. Delekat,

I. Fetscher （ *Der Marxismus im Spiegel der französischen Philosophie* ）, L. Landgrebe （*Hegel und Marx*）. R. Nürnberger, H. -H. Schrey, E. Thier （*Etappen der Marx-Interpretation*）, H. D. Wendland. -*Marxismusstudien*. Tübingen, 1960. Articles de L. Landgrebe （*Das Problem der Dialektik*）, I. Fetscher （*Das Verhältnis des Marxismus zu Hegel*）, etc.

J. Hommes, *Der technische Eros. Das Wesen der materialistischen Geschichtsauffassung*. Freiburg, 1955.

P. Ricœur, *Histoire et vérité*. Paris, Seuil, 1955.

P. Naville, *Le Nouveau Léviathan*. I. *De l'aliénation à la jouissance. La genèse de la sociologie du travail chez Marx et Engels*. Paris, Rivière, 1957. Tome II, *L'économie du socialisme dans un seul pays*.

A. Piettre, *Marx et le marxisme*. Paris, Puf, 1957. 4ᵉéd. 1966.

E. Thier, *Das Menschenbild des jungen Marx*. Göttingen, 1957.

L. Kolakowski, *Le marxisme comme institution et le marxisme comme méthode*. In *La nouvelle réforme*, n°1, 1957.

K. Axelos, *Y a-t-il une philosophie marxiste?* In *Vers la pensée planétaire*, Paris, Éd. de Minuit, collection «*Arguments* », n°21, 1964.

K. Axelos, *Thèses sur Marx* (1958). *Ibid.*

K. Axelos, *Karl Marx: L'idéologie allemande* (1ʳᵉ partie). *Bulletin du groupe d'études de philosophie* (Sorbonne), Paris, n° 8, 1958.

E. Morin, *Révisons le révisionnisme*. «*Arguments*», n° 2, 1957.

E. Morin, *Le révisionnisme généralisé*. «*Arguments*», n°14, 1959.

P. Ludz, *Zur Situation der Marxforschung in Westeuropa*. In *Kölner Zeitschrift für Soziologie und Sozialpsychologie*, n°3, 1958.

L. Goldmann, *Recherches dialectiques*. Paris, Gallimard, 1959.

P. Fougeyrollas, *Le marxisme en question*, Paris, Seuil, 1959.

P. Fougeyrollas, *La philosophie en question*. Paris, Denoël, 1960.

J. Duvignaud, *Pour entrer dans le XXe siècle*. Paris, Grasset, 1960.

Fr. Fejtö, *Revisionisti contro dogmatici* (1956—1964), Milan, 1965.

Cl. Lefort, *Qu'est-ce que la bureaucratie?* «*Arguments*», n°17, 1960.

Cl. Lefort, *Réflexions sociologiques sur Machiavel et Marx: la politique et le réel. Cahiers internationaux de sociologie*, janvier-juin 1960.

Recherches internationalesà la lumière du marxisme, n° 19, 1960 (Paris). *Sur le jeune Marx*. Articles de O. Bakouradze, P. Togliatti, N. Lapine, V. Brouchlinski, L. Pajitnov, A. Ouibo, W. Jahn, A. Schaff, R. Gropp.

Fr. Chatelet, *Logos et praxis. Recherches sur la signification théorique du marxisme*, Paris, SEDES, 1962.

马克思主义与精神分析

S. Freud, *Malaise dans la civilisation* (1929). Trad. Odier, *Revue française de psychanalyse*, T. VII, n° 4, Paris, 1934.

W. Reich, *La fonction de l'orgasme* (1927). Trad. de l'anglais revue par l'auteur, Paris, L'Arche, 1952.

W. Reich, *Dialektischer Materialismus und Psychoanalyse. Unter dem Banner des marxismus*, 3e année, n° 5, Berlin, 1929. Trad. fr. , voir *infra*.

W. Reich, *Der Einbruch der Sexualmoral. Zur Geschichte der sexuellen Oekonomie*. Berlin-Wien, 1932.

W. Reich, *Die Sexualität im Kalturkampf*. Kopenhagen, Sexpol Verlag, 1936. Contient l'étude sur *La crise sexuelle*.

W. Reich, *La crise sexuelle. Critique de la réforme sexuelle bourgeoise.* Suivi de *Matérialisme, dialectique et psychanalyse*, Paris, Éd. Sociales internationales, 1934.

Sapir, *Freudismus, Soziologie, Psychologie. Unter dem Banner des Marxismus*, 4ᵉ année, n° 1, Berlin, 1930.

R. et Y. Allendy, *Capitalisme et sexualité.* Paris, Denoël et Steele, 1932.

E. Fromm, *The fear of freedom.* New York, 1941.

G. Politzer, *Critique des fondements de la psychologie.* I. Paris, Rieder, 1928.

G. Politzer, *La crise de la psychologie contemporaine.* Paris, Éd. Sociales, 1947.

P. Naville, *Psychologie, marxisme, matérialisme* (1946). Paris, Rivière, 2ᵉ éd. , 1948.

R. Bastide, *Sociologie et psychanalyse.* Paris, Puf 1950. 特别是以下章节：*Marxisme et psychanalyse* et *Sexualité et Société*.

J. Gabel, *La réification. Essai d'une psychopathologie de la pensée dialectique. Esprit*, n° 10, 1951.

J. Gabel, *La crise du marxisme et la psychologie.* «*Arguments*», n° 18, 1960.

J. Gabel, *La fausse conscience. Essai sur la réification*, Paris, Éd. de Minuit, collection «*Arguments*», n° 11, 1962.

J. Wortis, *La psychiatrie soviétique.* Trad. C. Thomas, Paris, Puf, 1953. 特别是以下章节：*Matérialisme dialecique* et *psychiatrie* et *Psychanalyse et psychothérapie*.

H. Marcuse, *Éros et civilisation. Contribution à Freud* (1955). trad. J. -G. Nény et B. Fränkel, Paris, Éd. de Minuit, collection «*Arguments*», n° 18, 1963.

J. Hyppolite, *Phénoménologie de Hegel et psychanalyse*. In *La Psychanalyse*, n° 3, Paris, Puf, 1957.

K. Axelos, *Le «mythe médical» au xxᵉ siècle*. In *Vers la pensée planétaire*.

K. Axelos, *Freud analyste de l'homme*, *ibid*.

马克思主义、现象学、存在论和存在主义

K. Jaspers, *Raison et déraison de notre temps* (1950). Trad. H. Naef, Paris, Desclée de Brouwer, 1953. 第一章是对马克思主义和精神分析的批判。

M. Heidegger, *Lettre sur l'humanisme* (lettre à Jean Beaufret). Trad. R. Munier, Paris, Aubier, 1957.

M. Heidegger, *Qu'est-ce que la philosophie?* Trad. K. Axelos et J. Beaufret, Paris, Gallimard, 1957, et *Questions II*, Gallimard, 1968.

M. Heidegger, *Le principe d'identité*. Trad. G. Kahn, «*Arguments*», n° 7, 1958 et *Questions I*, Gallimard, 1968.

M. Heidegger, *Essais et conférences*. Trad. A. Préau, Paris, Gallimard, 1958. En particulier: *La question de la technique et Dépassement de la métaphysique*.

M. Heidegger, *Principes de la pensée*. Trad. Fr. Fédier, «*Arguments*», n° 20, 1960.

J. -P. Sartre, *L'existentialisme est un humanisme*, Paris, Nagel, 1946.

J. -P. Sartre, *Matérialisme et révolution*. In *Situations* II, Paris, Gallimard, 1949.

J. -P. Sartre, *Critique de la raison dialectique*. T. I *Théorie des ensembles pratiques*. Paris, Gallimard, 1960.

M. Merleau-Ponty, *Humanisme et terreur. Essai sur le problème communiste*. Paris, Gallimard, 1947.

M. Merleau-Ponty, *Sens et non-sens*. Paris, Nagel, 1948.

M. Merleau-Ponty, *Les aventures de la dialectique*. Paris, Gallimard, 1955.

M. Merleau-Ponty, *Signes*. Paris, Gallimard, 1960.

G. Lukacs, *Existentialisme ou marxisme?* Trad. E. Kelemen, Paris, Nagel, 1948.

J. Beaufret, *À propos de l'existentialisme. Existentialisme et marxisme. Confluences*, n° 6, Paris, 1945.

J. Beaufret, *Vers une critique marxiste de l'existentialisme. Revue socialiste*, n° 2, 1946.

P. Naville, *Marx ou Husserl. La revue internationale*, n° 3 et 5, Paris, 1946.

M. de Gandillac, *Le mal et le salut dans le marxisme et l'existentialisme*. In *Présence, Le mal est parmi nous*, ouvrage collectif, Paris, Plon, 1948.

M. Lacroix, *Marxisme, existentialisme, personnalisme*. Paris, Puf, 1re éd. 1949, 6^{e}éd. , 1966.

Tran-Duc-Thao, *Phénoménologie et matérialisme dialectique*. Paris, éd. Minh-Tan, 1951.

G. Mende, *Studien über die Existenzphilosophie*. Berlin, Dietz Verlag, 1956.

R. Garaudy, *Perspectives de l'homme. Existentialisme, pensée catholique, marxisme*. Paris, Puf, 1960.

K. Papaioannou, *La fondation du marxisme*. I, *Ontologie des forces productives*; II, *Matière et histoire. Le Contrat social*, n° 6, 1961 et n° 1, 1962.

Marxisme et existentialisme. Controverse sur la dialectique par J. -P.

Sartre, R. Garaudy, J. Hyppolite, J.-P. Vigier, J. Orcel. Paris, Plon, 1962.

R. Tucker, *Philosophie et mythe chez Karl Marx*. Trad. M. Matignon, Paris, Payot, 1963.

K. Axelos, *Einführung in ein künftiges Denken. Über Marx und Heidegger*, Tübingen, Niemeyer, 1966.

附录

H. Marcuse, *L'ontologie de Hegel et le fondement d'une théorie de l'historicité* (1923). Paris, Gallimard, «Tel», 1991.

C. Bruaire, *Logique et religion chrétienne dans la philosophie de Hegel*. Paris, Seuil, 1964.

E. Fleischmann, *La philosophie politique de Hegel*. Paris, Plon, 1964.

E. Fleischmann, *La science universelle ou la Logique de Hegel*. Paris, Plon, 1968.

R. K. Maurer, *Hegel und das Ende der Geschichte*. Stuttgart, Kohlhammer, 1965.

F. Châtelet, *Hegel*. Paris, Seuil, Écrivains de toujours, 1968.

K. Marx, *Œuvres. Économie* I et II. Édition établie par M. Rubel. Paris, Gallimard, Bibliothèque de la Pléiade, 1963 et 1968.

A. Künzli, *Karl Marx. Eine Psychographie*. Vienne, Europa Verlag, 1965.

G. D. Volpe, *Rousseau e Marx* (1956). 2ᵉ éd., Rome, 1964.

E. Fromm, *Marx's concept of man*. New York, 1961.

Y. Bourdet, *Communisme et marxisme*. Paris, éd. M. Brient, 1963.

L. Sebag, *Marxisme et structuralisme*. Paris, Payot, 1964.

L. Althusser, *Pour Marx*. Paris, Maspero, 1965.

L. Althusser, *Lire Le Capital*. Avec J. Rancière, P. Macherey, É. Balibar, R. Establet. 2 vol. Paris, Maspero, 1965. Nouvelle édition allégée et refondue avec des textes d'Althusser et de Balibar seulement, 2 vol. , Maspero, 1968.

H. Lefebvre, *Métaphilosophie. Prolégomènes*. Paris, Éd. de Minuit, collection « Arguments », n° 26, 1965.

J. Fallot, *Marx et le machinisme*. Paris, Éd. Cujas, 1966.

G. Petrović, *Marx in the mid-twentieth century*. New York, 1967.

L. Soubise, *Le marxisme après Marx* (1956 - 1965). *Quatre marxistes dissidents français*. (K. Axelos, F. Châtelet, P. Fougeyrollas, H. Lefebvre). Paris, Aubier-Montaigne, 1967.

Nouvelle actualité du marxisme. Diogène, n° 64, 1968. Articles de Th. W. Adorno, H. Marcuse, J. Hyppolite, E. J. Hobsbawn, M. Rodinson, A. Abdel-Malek, A. Laroui, K. Papaioannou, R. Tucker.

H. Marcuse, *L'homme unidimensionnel*. Tr. par M. Wittig et l'auteur. Paris, Éd. de Minuit, collection «*Arguments*», n° 34, 1968.

K. Axelos, *Arguments d'une recherche*. Paris, Éd. de Minuit, collection «*Arguments*», n° 39, 1969.

附录:英译者导言[①]

　　这部译著所呈现的科斯塔斯·阿克塞洛斯关于卡尔·马克思的研究,对于最近的研究、著述和出版中两个日益激烈的领域皆具有独特的价值。这两个领域就是技术领域(特别是作为一种无孔不入的现代现象的技术领域)和对人类状况(特别是异化问题)进行马克思主义分析的领域。尽管这是该书的功绩,但也同时造成了巨大困难。因为那些对技术感兴趣的人们或许会发现自己没有被引入马克思的理论研究。而相反地,那些深入研究马克思思想的人们可能还没有发现技术是某种必须以任一焦点方式加以质疑的东西,是一个从属于诸多更大问题的问题。换言之,阿克塞洛斯在这里关注了一个双重话题,这个话题的两个构成要素分别代表了在技术研究和马克思主义研究中的弱点。为了向读者说明该书的主题,并证明它的价值,作者必须阐明为什么技术是马克思思想中的一个关键问题。反之,为什么马克思思想对理解技术作出了极其重要的贡献——这些都意味着他必须找到合适的定位来阐释他的双重焦点,并使自己的观点具有说服力。阿克塞洛斯认识到,可以同时理解技术的意义和马克思主义的意义的唯一恰当的方法就是

　　① "Translator's Introduction" by Ronald Bruzina from *Alienation*, *Praxis*, and *Technē in the Thought of Karl Marx* by Kostas Axelos, translated by Ronald Bruzina, Copyright © 1976. By permission of the University of Texas Press.

一种明确的**哲学**方法。而且，它必须是这样一种哲学视域（philosophical perspective），即它不仅欣赏人类本身的历史特性——因为技术成就展示了引人注目的变革和发展，而马克思的思想正是对人类社会历史运动的研究——而且它同样意识到人类事业（哲学本身亦是人类事业）的历史条件。因此，该书的读者必须做好准备把这里的分析和论证同时作为一种关于技术的历史感性哲学研究（a historically sensitive philosophic study of technology）和一种关于马克思原理的历史感性哲学研究。因为这里展示了这一著作的独特优势和它要求对马克思主义与技术这一主题发表意见的基础，并在两个领域都有大量的可资利用的卓越材料。

在这本书中，阿克塞洛斯专门阐明了自己研究马克思的哲学事业的方法①。而从该书的目录可以看出，他试图一步步地讨论马克思思想中的主要概念和结论。然后，我们很快就能清楚地看到，阿克塞洛斯深入考察了马克思的著作，尤其是那些在西方思想史中构成最高环节和转折点的著作。然而，正如刚才提到过的，可能无法很快显现出来的东西正是阿克塞洛斯必须清晰一致地加以建构的东西，即(a)技术对于马克思的人类计划所具有的根本意义和(b)马克思的全部分析对于理解技术所具有的根本意义。这一双重任务在很大程度上是逐渐完成的。这是一种累积性的论证，而不是一种在某一处展开的专题讨论。而这将有助于把阿克塞洛斯在研究卡尔·马克思的过程中得出的关于技术的一些主要观点集中起来，从而有助于阐明他写作该书的根本原因。

---

① 参见本书的《序言》部分的第 3—4 页和结论部分的最后一段。

阿克塞洛斯论马克思的技术观

正如阿克塞洛斯所言,在马克思看来,只有首先发展出关于人的存在(human being)的适当定义,技术才能得到解释。现在,人的存在(human being)不是被定义为一组按照一种显著特征的分类次序而排列的固定的描述性特征,而是根据一种同**环境**(setting)——这种环境同时亦是一种**活动**(activity)——的**关系**而被定义的。人的存在从一开始就是并将继续是一项力图通过积极介入环境来生产那些能满足需要的东西来满足基本生活需要①的计划。如果这种同环境的基本关系像马克思所预言的那样是一种对立的关系,那么,这种积极的介入(engagement)就被看作一项实现征服环境即征服自然界的事业。更准确地说,这种介入是一种**制造活动**(*action of making*),是一种**生产活动**(*action of production*),一种将环境的组成部分制造为适用于满足人的需要的对象的活动。

现在需要在此补充一些要点,这些要点将更全面地阐明一切涉及"人的存在"这一概念的东西,而人的存在是作为一项通过在生产本身之外,但又遵循生产和服务于生产的对象的生产而完成的计划。在这些要点中,最重要的一点就是构成人的存在的这一计划必然是**社会的**(*social*)。② 也就是说,这些制造活动(acts of making)采取了它们作为一种连贯团体的行为所具有的形式。当前的目的是概述技术在阿克塞洛斯的马克思研究中的地位,然而,必须强调的是:(1) 随着通过制造

---

① 关于基本生活需要,参见第六章的开头和第 331—332 页。
② 参见第四章、第六章和第十二章的开头。关于马克思对人类的定义,参见 Joseph J. O'Malley, "History and Man's 'Nature' in Marx," *Review of Politics* 28, October, 1966, pp. 508 – 527, reprinted in *Marx's Socialism*, ed. Schlomo Avineri, New York: Lieber-Atherton, 1973, pp. 80 – 100.

活动而使需要得到满足，新的需要又被创造出来；(2) 通过制造活动来满足需要本身首先是一种**基本的技术性能**（elemental technical performance）；(3) 这种通过制造东西来满足需要的行为就是使人的存在本身开始产生的行为。因为，正如马克思所言，既然"为了生活，首先就需要吃喝住穿以及其他一些东西。因此第一个历史活动[确切地说是人的活动]就是生产满足这些需要的资料，即生产物质生活本身"①。也就是说，对人类（human species）而言，这种将环境的构成要素——人类在其中获得自身——转化为适于满足人类需求的各种对象的操作（operation）是一种包含着使用其他对象和工具性资料的操作。生产和使用这些工具性对象（instrumental objects）就是第一个历史活动，确切地说，就是建构人的存在的活动。②

现在，在这一事实中，即通过制造活动来满足需要从而产生新的需要就是把人类（human species）建构为**人类**（*human*）的表现，也就是说，人类拥有自己的合适的活动范围和合适的特性，其中就包括成为一种**历史**（being a *history*）的特性③。对此，我们必须强调三个要点。第一，技术在人类自身的建构（constitution）中有其自身的根源。第二，人类自身的建构包含着一种对自然界的对立/掌控关系（relationship of opposition/mastery）。因此，为了把自身建构为人的存在并维持下去，人类必须不断将适宜类的（species-suitable）特性强加于处在它的环境中的和从它的环境中产生的所有事物之上——也就是说，为了实现人类自身的人性（humanness），人的存在（human being）必须将自然转化

---

① Karl Marx and Friedrick Engels, *The German Ideology*, ed. and trans. S. Ryazanskaya, Moscow: Progress Publishers, 1964, p. 39. 中文版参见《马克思恩格斯文集》第 1 卷，第 531 页。（引文内容英译者有所改动。——译者注）

② 参见第四章开头部分。

③ 尽管这在阿克塞洛斯的书中最终没有得到讨论，但是，人的存在所特有的类性质产生对意义本身的欣赏和表达，而不只是产生于同事物的因果关系。换句话说，被制造出来的对象就是文化的对象，亦即被意义所明确协调和安排过的对象，因而能够成为具有历史性的对象。

成为人的自然(*nature-for-man*)。但是,在这里必须纳入第三点,即由于制造用来满足需要的东西会产生出**新的需要**,而通过进一步的制造来满足这些需要仍会带来**更多的新需要**,因此,人类通过介入自然、将自然转化为一种人的世界所进行的自我实现计划是一个**逐渐扩展的过程**,而这一过程的规模仅受人类活动能力可能存在的局限的制约。现在,如果人的全部能力达到这样一种程度以致能够囊括一切事物的所有方面,那么人对自然的改造——这对于人类的初始存在是根本必要的——在本质上就注定是一个囊括整个自然界和全人类的过程。换言之,首先,考虑到那种同原初环境(initial setting)即自然之间的积极的改造性的对立关系本身构成了人的存在(human being)的中心结构;其次,考虑到使从这种关系中产生的需要得到满足的生产过程会进一步带来新的需要,进而导致新的生产,如此循环往复;最后,考虑到人类(human being)这个充满求知欲的物种既能认识它周围的全部事物,又能认识人类自身,而且能够全面地、总体地为自己制定目标,我们可以由此得出这样一个事实,即在人的构造中潜存着一种趋向普遍性(the universal)的推动力。正如阿克塞洛斯所读到的那样,在马克思看来,将这种普遍性的潜能实现出来的行动对于历史的中心动力来说是至关重要的,特别是在变革性地创造一种为人的世界(a world for man)的领域内是至关重要的。而这就是技术的核心所在。

　　然而,这一概述仍然遗漏了马克思理解人的存在的整体维度。因为它还没有提到马克思用来解释在建构人类世界的历史发展过程中被检验出来的各种弊害的概念方法。在马克思看来,就像阿克塞洛斯跟随马克思所看到的那样,正是这种使人获得人性的活动,这种给予人以满足自身需要的手段的制造活动,这种给予人借以赋予事物一种形式从而使它们适合于人的工具性对象的制造活动,正是这种本应该是人的自我实现的活动,从一开始就遭到破坏,因而导致这种活动变为人的自我否定。这就是马克思的异化概念,它构成了当今马克思思想研究的许多方面的核心,而且在阿克塞洛斯的论述中也是头等重要的。我并不打算在这里解释这个概念，特别是因为阿克塞洛斯已经多次讨论过它。[①] 在这里，我只想从一般层面上指出如何运用异化概念来理解技术。简言之，它意味着：一种制造活动的产品的特性和这一制造活动本身的特性，正如马克思在他的历史分析中所阐释的那种特性，就是那种必须被归因于技术的特性。因为技术是人的制造（human making）的一种形式（参见下一节）。因此，如果异化是人类制造的特性，就像它在历史上从开始到现在所发生的那样，那么，技术本身在其全部历史中就被地方性地（endemically）赋予了异化的特征。同样地，异化对于人类历史发展的意义就相应地限定了技术对人类所发挥的作用。这对于当前的现代世界来说尤为真切，因为在马克思看来，现代世界代表了异化的最高阶段，也代表了技术性能（technical performance）的最高阶段。而这正是阿克塞洛斯希望最终为我们梳理出的各种话题的结合点，尤其是他在最后几章中所做的工作就是如此。[②] 在那里，他清楚阐释了技术是如何成为一种实在的力量，这种力量同时促成了自然从一种纯粹的自然性质向一种特殊的人类性质的彻底技术变革（complete technical transformation）——这就是技术作为人的制造所产生的结果——和通过以对象和客观过程（这些对象和过程是根据一种抽象的货币价值体系而被确定、组织和利用的）的形式来全面捕获人的能力和意义所造成的人的存在的极端异化——这就是由资本主义事业所支撑和维系的技术所带来的效应。

如果马克思以及阿克塞洛斯对马克思的讨论都只是简单地以技术力量和人类异化同时达到顶点这一不可挽回的前景而结束的话，那么

①   尤其参见第七章。最近两本专门分析和讨论了马克思的异化概念的著作是伊什特万·梅萨罗斯（István Mészáros）的《马克思的异化理论》（第三版）（*Marx's Theory of Alienation*, 3d ed. London: Merlin Press, 1972）和伯特尔·奥尔曼（Bertell Ollman）的《异化：马克思的资本主义社会中的人的概念》（*Alienation: Marx's Concept of Man in a Capitalist Society*, Cambridge: At the University Press, 1971）。

②   参见第十二章、第十三章和结论中的"经济的问题式"与"'未来主义的'问题式"两节以及第四章。

所有这一切都将是贫乏的。然而,马克思对于人类历史的卓越分析旨在表明这种看似可能很糟糕的顶点何以成为人类社会借以实现真正人性的过程的一个必要阶段。因为一旦历史过程包含了一些作为历史发展运动之要素的矛盾因素——马克思的分析恰恰表明了异化就是这种因素,那么,只有当这种因素已经耗尽了它的全部发展可能性,也就是说,只有当这种因素已经在人类历史中达到它的最大发展和效果即达到它的顶点的时候,这种因素才能被克服。而且,由于人的存在就是处在活动中的人,而这正是因为人的存在拥有一种追求普遍性的潜能(potential for universality),一种通过调动一切人的力量和所有人类个体而扩展到一切事物的潜能,因此,顶点在它的否定性和谬误性方面必须是完全包罗万象的和确当的,然后它才能被积极地转化为全面真实的人性的真正实现。当然,这种理解完全是黑格尔的辩证过程观念(Hegelian concept of dialectical process),但马克思使它适应于实践活动的领域,而这种适应就是使马克思的理论成为一种**技术**理论(theory of *technology*)的东西。因为在马克思看来,根据一个过程的顶点来理解历史就意味着根据**人的制造(它同时是反人类的、异化的)的具体活动**的发展过程的顶点来理解历史。这种在最大程度上达到全面普遍性的发展,即技术和工业成为一种世界性的现象,成为将世界范围内的人类制度联系起来的包罗万象的关系的实在基础,就是人性将借以取得最终胜利的顶点阶段——如果人类能够在事实上通过否定它的否定性的反人类特性并将它转变为积极的人的实现而超越它的话。这至少是阿克塞洛斯认为马克思将要言说的东西,尽管最后他看到马克思的视域轮廓是很成问题的——这就是他的长篇结论章"结论·开放性的问题"。

　　简言之,这就是阿克塞洛斯在解读马克思关于异化的论述时对技术问题的哲学思考,以便证明这两个问题之间具有深刻的相互重要性。当然,这种概述不能代替这一著作本身。因为其中的太多东西被忽略了,赋予某一立场以说服力的说明和细微差别也被遗漏了。现在,我们必须转向这部著作本身。但是，这里还有一些需要进一步探究的问题，不过这种探究不是对文本本身的总结，而是在文本所明确阐述的内容之外的讨论。我只想讨论两个话题：第一个问题是现代技术（moderne technology）何以不同于过去的制造性能（performances of making）；第二个问题是关于阿克塞洛斯发现马克思为我们阐明的最高阶段的方式，它代表了一种不同于马克思通常所设想的东西的开放。

技术（Technique）和技术学（Technology）

让我们通过一个问题来开始探讨第一个话题，而这个问题乍看起来似乎只是一个翻译问题。在法语中，阿克塞洛斯主要是用"la technique"一词来谈论人的制造行为。为什么我使用的对应的英文词是"technique"，而不是简单的"technology"呢？[①] 后者不也是指涉这个法文词（la technique）所表达的意思即技术性能的总和（the ensemble of technical performances）吗？

实际上，这不只是一个模仿法语的构词形式（French lexical form）的问题。这个值得思考的现象背后的本质在于阿克塞洛斯使用了有别于"la technologie"的"la technique"。首先，阿克塞洛斯保留了一种对"technology(la technologie)"一词的严格用法，以表达一种非常特殊的含义，即一种关于**技术**的**逻各斯**（a *logos* of *technē*）——英语的惯常用法并没有表达这一含义。这里，阿克塞洛斯以一种追忆马丁·海德格尔——他从马丁·海德格尔那里获得了某些根本的洞察力——的方式，借助一个现代术语的希腊词根的原始意义序列来解释一个概念："logos"是指言说（word）、赋意（meaning）、推理（reason）和研究

①   到目前为止，我还没有按照我从这里开始进行解释的惯例来使用这些词。但从现在开始，我将遵守从现在开始被引入讨论的用法上的区别。

(study),"technē"是指生产某物的制造(making)、技艺(art)、技能(skill)和方法(method)。因此,在严格意义上,"Techno-logy"就意味着一种面向生产(production)和制造(making[*technē*])的表达性思考(articulate thinking[*logos*]),以便用一种合适的、彻底的和全面的方式来探究它们的意义。正如阿克塞洛斯在其他地方所解释的那样,技术学(technology)就是关于技术的思考(the thinking of technique)①,而技术(technique)是对存在的生产性改造(the productive transformation of being)②。而在阿克塞洛斯看来,对于这种生产性改造的充分反思性理解还尚未完成:"关于技术的**思考**(Techno-*logy*)依然是欠缺的,关于技术的**逻各斯**(the *logos* of technē)仍然是匮乏的。"③于是,我们在这里就获得了"technology"这一术语的意义,正如阿克塞洛斯在结论部分的最后段落中把马克思的思想描述为一种对于人的制造(human making)的反思时所使用的那样:"或许是时候开始将马克思的思想理解为**技术学**(*Technology*)了,倘若我们能够充分把握这一术语的全面丰富性和真正深刻性的话。"

　　然而,阿克塞洛斯对"**技术学**(*technology/la technologie*)"还有另

----

①　"在这个通过征服性的和世界性的技术(la technique)来扼杀世界的完满时代,我们难道不需要一种技术学(technologie)来开始思考技术(la technique)所支配的一切以及技术(la technique)本身吗?"参见 Kostas Axelos, "Thèses sur Marx—V," in *Vers la pensée planétaire*, Arguments 21, Paris: Editions de Minuit, 1970, p. 175.

②　"技术(la technique),亦被称作'technē',就是对一切事物的生产(la production)和改造(transformation)……必须在最全面和最彻底的意义上对技术(la technique)加以理解:它包括一切实在的和想象的技术;从语法(la grammaire)到性爱(l'érotisme),从写作(l'écriture)到做梦(la fabrication de rêves)……技术(la technique)是行星时代(l'époque planétaire)的引擎,它多元地决定着(surdéterminant)一切文化领域和其他领域。"(参见 Kostas Axelos, *Arguments d'une recherche*, Arguments 40, Paris: Editions de Minuit, 1969, p. 174.)在这一段文字中,阿克塞洛斯拓展了技术的概念,使其超越了对象的生产性制造(the productive making of objects)。而在马克思的著作中,技术概念在很大程度上被限定在对象的生产性制造层面。因此,相较于眼前这部著作,他在其他语境中表现得更接近于雅克·埃吕尔(acques Ellul)的技术概念。参见英译者导言的下一节。

③　这是在1973年夏天的一次私人谈话中他对我说的一句话。

一种用法，这就需要我们将其同"**技术**（*technique/la technique*）"明确区分开来。技术（technique），即任何一种制造行动，从一开始就是与人类共在的。但是，正如阿克塞洛斯所详细阐明的那样，**只有现代形式的技术**（technique *in its modern form alone*）才充分发挥了作为历史发展的**具体驱动力**（concrete driving power）的作用。① 技术（technique）已经**实际拥有一种几乎绝对的创造性力量，承担对一切存在的改造**②，在本质上不受任何方面和任何形式的限制③，并推动产生了一种普遍综合的和相似的计划、目的以及整个历史运动中的一套方法和手段。④ 总之，我们今天所说的**技术学**（*technology*）就是现在从历史发展的视域出发——阿克塞洛斯将其归功于马克思——来充分把握其作用所最终看到的**技术**（*technique*），这种作用在使技术同过去保持基本的连续性（continuity）的同时也使它**不同于过去的技术**（technique）。⑤ 因为技术（technique）现在开始发挥的改造性工作的性能**实际上是完美无上的**（*consummate*）和**包罗万象的**（*all-inclusive*）。简言之，技术学（technology）就是**作为总体的和普遍的技术**（technique *as total and universal*）。

现在的问题在于，是什么造成了这种具体差别，是技术（technique）在当前的历史阶段成为总体的和普遍的，成为不同于先前状况的技术

---

① 按照阿克塞洛斯自己的想法，他并不赞同马克思关于技术（technique）是一切人类活动的基础决定性因素的观点。相反，他把技术看作世界总体构架中的最重要构件之一。但是，历史偶然事件夸大了技术在人类发展中的作用，技术现在的确在事实上发挥了主导作用。因此，两人对于技术的现代境况的判断是大同小异的，只是解读技术的总体视域有所不同。参见 Kostas Axelos, "Introduction à la pensée planétaire," in *Vers la pensée planétaire*, pp. 13 - 49.

② 参见 pp. 245, 325—326 及其他地方。

③ 参见 p. 296。

④ 参见 pp. 297, 300 及其他地方。

⑤ 正是在强调现代技术（modern technique）的语境中，阿克塞洛斯很刻意地使用了"technology"和"technological"的术语。参见 pp. 293 和 294ff。不过，他对两个术语的用法有几处同这里所指出的区分并不一致。法国人承认对"la technologie"的用法更为松散，就像英语一样。

学(technology)吗？这里，我们或许可以从雅克·埃吕尔(Jacques Ellul)①的被广泛阅读的著作《技术：世纪的赌注》(*La technique，ou，l'enjeu du siècle* [Technique：The stakes of the century])②中获得一些启示，因为埃吕尔的"技术(technique)"概念似乎是同阿克塞洛斯的技术概念相类似的。在埃吕尔看来，技术(technique)是人类历史起初就具有的一种普遍现象。但是，技术作为一种普遍现象，不应仅仅根据前现代阶段而被加以界定。技术(technique)在现在和过去都"只不过是**手段**(*means*)和**手段的集合**(the *ensemble of means*)"③。但是，早期的技术(technique)又不同于现在的技术(technique)，这至少表现在两个方面：首先，现在关于手段的规定是根据明确的、理性的概念以最理性有效的方式即量化的方式得出的；其次，这种规定手段的方式现在适用于人类存在的所有领域。因此，埃吕尔专门对现代的技术(technique)作出定义："技术(technique)这一术语……不是指机器，技术学(technology)，或者为实现一种目的而实施的这种或那种程序(procedure)。在我们的技术社会(technological society)中，技术(technique)是在人类活动的各个领域中(对于某一既定的发展阶段来说)能够理性达到并绝对有效的各种方法的总体。"④因此，在现代世界中，技术(technique)就不只是简单的工业生产设备和方法，无论它们是非常简单的还是异常复杂的，而这正是"technology(技术学)"这一术语所通常指涉的含义，尤其是当这种生产手段被看作一种社会中孤立的

---

① 雅克·埃吕尔(Jacques Ellul,1912—1994)：法国哲学家、社会学家、神学家，人本主义技术哲学和技术自主论的重要代表人物之一。1936年获波尔多大学法学博士学位。第二次世界大战后，活跃于法国政坛及宗教界，曾任波尔多大学历史及社会学系教授，波尔多市主管工商业及公共事务的副市长。代表作有《技术社会》(1954)、《技术秩序》(1963)、《技术系统》(1977)等。

② Jacques Ellul, *La technique，ou，l'enjeu du siècle*, Paris：Armand Colin, 1954. 该书由约翰·威尔金森(John Wilkinson)翻译为英文，书名为《技术社会》(*The Technological Society*, New York：Vintage Books，1964)。

③ Jacques Ellul, *The Technological Society*, p. 19.

④ Jacques Ellul, *The Technological Society*, p. xxv.

或从属的事实的时候。① 这就是埃吕尔对这两个概念所做的区分。技术（Technique）不只是技术学（technology）即工业的技术设备（technological apparatus），更重要的是它还包括决定经济计划、各种团体组织以及处理人类生理构造和心理构造的各个方面所需要的各种手段和操作的相似操作程序。这种总体性的现象，即**技术**（*Technique*），就是埃吕尔尝试在其著作中加以描述的东西。

当然，今天的技术（technique）现象的总体性特征是非常重要的。但是，阿克塞洛斯在研究马克思的时候是从促使事物运用到社会发展中的基础决定性功能的角度来思考技术（technique）的。因此，埃吕尔的思考并没有向我们提供必要的概念上的澄清来区分过去的制造活动（operations of making）和现在的制造活动，就像这种区分在"technique"和"technology"二词的差别中所体现出来的那样。在这里，我们可以从莫里斯·多马斯（Maurice Daumas）的一些评论中获得诸多裨益，他最近主编了一部关于技术学史（the history of technology）的综合性法文著作《技术通史》（*Histoire generale des techniques*）②。在多马斯看来，我们可以着意将技术学（technology）看作是一种"新的活动

---

① Jacques Ellul, *The Technological Society*, p. xxvi. "technology（技术学）"的这一含义在英语中很常见。相反，在英语中，"technique"不是指某种"technology（技术学）"将会成为其中的一种形式或一个组成部分的普遍现象（就像埃吕尔一样），而是指一种服务于某些特定目的、特定手段的特定操作，譬如"冶金技术（metallurgical techniques）"或"纺毛成线的技术"。两个术语的这种用法可在一部关于技术性能（technical performances）史的百科全书式的英文著作《技术史》（*A History of Technology*, ed. Charles Singer, E. J. Holmyard, A. R. Hall, and Trevor I. Williams, 5 vols. New York: Oxford University Press, 1954—1963)中找到。

② Maurice Daumas, *Histoire generale des techniques*, Paris: Presses Universitaires de France, 1962: vol. 1, *Les origines de la civilisation technique* (1962); vol. 2, *Les premières étapes du machinisme* (1965); vol. 3, *L'expansion du machinisme* (1968). 艾琳·汉尼斯（Eileen Hennessy）将前两卷译为英文，书名为《技术与发明的历史：时代的进步》（*A History of Technology and Invention: Progress through the Ages*, New York: Crown Publishers, 1969)。莫里斯·多马斯（Maurice Daumas）是法国国立工艺学院博物馆（the Musée du Conservatoire National des Arts et Métiers)馆长。

形式……既有别于纯粹的应用技术(applied technique)又不同于科学发现(science as discovery)。技术学(technology)处于科学(science)与技术(technique)之间,同时又表现为两者的相互贯通"①。多马斯继续解释道:"'技术学(technology)'一词可能会引起混淆,特别是由于它在英语中的同义词。我们稍微有些随意地使用这一术语来指认一种更高的技术(technique),一种具有科学思维的技术(science-minded technique[technique savante]),或者更准确地说是一种技术科学(the science of technique)。读者无须进一步寻求精确的定义,就会明白我们希望引起人们对这样一种活动领域的关注,这一活动领域对科学(science)和技术(technique)是共有的,但同时它又有别于两者中的任何一方,在这一领域中它们之间的联系和相互合作是为了各自的更大利益而建立起来的。后面我们将会看到这一领域无论在性质上还是在程度上都具有日益增长的重要性。"②因此,多马斯在警惕关于科学在早期现代发明,特别是十九世纪之前的发明③中所起的作用方面的各种被过分夸大的观念的同时,也指出技术学(technology)这一特殊的新现象的出现恰恰是(作为理论知识的)科学和(作为实用制造[making]和操作[doing]的)技术(technique)紧密结合的产物:技术学(technology)就是一种第三领域(a third area),在这一领域中科学(science)和技术(technique)融合为某种既不纯粹是科学(纯科学),也

---

① Maurice Daumas, *A History of Technology and Invention*：*Progress through the Ages*, Vol. 2, p. 11.

② Maurice Daumas, *Histoire générale des techniques*, T. 2, p. xvi - xvii. 英文版参见 Maurice Daumas, *A History of Technology and Invention*：*Progress through the Ages*, Vol. 2, pp. 7 - 9. 此外对于"la technique"的翻译因英译词汇的不断变化和选择而变得模糊。但值得注意的是,多马斯后来指出他所说的"la technologie"是指英语中的"工程学(engineering)"一词所指涉的同一种现象。参见 Maurice Daumas, *Histoire générale des techniques*, T. 3, p. xxiii.

③ Maurice Daumas, *A History of Technology and Invention*：*Progress through the Ages*, Vol. 2, pp. 7 - 9. Maurice Daumas, *Histoire générale des techniques*, T. 3, pp. xviii - xx.

不仅仅是技术(technique)(实际的有组织的应用)的东西。①

现在,我并没有断言阿克塞洛斯和多马斯对于在现代工业的形成中和在历史上明显稍晚出现的作为技术学的技术(technique-as-technology)这一现代现象的形成中的各种因素的明确相互作用的看法是完全一致的,而是想指出多马斯的"技术学(technology)"概念的性质是如何在很大程度上与阿克塞洛斯的第二种意义上的"技术学(technology)"即作为无限的普遍的生产活动的实践手段和理论手段所构成的单一系统之统一的技术(technique)相一致的。而且,由于多马斯认为恰好可以用"技术学(technology)"这一术语来指定这种新的第三事物(new third thing)为"技术科学(science of technique)",因此,他指出,使技术(technique)具有(阿克塞洛斯意义上的)**技术学**性质的因素,一方面是由一种**特殊**的"**逻各斯**(*logos*)"即以理性科学的形式明确提出的理论洞见所促进和决定的一种实践,另一方面是制约和促进这种理性科学的一种实践(practice),一种"**技术**(*technē*)"。换言之,技术(technique)变为技术学(technology)——技术学(technology)有别于那种与显性科学(explicit science)要么完全不相干,要么只有较小相关性的技术(technique),是因为它以一种紧密的相互形成和相互制约的形式同科学融合在一起。②

----

① 参见汉斯·约纳斯(Hans Jonas)对同一种关于融合了科学与技术的新活动秩序的观点的精彩论述。Hans Jonas, "The Practical Uses of Theory," in *The Phenomenon of Life: Toward a Philosophical Biology*, New York: Delta Books, 1968, pp. 188 - 210.

② 相较于他的其他著作,阿克塞洛斯在这部研究马克思的著作中使用的"technique"要比他的其他著作更为狭义。在他的其他著作中,他在更加广义的层面上对"technique"的使用与埃吕尔有很大相似之处。然而,这种较为广义的技术(technique)将会分享较狭义的作为产品的工业制造(the industrial making)——这是阿克塞洛斯在这本关于马克思的书中对该词的主要用法,其中这种制造被看作社会发展的一种基础决定性因素——的技术(technique)所实现的一切包容性和普遍性。因为在其他领域,它也是运用科学和科学方法来实现特殊目的。换言之,当产品的制造(the making of objects)成为 technology,其他领域就会被一种根本相似的技术性科学秩序(technoscientific order)所支配。至少,这似乎是必须加以发展的论点,以便阐明不同作者尽管在强调和用法上有所差异,但仍然具有相似性。

同时,在阿克塞洛斯看来,这不是一种**确当的逻各斯**(*proper logos*),因为它是一种具有抽象-权力思维的科学理性(abstraction- and power-minded scientific reason)(马克思将其称为异化着的和异化了的理性[alienating and alienated reason])①的**逻各斯**,这种逻各斯恰好符合和融合于这样的制造(making)活动,即这些制造活动本身是非人性化的具有权力思维的操作,并构成那种我们以非常漫不经心的方式称之为"现代技术(modern technology)"的工业体系(industrial system)。因此,在阿克塞洛斯看来,技术学(technology)是现代世界中的一种完全"迷误的(errant)"②现象,亦即一种自以为极其真实有效的中介(agency),但是它却误解了自己在整体结构中的特点与意义,即使正是这种力量实现了总体的普遍的统治。作为一种在理论科学的概念层面上的实践成就者(practical achiever)——因为两者现在构成了一种东西,技术学(technology)成为不仅能够而且正在实际推动整个世界和人类的各个方面实现转变的具体力量。

现在,正如我们很容易看到的那样,处在马克思和阿克塞洛斯为理解技术学(technology)(在科学和技术[technique]之融合的意义上)所采用的解读历史的方法之中心位置的是这样一种主张,即存在一种必须加以纠正的**错误**(*wrong*),在其沿线的某些地方(甚至是在它的起点)发生了一种尚未被修复的**断裂**(*break*)。现在的重要问题在于我们要意识到,马克思为了理解他的纲领意欲实现的这种"修复(mending)"所看到的"断裂"之处,不同于其他人在今天日益涌现的关于技术学(technology)的文献中可能对一种需要纠正的错误进行理论化的方式,尤其是不同于阿克塞洛斯在研究马克思的过程中逐渐形成的自己对这一问题的思考。首先需要谨记的是,马克思思想中的人的

---

① 在此我们能够看到阿克塞洛斯和马克思之间的分歧。对阿克塞洛斯来说,在他自己的思想中,权力关系不必像马克思所认为的那样是知识立场或技术活动立场的基础和根本。这就是他的游戏思想的重要性。

② 关于"errant"一词的论述,参见 pp. xxvi—xxviii。

存在概念(concept of human being)是以一种断裂,即一种同环境即自然世界相对立的关系为基础的。① 但是,这种断裂正是促进人的存在(man's being)成为一种自我实现的谋划(project),成为一种将纯粹的自然转变为人(human)的、将"自为的"存在(the "for-itself")转变成"为人的"存在(the "for-man")的活动。在马克思看来,只是由于同某些秩序(order)相关的某种否定物(something *negative*)、对立物的存在,才会出现一种建立和完成这种秩序的驱动力。而且,如果人的存在(human being)不是驱动制造(making)活动的动力,从而将其建构为它将成为的那种秩序(the order it is to be),那么人的存在便将会一无是处。(当然,这是马克思对黑格尔的辩证过程概念的再次借用)。因此,当自然最终转化为完全"为人的"(for-man)存在,那么,人与自然之间的原初断裂就将会被修复,但是生产性的制造活动,通过制造对象(objects)而进行的自我实现过程将会继续,直到现在,将要被制造为人的材料本身已经是"人化了的(humanized)",而不是纯粹"自然的"。然而,因为人需要更加巨大而复杂的发展,因此,这些已经人化了的材料就不再是合适的和足够的,它们将再次与人的自我实现的秩序(order)相对立。②

因此,对马克思来说,人类发展的困难不在于人"与自然的对立",因为正是这种对立开启了人的自我实现过程。相反,根本的错误在于同人的自我实现过程**本身构成一个整体**的条件,即**异化**。异化是远离了**它应该成为的状态**——人类通过制造和使用满足需要的手段

---

① 参见 pp. 54,55,78 及其他相关出处。

② 参见结论部分的"经济的问题式"。对马克思而言,自然能否被彻底人化是一个有争议的问题。这在很大程度上取决于人们是否认为马克思在《1844年经济学哲学手稿》中关于自然的人化(the humanizing of nature)的思想在其后来的著作中发生变化。阿克塞洛斯并不认为发生了这种变化,而其他人则认为发生了这种变化。(参见 Alfred Schmidt, *The Concept of Nature in Marx*, London: NLB, 1971. 中文版参见[德]阿尔弗雷德·施密特:《马克思的自然概念》,欧力同、吴仲昉译,赵鑫珊校,商务印书馆1988年版。)

(means)来实现的现实化(actualization)——**的整个过程**的一种断裂。①
制造和使用对象(objects)将会继续下去(从技术的角度来看就是通过
对象性/客观性[objectivity]而进行的辩证中介[mediation]将会继续下
去),也就是说人的历史和发展将会继续下去,但异化也会在根本上被
克服。②

　　现在,人类通过制造而应该展开的自我实现过程与在历史上的实
际发生的同一过程之间的根本区分——这就是**马克思的**一种质性断裂
概念(concept of a qualitative break)——并不意味着人的活动从来就
是它应该所是的状态,即非异化的。在阿克塞洛斯对马克思的阅读中,
人的存在**从一开始**就是异化的。③ 从第一个人类活动开始,人的存在
借以实现自身的过程(通过制造不同于自身却能够满足自身的东西,即
通过技术[technique])就导致人的存在同人的活动,人的产品,人的整
个社会共同体(social community)以及人的整个被创造出来的环境相

---

　　① "马克思所反对的异化不是一般中介(mediation in general),而是一组二级中
介(私有财产-交换-分工),一种'中介的中介',亦即一种人与自然的本体论上的根本
的自我中介的历史性特殊中介。……劳动(生产活动)是整个综合体(劳动-分工-私有
财产-交换)中唯一的绝对因素。(之所以说劳动[生产活动]是绝对的,是因为如果没
有由生产活动完成的对自然的改造,人的生存方式就是不可想象的。)因此,任何克服
异化的尝试都必须将自身同这种绝对因素联系起来,而不是使它以异化的形式表现出
来……如果'生产活动'不被分化为它的彻底不同的方面,如果这种本体论意义上的绝
对因素不被区别于历史上的特殊形式,也就是说,如果这种活动被看作一种同质性的
实体——由于这种活动的特殊形式的绝对化,那么,对异化的真正超越(实际超越)的
问题就不可能被揭示出来。"István Mészáros, *Marx's Theory of Alienation*, London:
Merlin Press, 1970, p. 79. 尽管阿克塞洛斯似乎确实暗示过同意梅萨罗斯的观点,但
他并没有完全阐明这种区分。
　　② 随着人类历史的继续发展,异化能够在事实上被彻底克服或只是被部分地克
服,是梅萨罗斯在《马克思的异化理论》一书中着手探讨的问题之一。参见 István
Mészáros, *Marx's Theory of Alienation*, pp. 247-250.
　　③ 参见第十二章的开头。

对立,所有这些都以一种敌对的、异己的方式外在于人。① 人已经在历史上以一种不断加剧的程度实现了这一过程。正如我们先前所看到的,克服异化的道路必须通过这种形势的历史发展而达到它的最完满状态。② 然而,问题的关键仍然在于马克思在技术的(technical)(因而尤其是技术学的[technological])活动的历史发达境况中看到了一种彻底的断裂(radical break),它既是根本错误的,也是能够被克服的——它实际上将会被历史必然性(historical necessity)所克服,这也是世界上人的存在的实际状况和人的存在的结构为了能够实现自身而呼唤的那种状况之间的一种断裂。③ 同时,这种将要被克服的原始的彻底的断裂也相应地要求一种同样彻底的断裂来克服它。伊斯特凡·梅萨罗斯(István Mészáros)最清晰地表达了这一点:"'异化'是一个极具历史性的概念。如果人是'异化的',那么,他一定是出于某些在历史结构中显现出来的原因——同作为这种异化之主体的人相关的事件

———————

① "当劳动变得外在于人时,对象化就表现为一种以敌对的方式对待人的外在力量。这种外在的力量,即私有财产是'异化劳动和工人与自然、工人与自身的外在关系的产物、结果和必然后果'。因此,如果这种对象化的结果是一种对敌力量的产物,那么,人就不能'在一个他已经创造的世界中展望自己',而是在现实中屈从于一种外在力量,被剥夺了他自己的活动的意义。他创造了一个不真实的世界,他使自身屈从于它,因此,他甚至进一步束缚了自己的自由"。参见 István Mészáros, *Marx's Theory of Alienation*, p. 159. 这段引文中的引证材料来自德克·J. 斯特洛伊克编辑、马丁·米利根翻译的马克思的《1844 年经济学哲学手稿》(Karl Marx, *The Economic and Philosophic Manuscripts of* 1844, trans. Martin Milligan, ed. Dirk J. Struik, New York: International Publishers, 1964, pp. 117,114)。

② 参见第十三章。在马克思看来,为了人类能够实现自身,必须经历异化的历史发展状况。正如梅萨罗斯指出的:"因此,异化、物化以及它们的异化反映(alienated reflections)是一种根本的本体论关系的必要社会历史.表现形式。"参见 István Mészáros, *Marx's Theory of Alienation*, p. 112.

③ "不言而喻,某种形式或某些形式的外化(externalization)——对象化本身——同活动本身一样,都是发展的绝对条件:一种非外化的、非对象化的活动就是一种非活动(non-activity)。在这个意义上,人与自然之间相互交换的绝对本体论条件的某种中介(mediation)就是一种同样绝对的必要性。然而,问题在于这一中介是同作为人类存在之根本条件的生产活动的客观本体论特性相一致,还是异在于它,譬如资本主义的二级异化(capitalistic second order alienation)。"参见 István Mészáros, *Marx's Theory of Alienation*, p. 91. 阿克塞洛斯在第七章中表达了同样的观点。

(events)与环境的相互作用——而与某种东西相异化。同样地,'异化的超越'是一个内在历史性的概念(an inherently historical concept),它设想了一个通向一种**诸多事件的质性差异状态**(*qualitatively different state of affairs*)的过程的圆满完成。"①虽然在马克思看来,最终要恢复的不是某种固定的人的本质,不是某种固定的具有永久性质的人类学实体,但是有一种基本条件——通过制造其他东西(通过辩证法意义上的自我中介[self-medation])而进行的历史性的自我完成活动的条件——要被**恰当地**(*properly*)调动起来,也就是说,包括现在的资本主义完善阶段在内的各种历史发展形式中固有的任何形式的异化都不存在了。因此,只有当这种自我实现的基本条件得以满足的时候——"只有当在最广泛的马克思主义的意义上资本的客观本体论的连续性(objective ontological continuity)中存在一种实际的断裂时——我们才能谈论一个**质性的**(*qualitatively*)新的发展阶段:'真正的人类历史'的开端"②。

总之,在马克思看来,在以下两种断裂中都存在一种对称关系(symmetrical relationship):一是将历史的现实的即异化的人的自我实现状况与**应该**发生和**想要**发生的人的生成状况区分开来的那种彻底的原初的断裂;二是在人的异化世界的历史现实发展的完成阶段即技术学的资本主义(technological capitalism)与真正的人类历史的开端之间的断裂。但显而易见的是,问题的关键在于为了断定这种彻底的异化的断裂在历史上是原初的,我们必须在事物的现实的当前的历史状态中找到依据,同时我们必须觉察到当前的现实的技术发展中异化的诸多方面和诸多因素将不再是决定性的,也就是说,它们将被克服和超越,从而有利于其他最终真正的因素的实现。换句话说,我们必须能够认识到当代技术活动(contemporary technical activity)——技术学

---

① István Mészâros, *Marx's Theory of Alienation*, p. 36.

② István Mészâros, *Marx's Theory of Alienation*, p. 45. 梅萨罗斯对这句话做了斜体标注。

（technology）——中那些构成异化维度和"断裂"特征的诸多方面和因素将会被人的历史的发展中产生出来的**性质上全新的**（*the qualitatively new*）方面和因素所克服和超越。

现在，为了弄清如何修复这种断裂（或者更准确地说，如何实现对于人的异化的完成阶段的超越），我们需要对一个问题进行更多讨论，特别是考虑到最终需要简单讨论一下阿克塞洛斯关于这一超越技术学（technology）之顶峰的运动的思想。因为，在他对马克思的解读中，阿克塞洛斯经常提出**他自己的关于**技术学（technology）和人类活动的另一种看法。这就留下了诸多尚未完全解决的问题，从而使许多观点没有变得更加明晰。

我们已经看到，现代世界中的技术（technique），即技术学（technology）已经最终具有包罗万象的、影响人类总体和改造整个自然界的实际能力。在阿克塞洛斯对马克思的解读中，技术学（technology），作为总体化的东西（as totalizing），提供了这样一种活动前景，这种活动对人与自然的关系产生了如下的总体性影响——用马克思的话来说，这种活动构成了人的自我实现的出发点。从自然的角度来看，这种物质环境（material setting）（自然）对于科学/技术活动（scientific/technical activity）来说就成为一种完全可用的资源，进而完全向人的控制和使用所敞开，并被总体地改造为人的对象（objects-for-man）。① 而从人的角度来看，从人作为自然向人的总体转化的中介（agent）（亦即把自然转化为可用于技术学的生产［technological production］的东西）的角度来看，一般活动（activity in general）就成为一种在关于一切事物的内在结构和性质的知识的引导下，即在科学的指引下，获得和执行完

———————
① 参见 pp. 296 - 297，298 - 299，325 - 326。对此，阿克塞洛斯反映了海德格尔对技术本质的洞见。参见海德格尔的《对技术的追问》（Die Frage nach der Technik）和《科学与沉思》（Wissenschaft und Besinnung）（Heidegger, *Vorträge und Aufsätze*, Pfullingen: Neske, 1967）。由威廉·洛维特（William Lovitt）翻译的海德格尔讨论技术的上述文章及其他文章的英文版，参见 Heidegger, *The Question Concerning Technology and Other Essays*, New York: Harper Torchbooks, 1976.

全掌握与征服人类意志的活动。现在,对马克思来说,到目前为止,这两种结果都是**在一种异化的条件下**产生的,也就是说,都是在一种所有行为皆以抽象的形式进行并反对真正的人的发展的条件下产生的。但问题的关键在于,当理性认识和技术变革中的异化因素被克服时,科学的特性和与之相关的人的技术的对象(the objects of human technique)的特性将会成为什么呢? 人类对现实的认识在根本上**仍然**像我们对科学的认识那样吗? 我们制造的对象**还是完全"可控的"**吗? 我们在世界上的基本活动**还仍然是技术学的生产**(technological production)吗? 这些都是阿克塞洛斯在这本书的前面章节中就向马克思提出并在后面章节中表现得最强烈的问题,特别是在最后一章"结论:开放性问题"中。

再次,对于这些问题,我们必须尝试对当今的技术(technique)即技术学(technology)的特殊性质给出一个比较清晰的概念。实际上,一些重新回到这一问题的思想家似乎发现主要因素是科学理性(scientific rationality)本身对技术操作(technical operations)的影响。譬如,在我们前面提到的雅克·埃吕尔(Jacques Ellul)看来,"现在的技术(technique)与过去的技术(technique)没有共同的衡量尺度"[1]。这个"特殊的现代问题"是由(埃吕尔意义上的)技术(technique)具有的确定性的**范围**和**深度**所决定的。[2]"我们所看到的颠倒就在于此。在历史的进程中,**技术**(technique)**毫无例外地从属于一种文明。而今天的技术**(technique)**已经接管了整个文明**。"[3]至于是什么东西造成这一变化,埃吕尔的关于**现代**技术(modern technique)——相比于过去时代的技术和文明时代的技术(technique)——的"**性格学**(characterology)"[4]

① Jacques Ellul, *The Technological Society*, p. xxv.
② Jacques Ellul, *The Technological Society*, p. xxix.
③ Jacques Ellul, *The Technological Society*, p. 128. 埃吕尔对这段话做了斜线标注。
④ Jacques Ellul, *The Technological Society*, "The Characterology of Technique," chap. 2, pp. 61-147.

似乎提出了导致一种完全自主的理性(totally autonomous rationality)
出现的主要因素,一方面这种理性排除了任何个体性因素,特别是那些
非理性的自发性和感觉;另一方面,这种理性塑造了一种总体的、自我
维系的和自我扩张的系统——这种系统通过它的方法和目的而投身于
普遍性(the universal)。"在地理学上和性质上,技术(technique)在其
表现形式中是普遍的。它通过自然和必然性而投身于普遍性。它不可
能成为其他的东西。它取决于一种本身就投身于普遍性的科学,而且
它正在成为一种所有人都能够理解的普遍语言。"①另一位著作家汉
斯·乔纳斯(Hans Jonas)更加准确清晰地指出:"科学革命在实质地发
生变化之前,它就已经**通过**思考而改变了人的思考方式,甚至影响了人
的生活方式。科学革命是一种在理论、世界观、形而上学观念、知识的
概念和方法上的变革……从历史的角度来看,技术学(technology)是开
启现时代的科学革命和形而上学革命(the scientific and metaphysical
revolution)的延迟效应。"②正如乔纳斯所解释的那样,17 世纪的科学
革命导致多马斯(Daumas)恰当地称之为**技术学**(*technology*)出现的原
因仅仅在于:"对于一般现代理论来说,实践应用不是偶然的,而是不可
或缺的,或者说'科学'在本质上就是技术学的(technological)。"③对现
代科学来说,应用总是能够最终实现的,这"只是因为操作性的方面
(manipulative aspect)就内在于现代科学本身的理论建构之中"④。尽

①　Jacques Ellul, *The Technological Society*, p. 131.

②　Hans Jonas, "Seventeenth Century and After: The Meaning of the Scientific
and Technological Revolution," in *Philosophical Essays: From Ancient Creed to
Technological Man*, Englewood Cliffs: Prentice-Hall, 1974, pp. 45 – 80.

③　Hans Jonas, "Practical Uses of Theory," in *Philosophical Essays: From
Ancient Creed to Technological Man*, p. 198. 其他人比乔纳斯更早提出了这一观点,
其中最著名的有马克斯·舍勒(Max Scheler)、赫伯特·马尔库塞和马克斯·霍克海
默,威廉·莱斯在《自然的控制》中阐述了他们各自的不同分析。参见 William Leiss,
The Domination of Nature, Boston: Beacon Press, 1974.

④　Hans Jonas, "Practical Uses of Theory," in *Philosophical Essays: From
Ancient Creed to Technological Man*, p. 202.

管乔纳斯在某些细节上发展了他的观点,但对我们来说,应该被保留的观点是:**这种理性形式**(现代科学和对自然界的经验实验研究)对于同技术学(technology)相结合的技术(technique)来说是一个合适的伴侣,因为在现代科学和技术(technique)中,至少像马克思对后者的解释那样,人的存在都是将自身置于自然现象界的**对立面**,因为在现代科学和技术中,人的存在都是采取向它的环境**施加力量(权力)**的立场。①

现在,非常清楚的是,在追求关于自然界的知识中,含蓄或明确的立场的特性所发生的变化是非常重要的。然而,正如多马斯和其他研究人类技术(human technique)的历史学家已经努力指出的那样,事实仍然在于:如果技术工业(technical industry)还没有准备好以令人难以置信的各种方式来运用现代科学所提供的大量控制和发展的可能性,那么在 19 世纪就不会有技术学(technology)的诞生。人类技术(technique)的历史展示了技术条件(technical conditions)的一段漫长的渐进过程,这些技术条件是科学引导得以被采用的先决条件,但是它们在很大程度上又是在没有科学引导的情况下产生的。但如果承认这一点,那么我们就会发现,在独立于理论科学和实验科学之外的西方技术工业的发展中,一个重要的事实是,在很大程度上,在根本上,这是一种各种力量源泉的机械应用的发展。而这个方面的问题,即这种力量的运用首先作为一种同周围世界的关系,就是阿克塞洛斯发现自己被引向的最尖锐的问题,无论是在实践方面还是在理论方面。

在理论方面,阿克塞洛斯一再强调,马克思对人的存在的理解暗示了这种权力/对立关系(power/ opposition relationship)的程度。这对于马克思的思考来说是内在的,甚至是构成性的(constitutional)。但是,阿克塞洛斯想要质疑的恰恰是构成马克思分析人的存在和人的活动的

---

①　关于从更宽广的视域对这一状况所做的研究,即把它看作表达了一种受历史制约的普遍的社会发展,可参见莱斯的《自然的控制》。莱斯所提出的一种试图澄清"征服自然(mastery of nature)"的含义的立场实际上是对阿克塞洛斯解读马克思的一些核心观点的批判。

方式之基础的**二元关系概念**(*concept of dualistic relationship*)——它不仅是指人的施展力量（权力）的生产活动（power-exercising productive activity）与自然界之间的**对立的**二元性，而且是指所有构成一种隐性的形而上学的差别的体系（system of implied metaphysical distinctions）的二元性。① 换言之，阿克塞洛斯不仅想要批判现代科学观念，而且批判**任何隐含着某种形而上学的差别/对立的观念**。阿克塞洛斯在阅读马克思的过程中发现，马克思最后暗示要彻底克服过去的一切理论体系。但是，正如阿克塞洛斯发现马克思的辩证法所要求的那样，要想彻底克服它们就必须在此前存在二元对立的地方实现一种统一。换言之，阿克塞洛斯发现马克思想要表明这样一种运动：它不仅将经历和超越一种对抗的**异化**状况，正如它在某种概念体系中被分析和揭示出来的那样，而且能够**贯穿和超越任何在某种二元性的差别和对立的基础上建构起来的概念体系**。同样地，应该被取代的不只是某种理性形式，譬如实证科学②，而且包括**作为整体的理性的理论的知性形式**(*form of rational*, *theoretical understanding as a whole*)，因为它是以二元性的差别出发的，以便阐明一种必将被推翻的解释。在阿克塞洛斯看来，马克思的立场表明，这种体现在构成马克思思想的概念中的把握现实的方法将最终被超越。马克思思想的最终教益就在于它本身将被彻底超越。

然而，这只是问题的一半。在阿克塞洛斯看来，不仅一种建立在一组二元对立的概念之上的把握现实的**思想**方法将会被取代，而且一种基于对立立场的**实践行动**方法也**将被超越**。换句话说，阿克塞洛斯在阅读马克思的过程中所最终发现的、将会被超越和取代的东西就是面

①　参见第十一章和第十四章以及结论章中的"意识形态的问题式"和"'未来主义的'问题式"两节。

②　即使在异化被超越之后，马克思似乎仍然将科学作为实证的调查研究而保留下来。这恰恰是因为对自然结构和性质的实证研究同处于对立地位的技术（technique）是一致的，技术本身就是作为基础而被保留下来的。而这就是阿克塞洛斯认为马克思的显性思想不够彻底的地方之一。参见第十一章和第十四章。

对始于二元对立性差别的世界的**整体立场**,无论这种对立差别是如何表现自身的——无论它是在思想中还是在行动中。现代世界的首要的典型的活动和思想就是**技术学**(*technology*)——这种把握世界的方法,无论是在理论上还是在实践上,都是一种维护权力(力量)的对立,即异化,特别是在资本主义中。而在现代世界中,阿克塞洛斯所需要的是对世界的思考和对世界的具体的积极参与,从而超越这种分离,在统一的立场中找到一个基础。正是从这一视域出发,阿克塞洛斯不仅批判地评论了马克思①,而且批判地评价了整个西方哲学史——在他看来,西方哲学史在马克思那里达到顶点。这构成了他在研究马克思的过程中不断提出的作为开端的替代方案。在这篇介绍性文章结束之前,我们有必要对这种替代方案发表一些评论。

阿克塞洛斯:超越一切二元性的游戏

在阿克塞洛斯的思考中,这种超越一切二元性的目标在他研究马克思的著作中才真正被宣告出来,并在他的更广泛的著述语境中被更明显地体现出来。而且,这一目标也深深地在他自己的思想发展史中发挥着作用。在1961年的一次访谈中,阿克塞洛斯被问到他是如何选择现在这本关于马克思的书的主题作为他的哲学博士论文的。他回答道:"因为从我十六岁开始,马克思就已经成为我的主要思考对象。同时,马克思是自赫拉克利特以来的西方哲学传统的巅峰,他对当代世界提出了最重要的批判性质疑,对一切异化进行了公开谴责。而且,他自己为自己被取代铺平了道路。具体的历史事件和沉思也在其中发挥了

---

① 参见 pp. 155—158。尽管这是阿克塞洛斯对马克思的基本批判,但他在整本书中提出了各种各样的批判性意见。

作用。"①正如我们所看到的,这实质上是阿克塞洛斯自己的思想之路的一种概述,但它还需要加以细化。首先是他卷入的"具体事件"。按照阿克塞洛斯自己的说法,当他在自己的祖国希腊时,他最早的理论工作既是理论性的,又是战斗性的——在二战期间和相继发生的希腊内战的早期阶段,他是希腊抵抗力量的"组织者、记者和共产主义理论家"②。然而,随着事态的发展,他最后却被希腊共产党开除党籍,又被1945年掌权的右翼政府判处死刑。于是,他在20岁那年逃往巴黎,从此便一直生活在那里。他最初在索邦大学(Sorbonne)学习,随后1950—1957年在法国国家科学研究中心(Centre National de Recherche Scientifique)从事独立研究工作,最后获得巴黎大学(University of Paris)的哲学教席和担任各种出版项目的编辑(1957年至今)。③ 当然,这些都在某种程度上反映了马克思在阿克塞洛斯的思想中扮演着非常重要的角色,因为在根本意义上马克思代表的不是要求遵从的意识形态正统。因此,在以眼前这本书的形式同马克思达成的协议中,阿克塞洛斯采取的是一种强调批判、公开质疑的立场,正如在前面提到的同一采访中他所做的解释那样:"(在这本书中)异化问题是从三个方面进行思考的。第一,对于经济异化、社会异化、政治异化、生存异化(existential alienation)和意识形态异化的描述,也就是对于使人与自身、人与世界相疏离(疏远)的一切事物的描述。第二,在马克思所说的完全实现了的自然主义、人道主义和社会主义中包含着对超

---

① 这个问题及其回答以"走向行星性思想(Vers une pensée planétaire)"为题发表在阿克塞洛斯的《一种探索的争鸣》(Arguments d'une recherche)中。参见 Axelos, Arguments d'une recherche, Paris：Éditions de Minuit, 1969, pp. 168 - 170. 这段文字引自第168页。

② 来自阿克塞洛斯提供的一份个人简历。

③ 阿克塞洛斯是午夜出版社(Les Éditions de Minuit)的"争鸣(Arguments)"系列丛书的创始人和编辑。这部丛书出版了大量出自不同作家之手的杰出作品,既有原创作品,也有翻译作品。(阿克塞洛斯自己的著作出现在这个系列中就可以理解了。)关于这个系列丛书的历史和目的,可参见阿克塞洛斯在《一种探索的争鸣》中撰写的评论。Axelos, Arguments d'une recherche, pp. 160 - 167.

越异化的展望。实际上,马克思非常乐观地认为人能够完全同自然、人自身的存在和人类社会相一致。第三,通过人并为了人来征服世界的谋划所提出的问题能够得到解决。而在经济和政治的各个领域——在人的生活的最深层部分、艺术、诗歌和哲学的领域——中隐藏着尚未给出满意的解决方案的敞开的难题。也许我们的任务就是,在这个开始成为世界性的历史的分界点(threshold point)处,面对技术和实践的要求而保持一种平静,并学会如何继续提出依然开放的令人为难的问题。"①

　　然而,这本关于马克思的著作不是完全独立的。阿克塞洛斯在他的哲学著作三部曲《迷误的部署》(*Le déploiement de l'errance/The deployment of errance*)中已经有所构想。他的哲学著作三部曲包括:(1)《赫拉克利特与哲学:关于总体的生成性存在的初次把握》②、(2)《马克思:技术思想家——从人的异化到征服世界》③、(3)《走向行星性思想:世界的思想化和思想的世界化》④。现在,这一著作群试图通过集中对西方思想史的三个重要阶段——(1)开端(赫拉克利特)、(2)顶点(马克思)、(3)通向一种新道路的超越过程——进行沉思性的研究,找到一条通往能够满足如下迫切要求(exigencies)的现实道路:(a)它是建立在**统一**而非分裂和对立之上的,即使它提倡多样性、多元化和变革;(b)它是**具体的和实际的**,而非只是抽象的和思辨的;

---

①　Kostas Axelos,"Vers une pensée planétaire," *Arguments d'une recherche*, pp. 169 - 170.

②　Kostas Axelos, *Héraclite et la philosophie: La première saisie de l'être en devenir de la totalité*, *Arguments 8*, Paris: Editions de Minuit, 1962. 阿克塞洛斯把这　工作看作了为达到法国文学博士学位(doctorat ès lettres)的要求所作的补充论文。

③　这部关于马克思的著作是为获得文学博士学位而提交的主要论文。它的第一版于1961年由午夜出版社出版。Kostas Axelos, *Marx, penseur de la technique: De l'aliénation de l'homme à la conquête du monde*, Paris: Editions de Minuit, 1961.

④　Kostas Axelos, *Vers la pensée planétaire: Le devenir-pensée du monde et le devenir-monde de la pensée*, *Arguments 21*, Paris: Editions de Minuit, 1964.

（c）它不会强加一些最终的、固定的特征或结构，而是保持一种**开放的**过程。对阿克塞洛斯来说，这些迫切要求在一种可以被最确当地描述为**游戏**（*play*）的完全投入的状态中得到实现。最后一个需要思考的问题是阿克塞洛斯是如何理解游戏的。当人们在某种程度上意识到除了马克思之外，在这一点上对阿克塞洛斯的思想产生影响的最重要人物是马丁·海德格尔时[①]，这个问题就会变得容易一点。

在阿克塞洛斯的这部关于马克思的著作中，海德格尔的名字几乎没有被提及，只出现在一些脚注的参考文献中。但海德格尔的那种对一种超越西方历史之最高阶段的运动的意义进行彻底反思的方式却贯穿全书[②]，为阿克塞洛斯表达自己关于"历史之谜"的尝试性解决方案提供了视域和词汇。特别是阿克塞洛斯为这套研究"历史之谜"的三部曲取了这样一个名字——《迷误的部署》（*Le déploiement de l'errance*），并使用了海德格尔的一个术语"**迷误**（*die Irre*/*l'errance*/*errance*）"，而且，阿克塞洛斯经常试图用它来描述游戏。因此，我虽然并不打算展现海德格尔在使用这一术语（或其他术语）时发现的意义网络（the meaning network），但至少应该概括一下阿克塞洛斯在超越西方历史的最高阶段而达至游戏的语境下赋予这个词的意义。

在阿克塞洛斯看来，超越西方历史——这既是形而上学的历史，也是技术学（technology）的历史——的完成阶段，在根本上意味着超越这样一种根本的全面的诉求：人们**通过发现事物的根本的理由或根据来**理解事物，人们按照诸多理由和根据对事物采取某种立场和做出某些

---

① 关于海德格尔和马克思在阿克塞洛斯思想中的重要性的讨论，参见 Kostas Axelos, "Marx und Heidegger", in *Einführung in ein künftiges Denken：Über Marx und Heidegger*, Tübingen：Max Niemeyer, 1966, p. 3 - 42. 以"马克思和海德格尔"为主题开展的圆桌讨论，参见 Kostas Axelos, *Arguments d'une recherche*, p. 93 - 107.

② 这些海德格尔式的影响是显而易见的，譬如，阿克塞洛斯同以往的思想家（在这里是马克思）的"对话"方式，他对西方哲学史的评论方式，他对哲学上原始的希腊词汇的使用以及这里和其他地方提到的某些新词。

主张,由此这种立场和这些主张便可以宣告是绝对正确的。① 我们需
要的不是这种诉求,而是一种承认世界具有独特的不可简化的多元价
值性(multivalence)的态度,并进而看到一种宣称的确定的关乎世界的
立场必然同时蕴含着真理与谬误,而且是在同样的方面。真理和谬误
不是相互排斥的。"它们是同一个硬币的两面"②。换言之,现实不是
根据斩钉截铁的基本原理或原则就能加以描述的,虽然这些基本原理
或原则可以相应地用明确无误的理由和充分的主张来表述。世界就是
各个方面、各种要素和各种力量之间的永恒的**游戏**,而世界的游戏性质
(play-character)是不会通过努力发现明确的理由或原则就能轻易被把
握的。如果人们必须使用诸如**真理**和**谬误**之类术语的话,如果人们想
要完全将其同西方知识传统联系起来的话,那么人们可以最确当地将
世界描述为"迷误(errance)"③,即真理和谬误的共同渗透
(copenetration)。这里需要一种"新思想",以适应世界自身的特性,并
参与到世界成为其所是的过程中。由于并不存在通过一个人的思想就
能把捉的决定性的根本结构,游戏本身就是一种根本过程,因此,思想
本身必须成为游戏,确切地说,在某种程度上,它希望成为一种对事物
之根本的思考。阿克塞洛斯将这种以完全综合的方式展开的游戏思维
方式(play mode of thinking)称为"行星性思想(planetary thinking)"④。
"一种无立场并摆脱了片面向度的(既非唯灵主义的、唯心主义的,亦非
唯物主义的、现实主义的)新思想所必须考虑的东西就是**行星**世界的游

---

① 在这一点上,阿克塞洛斯在很大程度上遵循了海德格尔的思想,特别是后者
在《根据律》(*Der Satz vom Grund*,Pfullingen:Neske,1957)中发展了它。参见 Kostas
Axelos,*Vers la pensée planétaire*,p. 21 - 22.

② Kostas Axelos,*Arguments d'une recherche*,p. 170.

③ 这一术语当然是海德格尔的,而阿克塞洛斯认为它最好地表达了真理和错误
的共同渗透(copenetration),尽管事实上,他发现在赫拉克利特和黑格尔等主要思想
家那里早已明确认识到这一状况。参见 Kostas Axelos,*Vers la pensée planétaire*,
p. 185 - 186.

④ 关于阿克塞洛斯的"planetary"一词的多重含义,在很大程度上取决于一种文
字游戏(a play of words)。参见 Kostas Axelos,*Vers la pensée planétaire*,p. 46.

戏(the play of the *planetary* world),因为整个大写的世界的生成性存
在就是游戏。"①在此意义上,这种"新思想"就回答了内在于事物的游
戏框架(play scheme of things)中的"迷误(errance)"。

　　"行星性思想(planetary thought)回答了整个世界的生成性存在的
迷误(errance)。那么,真理到底发生了什么? 迷误(errance)并不意味
着错误(error)、反常(aberration)、虚假(falsity)、游离不定(vagrancy)
和说谎(lying)。不再有任何关于绝对真理的东西,而只有关于'大写
的它(It)'的游戏。一切事物都不再是相对的——相对于什么东西呢?
而是构成一种通向'大写的它(It)'的道路,一种通向不可把握之
物——它既不是一个观念,也不是一个人或一个物——的道路。它
'是'时间的游戏(the play of time),这种时间的游戏不允许将存在
(being)固定化,不允许将生成(becoming)视为实体,不允许假定总体
性(totality),不允许将世界看作一种推测(supposition)……大写的真
理(Truth)……成为迷误的游戏(the play of errance)中的问题、难题和
诘难……大写的现实(Reality)本身变成问题、难题、诘难,甚至游
戏……那该怎么办呢? 玩游戏(play the play)。就让我们自己被(可能
同时)作为运动和休闲、集中和分散、集聚和破碎的时间游戏所带走
吧。"②总之,"在意义和荒谬、真理和谬误之外,我们的行星或许将不得
不把世界作为游戏来加以思考和体验"③。

　　然而,思考方式的改变还不足以实现基于统一的世界立场,阿克塞

---

　　①　引自阿克塞洛斯的《关于马克思的提纲》,参见 Kostas Axelos, "Thèses sur
Marx-X," in *Vers la pensée planétaire*, p. 176 - 177.

　　②　Kostas Axelos, *Vers la pensée planétaire*, p. 47 - 48. 应该指出的是,阿克塞
洛斯对"迷误(errance)"一词有两种用法。一种是否定意义的用法,指遵照对明确的基
本原理作出明确的解释这种迫切要求,对事物的真理作出具体论断的任何立场所固有
的错误。另一种是积极意义的用法,指现实的"游戏"所固有的矛盾,这种矛盾在被承
认并成为一个人自身活动的原则之后就会被认真对待,正如阿克塞洛斯所暗示的那
样。这种积极意义和否定意义存在明显的转变。

　　③　Kostas Axelos, *Arguments d'une recherche*, p. 199. 请注意该表述与本书结
论章的最后一句话的相似之处。

洛斯认为唯有这种立场能够构成对受分裂所束缚的西方历史的最高阶段的真正超越。这种思想变革必须介入一种总体性的**行动**变革,而这正是**技术**(technique)进入阿克塞洛斯的超越计划的地方。技术(亦即制造东西)在很大程度上就是具体的介入(concrete involvement)。当今的技术是通过用一种包罗万象的经验性的操作性的方式来探寻原因而介入事物——也就是说,正如前面所解释的那样,技术(technique)就是技术学(technology)。但除此之外,"技术(technique)越来越表现为人的游戏和世界的游戏所使用的首要配置(dominant configuration)"①。在这里,我们的确遭遇了我们关于技术学(technology)的意义和马克思对于我们理解技术的重要性的整个讨论的要点。技术(technique)"虽然不是整体(the Whole),但却是囊括和缔造一切事物的星丛(constellation)。人的命运正是在这一星丛下展现出来的"②。因此,在阿克塞洛斯看来,实现"一种与技术相关的新的开端",即"另一种触及技术的整个范围并在技术的整个范围内部进行的游戏——技术包围了一切过去与现在的事物以及过去制造的和现在制造的事物,并将我们纳入它的游戏之中"③,这是至关重要的。技术不能被废除,因为技术是"人与世界之间进行对话和斗争的工具和武器"④。相反,技术将会被开发,即技术将会被作为**游戏**加以思考、体验和表现出来,⑤因为游戏是一切力量和能量现象的主要构架和母体(matrix)。⑥ 简言之,技术已经成为完满的包罗万象的中介(agency),而人和世界在这种中介里

①　Kostas Axelos, *Arguments d'une recherche*, p. 174.

②　Kostas Axelos, *Vers la pensée planétaire*, p. 17.

③　Kostas Axelos, *Vers la pensée planétaire*, p. 17.

④　Kostas Axelos, *Vers la pensée planétaire*, p. 18.

⑤　参见 Kostas Axelos, *Einführung in ein künftiges Denken*, p. 27 - 42.

⑥　阿克塞洛斯在《行星性思想导论》(*Introduction à la pensée planétaire*)中对以下方面做了详细阐述:(1)"伟大的力量"即"神话、宗教、诗歌、艺术、政治、哲学思想、科学和技术(technique)";(2)这些伟大力量所服务的"基本力量(forces)"即"语言、劳动、爱、斗争、游戏(play)"("这里的"游戏"是指 games 意义上的游戏,而非阿克塞洛斯的包罗万象的大写的游戏[Play]意义上的游戏)。

并通过这种中介参与到现实的游戏之中。我们必须面对和理解无所不包的技术，并使它达到它的内在的真正的完满。因此，对阿克塞洛斯来说，最终问题只在于如何实际完成这一点——而这是他根本无法回答的。他只能提出这个问题，并给出他的观点，即认为有必要带着疑问进入这种他发现自己被引导着予以推动的行星游戏（the planetary play）。[1] 最后，自相矛盾的是，他甚至必须质疑他的关键概念："大写的游戏（Play）"。[2]

这就是阿克塞洛斯在对马克思的技术学（technology）思想的研究中提出但没有实际继续追求的一种旨在超越马克思的运动的总体展望。当然，这里仍然存在一个严肃的问题，即在马克思的计划中建立这种开放的合法性何在，更不用说其他问题了，譬如，阿克塞洛斯似乎最终遭遇一种自相矛盾的、超理性的（transrational）、自我破坏的非立场（non-position）的内在困难，追随海德格尔的计划而面临的相同困难。但是，这些都不是这篇导论想要讨论的问题。在此，我只是想向大家展现阿克塞洛斯在这部关于他自己思索超越我们迄今为止的充满分裂的历史现实的著作中提供的反复出现的征兆（recurrent indications）之外的东西。

关于翻译的一些说明

还有一项任务，一项实际的任务，即对于将一种思想从一种语言翻

----

① 参见 Kostas Axelos, "Art, technique et technologie planétaires," in *Arguments d'une recherche*, p. 173 - 176.

② 参见 Kostas Axelos, "L'interlude," in *Vers la pensée planétaire*, p. 321 - 328. 据我所知，这是阿克塞洛斯的这部著作仅有的两部分之一，此前它已被译为英文。《插曲》（*L'interlude*）和《走向行星性思想》（*Vers la pensée planétaire*）共同以"行星性插曲（Planetary Interlude）"为题发表于雅克·埃尔曼（Jacques Ehrmann）主编的《比赛、游戏与文学》中。参见 Kostas Axelos, "Planetary Interlude," in *Game, Play, Literature*, ed. Jacques Ehrmann, Boston: Beacon Press, 1971, pp. 6 - 18.

译为另一种语言时所涉及的各种困难做一些解释。译者对于作者之思想的位置有点像男仆对于绅士之个人特质的位置。就像男仆一样,译者在工作中既要熟悉作者的严重不足,又要了解作者的简单癖好,同时也要保持一种专业的姿态,即最好只是揭露那些可以原谅的缺点,使之更具有人情味,更易于理解。我在最后一部分所做的评注就是想完成这样的任务,即我作为译者应该引起读者的注意,使他或她能够克服阿克塞洛斯的文本中出现的各种奇特之处或困难。但是,也许在这样做的时候,我必须指出某些作为一位绅士的译者可能不应该提及的事情。

在对阿克塞洛斯的法文原著进行英译的过程中涉及的第一个困难来自他对某些哲学表达的偏爱。这里最显著的就是"devenir/becoming"被大量使用。"être/being"也经常被使用,而这在英语中是不常见的。当这两个词连成一个短语时,为了贴近法语,就会产生一个蹩脚的英语短语:生成中的存在("être en devenir/being-in-becoming")。然而,我还是保留了这种奇怪的措辞,以便保持这种将阿克塞洛斯(尤其是在他自己的思想中)与在黑格尔和赫拉克利特那里达到极致的一种可辨识的传统联系起来的形而上学味道。出于相似的原因,我也保留了"ce qui est"的结构,将其译为"that which is(其所是)",而没有将其译为"entity(实体)"或某种类似的东西。因为这些表达通过它们的形式既显露了一种希腊起源的意识,也显露了一种存在(Being)问题之可能性的意识,即存在问题不能被简化为实体性规定(entitative determination)的问题,而从阿克塞洛斯的明确目的来看这些都是海德格尔式的观念。(同样地,我始终密切关注阿克塞洛斯对"技术(la technique)"和"迷误(l'errance)"的用法,但这些已经在这篇导言的前几节中做过解释了。)

另一方面,一个特别棘手的术语是法语词"sensible"及其名词形式"sensibilité"。这里的困难在于涉及法语、英语和德语三种语言,因为阿克塞洛斯经常用这些词来翻译马克思的"sinnlich"和"Sinnlichkeit"。在这一问题上,做到前后一致的翻译是不可能的,因为这些词可能具有不同的哲学意义,而这些哲学意义在阿克塞洛斯、马克思以及这本书的英译本所引用的马克思的不同译文中都有明显不同的用法。因此,在阅读阿克塞洛斯的这本书时需要注意,当 sensuous,sensory,perceptual(或按照对马克思文本的某些标准译法即"sense-perceptible")以及类似的词语——它们都是尝试翻译"sensible"和"sinnlich"(以及它们的名词形式)——出现时,读者应该时刻谨记尼古拉斯·洛布科维奇(Nicholas Lobkowicz)对这一问题所作的如下批评性评论:"马克思继费尔巴哈之后认为'感性(sensibility/Sinnlichkeit)必须是一切**科学**(*Wissenschaft*)(知识［knowledge］)的基础'。而把这里的'Sinnlichkeit'译作'感官知觉(sense perception)'恰恰是一种误导,正如有些人所做的那样。因为尽管费尔巴哈认为哲学必须从感官材料(sense data)出发,而不是从抽象观念出发,尽管马克思在这一点上基本同意费尔巴哈,但是他远不赞成经验主义-实证主义的主张,即一切科学知识都必须从感觉观察(sense observation)出发,或者说都必须还原到感觉观察。相反,马克思在头脑中所想的似乎是康德的作为感受性(receptivity)的**感性**(*Sinnlichkeit*)概念,亦即人对外部事物的本质依赖。因此,马克思的兴趣点是一种人类学的,而不是一种认识论的。他的意思只是说一切**科学**必须从这样一种基本的事实出发,即人依赖于欲望,并且需要欲望,因此也作用于独立于人自身的对象。"①

　　这里可能也应该提到一组术语,阿克塞洛斯应该更清楚地阐明它们之间的区别,特别是因为它们在马克思的异化理论中被反复作为关键概念来使用。这里同样涉及三种语言,而且可能存在不同的解读。这些解读不仅在不同的语言中可能有所不同,而且在同一种语言的同一文段的不同翻译中也可能有所不同。在这种情况下,达到完全明确的一致性同样是不可能的,除非有人重新制定和重新表述整部著作中

① Nicholas Lobkowicz, *Theory and Practice*: *History of a Concept from Aristotle to Marx*, International Studies of the Committee on International Relations, Notre Dame: University of Notre Dame Press, 1967, p. 354.

包含的被翻译和被引用的文段。由于缺乏阿克塞洛斯的清晰明确的定义以及不同语言之间的一致性,最好的办法就是在这里提供一组可能的区分,这些区分或多或少符合阿克塞洛斯对马克思的解读,但马克思的学生们和拥护者们也会基于他们各自不同的信仰而对这些区分进行辩论。

1. 阿克塞洛斯:对象化(objectification)[马克思:Vergegenstandlichung]。被英译为"objectification":人的存在通过生产一种作为可被感官觉察的对象的可识别的产品的活动而实现自身的过程。

2. 阿克塞洛斯:外化(extériorisation)[马克思:Entäusserung;有时也等同于"Veräusserung"]。被英译为"externalization":构成一种与人的主体本身具有外在区别的对象的对象化(objectification)。

3. 阿克塞洛斯:异化(aliénation)[马克思:Entfremdung;尽管有时在特定语境下也等同于"Entäusserung"或"Veräusserung"]。被英译为"alienation":作为被转化为一种外在的敌对的对抗的现象的对象化(或外化)。

4. 阿克塞洛斯:物化(réification)[马克思:Verdinglichung]。被英译为"reification":作为一个转化为固定事物的过程的异化,特别是这个事物是一种由根据货币确立的价值所定义的财产,即一种在资本主义买卖中的财产。在这里,重要的因素是这样的事实,即由这种转化所创造的秩序(资本主义制度)拥有大量属于它自己的权力,并根据必要的法律千方百计地强迫人的活动和关系。正是这种源于人的活动的第二"自然"系统性地否定了人的存在通向自我实现的真正动力。

在我提供的马克思的英文版文本中,当术语不同于阿克塞洛斯的上述用法时,我对其做了修改,以便符合上述用法。这通常是在被修改的词旁边用"〈　〉"来表示。① 由于被引用的英文版的措辞而做的修

---

① 说明:"〈　〉"是英译版译者对译文中出现的修改进行说明所使用的符号。本书没有沿用该书英译版的修改,而是参照法文版译出,故中文版译稿中没有出现该符号。——译者注

506 马克思：技术思想家——从人的异化到征服世界

改——也是用"〈 〉"来表示——通常会在注释中加以解释，就像对有关文本和翻译的其他困难所做的一样。

在一个完全不同的主题下，我应该指出以下几件事情，因为阿克塞洛斯的独特风格可能会使英语读者感到恼火。阿克塞洛斯使用了斜体、插入短语和评论，这在英文文体中是不会出现的，但在本书中都被保留下来了。毕竟，这是他的书，故采用了他界定或解释事物的方式。同理，这也适用于某些词语的大写形式（譬如"*Play*"和"*World*"）。因为在这里，我还没有完全弄明白他有时这样做有时又不这样做的意图，我只是遵循他的做法。显然，他也喜欢以一种让人直接联想到海德格尔的方式使用具有开创性意义的希腊词。当然，这些词在英语中必须严格保持希腊文的形式。最后，阿克塞洛斯热衷于概括性的归纳，特别是在那些反复出现的对哲学史所做的总结性段落中。在这里，人们也能看到对带有"-ism"词尾的术语的自由运用，有时是一连串地使用。对于这两种情况，我没有使用某种说明性的同义词，而是选择遵循阿克塞洛斯的表达方式。

还有关于翻译的最后两个说明。第一个是关于偶尔出现的圣经文本（参见阿克塞洛斯的序言）。对此，我使用的是英文版的修订标准版。第二个更为重要的说明是我认为阿克塞洛斯在本书的法文版的最后以"书目路线（Itinéraire Bibliographique）"为题草拟的长篇参考文献没必要被纳入它的英文版中。它所给出的马克思主义的主要人物和次要人物（譬如黑格尔、马克思、恩格斯；列宁、斯大林、托洛茨基等）的原始著作目录，在其他英文著作中已被足够地或更好地提供了，特别是由于还会出现许多可资利用的英文译本的迹象。而列出的二手文献主要反映了法国学术界的情况，因此对一般的英语读者来说兴趣太有限了。如果有人需要这些信息，他可以很容易找到阿克塞洛斯的法文原版。鉴于这些考虑，在此将这一长篇书目纳入进来并不合适。

在这篇导言的最后，我想表达一下感谢。首先，约瑟夫·比恩（Joseph Bien）决定出版这本书的英文版是值得赞赏的。而且，正是在他的敦促下,我才开始翻译。他原本计划将其放在当代政治哲学和社会哲学丛书中出版,但由于种种不幸的原因而未能如愿。我很感激他给予我的一切力所能及的帮助。第二,肯塔基大学研究基金会慷慨提供了完成翻译所需的资料和打字稿的资金。在很大程度上,正是由于他们的支持,我才得以在1973年的夏天同阿克塞洛斯会面,并与其讨论他的这本书。最后,我的同事丹·布雷齐尔(Dan Breazeale)给予我很大帮助,帮助我解决了用英语处理德国观念论概念时遇到的不可避免的困难。

译后记

　　科斯塔斯·阿克塞洛斯(Kostas Axelos,1924—2010)是希腊裔法国哲学家、翻译家和学术活动家,20世纪后半叶"存在主义马克思主义(Existential Marxism)"或"海德格尔式马克思主义(Heideggerian Marxism)"思潮的重要代表人物以及"开放的马克思主义(Open Marxism)"的倡导者。在此意义上,阿克塞洛斯是20世纪西方马克思主义哲学史上一位举足轻重的人物。但长期以来,他的哲学思想在英语学界和汉语学界都未得到足够重视。庆幸的是,近年来这一状况正在逐渐得到改善。

　　1959年,阿克塞洛斯向法国索邦大学提交了两篇哲学论文,即《马克思:技术思想家》(*Marx, penseur de la technique*)和《赫拉克利特与哲学》(*Héraclite et la philosophie*),并获得哲学博士学位。1961年,阿克塞洛斯将第一篇博士论文收入巴黎午夜出版社(Les Éditions de Minuit)的"争鸣(*Arguments*)"丛书,以《马克思:技术思想家——从人

的异化到征服世界》①为书名出版，并于 1963 年②、1969 年③、1974 年④
三次再版。1963 年出版意大利文版⑤，1969 年出版西班牙文版⑥。
1976 年，美国学者罗纳德·布鲁兹纳（Ronald Bruzina）⑦根据该书的
1969 年法文版将其译成英文出版，并取名为《卡尔·马克思思想中的
异化、实践和技术》⑧。2015 年，为了纪念阿克塞洛斯逝世五周年，法国
美文出版社（Les Belles Lettres）将其收入"海洋墨水"丛书（collection
«encre marine»），以《马克思：技术思想家》为书名再版⑨。这里的中文
版是根据它的 1976 年英文版译出，并参照 2015 年美文出版社的法文
版对文中出现的重要概念和表述做了仔细校对和原文补缀。通览该书
就会发现，阿克塞洛斯的诸多核心概念和思想（例如"行星性思想""行
星技术""游戏""迷误""总体的生成性存在"等）皆可在这部著作中找到

---

① Kostas Axelos, *Marx, penseur de la technique：De l'aliénation de l'homme à
la conquête du monde*. Paris：UGE/ Les Éditions de Minuit，1961.

② Kostas Axelos, *Marx, penseur de la technique：De l'aliénation de l'homme à
la conquête du monde*，Collection "Arguments"，2nd ed. Paris：Éditions de Minuit，
1963.

③ Kostas Axelos, *Marx, penseur de la technique：De l'aliénation de l'homme à
la conquête du monde*. Paris：Éditions de Minuit，1969.

④ Kostas Axelos, *Marx, penseur de la technique：De l'aliénation de l'homme à
la conquête du monde*. 2 vols. Paris：Éditions de Minuit，1974.

⑤ Kostas Axelos, *Marx, pensatore Della tecnica：Dall' alienazione dell' uomo
alla Conquista del mondo*. Sugar Editore，1963.

⑥ Kostas Axelos, *Marx, pensador de la técnica*. Barcelona：Editorial
Fontanella，1969.

⑦ 罗纳德·布鲁兹纳（Ronald Bruzina，1936—2019）：美国哲学学者，主要从事
胡塞尔、现象学和 18—19 世纪德国哲学研究。1966 年获得美国印第安纳州圣母大学
（the University of Notre Dame）哲学博士学位，1970 年获得法国巴黎第十大学（the
University of Paris-Nanterre）哲学博士学位。曾长期任教于美国肯塔基大学（the
University of Kentucky）哲学系（1970—2016），代表作有《胡塞尔与芬克：现象学的起
始与终结（1928—1938）》（*Edmund Husserl and Eugen Fink：Beginnings and Ends in
Phenomenology*，1928—1938，London：Yale University Press，2004）等。

⑧ Kostas Axelos, *Alienation, Praxis and Technē in the Thought of Karl
Marx*. Translated by Ronald Bruzina. Austin：University of Texas Press，1976.

⑨ Kostas Axelos, *Marx, penseur de la technique*. Paris：Les Belles Lettres，
2015.

其原初语境和构思萌芽。在此意义上,《马克思:技术思想家》构成了阿克塞洛斯建构自己的原创性哲学思想的起点,因而也是我们真正进入阿克塞洛斯哲学的必要入口。在此,译者并不着意对该书及其蕴含的丰富哲思进行评述,而是旨在对翻译过程中的某些特殊处理方式和一般性问题以及关键概念的翻译加以说明。

首先,关于译文的某些特殊处理方式和一般性问题主要包括以下几个方面:

第一,在法文原文中用斜体标识的术语和语句在中译文中保留了原文格式,其相应的中译文用黑体呈现,例如"**自然**(la *physis*)"。

第二,阿克塞洛斯经常将某些关键概念的首字母大写,如Technique、Nature等,中译文将其译为"大写的技术""大写的自然"。当然,某些专有名词(如 Dieu[上帝]、Logos[逻各斯])不做类似处理。

第三,书中引文凡有中文版的皆参照中文版译出,但对于阿克塞洛斯及其英译者所使用的法文版和英文版文献同相应的中文版有所差异的情况,译者是以法文版为蓝本,并参照现有中文版译出,同时注明译文略有改动。

第四,仔细对照该书的 2015 年法文版和 1976 年英文版就会发现,阿克塞洛斯的法语表达尽管有意模仿或承袭海德格尔的语言风格,但并不算艰涩,然而其英文版译者布鲁兹纳在很多情况下并未完全忠实于法文原文,而是基于个人理解进行意译,从而导致某些句子变得冗长烦琐而晦涩难懂。在个别情况下,英译者甚至遗漏或篡改了法文原文中的重要表述。在此意义上,该书的英文版绝非一个值得信赖的译本。美国著名学者悉尼·胡克曾对该书的英文版评价道:"想要通过阿克塞洛斯的阐释走近马克思的读者恐怕会发现这个马克思要比他直接阅读马克思的著作更加晦涩。"①译者认为,胡克的这一说法同样适用于该

---

① Sidney Hook, "Reviewed Work(s): Alienation, Praxis, and Technē in the Thought of Karl Marx by Kostas Axelos and Ronald Bruzina," *The Journal of Economic History*, Vol. 38, No. 3 (Sep. , 1978), pp. 744 - 746.

书的英文版：想要通过该书的英文版走进阿克塞洛斯的读者恐怕也会发现它比直接阅读阿克塞洛斯的法文版更加晦涩。针对上述情况，译者参照法文版对中译文做了适当修改，并对存在明显出入的地方做了注释说明。

第五，尽管当时 MEGA¹ 已经出版《1844 年经济学哲学手稿》和《德意志意识形态》两个重要文本，并且阿克塞洛斯在该书的法文版中详细罗列了两个文本的不同德文版和法文版，但是，阿克塞洛斯在引用两个文本时所使用的却是以 S. 朗兹胡特（S. Landshut）和 J. 迈耶尔（J. Mayer）于 1932 年编辑出版的德文版《历史唯物主义：早期著作》（*Der historische Materialismus：die Frühschriften*）为蓝本的法文版，即收录于法文版《马克思全集：哲学著作》第六卷中的《政治经济学和哲学》（*Économie politique et philosophie*）和《德意志意识形态（第一部分，费尔巴哈章）》（*L'Idéologie allemande. La première partie，Feuerbach*）①。而朗兹胡特和迈耶尔的版本在文本完整性、手稿判读和文本编排等方面皆存在一定缺陷，例如，他们只编辑了第二、三笔记本（并且颠倒了两者的顺序）而遗漏了第一笔记本，因此，阿克塞洛斯据此对马克思经典文本的解读及其理论效应便尤其值得我们予以关注。

第六，在该书的法文版的"参考文献"部分，阿克塞洛斯不仅对参考文献做了精心挑选和分类，而且试图"尽可能遵循历史的顺序"加以排列，"以便指明它们的谱系和承继关系"，并对个别重要的人物或流派做了简评。它的英文版删除了这一部分，中文版根据法文版重新译出。

其次，关于关键概念的翻译问题主要包括以下几个方面：

第一，参照杨栋博士的考据和译法②，译者将明显来自海德格尔的概念群的名词 la planète（德：der Planet）（英：planet）及其形容词

①　S. Landshut et J.-P. Mayer（Hrsg.），*Œuvres complètes de Karl Marx. Œuvres philosophiques*，T. VI，Traduit par J. Molitor，Paris：Costes，1937.
②　［法］科斯塔斯·阿克塞洛斯：《未来思想导论：关于马克思和海德格尔》，杨栋译，南京大学出版社 2020 年版，中译者序，第 9—10 页。

planétaire(德：planetarisch)(英：planetary)译为"行星"和"行星的/行星
性的/行星式的"，而非"全球/全球的/全球性的/全球式的"，但这组概
念的实际所指正是宇宙背景中的地球。将名词 l'errance(德：die Irre)
(英：errance)及其形容词 errant(德：irrend)(英：errant)译为"迷误"和
"迷误的"，在个别情况下则根据具体语境将其译为"流浪的"，如"**流浪
星球**(*astre errant*)"。

第二，阿克塞洛斯大量使用短语"l'être en devenir"(英：the being-
in-becoming)来表达"大写的世界(Monde)""大写的总体(la Totalité)"
的生成性存在方式，为了兼顾译文的信达雅，译者通常将其译为"生成
性存在"，少数情况下根据具体语境将其译作"生成中的存在"或"生成
着的存在"。

第三，阿克塞洛斯经常使用短语"l'être de l'homme"或"l'être
humain"，英译者通常将其译为"human being"或"the being of man"。
译者认为，考虑到阿克塞洛斯的哲学思想具有强烈的存在论或存在主
义倾向，因此将其译为"人的存在"更为确当。而当英译者将其译为
"human being"时则容易造成一种混淆和遮蔽：它的通常含义"人类"遮
蔽了其特定意涵"人的存在"。为了便于区分，译者根据具体语境将与
之相关的"l'humanité"译作"人类"，将"existence humaine"译作"合乎人
性的存在"。同时值得注意的是，阿克塞洛斯所引用的法文版《政治经
济学和哲学》(《1844 年经济学哲学手稿》)通常将德文原文中的
"menschlichen Wesens"译为"l'être humain"，因此，在相关引文中，译者
仍依循中文版权威译法将其译为"人的本质"。而这或许也蕴含着一个
重要提示，即如果阿克塞洛斯的"l'être humain"概念是对马克思的费尔
巴哈式的哲学人本学概念的存在主义改造，那么，这一概念本身便蕴含
着双重意向。

第四，正如英译者已经注意到的，阿克塞洛斯对"la technique"和
"la technologie"的使用有着较为严格的区分，英译者将其分别译为
"technique"和"technology"，这里译者将"technique"译作"技术"，将

"technologie"译作"技术学"——阿克塞洛斯将其指认为马克思思想的本质属性，即"或许是时候将马克思的思想理解为一种**技术学**（*Technologie*）了，倘若我们能够充分把握这一术语的全面丰富性和真正深刻性的话。技术学（la technologie）甚至构成了马克思思想的中心，构成了它的意向（intention）和核心（nerf）"。而对于阿克塞洛斯引用的马克思在《资本论》第一卷中论及的"die Technologie（la technologie）"，则仍然依循中文版的权威译法，将其译作"工艺学"。

在翻译过程中还有诸多细节问题在此不再一一列举，限于自身学识和能力，译文的不足之处，还请诸位方家和读者批评指正！

最初，译者是在准备博士论文资料的过程中第一次遭遇阿克塞洛斯的这部著作的英文版，随后我在加拿大约克大学做联合培养博士研究生期间，恩师张一兵教授嘱托我将其译为中文。非常惭愧的是，由于种种原因，整个翻译过程断断续续，竟持续了近五年。在此，特别感谢恩师张一兵教授的信任和精心指导！诚挚感谢南京大学出版社张静老师和缪娅老师的耐心帮助和辛苦付出！

张福公
2021 年 10 月于南京仙林湖畔

《当代学术棱镜译丛》
已出书目

媒介文化系列

第二媒介时代 [美]马克·波斯特

电视与社会 [英]尼古拉斯·阿伯克龙比

思想无羁 [美]保罗·莱文森

媒介建构：流行文化中的大众媒介 [美]劳伦斯·格罗斯伯格 等

揣测与媒介：媒介现象学 [德]鲍里斯·格罗伊斯

媒介学宣言 [法]雷吉斯·德布雷

媒介研究批评术语集 [美]W. J. T. 米歇尔　马克·B. N. 汉森

解码广告：广告的意识形态与含义 [英]朱迪斯·威廉森

全球文化系列

认同的空间——全球媒介、电子世界景观与文化边界 [英]戴维·莫利

全球化的文化 [美]弗雷德里克·杰姆逊　三好将夫

全球化与文化 [英]约翰·汤姆林森

后现代转向 [美]斯蒂芬·贝斯特　道格拉斯·科尔纳

文化地理学 [英]迈克·克朗

文化的观念 [英]特瑞·伊格尔顿

主体的退隐 [德]彼得·毕尔格

反"日语论" [日]莲实重彦

酷的征服——商业文化、反主流文化与嬉皮消费主义的兴起 [美]托马斯·弗兰克

超越文化转向 [美]理查德·比尔纳其 等

全球现代性：全球资本主义时代的现代性 [美]阿里夫·德里克

文化政策 [澳]托比·米勒 [美]乔治·尤迪思

通俗文化系列

解读大众文化 [美]约翰·菲斯克

文化理论与通俗文化导论(第二版) [英]约翰· 斯道雷

通俗文化、媒介和日常生活中的叙事 [美]阿瑟·阿萨·伯格

文化民粹主义 [英]吉姆·麦克盖根

詹姆斯·邦德:时代精神的特工 [德]维尔纳·格雷夫

消费文化系列

消费社会 [法]让·鲍德里亚

消费文化——20世纪后期英国男性气质和社会空间 [英]弗兰克·莫特

消费文化 [英]西莉娅·卢瑞

大师精粹系列

麦克卢汉精粹 [加]埃里克·麦克卢汉 弗兰克·秦格龙

卡尔·曼海姆精粹 [德]卡尔·曼海姆

沃勒斯坦精粹 [美]伊曼纽尔·沃勒斯坦

哈贝马斯精粹 [德]尤尔根·哈贝马斯

赫斯精粹 [德]莫泽斯·赫斯

九鬼周造著作精粹 [日]九鬼周造

社会学系列

孤独的人群 [美]大卫·理斯曼

世界风险社会 [德]乌尔里希·贝克

权力精英 [美]查尔斯·赖特·米尔斯

科学的社会用途——写给科学场的临床社会学 [法]皮埃尔·布尔迪厄

文化社会学——浮现中的理论视野 [美]戴安娜·克兰

白领：美国的中产阶级 [美]C.莱特·米尔斯

论文明、权力与知识 [德]诺贝特·埃利亚斯

解析社会：分析社会学原理 [瑞典]彼得·赫斯特洛姆

局外人：越轨的社会学研究 [美]霍华德·S.贝克尔

社会的构建 [美]爱德华·希尔斯

新学科系列

后殖民理论——语境 实践 政治 [英]巴特·穆尔-吉尔伯特

趣味社会学 [芬]尤卡·格罗瑙

跨越边界——知识学科 学科互涉 [美]朱丽·汤普森·克莱恩

人文地理学导论：21世纪的议题 [英]彼得·丹尼尔斯 等

文化学研究导论：理论基础·方法思路·研究视角 [德]安斯加·纽宁
[德]维拉·纽宁主编

世纪学术论争系列

"索卡尔事件"与科学大战 [美]艾伦·索卡尔 [法]雅克·德里达 等

沙滩上的房子 [美]诺里塔·克瑞杰

被困的普罗米修斯 [美]诺曼·列维特

科学知识：一种社会学的分析 [英]巴里·巴恩斯 大卫·布鲁尔 约翰·亨利

实践的冲撞——时间、力量与科学 [美]安德鲁·皮克林

爱因斯坦、历史与其他激情——20世纪末对科学的反叛 [美]杰拉尔德·
霍尔顿

真理的代价：金钱如何影响科学规范 [美]戴维·雷斯尼克

科学的转型：有关"跨时代断裂论题"的争论 [德]艾尔弗拉德·诺德曼
[荷]汉斯·拉德 [德]格雷戈·希尔曼

广松哲学系列

物象化论的构图 [日]广松涉

事的世界观的前哨 [日]广松涉

文献学语境中的《德意志意识形态》 [日]广松涉

存在与意义(第一卷) [日]广松涉

存在与意义(第二卷) [日]广松涉

唯物史观的原像 [日]广松涉

哲学家广松涉的自白式回忆录 [日]广松涉

资本论的哲学 [日]广松涉

马克思主义的哲学 [日]广松涉

世界交互主体的存在结构 [日]广松涉

国外马克思主义与后马克思思潮系列

图绘意识形态 [斯洛文尼亚]斯拉沃热·齐泽克 等

自然的理由——生态学马克思主义研究 [美]詹姆斯·奥康纳

希望的空间 [美]大卫·哈维

甜蜜的暴力——悲剧的观念 [英]特里·伊格尔顿

晚期马克思主义 [美]弗雷德里克·杰姆逊

符号政治经济学批判 [法]让·鲍德里亚

世纪 [法]阿兰·巴迪欧

列宁、黑格尔和西方马克思主义:一种批判性研究 [美]凯文·安德森

列宁主义 [英]尼尔·哈丁

福柯、马克思主义与历史:生产方式与信息方式 [美]马克·波斯特

战后法国的存在主义马克思主义:从萨特到阿尔都塞 [美]马克·波斯特

反映 [德]汉斯·海因茨·霍尔茨

为什么是阿甘本? [英]亚历克斯·默里

未来思想导论:关于马克思和海德格尔 [法]科斯塔斯·阿克塞洛斯

无尽的焦虑之梦:梦的记录(1941—1967)附《一桩两人共谋的凶杀案》

(1985) [法]路易·阿尔都塞

马克思:技术思想家——从人的异化到征服世界 [法]科斯塔斯·阿克塞洛斯

经典补遗系列

卢卡奇早期文选 [匈]格奥尔格·卢卡奇

胡塞尔《几何学的起源》引论 [法]雅克·德里达

黑格尔的幽灵——政治哲学论文集[Ⅰ] [法]路易·阿尔都塞

语言与生命 [法]沙尔·巴依

意识的奥秘 [美]约翰·塞尔

论现象学流派 [法]保罗·利科

脑力劳动与体力劳动:西方历史的认识论 [德]阿尔弗雷德·索恩-雷特尔

黑格尔 [德]马丁·海德格尔

黑格尔的精神现象学 [德]马丁·海德格尔

生产运动:从历史统计学方面论国家和社会的一种新科学的基础的建立 [德]弗里德里希·威廉·舒尔茨

先锋派系列

先锋派散论——现代主义、表现主义和后现代性问题 [英]理查德·墨菲

诗歌的先锋派:博尔赫斯、奥登和布列东团体 [美]贝雷泰·E.斯特朗

情境主义国际系列

日常生活实践 1.实践的艺术 [法]米歇尔·德·塞托

日常生活实践 2.居住与烹饪 [法]米歇尔·德·塞托 吕斯·贾尔 皮埃尔·梅约尔

日常生活的革命 [法]鲁尔·瓦纳格姆

居伊·德波——诗歌革命 [法]樊尚·考夫曼

景观社会 [法]居伊·德波

当代文学理论系列

怎样做理论 [德]沃尔夫冈·伊瑟尔

21 世纪批评述介 [英]朱利安·沃尔弗雷斯

后现代主义诗学:历史·理论·小说 [加]琳达·哈琴

大分野之后:现代主义、大众文化、后现代主义 [美]安德列亚斯·胡伊森

理论的幽灵:文学与常识 [法]安托万·孔帕尼翁

反抗的文化:拒绝表征 [美]贝尔·胡克斯

戏仿:古代、现代与后现代 [英]玛格丽特·A.罗斯

理论入门 [英]彼得·巴里

现代主义 [英]蒂姆·阿姆斯特朗

叙事的本质 [美]罗伯特·斯科尔斯 詹姆斯·费伦 罗伯特·凯洛格

文学制度 [美]杰弗里·J.威廉斯

新批评之后 [美]弗兰克·伦特里奇亚

文学批评史:从柏拉图到现在 [美]M.A.R.哈比布

德国浪漫主义文学理论 [美]恩斯特·贝勒尔

萌在他乡:米勒中国演讲集 [美]J.希利斯·米勒

文学的类别:文类和模态理论导论 [英]阿拉斯泰尔·福勒

思想絮语:文学批评自选集(1958—2002) [英]弗兰克·克默德

叙事的虚构性:有关历史、文学和理论的论文(1957—2007) [美]海登·怀特

21 世纪的文学批评:理论的复兴 [美]文森特·B.里奇

核心概念系列

文化 [英]弗雷德·英格利斯

风险 [澳大利亚]狄波拉·勒普顿

学术研究指南系列

美学指南 [美]彼得·基维

文化研究指南 [美]托比·米勒

文化社会学指南 [美]马克·D.雅各布斯 南希·韦斯·汉拉恩

艺术理论指南 ［英］保罗·史密斯　卡罗琳·瓦尔德

《德意志意识形态》与文献学系列

梁赞诺夫版《德意志意识形态·费尔巴哈》［苏］大卫·鲍里索维奇·梁赞诺夫

《德意志意识形态》与 MEGA 文献研究 ［韩］郑文吉

巴加图利亚版《德意志意识形态·费尔巴哈》［俄］巴加图利亚

MEGA:陶伯特版《德意志意识形态·费尔巴哈》 ［德］英格·陶伯特

当代美学理论系列

今日艺术理论 ［美］诺埃尔·卡罗尔

艺术与社会理论——美学中的社会学论争 ［英］奥斯汀·哈灵顿

艺术哲学:当代分析美学导论 ［美］诺埃尔·卡罗尔

美的六种命名 ［美］克里斯平·萨特韦尔

文化的政治及其他 ［英］罗杰·斯克鲁顿

当代意大利美学精粹 周　宪　［意］蒂齐亚娜·安迪娜

现代日本学术系列

带你踏上知识之旅 ［日］中村雄二郎　山口昌男

反·哲学入门 ［日］高桥哲哉

作为事件的阅读 ［日］小森阳一

超越民族与历史 ［日］小森阳一　高桥哲哉

现代思想史系列

现代主义的先驱:20 世纪思潮里的群英谱 ［美］威廉·R.埃弗德尔

现代哲学简史 ［英］罗杰·斯克拉顿

美国人对哲学的逃避:实用主义的谱系 ［美］康乃尔·韦斯特

视觉文化与艺术史系列

可见的签名 ［美］弗雷德里克·詹姆逊

摄影与电影 [英]戴维·卡帕尼

艺术史向导 [意]朱利奥·卡洛·阿尔甘　毛里齐奥·法焦洛

电影的虚拟生命 [美]D. N. 罗德维克

绘画中的世界观 [美]迈耶·夏皮罗

缪斯之艺:泛美学研究 [美]丹尼尔·奥尔布赖特

视觉艺术的现象学 [英]保罗·克劳瑟

总体屏幕:从电影到智能手机 [法]吉尔·利波维茨基
[法]让·塞鲁瓦

艺术史批评术语 [美]罗伯特·S. 纳尔逊　[美]理查德·希夫

设计美学 [加拿大]简·福希

工艺理论:功能和美学表达 [美]霍华德·里萨蒂

艺术并非你想的那样 [美]唐纳德·普雷齐奥西　[美]克莱尔·法拉戈

当代逻辑理论与应用研究系列

重塑实在论:关于因果、目的和心智的精密理论 [美]罗伯特·C. 孔斯

情境与态度 [美]乔恩·巴威斯　约翰·佩里

逻辑与社会:矛盾与可能世界 [美]乔恩·埃尔斯特

指称与意向性 [挪威]奥拉夫·阿斯海姆

说谎者悖论:真与循环 [美]乔恩·巴威斯　约翰·埃切曼迪

波兰尼意会哲学系列

认知与存在:迈克尔·波兰尼文集 [英]迈克尔·波兰尼

科学、信仰与社会 [英]迈克尔·波兰尼

现象学系列

伦理与无限:与菲利普·尼莫的对话 [法]伊曼努尔·列维纳斯

新马克思阅读系列

政治经济学批判:马克思《资本论》导论 [德]米夏埃尔·海因里希

Originally published in France as:

Marx: penseur de la technique by Kostas Axelos

© 2015, Les Belles Lettres, collection «encre marine», Paris

Current Chinese language translation rights arranged through Divas

International, Paris 巴黎迪法国际版权代理(www.divas-books.com)

江苏省版权局著作权合同登记　图字:10 - 2017 - 260 号

图书在版编目(CIP)数据

马克思：技术思想家：从人的异化到征服世界 /
(法)科斯塔斯·阿克塞洛斯著；张福公译. — 南京 :
南京大学出版社，2024.1
(当代学术棱镜译丛 / 张一兵主编)
ISBN 978 - 7 - 305 - 26383 - 5

Ⅰ. ①马… Ⅱ. ①科… ②张… Ⅲ. ①科斯塔斯·阿
克塞洛斯－哲学思想 Ⅳ. ①B565.59

中国版本图书馆 CIP 数据核字(2022)第 237245 号

出版发行　南京大学出版社
社　　址　南京市汉口路 22 号　　　邮　编　210093
丛 书 名　当代学术棱镜译丛
　　　　　MAKESI　　JISHU SIXIANGJIA　　CONG REN DE YIHUA DAO ZHENGFU SHIJIE
书　　名　马 克 思 : 技 术 思 想 家——从 人 的 异 化 到 征 服 世 界
著　　者　[法]科斯塔斯·阿克塞洛斯
译　　者　张福公
责任编辑　张　静
照　　排　南京南琳图文制作有限公司
印　　刷　江苏苏中印刷有限公司
开　　本　635 mm×965 mm　1/16　印张 33.75　字数 470 千
版　　次　2024 年 1 月第 1 版　2024 年 1 月第 1 次印刷
ISBN 978 - 7 - 305 - 26383 - 5
定　　价　118.00 元

网址：http://www.njupco.com
官方微博：http://weibo.com/njupco
官方微信号：njupress
销售咨询热线：(025) 83594756